Robert Markley

Die BLV
ROSEN
Enzyklopädie

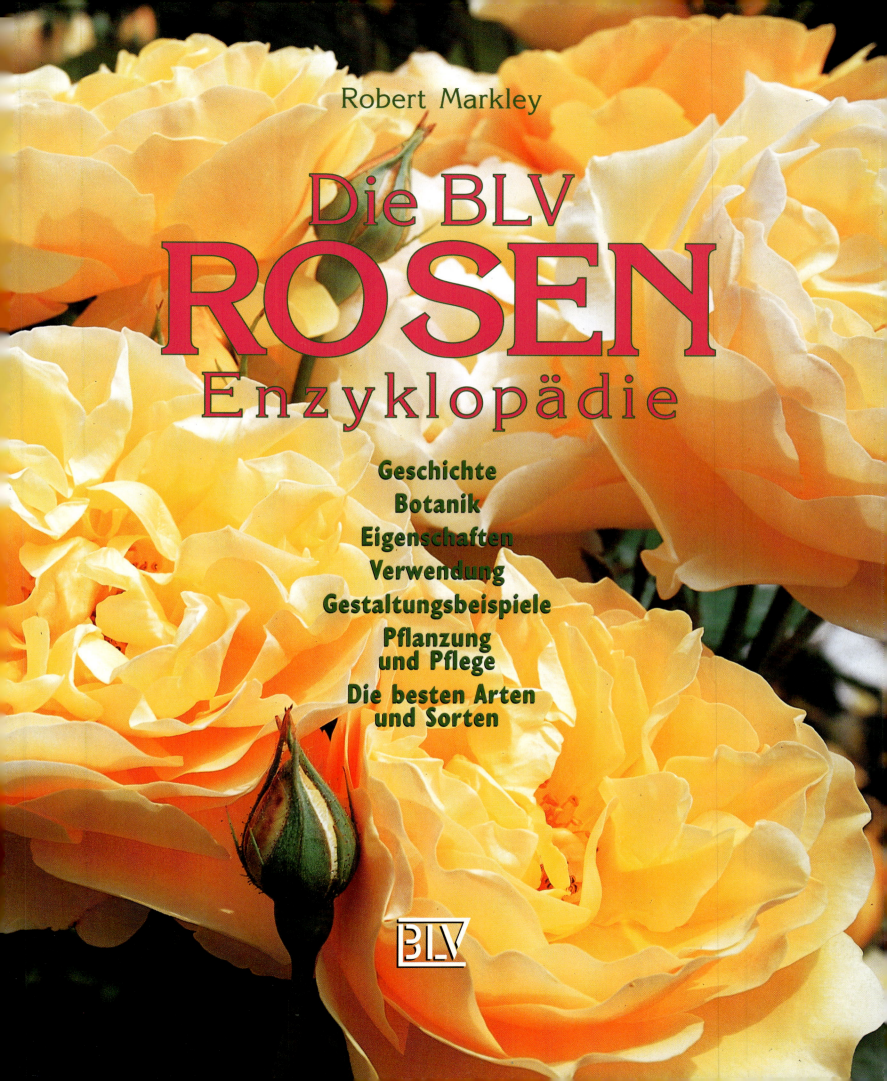

Robert Markley

Die BLV
ROSEN
Enzyklopädie

Geschichte
Botanik
Eigenschaften
Verwendung
Gestaltungsbeispiele
Pflanzung und Pflege
Die besten Arten und Sorten

BLV

INHALT

KULTUR UND GESCHICHTE 9

Die Rose in der Geschichte 10
Rosen im Altertum 10
Rosen im Mittelalter 11
Rosen und Kriege – die Rosenkriege 12

Rosen, die nie verblühen: Rosen in der Kunst 13
... in der Malerei 14
... in der Musik 16
... in der Literatur 16
... im Kirchenbau 17

Die Rose als gestenreiches Symbol: Laßt Rosen sprechen 18

Rose 2000 – Rosen heute 19
Anmerkungen zu einigen berühmten Rosenzüchtern 19
Rosengärten und Rosarien – lebendige Rosenmuseen 22
Rosengärten in Rosendörfern, Rosenstädten und Rosenkreisen 26
Liebhaber-Vereine 26
'Gloria Dei' – die berühmteste Rose der Welt 26

DIE BOTANIK 29

Rosen – Mitglieder einer großen Familie 30

Bestandteil der Rose 30
Die Blüte – der magische Fünfer 30
Blatt 33
Frucht 34
Stacheln 34
Wurzel 35

ROSIGE VIELFALT 37

Eigenschaften der Rose 38

Blühverhalten 39
Die einmalblühende Rose 39
Frühlingsrosen ab Mai 39
Die nachblühende Rose 39
Die öfter- und frühblühende Rose 39
Die klassische öfterblühende Rose 40
Die öfter- und spätblühende Rose 40

Blütenformen 40
Die einfache Rosenblüte 40
Die halbgefüllte Rosenblüte 41
Die gefüllte Rosenblüte 41
Rosige Blütenstände 41

Wuchsformen 42
Flach niederliegender Wuchs 42
Zwergformen 42
Steif aufrechter Wuchs 42
Buschiger Strauchwuchs 43
Überhängender Strauchwuchs 43
Rankwuchs 43
Sonderform Stammrose 44

Wuchshöhe 44

GESTALTEN MIT ROSEN 47

Der gestalterische Nutzen der Rose 48
Beetrosen für den Garten 49
Kletterrosen und Rambler für Wand und Pergola 51
Rosen für Hecken, Zäune und Einzelstandorte 54
Flächenrosen für pflegeleichte Pflanzungen 57
Mobile, frostharte Terrassen-Rosen 60
Rosen mit markanter Bestachelung – Rosen ohne Stacheln 66
Rosen mit Herbstfärbung 68
Frühlingsrosen 68

Der ökologische Nutzen der Rose 70
Heimische Wildrosen 72

Rosige Kombinationen 74
... mit Stauden 74
... mit Sommerblumen und Blumenzwiebeln 82
... mit Kräutern 85
... mit Gräsern und Bambus 87
... mit Laubgehölzen 89
... mit Nadelgehölzen 94
... mit großblumigen Clematis und anderen blühenden Kletterpflanzen 96

Die Rose für besondere Standorte 99
Polarrosen für Frostlagen 99
Dachgartenrosen für luftige Höhen 100
Hangrosen für »Schräglagen« 102
Bikinirosen – Hitzerosen für heiße Lagen 103
Regenrosen für Gebiete mit hohen Niederschlägen 104
Rosen für das Halbschattendasein – Rosen für Gräber 104
Salzrosen – Rosen für das Salz der Erde 107
Wochenendrosen – Rosen für Schrebergärten 108
Die Mauerblümchen – Überhängende Mauerrosen 108

ROSEN GENIESSEN 111

Rosen sehen, riechen, schmecken 112
Vasenrosen 112
Duftrosen – Rosen mit Seele 115
Nostalgierosen 118
Stammrosen 123
Miniaturrosen 126
Floristik-Rosen 127
Küchen-Rosen (Blütenrezepte) 130
Vitamin-Rosen (Hagebuttenrezepte) 134
Heilpflanze Rose 138
Rosen für die Körperpflege 139

DIE PRAXIS 141

Der rosige Standort – ein Platz an der Sonne 142
Licht 142
Boden 142
Groß-, Lokal- und Kleinklima 143
»Bodenmüdigkeit« (Nachbaukrankheit) 144

Rund um das Pflanzen 144
Rosenkauf 144
Angebotsformen 145
Qualität 146
Pflanzzeit 147
Bodenvorbereitung 148
Pflanzung 149

Die Pflege der Rose 151
Der Praxiskalender 151
Der rosige Schnittkurs 152
Faktor Wasser 156
Düngung 158
Pflanzenschutz 162
Frostschutz 169
Umpflanzen alter und junger Rosen 170

Vermehrung 171
Okulation 171
Winterhandveredlung 173
Steckhölzer 173
Stecklingsvermehrung 174
Absenker 174
Ausläufer, Teilung 175
Aussaat 175
Meristemvermehrung 176

Werkzeug-Einmaleins 177

Rosenzüchtung 178
Die genetischen Grundlagen 178
Die Kreuzung – Ladies first 179
Sortenschutz, Warenzeichen 180
Blaue und schwarze Rosen 181

Rosenmarkt 182
Woher kommen Rosenstöcke für den Garten? 182
Woher kommen Schnittrosen für die Vase? 182
Woher kommen Topfrosen für das Zimmer? 183

DER ROSENATLAS 185

200 Rosenarten und -sorten für jeden Garten 186
Charakter und Nutzen 186
Pflanzdichte 186
Sortenübersicht 187

ROSENLEXIKON – ROSIGES KNOW-HOW VON A-Z 226

Anhang 233
Weitere Rosarien in Europa 233
Lieferquellen 233
Literatur 234
Adressen 234
Rosen im Internet 234
CD-ROM 234
Register 235

Kultur und Geschichte

Die Rose ist die traditionsreichste
Kulturpflanze der Menschheit.
Ob Altertum, Mittelalter oder Neuzeit,
ob Musik, Literatur, Malerei oder
Architektur – die Rose spielte
und spielt immer eine herausragende
Rolle. Anhand vieler Quellen läßt
sich die einmalige Karriere
des spektakulärsten Blütengehölzes
unserer Gärten nachvollziehen.

KULTUR UND GESCHICHTE

Die Rose in der Geschichte

Vor einem Rosenbeet zu stehen in dem Bewußtsein, eine der ältesten und traditionsreichsten Kulturpflanzen der Menschheit zu betrachten, entbehrt nicht einer gewissen Faszination. Doch obwohl der Stammbaum der Rose unstreitig viele Jahrtausende zurückreicht, allererste Anfänge sogar um Jahrmillionen und damit vor die Anfänge menschlicher Existenz zurückgehen, haben die rosigen »Uralt-Methusalems« damaliger Zeiten mit den modernen Gartenrosen wenig bis nichts mehr zu tun. Die modernen Sorten, wie man sie heute in Hausgärten, in öffentlichen Anlagen oder auf Terrassen kennt, sind kaum älter als hundert Jahre, wirklich öfterblühende Kletter- und Strauchrosen nicht einmal siebzig. Die Rose grauer Vorzeiten war hingegen weit weniger spektakulär in ihrem Äußeren und von eher schlichter Schönheit.

In der Geschichte der Rose haben sich seit jeher Fakten und Legenden eng, bisweilen unzertrennlich, miteinander verwoben. Keine andere Pflanze hat die Phantasie der Menschen, auch die der Gelehrten, so angeregt wie die Rose. Der Gärtner, Arzt und Gelehrte Hieronymus Bock empfahl deshalb bereits im 16. Jahrhundert, sich mit der Geschichte der Rosen nicht allzuviel zu befassen, »weil davon schon so arg viel gelogen ist worden«. Das soll in diesem Kapitel nicht der Fall sein, denn Fakten zum Stellenwert der Rose in der Geschichte existieren in ausreichender Menge.

■ Rosen im Altertum

Man nimmt an, daß es bereits vor 25 bis 30 Millionen Jahren Rosen auf der Erde gab. Paläobotaniker – also Wissenschaftler, die sich mit der Flora längst vergangener Zeiten befassen – fanden in Gesteinsschichten aus dem Tertiär einige Blätter, Stacheln und Zweigfragmente, die sie der Rose zuordneten. Eine Blüte, die alle Zweifel zerstreut hätte, wurde bisher jedoch nicht gefunden.

Von den bisher bekannten 25 fossilen »Rosenarten« gelten immerhin drei Arten mit großer Wahrscheinlichkeit als Rosen.

Rosige Allgegenwärtigkeit: Indische Miniatur mit Fasanenpaar (1633–1642).

China – Ursprung im Reich der Mitte: Mit dem Beginn der chinesischen Gartenkultur etwa 2700 Jahre v. Chr. wurden wahrscheinlich auch die ersten Rosen zur Zierde in Gärten gepflanzt. Der chinesische Philosoph Konfuzius berichtete zwei Jahrtausende später von umfangreichen Rosenpflanzungen in den kaiserlichen Gärten in Peking. Dennoch war das Ansehen der Rose bescheiden, verglichen mit der Bedeutung der »Rose Asiens«, der Paeonie (Pfingstrose). Auch die Chrysantheme lief der »Königin der Blumen« (noch) spielend den Rang ab.

Trotzdem wurden in der Zeit nach Christi Geburt in China sehr wahrscheinlich Rosen selektiert und gekreuzt. (Die aus der Art *Rosa chinensis* entstehende Gruppe der China-Rosen wird Ende des 18. Jahrhunderts die europäische Rosenzüchtung revolutionieren. Mit den hochgezüchteten China-Rosen gelangten Öfterblütigkeit und niedriger Wuchs in die Züchtung, mit sprunghaften (Er)folgen: Kannte man im Europa des 18. Jahrhunderts nur einige wenige Dutzend Sorten, sind es 1815 schon 250, im Jahr 1828 dann bereits über 2500.)

Persien: Die Kunst der Herstellung von Rosenöl und -wasser war den alten Persern bereits bekannt. In ganz Persien, insbesondere aber im Gebiet des nördlichen Iran, hat die Rosenkultur eine lange Tradition. Das persische Wort für Rose und Blume ist identisch. Man vermutet, daß von Persien aus Rosenpflanzen nach Kleinasien, Griechenland, Mesopotamien, Syrien und Palästina gelangten.

Griechenland: Auf Kreta befindet sich die älteste gesicherte Darstellung einer Rose. Der Palast von Knossos beherbergt das etwa 3500 Jahre alte »Fresko mit dem blauen Vogel«. Entdeckt hat es Ende des letzten Jahrhunderts der Archäologe Sir Arthur John Evans. Im 2. Band seines Werkes »The Palace of Minos« schreibt er: »Aus dem Felsen entspringen wilde Erbsen oder Wicken, die gleichzeitig Hülsen und Blüten in Ähren tragen, Horste von anscheinend kretischer Zwerg-Iris, mit Orange, und zur Abwechslung auch einmal rosa gerandet mit Rötlichdunkelgrün. An der linken Seite, erstmals in der antiken Kunst, erscheint ein Wildrosenbusch, teils gegen einen weißen, teils dunkelroten Hintergrund, während weitere Zweige der gleichen Pflanze vom Felsen herabhängen und sich im Bogen wieder aufrichten. Die Blüten sind von goldener Rosenfarbe, mit orangefarbener Mitte, darin dunkelrot gefleckt; der Künstler hat den Blüten sechs statt fünf Petalen gegeben und die Blätter vereinfacht auf nur drei Blättchen, wie bei Erdbeeren.« Daß eine Rose auf dem Fresko dargestellt ist, gilt als gesichert, unklar blieb bis heute, welche Rosenart der Künstler gemeint hat. Mehrfach wurde das Fresko unsachgemäß restauriert und in vielen Feinheiten grob verändert. Es ist jedoch wahrscheinlich, daß es sich bei den auf den Originalteilen des Freskos dargestellten, stilisierten Rosenblüten um eine Form von *Rosa gallica* handelt.

Nach dem Untergang der minoisch-mykenischen Kultur sucht man für eine lange Zeitspanne vergeblich nach Informationen über die Rose. Erst bei Homer, der im 9. Jahrhundert v. Chr. lebte, findet sich ein erneuter Hinweis. Er beschreibt in der »Ilias« den Tod des Achilles bei der Belagerung Trojas, wie Achilles' Leichnam von Aphrodite einbalsamiert und mit Rosenöl eingerieben wird. Knapp zwei Jahrhunderte später besang die Dichterin Sappho die Rose als Königin der Blumen. 500 v. Chr. berichtete der Musiker und Dichter Pindar,

Die Rose in der Geschichte

daß in Athen Kränze aus Rosen getragen werden – ein Hinweis darauf, welche Bedeutung der Rosenanbau gehabt haben muß.

Später beschrieb Herodot die »Rose mit den 60 Blütenblättern« des König Midas, die stärker als alle anderen Rosen geduftet haben soll. Man kann mutmaßen, daß diese Rose eine gefüllte Form von *Rosa gallica* oder auch ein Abkömmling von *Rosa* x *alba* war, die damals bereits existierte.

Der »Vater der Botanik«, Theophrast, hat viele Details der Gartenkultur um 300 v. Chr. überliefert. Er unterscheidet zwischen »rhodon«, der gefüllten Rose, und »kynosbaton«, der Hundsrose *(Rosa canina)*. Sein Zeitgenosse Epikur ließ sich in Athen einen großen Rosengarten anlegen, um immer frische Blüten zur Verfügung zu haben. Die Insel Rhodos war eine Roseninsel, und dort geprägte Münzen zierte eine Rosenblüte.

Rom: Von Griechenland aus gelangte die Rose nach Rom, um dort ihren Siegeszug fortzusetzen. Die römische High Society nahm sich der Königin der Blumen genauso intensiv wie aller anderen Genußmittel an – Zeitzeugen überliefern ein Bild der Exzesse und Ausschweifungen, aufgrund derer der Rose noch bis ins Mittelalter hinein ein zweifelhafter Ruf anhaftete. Der von 37 bis 68 n. Chr. regierende, für seine verschwenderischen Orgien bekannte Kaiser Nero scheute beispielsweise weder Kosten noch Mühe, seinen Festen mit unglaublichen Mengen an Rosenblüten eine besondere Note zu verleihen. Für ein einziges Gastmahl gab er mitunter vier Millionen Sesterzen aus – in heutige Wertverhältnisse umgerechnet ungefähr eine halbe Million Mark. Überliefert ist weiter, daß er einmal das Ufer des Sees von Baiae vollständig mit Rosenblüten bestreuen ließ. Auch nachfolgende Kaiser ließen die Räume ihrer Gelage und Feste jahrhundertelang mit verschwenderischen Rosendekorationen schmücken. Traurige Berühmtheit erlangte dabei ein Fest Anfang des 3. Jahrhunderts n. Chr., bei dem die Gäste des Kaisers Heliogabal mit derartigen Mengen an Rosenblüten überschüttet wurden, daß einige erstickten.

Es nimmt nicht Wunder, daß die Rose zu einer Art »Massenartikel« verkam. Noch vor Christi Geburt hatte man erfolgreiche Schlachtenlenker mit Rosenkränzen geehrt, weil die Rose als etwas ungemein Kostbares angesehen wurde. Damit war es nun vorbei. Mit den rauschenden Rosenfesten und dem daraus resultierenden drastischen Anstieg des Rosenanbaus änderte sich auch ihr gesellschaftlicher Stellenwert. Um in ausreichenden Mengen Rosenblüten zu erzeugen, wurden die Anbauflächen derart ausgeweitet, daß sogar der lebensnotwendige Getreideanbau Schaden nahm. Die Flächen wurden knapp, man suchte nach intensiveren Anbaumethoden. In diese Zeit fallen die Anfänge der Rosentreiberei: Man verfrühte die Rosenblüte mit Hilfe warmen Wassers und mehrte so den Ertrag.

Das Zentrum des römischen Rosenanbaus war Paestum. Vierzig Kilometer südlich von Neapel gelegen, befanden sich dort riesige Flächen zum Anbau von Rosen. Ein weiteres Anbaugebiet befand sich in Praeneste, dem heutigen Palestrina, einer etwa dreißig Kilometer südöstlich von Rom gelegenen Stadt. Die Anbaufelder, hauptsächlich mit Formen von *Rosa gallica* bepflanzt, sollen sich bis nach Rom hingezogen haben. Aber der enorme Bedarf konnte trotzdem nicht gedeckt werden und man importierte aus Ägypten – dessen Hochkultur interessanterweise vom Rosenrausch der Zeitenwende nahezu unberührt blieb – zusätzlich Rosen. Wie die verderbliche Ware die mehr als sechstägige Schiffahrt nach Rom schadlos überstand, ist bis heute eines der ungelösten Geschichtsrätsel geblieben.

Erinnerung an üppigen Rosenkult: Römisches Mosaik mit Blumenkorb.

■ Rosen im Mittelalter

Das Ende des Römischen Reiches im 5. Jahrhundert bescherte auch der Rose einen deutlichen Karriereknick. Niemand hofierte mehr den »Star« früherer Feste; in den folgenden Jahrhunderten wurde aus der Königin der Blumen ein Mauerblümchen. Nur in einigen Klostergärten überdauerte sie als Heilpflanze die unrosigen Zeiten.

Erst **Karl der Große** befreite die Rose aus ihrem Dornröschendasein. Per Gesetz mußte er 794 ihre Wiederentdeckung verordnen: Im »Capitulare de villis imperialibus«, der kaiserlichen Landgüterverordnung, werden die Heil-, Gemüse-, Obst- und Zierpflanzen aufgeführt, die in den Reichsstädten anzubauen waren. An erster Stelle steht dabei die Rose.

KULTUR UND GESCHICHTE

Redouté-Farbstich von *Rosa gallica* 'Versicolor' ('Rosa Mundi'), häufig verwechselt mit *Rosa* x *damascena* 'Versicolor' (»York-und-Lancaster-Rose«). Erstere hat deutlich gestreifte Blütenblätter, während die »York-und-Lancaster-Rose« entweder Blüten mit je einer rosa und einer weißen Hälfte oder einheitlich rosafarbene und weiße Blüten an einem Strauch aufweist, wobei die einzelnen Blütenblätter aber niemals gestreift sind.

Allerdings kam das Comeback der Rose nur zögerlich in Fahrt. Der größte Botaniker seiner Zeit, Albertus Magnus, beschrieb die wenigen Rosenarten, die im 13. Jahrhundert in Mitteleuropa angebaut wurden: *Rosa* x *alba*, *Rosa rubiginosa*, *Rosa arvensis* und Formen von *Rosa canina* – eigentlich nicht viel mehr, als die Römer bereits in Kultur hatten.

Eine Bereicherung des Sortiments waren die Mitbringsel der **Kreuzritter**. Über sie fand *Rosa* x *damascena* von Syrien, was etwa mit »Land der Rosen« übersetzt werden kann, den Weg ins Abendland. Ihre Bezeichnung geht zurück auf den Namen der syrischen Hauptstadt Damaskus. *Rosa* x *damascena* galt als **die** Duftrose ihrer Zeit schlechthin. Im Orient gewann man aus ihr bereits seit Jahrtausenden Rosenöl.

Thibaut IV. de Champagne, König von Navarra, brachte aus dem Heiligen Land einen gefüllten Abkömmling von *Rosa gallica* mit. Aus ihr ging sehr wahrscheinlich *Rosa gallica* 'Officinalis', die Apotheker-Rose, hervor. In Provins bei Paris kultivierte man die halbgefüllte, karmesinrote Rose, die zur wichtigsten Heil- und Kosmetikrose ihrer Zeit wurde, in großem Ausmaß ab dem 13. Jahrhundert. An der Hauptstraße des Ortes befanden sich zahlreiche Drogerien und Apotheken, die die aus den Rosen hergestellten Heilmittel in alle Welt versandten.

Im Jahrhundert davor empfahl schon **Hildegard von Bingen** (1098–1179) die Rose als Heilmittel in ihren medizinischen Büchern. Zusammen mit der sich seit dem 11. Jahrhundert entwickelnden Marienverehrung verhalf dies der »Königin der Blumen« zu einer neuen Blüte. Die Darstellungen Marias als »blühendes Rosenreis«, »Rosenblüten tragender Stamm« und vor allem als »Rose ohne Dornen« unterstreichen den Stellenwert der Rose. In der christlichen Symbolik findet sich die vor dem Sündenfall stachellose und weiße Rose als Symbol der Unschuld, während rote Rosenblüten das Blut Christi symbolisieren und die Stacheln als Sinnbilder der Sünde gelten.

Bis zum heutigen Tag existiert die Gebetsform des **Rosenkranzes**, die ihren Ursprung in einer Heiligenlegende hat. Edmund Lauert schreibt dazu: »Einer Legende nach hat der Erzengel Gabriel zu Ehren Mariens aus 150 Rosen drei Kränze geflochten, einen goldenen »glorreichen«, einen weißen »freudenreichen« und einen roten »schmerzhaften«. Seit dem Mittelalter wurde das Gebet des Gläubigen mit einer sich entfaltenden Rose verglichen: Eine Reihe von Gebeten wurde zum Rosenkranz. In seiner kleineren Form besteht er aus 33 kleinen Perlen, jede ein Lebensjahr des Heilands, und aus fünf großen, jede eine seiner Wunden darstellend. Frühe Rosenkränze knüpfte man aus Perlen, die aus mit einem Bindemittel verkneteten Blütenblättern der Rose bestanden.«

Tausendjähriger Rosenstock von Hildesheim: Im ausgehenden Mittelalter muß die wohl älteste Rose der Welt, die sogenannte »Tausendjährige Rose«, am Dom zu Hildesheim gepflanzt worden sein, denn sie wird bereits 1573 als alte Rose erwähnt. Im Laufe der Zeit nahm sie immer wieder starken Schaden (zuletzt im 2. Weltkrieg), erholte sich aber jedesmal und blüht noch heute.

■ Rosen und Kriege – die Rosenkriege

Eher selten spielten Rosen im Zusammenhang mit kriegerischen Auseinandersetzungen eine Rolle, auch wenn der Turnierplatz, auf dem die Ritter ihre Kämpfe austrugen, im Mittelalter »der Rosengarten« hieß.

Während der Kreuzzüge im Heiligen Land gelang es Saladin, dem Sultan von Ägypten und Syrien, 1187 Jerusalem von den Christen zurückzuerobern. Da den Moslems die Rose heilig war, wurden auf fünfhundert Kamelen gewaltige Mengen Rosenwasser herangeschafft, mit dem die Omar-Moschee vom christlichen Glauben »gesäubert« wurde. Etwa dreihundert Jahre später ließ auch Mohammed II. nach der Eroberung von Konstantinopel, dem heutigen Istanbul, eine Moschee mit Rosenwasser reinigen.

Aus Shakespeare's »König Heinrich VI.«

Plantagenet: ...Es pflücke, wer ein echter Edelmann
Und auf der Ehre seines Bluts bestent;
Wenn er vermeint, ich bringe Wahrheit vor,
Mit mir von diesem Strauch 'ne weiße Rose.

Somerset: So pflücke, wer kein Feiger ist noch Schmeichler,
Und die Partei der Wahrheit halten darf,
Mit mir von diesem Dorn 'ne rote Rose.

...

Die Anhänger der jeweiligen Häuser wählen ebenfalls ihre Rose

...

Plantagenet: Nun, Somerset, wo ist nun Euer Satz?

Somerset: Hier in der Scheide; dies erwägend, wird
Die weiße Rose blutig rot Euch färben.

Plantagenet: Indes äfft Eure Wange unsre Rosen.
Denn sie ist blaß vor Furcht, als zeugte sie für unsre Wahrheit.

Somerset: Nein, Plantagenet,
's ist nicht aus Furcht, aus Zorn, daß Deine Wangen,
Vor Scham errötend, unsre Rosen äffen,
Und Deine Zunge doch Dein Irren leugnet.

ROSEN IN DER KUNST

Der weithin bekannte Ausdruck »Rosenkriege« bezieht sich auf eine Auseinandersetzung zwischen den englischen Herrscherhäusern York und Lancaster, in deren Zentrum allerdings keine Rose, sondern nichts Geringeres als der englische Thron stand.

Als »Rosenkriege« ging dieser Streit deshalb in die Geschichte ein, weil das Emblem des Hauses York eine weiße Rose war, wahrscheinlich ein halbgefüllter *Rosa* x *alba*-Abkömmling; das Haus Lancaster dagegen trug die rote Apotheker-Rose, *Rosa gallica* 'Officinalis', in ihrem Wappen. (Deshalb wird sie auch heute noch mitunter als »Rote Rose von Lancaster« geführt.) Der Legende zufolge wurden die Rosenkriege durch einen Streit zwischen den beiden Plantagenet-Linien des englischen Königshauses ausgelöst.

Die entscheidende Szene zwischen den Herzögen von York und Lancaster, die 1455 in den Londoner Temple Gardens stattgefunden haben soll, stellte Shakespeare 150 Jahre nach dem Ereignis in seinem Stück »König Heinrich VI.« nach – 1. Teil, 2. Aufzug, 4. Szene (in der Übersetzung von August Wilhelm von Schlegel und Ludwig Tieck, siehe Kasten links).

Belegt ist, daß bereits Generationen vor dieser verbalen Auseinandersetzung beide Häuser heillos zerstritten waren. 1455 begannen jedoch die eigentlichen Kämpfe mit blutigen Schlachten in St. Albans, Towton, Hexham und Tewkesbury. 1460 bestieg Edward IV. den Thron; für zehn Jahre behielt die York-Linie die Oberhand. Dann eroberte Heinrich VI. für kurze Zeit den Thron, um wiederum von Edward abgelöst zu werden. Edwards Bruder Richard III. trat die Nachfolge an, fiel jedoch am 14. August 1485 in der Schlacht bei Bosworth Field. Nach dreißig blutigen Jahren war der Erbfolgekrieg beendet. Heinrich VII., Tudor und beiden Häusern durch recht undurchsichtige Beziehungen verbunden, heiratete Edwards Tochter Elisabeth von York und bestieg als Außenseiter den Thron. Sein Sohn Heinrich VIII., später berühmt durch seine undogmatisch vollzogenen Scheidungen (u.a. mittels Schafott), übernahm die rotweiße Tudor-Rose als Symbol der Vereinigung beider Häuser in sein Wappen. Als »York-und-Lancaster-Rose« soll *Rosa* x *damascena* 'Versicolor' (nicht zu verwechseln mit 'Rosa Mundi', auch *Rosa gallica* 'Versicolor' genannt), an deren Strauch der Legende nach der Streit in den Temple Gardens seinen kriegerischen Anfang genommen haben soll, an diese geschichtsträchtigen Ereignisse erinnern. (Dennoch handelt es sich bei dieser Geschichte wohl um eine Sage, da die »York-und-Lancaster-Rose« erst 1551 in einem Buch von Monardes beschrieben wird, also über siebzig Jahre nach dem Ende der Rosenkriege.) Die Tudor-Rose, die stilisiert als kleine weiße auf einer größeren roten Rose dargestellt wird, ziert noch heute das Wappen des englischen Königshauses.

Rosen, die nie verblühen: Rosen in der Kunst

Der Ruf als Blume der Götter des Genusses (Bacchus) und der Liebe (Venus, Aphrodite), der der Rose bereits seit der Antike anhaftete, ließ sie dem frühen Christentum als lasterhafte Blume erscheinen. Erst im Mittelalter wurde sie zur christlichen Symbolpflanze. In einem langen Prozeß wandelte sie sich zur »mystischen« Rose, der geheimnisvollen Rosa my-

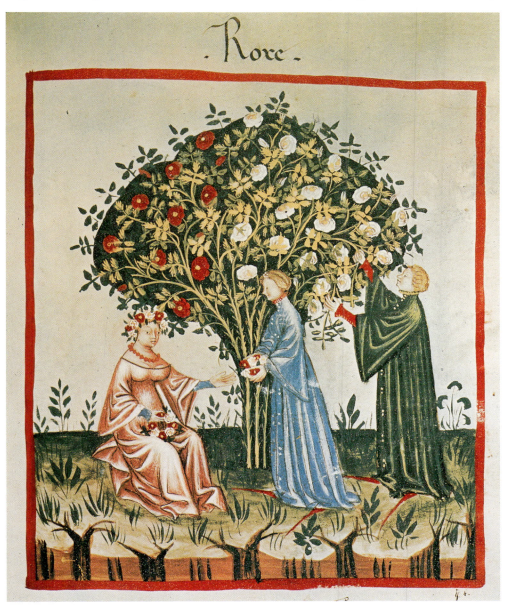

Italienische Buchmalerei (Handbuch der Cerruti).

KULTUR UND GESCHICHTE

stica. Als Sinnbild Mariens existierte nun eine Rose, die es in der Natur eigentlich nie gab. Die weltliche, irdische Seite der Rose blieb jedoch, parallel zur Reinheitssymbolik, immer erhalten (siehe »Die Rose als erotisches Symbol«, Seite 18). Botticelli stellte beispielsweise im 15. Jahrhundert die Rose immer noch als Blume der Venus dar; sie steht auch als Allegorie des Frühlings im Mittelpunkt seines gleichnamigen Werkes (siehe Bild Seite 16).

... in der Malerei

Die Rose als Symbol sowohl der Reinheit als auch der Schmerzen Marias hielt insbesondere über die Freskenmalerei Einzug in Kathedralen und Kirchen. Taddeo Gaddi, der Anfang des 14. Jahrhunderts auf einem Fresko einen Rosenstock abbildete, war auch einer der ersten, der eine Rose in einer Vase malte.

Als Martin Schongauer 1473 in Colmar sein Bild »Maria im Rosenhag« vollendete, hatte sich die Darstellungsweise der Rosen von einer rein stilistischen zu einer wirklichkeitsgetreuen Wiedergabe gewandelt. (Dennoch blieb die »Rosa mystica« trotz detailgenauer Abbildung ihrem Namen treu, denn den Botanikern gibt die Schongauer Rose mit ihren ovalen Blättern, feurig roten Blüten, schlanken Knospen und langen Kelchblättern bis heute zahlreiche Rätsel auf: Welche reale Rose dieser von Wildrosen wie *Rosa gallica* dominierten Epoche könnte damit gemeint sein?) Der Rosenhag als Ganzes gilt als Allegorie des Paradieses und verbindet das Antlitz Marias mit der Reinheit und Schönheit der Rose.

Ab dem späten 16. Jahrhundert findet man die Rose als Zentralthema zahlreicher Stilleben. Vor allem die flämischen und niederländischen Maler brachten diese Kunstform der Darstellung unbelebter bzw. lebloser Gegenstände, meist Blumen, Früchte und Gerätschaften, zur Hochblüte. Ambrosius Bosschaert, Jan Bruegel (viele Stilleben mit Rosen), Jan Davidsz de Heem, Jacob Marell, Rachel Ruysch und Gerrit van Spaendonck (der Lehrer Pierre Joseph Redoutés) seien exemplarisch genannt. Heute ist die Symbolik dieser Bilder ohne besondere Vorkenntnisse nicht mehr so leicht nachvollziehbar wie zum Zeitpunkt ihrer Entstehung. Die Zeitgenossen der Künstler wußten jedoch, daß beispielsweise weit aufgeblühte Rosen in zerbrechlichen, gläsernen Vasen die Vergänglichkeit der Schönheit und des Lebens symbolisierten.

Die bedeutenden Maler jener Zeit stellten die Rosen teilweise so genau dar, daß ihre Bestimmung noch heute gut möglich ist: Die gestreifte *Rosa gallica* 'Versicolor' ziert ebenso wie *Rosa foetida* ab der Mitte des 17. Jahrhunderts zahlreiche Werke.

Feuerrote Rosen, die es eigentlich noch nicht gab: Martin Schongauers berühmtes Bild »Maria im Rosenhag« (Ausschnitt).

Redouté – Raffael der Rose

Pierre-Joseph Redouté gilt als legendärer Rosenmaler, der im Bereich der Pflanzenillustrationen ein monumentales Werk hinterließ.

Redouté wurde am 10. Juli 1759 in Saint Hubert in den belgischen Ardennen als jüngstes von sechs Kindern geboren. Sein Vater war Berufsmaler, allerdings ohne For-

Rosen in der Kunst

tune und mit bescheidenem Einkommen. Doch vom Beruf des Vaters gingen für den Sohn entscheidende Impulse aus.

Früh erkannte man sein Maltalent, denn bereits als Fünfjähriger zeichnete er mit großer Begabung. Als junger Mann unterstützte er in Paris zunächst seinen Bruder, der als Maler an großen Bühnenkulissen arbeitete. In seiner Freizeit skizzierte Redouté Pflanzen in den königlichen Gärten. Durch den Verkauf einiger dieser Arbeiten wurde der Amateurbotaniker und hauptberufliche Richter L'Heritier auf ihn aufmerksam. Der reiche Gönner führte Redouté in das Wesen der Pflanzen ein, gewährte dem Talent freien Zugang zu seiner Bibliothek und stattete ihn mit Aufträgen aus. Die Karriere des »Raphael des fleurs« nahm ihren Lauf.

Seine Arbeit ließ den inzwischen schon recht bekannten Redouté mit verschiedenen Persönlichkeiten seiner Zeit zusammentreffen. Er lernte auch den Hofmaler Gerrit van Spaendonck kennen und entlastete ihn von der lästigen, wenig lohnenden Botanik-Malerei, zu der Spaendonck als Professor für Pflanzenmalerei am Pariser Jardin du Roi verpflichtet war. Spaendonck konzentrierte sich lieber auf die lukrativen Auftragswerke für reiche Bürger und ebnete Redouté dadurch letztendlich den Weg zum offiziellen Hofmaler – zunächst unter Königin Marie-Antoinette, später unter Kai-

> Kaiserin Joséphine wurde am 23. Juni 1763 geboren. Mit 16 Jahren kam sie nach Paris, wo sie den Vicomte de Beauharnais heiratete. Das Paar bekam zwei Kinder. Beauharnais endete 1794 auf der Guillotine, sein Vermögen blieb seiner Frau jedoch erhalten. Auf einem Ball lernte Marie-Josèphe-Rose Tascher de la Pagerie, so ihr eigentlicher Name, Napoleon kennen. Beide heirateten 1796. Zwei Jahre später erwarb Napoleon für Joséphine, wie er sie nannte, das Schloß Malmaison.
> Kaiserin Joséphine interessierte sich leidenschaftlich für Gärten und begann nach dem Vorbild englischer Gärten, eine unglaubliche Pflanzensammlung aufzubauen. Aus der ganzen Welt wurden grüne Kostbarkeiten herangeholt; die berühmtesten Botaniker der Zeit standen in ihren Diensten. Einer ihrer Spezialisten, der irische Gärtner John Kennedy, besaß in den Kriegsjahren sogar eine Blanko-Vollmacht, mit der er unbehelligt die Fronten passieren konnte, um die Pflanzensuche und den Pflanzeneinkauf ungehindert fortsetzen zu können.
> Überhaupt profitierte Joséphine von den Kriegen ihres Gatten. Napoleons Kriegsschiffe brachten so manche exotische Pflanzenpracht nach Frankreich. Nicht ohne dafür den Respekt des britischen Feindes zu genießen: Nach ihrem Sieg in der Schlacht von Trafalgar gewährten die Briten für die auf den beschlagnahmten französischen Schiffen ge-

Die berühmteste Rosensammlerin ihrer Zeit: Kaiserin Joséphine.

> fundenen Pflanzen und Sämereien freies Geleit nach Malmaison.
> Die Rosen hatten es der Kaiserin besonders angetan. André Dupont legte für sie einen Rosengarten an, der alle damals bekannten Rosensorten beherbergte. Damit nannte Joséphine die größte Rosensammlung ihrer Zeit ihr eigen.

Typischer Farbpunktierstich einer Gallica-Hybride aus Redoutés Mammutwerk »Les Roses«.

serin Joséphine. Allerdings arbeitete Redouté, der alle Wirren der Französischen Revolution vollkommen unbeschadet überstand, am Hofe vorerst als »Designer« für die kaiserlichen Strickarbeiten. Noch war er nicht der berühmte Rosenmaler, als der er bis heute bekannt ist.

Unter den Botanikern im kaiserlichen Dienst befand sich auch E. P. Ventenat, der Redouté bat, seine Pflanzenaufstellungen zu kolorieren. Die Kaiserin unterstützte Redouté bei diesem Unterfangen und leitete damit seine ergiebigste Schaffensperiode ein. Es entstand sein bis dahin größtes Werk, »Les Liliacées«, das er Joséphine widmete.

Erst danach nahm er die Arbeit an »Les Roses« auf. Oft ist zu lesen, daß Joséphine ihn dazu bewogen hätte – leider eine Legende. Denn als der erste von drei »Les Roses«-Bänden erschien, war die Kaiserin bereits seit drei Jahren tot. Auch standen für die Illustrationen nicht die Rosen des kaiserlichen Gartens von Malmaison, sondern vornehmlich solche aus Pariser und Versailler Gärten Modell. Redouté und der Botaniker Claude Antoine Thory, der die Texte verfaßte, betonten zudem ausdrücklich die Mithilfe berühmter Baum- und Rosenschulen ihrer Zeit – z.B. Bosc, Dupont, Vilmorin und Noisette. Man muß also davon ausgehen, daß Redouté in seinem berühmten Werk – entgegen aller Erzählungen – nicht die Rosen der Kaiserin Joséphine dargestellt hat.

Redouté genoß das Leben und gab das Geld schneller aus, als er es verdiente. Trotz eines Jahreseinkommens von 18 000 Franken, mit dem ihn Joséphine versehen hatte, wuchsen seine Schulden zusehends. Dazu trugen die Unterhaltung seiner teuren Pariser Wohnung und seines Landgutes in Fleury-sous-Meudon entscheidend bei. Selbst als er 1828 die Originalzeichnungen von »Les Roses« für 30 000 Franken verkaufen konnte, war dies nur ein Tropfen im Meer der Gläubigerforderungen.

Über den Tod des achtzigjährigen Redouté schreibt Gerd Krüssmann in »Rosen, Ro-

KULTUR UND GESCHICHTE

sen, Rosen«: »Wie so viele Künstler früher und heute lebte er (Redouté) in den Tag hinein und dachte nicht an die Zukunft. So war er im Alter mittellos und mußte weitermalen, um leben zu können... Am 19. Juni 1840 war er gerade dabei, eine Lilie zu malen, die ihm ein junger Schüler gebracht hatte, als sein Herz plötzlich aussetzte. Er senkte sein Haupt, schloß die Augen, um sie nicht wieder zu öffnen.«
Der Erfolg und die Berühmtheit der Zeichnungen Redoutés sind bis heute ungebrochen. Unzählige Gegenstände, von der Serviette über das Geschenkpapier bis zum Kalender, zieren seine zeitlosen Illustrationen.

Anne Marie Trechslin: Seit Redouté wurden zahllose Zeichnungen und Aquarelle von Rosen angefertigt. Auf sie alle einzugehen, ist an dieser Stelle nicht möglich. Erwähnt werden sollen jedoch die ab den sechziger Jahren unseres Jahrhunderts erschienenen, fantastischen Rosenaquarelle der Schweizerin Anne Marie Trechslin.

Botticellis »Der Frühling« (um 1477/78) zeigt die Rose als Allegorie dieser Jahreszeit.

■ ... in der Musik

»Musik selbst hat keinen Inhalt. Sie ist, als Kunst in der Zeit, lediglich Struktur. Sie kann daher auch keine Rose »ausdrücken«. Im Zusammenhang mit sprachlichen Elementen ist die Musik nur »Dienerin«. Sie kann keine Rose malen, ihren Duft nicht darstellen, ihre Symbolik nicht wiedergeben. Im Einklang mit dem Text kann sie aber die sinnliche Wirkung der Sprache vertiefen.« So eine sachlich-nüchterne, wenig rosig-romantische Analyse des Musikhistorikers Nowottny.
Auch in der Musikfassung eines der bekanntesten deutschen Gedichte, dem 1771 von Goethe verfaßten »Heideröslein«, verschmelzen Dichtung und Musik zu einer sich gegenseitig verstärkenden Einheit: »Sah ein Knab ein Röslein stehn, Röslein auf der Heiden; war so jung und morgenschön, lief er schnell es anzusehn...«
Rosen in der Musik – das geht oft mit der Verehrung der »holden Weiblichkeit« einher. In seiner Operette »Gasparone« läßt der Österreicher Karl Millöcker den Tenor singen: »Was mein Herz empfindet, sagen ich's nicht kann, dunkelrote Rosen deuten Zartes an. Ein tief verborgner Sinn liegt in den Blumen drin, gäb's nicht die Blumensprache, wo kämen Verliebte hin. Fällt das Reden schwer, müssen Blumen her, denn was man nicht zu sagen wagt, man durch die Blume sagt. Was mein Herz empfindet, wissen Sie genau, dunkelrote Rosen bring ich, schöne Frau...«
Der irische Dichter Thomas Moore beschreibt »die letzte Rose des Sommers«, die sich vertont in Friedrich von Flotows Oper »Martha« wiederfindet: »Letzte Rose, wie magst Du so einsam hier blühn, Deine lieblichen Schwestern sind längst schon, längst schon dahin...«.
In den USA, genauer gesagt in Süd-Texas, wird mit dem Lied »Yellow Rose of Texas« (Gelbe Rose von Texas) eine Volksheldin besungen. Botanisch gesehen soll es sich dabei um *Rosa x harisonii*, eine Arthybride mit hellgelben, halbgefüllten Blüten, handeln: »She's the sweetest little rosebud that Texas ever knew, her eyes they shine like diamonds, they sparkle like the dew. You may talk about Clementine, and sing of Rosalie, but the Yellow Rose of Texas is the only girl for me...«
Die musikalische Symbolkraft der Rose reicht bis in die moderne Rockmusik hinein. Beispielhaft sei der ambitionierte Song »Róisín Dubh« (Schwarze Rose) der Rockgruppe Thin Lizzy genannt. Gary Moore schrieb die Musik, der Text stammt von dem irischen Rockmusiker Philip Lynott, der sich von einem gälischen Gedicht des Lyrikers James Clarence Mangan (1803–1849), »My Dark Rosaleen«, inspirieren ließ. Wie Mangan benutzt Lynott die Schwarze Rose, eben »My Dark Rosaleen«, als Symbol für Irland und taucht in Mythen und Legenden seiner Heimat ein. Das Cover der Langspielplatte »Black Rose« ziert eine auf die leidvolle Geschichte Irlands anspielende, symbolträchtige Zeichnung des Künstlers Jim Fitzpatrick, die eine schwarz-violette Rose zeigt, aus deren Innerem Blutstropfen über die Blütenblätter nach außen perlen.

■ ... in der Literatur

»Habt Ihr nicht in unserem Garten etwas gehört, das Euch besonders auffallend war?« fragte er.
»Den Vogelgesang«, sagte ich plötzlich.
»Ihr habt richtig bemerkt«, erwiderte er.
»Die Vögel sind in diesem Garten unser Mittel gegen Raupen und schädliches Ungeziefer. Diese sind es, welche die Bäume, Sträucher, die kleinen Pflanzen und natürlich auch die Rosen weit besser reinigen, als es Menschenhände oder was immer für Mittel zu bewerkstelligen imstande wären. Seit diese angenehmen Arbeiter uns Hilfe leisten, hat sich in unserem Garten so wie im heurigen Jahre auch sonst nie mehr ein

Rosen in der Kunst

Raupenfraß eingefunden, der im geringsten bemerkbar gewesen wäre.«
Adalbert Stifter – bekannter Romandichter des vorigen Jahrhunderts, für den »nur die Naturdinge ganz wahr sind« – offenbarte sich in seinem Roman »Nachsommer« bereits vor fast 150 Jahren als Biogärtner par excellence. Im »Nachsommer« wie auch in anderen Stifterschen Erzählungen erscheint die Rose als wichtiges Leitmotiv. In einem ausdrucksstarken, »malerischen« Stil greift Stifter die Rose weniger in der exakten Beschreibung konkreter rosiger Details oder gar in der Wiedergabe von Arten oder Sorten auf, sondern, wie viele seiner Dichterkollegen vor ihm, als Sinnbild. Alle folgten sie Goethes Motto: »Über Rosen läßt sich dichten, in die Äpfel muß man beißen.«
Sicher ist die Rose die am häufigsten in der Dichtkunst verewigte Blume. Die schon erwähnte griechische Dichterin Sappho, die im 7. Jahrhundert v. Chr. lebte, schrieb: »Wenn Zeus den Blumen eine Königin geben wollte, müßte die Rose diese Krone tragen.« Der Grundstein für die Bedeutung der Rose als »Königin der Blumen« war damit gelegt.
Beliebtestes Buch des mittelalterlichen Frankreich war der allegorische »Roman de la Rose«, der etwa um 1230 von Guillaume de Lorris begonnen und einige Jahre später von Jean de Meun abgeschlossen wurde. In nicht weniger als 22817 Versen wird quasi eine Enzyklopädie des mittelalterlichen Wissens aufgerollt, die Denken und Dichtung der damaligen Zeit entscheidend beeinflußte. Im »Roman de la Rose«, der sich um einen Traum des zwanzigjährigen Dichters Guillaume dreht, spielt die Allegorie eine bedeutende Rolle. Der junge Dichter träumt, er käme als vollendeter Ritter zu einem Liebesgarten, der von einer hohen Mauer umgeben ist. Im Garten erblickt er im Brunnenwasser das Spiegelbild einer herrlichen Rose – Sinnbild der damenhaften Geliebten. In Versform wird neben vielem anderen detailreich aufgeführt, auf welche Art er sich der Geliebten zu nähern habe: nämlich in Treue, Respekt und Freigiebigkeit, wie ihn aber personifizierte »Gefahr«, »Üble Nachrede«, »Scham« und »Furcht« vergebens zu vertreiben suchen. Auch die »Vernunft«, in Form einer stolzen Dame erscheinend, kann ihm die Geliebte nicht ausreden. Nach weiteren Kämpfen, beschrieben in Tausenden von Versen voller Philosophie und Gelehrsamkeit, siegt die Liebe, der Jüngling darf die Rose pflücken.
In der materiellen Neuzeit des 19. und 20. Jahrhunderts blieb vom Mythos der Rose nicht mehr sehr viel übrig. Kitsch und Kommerz haben ihn zunehmend entzaubert. Dies bedauert auch Antoine de Saint-Exupérys kleiner Prinz:

»Die Menschen bei dir zu Hause, sagte der kleine Prinz, züchten fünftausend Rosen in ein und demselben Garten... und doch finden sie dort nicht, was sie suchen.
Sie finden es nicht, antwortete ich.
Und dabei kann man das, was sie suchen, in einer einzigen Rose oder einem bißchen Wasser finden.
Ganz gewiß, antwortete ich.
Und der kleine Prinz fügte hinzu:
Aber die Augen sind blind. Man muß mit dem Herzen suchen.«

■ ... im Kirchenbau

Vollendete Meisterwerke der Kunst der Glasmalerei sind die ab dem 11. Jahrhundert entstandenen, großen stilisierten Fensterrosen in den gotischen Kathedralen. Vor allem von Frankreich ging die Tradition der Fensterrosetten aus und verbreitete sich in Europa: von Amiens, Chartres, Laôn, Reims, der Pariser Notre Dame über Straßburg, Freiburg, Köln bis nach England (Exeter, Canterbury, York, Westminster) schmücken sie die Stirnseiten der Mittelschiffe. Die Ursprünge dieser Rosetten werden den Kreuzfahrern zugeschrieben, die durch die Rosettenfenster der Moschee des Ibn Tulun in Kairo zu der Idee angeregt worden sein könnten, diesen wunderbaren Schmuck auch in christlichen Kirchen einzusetzen.

Aber auch bei den steinernen Abbildungen von Pflanzen in den mittelalterlichen Kathedralen findet man die Rose. Lottlisa Behling beschreibt in ihrem Werk »Die Pflanzenwelt der mittelalterlichen Kathedralen« (Köln 1964, zitiert nach Krüssmann: Rosen, Rosen, Rosen) detailreich viele Einzelheiten:

◆ **Frankreich**

Amiens, Kathedrale: Rosenzweig (Mittleres Westportal, zwischen den Säulen der seitlichen Arkaden auf der rechten Seite)
Paris, Kathedrale: Giebelrose mit Marienpflanzen, Rosenblüten mit Blättern (Südquerschiff); Rose und sieben weitere Pflanzenarten (Westfassade, nördliches Nebenportal)
Reims, Kathedrale: Rosengerank über dem Haupt des Heiligen Nicasius (Nördliches Portal der Westfassade, linkes Gewände)

◆ **Schweiz**

Baseler Münster: Rosenbogen (Westfassade, Mittelportal, linke Kapitellzone)

◆ **Deutschland**

Freiburger Münster: Rosenzweig (Westportal, Türrahmen oben)
Marburger Elisabethkirche: Rosengarten (Bogenfeld des Westportals, rechte Hälfte)

Bis in die heutige Zeit hat die Rose nichts von ihrer Kraft als christliches Glaubenssymbol eingebüßt. Auch im zeitgenössischen Kirchenbau spielt sie eine wichtige Rolle. Ein Beispiel dafür ist das Rosenfenster im 1969 erbauten Mariendom von Neviges/Velbert. Insbesondere an sonnigen Tagen zieht das feurige Rot der Fensterrose jeden Besucher in seinen Bann.

Fensterrose der Westfassade der gotischen Kathedrale in Chartres.

Kultur und Geschichte

Die Rose als gestenreiches Symbol: Laßt Rosen sprechen

Wortgeschichtlich geht der Begriff Symbol auf das griechische Wort *symballein* zurück, das »zusammenwerfen« bedeutet. Im Symbol, dem Sinnbild, sind zwei Dinge so zusammengeworfen, daß sie nicht wieder getrennt werden können: Sichtbares und Unsichtbares, Reales und Irreales.

Wie keine andere Pflanze hat die Rose, ihre Blütenform, ihre Blütenblätter, ihr Duft und ihre Stacheln die Menschen immer wieder dazu animiert, sie als Symbol für vielerlei Dinge zu verwenden; die Geschichte der Rose als Symbol für Liebe und Schönheit ist fast so alt wie die menschliche Kulturgeschichte selbst.

Ihre in zahlreichen Völkern und Kulturen verwurzelte Symbolkraft ist einzigartig: Was es beispielsweise bedeutet, wenn eine einzelne rote Rose als Geschenk überreicht wird, weiß jedes Kind.

Sprache der Rosen: Aus der Symbolik der Rosen heraus entstand die Sprache der Rosen. Zunächst im Orient ersonnen, übernahmen und verfeinerten in Europa Franzosen und Engländer die Sitte, mit Hilfe von Rosen und anderen Pflanzen Botschaften zu übermitteln. Einen Höhepunkt erreichte diese Mode zur Zeit Königin Viktorias. Damals wurden zahlreiche Bücher zu diesem Thema veröffentlicht, die meist auf das Werk »Le Langage des fleurs« von Madame de la Tour zurückgingen.

Im Mittelpunkt dieser Botschaften stand, wie nicht anders zu erwarten, die Liebe. Jedem Teil der Rose kam eine ganz besondere Symbolik und Wertung zu. Stacheln ließen Gefahr erahnen, Blätter verhießen Hoffnung. Stachellose, aber belaubte Rosentriebe standen für eine Liebe voller Hoffnung und Vertrauen. Stellte man diesen Stiel auf den Kopf, signalisierte man das Gegenteil.

Aber nicht nur die Rose an sich barg vielerlei Zeichen, auch die Art und Weise, wie sie überreicht und angenommen wurde, war symbolträchtig. Die Rose nach rechts gebogen bedeutete »Ich«, nach links »Du« oder »Sie«. Nahm die rechte Hand des Gegenübers die Rose an, konnte der Überbringer aufatmen, denn die Antwort lautete »Ja«, die linke Hand kam jedoch einem schroffen »Nein« gleich.

Eine Frau, die, an der Kleidung befestigt, eine Rose am Herzen trug, galt als verliebt, eine ins Haar gesteckte Rose mahnte zur Vorsicht, im Décolleté symbolisierte sie Freundschaft. Rote Rosen bedeuteten feurige Liebe, karminrote Trauer, rosafarbene Rosen standen sinnbildlich für Jugend oder Schönheit, weiße Rosen für schmachtende Leidenschaft oder Unschuld, gelben Rosen wurde eifersüchtige Zuneigung, teils sogar Neid oder Untreue zugeschrieben.

Auch bestimmte Rosenarten und -sorten besaßen eine genau definierte Symbolik:

- Damaszener-Rose *(Rosa x damascena)* = fortdauernde Schönheit
- Chinesische Rose *(Rosa chinensis)* = ewige Schönheit
- Fuchs-Rose *(Rosa foetida)* = Alles an Dir ist bezaubernd
- Provence-Rose *(Rosa centifolia)* = Botschafter der Liebe, Mein Herz steht in Flammen, Schlichtheit
- Hunds-Rose *(Rosa canina)* = Schlichtheit, Freude und Schmerz in einem
- Knospe der Moos-Rose = Liebesgeständnis (z.B. *Rosa centifolia* 'Muscosa')
- *Rosa multiflora* = Würde
- Moschus-Rose *(Rosa moschata)* = charmant, launische Schönheit
- *Rosa gallica* 'Versicolor' = Vielfalt
- *Rosa* x *alba* 'Maiden's Blush' = Wenn Du mich liebst, wirst Du es erfahren

Sub rosa dictum – die Rose als Sinnbild der Verschwiegenheit: Ob an Beichtstühlen, in Rathäusern, wie z.B. in Bremen, oder als Zeichen für die Geheimbünde im 17. und 18. Jahrhundert – häufig taucht die Rose als Sinnbild der Verschwiegenheit auf. Bereits 1742 erfährt man in Zedlers Universallexikon: »Vor Alters pflegte man eine Rose über die Tische zu hängen, und zwar darum, damit ein jeder, sobald er sie erblickte, eingedenk würde, daß er dasselbe, was er geheim hörte, verschweigen sollte... Sub rosa dictum, das sey unter Rose geredet.«

Ein Relikt dieses Brauchs ist die Stuckrose, die heute noch viele Decken ziert und die sich ursprünglich immer über dem Mittel-

La vie en rose: Gardinen im weltweit einzigen Rosenmuseum in Bad Nauheim-Steinfurth.

punkt des Tisches befand, an dem vertrauliche Gespräche stattfanden. Auch vergnügte man sich *sub rosa:* Der Herzog von Chartres gründete in Paris 1780 einen Rosenorden. Sein »ordre de chevaliers et nymphes de la rose« war eine Vereinigung, die geheimen, ausschweifenden Freuden frönte.

Die Rose als erotisches Symbol: Nicht von ungefähr finden sich im Wort Eros die gleichen Buchstaben wie im Wort Rose. Die Rose mit ihrem Duft und ihren Farben bot sich seit jeher als Symbol für die Weiblichkeit an, wie Dr. Aigremont in seinem 1907 erschienen Buch »Volkserotik und Pflanzenwelt« belegt: »Besonders aus einem Grund ist die Rose das geschlechtliche Symbol der Frauen geworden: wegen ihrer blutroten Farbe. Die rote Farbe hat zu allen Zeiten sexuelle und erotische Beziehungen in sich geborgen... Von den Naturvölkern wurden die Liebesglieder wie die Liebesgötter rot gemalt... Die Liebesgottheiten Tibets sind rot gestrichen. Rose und Blut stehen auch bei uns von altersher in innigsten Beziehungen... Schon im Mittelalter heißt der rote Monatsfluß der Frauen die »Rose«, auch »Monatsros«, »weibliche Rose«, »Weiberrose«... Neben der Farbe ist es der Duft, der berückende, berauschende Duft der Blume, der wohl sexuell erregen mag, wenn die Frau, wie sie von altersher getan hat, sich mit Rosenduft parfümiert... Wegen Farbe, Duft, Gestalt ward die Rose zur Königin der Blumen, ward sie zum Symbol des Weibes... So ist der Rosengarten im Mittelalter der Inbegriff aller Lust und Wonnen geworden... Die Römer übernahmen von den Griechen den erotischen Sinn der Rose. In den sinnlichen obscönen Festen der Flora zu Altrom wurden Rosen getragen...«

ROSEN HEUTE

Rose 2000 – Rosen heute

Trittfeste Symbolik: Im Steinfurther Rosenmuseum wandelt man auf einem Rosenparkettboden.

Die Rosenzüchtung könnte man als die immerwährende Suche nach der perfekten Rose bezeichnen. Viele Menschen waren und sind der Faszination dieser Suche erlegen. Obwohl der eigentliche Vorgang der künstlichen Kreuzung sich als wenig spektakulär und leicht verständlich erweist (siehe Kapitel »Rosenzüchtung« Seite 178), fällt es auf, daß die meisten erfolgreichen Profi-Rosenzüchter in einer langen Familientradition stehen und oft erst die zweite oder dritte Generation den Lohn für die eigene und die Mühe ihrer Vorfahren erhält. Der Hauptgrund dafür ist sicherlich in der Tatsache zu finden, daß der Aufbau erstklassiger Züchtungseltern für vielversprechende Kreuzungen und die Aneignung der Kenntnisse ihrer genetischen Eigenschaften vieler Jahre, wenn nicht Jahrzehnte geduldiger Arbeit bedarf. Rosenzüchtung ist keine Beschäftigung für Ungeduldige. Die Selektion erfolgversprechender Sämlinge gelingt nur mit Hilfe eines geübten Auges und jahrelanger Erfahrung.

■ Anmerkungen zu einigen berühmten Rosenzüchtern

Doch neben Erfahrung, Fleiß und Ausdauer gehört auch die notwendige Portion Glück dazu, einen großen Treffer zu landen. Und zahlreiche, fleißige Mitarbeiter, die die züchterische Sisyphusarbeit der Abertausenden von Kreuzungen leisten.

In Deutschland weisen die Rosenfirmen W. Kordes' Söhne aus Klein Offenseth-Sparrieshoop, Strobel & Co. aus Pinneberg (als deutscher Repräsentant der französischen Firma Meilland) und Rosen Tantau aus Uetersen als namhafte Züchter neuer Sorten eine lange Tradition auf. Die genossenschaftliche Vereinigung der Rosen-Union im hessischen Steinfurth spielt bei der Einführung neuer Sorten bekannter ausländischer Züchter ebenfalls eine nicht unwesentliche Rolle. »Newcomer« sind Züchter wie Karl Hetzel, der u.a. mit 'Super Dorothy'® und 'Super Excelsa'® sehr erfolgreich ist, sowie Werner Noack, der »Shooting Star« aus Gütersloh.

W. Kordes' Söhne

Am 1. Oktober 1887 gründete Wilhelm Kordes I. eine »Kunst- und Handelsgärtnerei«, die sich bereits nach wenigen Jahren auf die Anzucht von Rosen konzentrierte. Sein ältester Sohn, Wilhelm Kordes II., und dessen Bruder Hermann Kordes II. führten das Unternehmen als »Wilhelm Kordes' Söhne« zu Weltruf. Wilhelm Kordes II. kann ohne Übertreibung als einer der erfolgreichsten Rosenzüchter dieses Jahrhunderts bezeichnet werden. Sorten wie 'Crimson Glory', 'Dortmund'®, 'Flammentanz', 'Kordes Sondermeldung' und 'Raubritter', um nur einige wenige zu nennen, gehen auf ihn zurück. Ab etwa 1955 übernahm Reimer Kordes, Wilhelms Sohn, die Züchtung: Nicht minder erfolgreich schuf auch er zahllose Klassiker. Als Beispiele sei auf die bis zum heutigen Tag dominierenden Strauchrosensorten 'Bischofsstadt Paderborn'®, 'Lichtkönigin Lucia'®, 'Schneewittchen'® und 'Westerland'® verwiesen, die den Namen Kordes quasi zum Synonym für die Gruppe der Strauchrosen werden ließen. Wilhelm Kordes III., Reimer Kordes' Sohn, trat 1977 in den Betrieb ein und setzte die züchterische Arbeit fort. Zahlreiche nationale und internationale Auszeichnungen krönen bisher seine Arbeit. Wilhelm Kordes III. ist einer der profundesten Rosenkenner seiner Generation in Deutschland.

Rosen Tantau

Am 6. Januar 1906 gründete Mathias Tantau sen. eine Baumschule. Ähnlich wie Wilhelm Kordes I. entwickelte Tantau eine ausgeprägte Vorliebe für Rosen und deren Zucht mit der Folge, daß etwa ab 1918 die

---

Rosen und junge Mädchen werden im Volksmund oft in Parallelen zueinander gesetzt: »Die reinste Rose, die in Dornen fällt, ritzt ihr Blatt« = die Gemeinschaft mit Gemeinem schädigt das reinste Mädchen. Oder »die schönste Rose wird endlich zur Hagebutte« = jedes noch so schöne Mädchen wird einmal dick und häßlich....

Die Warnung an die Eltern, die Verheiratung ihrer Kinder nicht allzusehr hinauszuzögern, heißt im Sprichwort: »Man muß die Rose auf dem Stiel nicht verwelken lassen« oder »Man muß die Rosen pflücken, wenn sie blühen« (= geschlechtsreife Mädchen sollen verheiratet werden)....

Andere, leicht anrüchige Dinge umschreibende rosige Ausdrücke sind »Rosengarten«, »Rosenplan«, »Rosengasse«, »Rosenwinkel«: Es sind Stadtgegenden mittelalterlicher und teilweise auch noch moderner Städte, in denen Freudenmädchen oder öffentliche Dirnen wohnen. »Rosengäßler« nannte man die Besucher dieser Orte. Sehr drastisch heißt in Erfurts berüchtigter Rosengasse ein Haus »Zur großen Rose«, womit deutlich auf ein Geschlechtsteil hingewiesen wird. In Frankfurt a. M. trugen die Prostituierten früherer Zeiten die Rose sogar als Abzeichen.

Als Liebesorakel benutzte man Rosenblätter, die man wie Schiffchen auf dem Wasser schwimmen ließ; schwammen die Schiffchen von Jungfrau und Jüngling aufeinander zu, so würden sie sich verloben und/oder einander treu bleiben, schwammen sie voneinander weg, so bedeutete dies die Trennung.

Auf Rosen gebettet: Rosensessel im Rosenmuseum Steinfurth.

19

Kultur und Geschichte

'Montana'® – bewährter Beetrosen-Klassiker aus der Züchterwerkstatt von Rosen Tantau.

'Schneewittchen'® – einer der vielen großen Erfolge von Reimer Kordes. Sie wird Millionen Rosenfreunden eine bleibende Erinnerung an den im Frühjahr 1997 verstorbenen Rosenzüchter sein.

Königin der Blumen uneingeschränkt im Mittelpunkt seines Wirkens stand. 'Garnette', 'Märchenland', 'Tantaus Überraschung' und viele mehr entwickelten sich zu züchterischen Triumphen. 1953 übernahm Mathias Tantau jun. die Rosenzüchtung und erzielte spektakuläre Ergebnisse. 'Super Star'® beispielsweise wurde aufgrund ihrer bisher nicht gekannten, einmaligen salm-orangenen Farbe zu einer Sensation in der Rosenwelt. Weitere Tantau-Schlager sind 'Pariser Charme', 'Duftwolke'®, 'Mainzer Fastnacht'®, 'Whisky'® und 'Montana'®. Zahlreiche hervorragend duftende Rosen sind untrennbar mit dem Namen Tantau verbunden. 1985 gingen Firmengeschick und Rosenzüchtung in die Hand des langjährigen Mitarbeiters Hans Jürgen Evers über. Erfolgreiche Neuzüchtungen wie 'Diadem'® und 'Monica'®, die dem erwerbsmäßigen Anbau von Freilandschnittrosen in den achtziger Jahren in Deutschland zu einer Renaissance verhalfen, sind sein Werk.

Strobel & Co./Meilland

Seit fast einem halben Jahrhundert fungiert die Firma Strobel & Co. als deutscher Generalvertreter der französischen Rosenzüchter-Dynastie Meilland-Richardier, so daß die Geschichte beider Firmen eng miteinander verknüpft ist. Bereits Ende der vierziger Jahre knüpfte Gustav Strobel die entscheidenden Kontakte zu Francis Meilland, dem Züchter so berühmter Rosen wie 'Gloria Dei' und 'Baccara'®. Doch nicht nur als Schöpfer dieser Rosenklassiker, sondern auch wegen seiner Verdienste im Kampf um den Urheberschutz neuer Rosensorten bleibt Francis Meilland unvergessen. Er war maßgeblich daran beteiligt, die entsprechenden gesetzlichen Regelungen zu erkämpfen – zum Nutzen aller Rosenzüchter. Von ihm stammt der treffende Vergleich zwischen Rosenzüchtern und Autoren: Er habe noch nie von einem Autor gehört, der sein Buch in einem einzigen Exemplar verkauft und der ganzen Welt dann erlaubt hätte, es kostenlos nachzudrucken.

Am 15. Juni 1958 starb Francis Meilland, der unheilbar an Krebs erkrankt war, mit nur 46 Jahren. In seinen letzten Lebensmonaten ordnete er, in Kenntnis der ihm noch verbleibenden kurzen Lebensspanne, gelassen persönliche wie betriebliche Dinge und wies insbesondere seinen damals erst siebzehnjährigen Sohn Alain unter großer körperlicher Anstrengung noch in die Rosenzüchtung ein. Wohl auch in dem Wissen, daß seine Frau Marie Louise – kurz Louisette genannt und die erfolgreichste Rosenzüchter*in* überhaupt – für Alain Meilland in den folgenden Jahren aufgrund ihrer umfassenden Kenntnisse eine entscheidende Stütze in der Rosenzüchtung sein würde. Weltweite Erfolge des jungen Rosenzüchters in den folgenden Jahren – u.a. 'Sonia'®, 'Carina'®, 'Papa Meilland'®, 'Starina' und später 'Bonica'® – sicherten die Zukunft der Rosenzüchterfamilie.

Früh hatte Francis Meilland ein weltweites Netz ausländischer Repräsentanten aufgebaut. Ihm war klar, daß für die Rosenzüchtung an der Côte d'Azur zwar ideale Bedingungen aufgrund der Lichtverhältnisse herrschten, die Selektion der Sorten jedoch vor Ort im jeweiligen Land der Verwendung erfolgen mußte. Für Deutschland übernahm die Baumschule Strobel & Co. in Pinneberg diese Aufgabe. Zünglein an der Waage, die entscheidet, welche Sorte wann am deutschen Markt eingeführt wird, ist – seit dem Tode von Gustav Strobel 1979 – Klaus-Jürgen Strobel, Jahrgang 1931 und ein in Fachkreisen hochgeschätzter Gesprächspartner. (Daß er eine Koryphäe auf seinem Gebiet ist, hört der bescheidene und menschlich loyale Rosenkenner nicht gerne – es sollte aber keinesfalls unerwähnt bleiben.)

ROSEN HEUTE

'Heidetraum'® – Werner Noacks großer Wurf ist eine der weltweit erfolgreichsten Gartenrosen der letzten Jahre. Im englischsprachigen Raum wird sie unter der Marke 'Flowercarpet' angeboten.

'Abraham Darby'® – eine der schönsten Englischen Rosen des Züchters David Austin.

Werner Noack

Werner Noack, Jahrgang 1927 und seit 1948 in Gütersloh ansässig, ist der erfolgreichste »Newcomer« der deutschen Rosenzüchter. Seit den achtziger Jahren macht er als »Abräumer« bei der ADR-Rosenprüfung Furore (siehe Seite 163), zahlreiche ADR-Rosenprädikate sind der Erfolg für über vierzig Jahre geduldige Züchtungsarbeit. Der internationale Durchbruch gelang ihm 1988 mit der Weltrose 'Heidetraum'®.

Insbesondere den Flächen-, Beet- und Strauchrosen gilt Noacks Vorliebe. Trotz der immensen Erfolge der Firmen Tantau, Kordes, Rosen-Union und Strobel/Meilland auf diesem Gebiet erzielte und erzielt Werner Noack verschiedene Sorten, die »noch ein kleines bißchen besser« sind. Möglich wird dies dadurch, daß sich Noack bei seinen züchterischen Bemühungen von Anfang an auf robuste Gartenrosen konzentrierte. Immer auf der Suche nach der pflegeleichten Rose, behandelt er seine Selektionsfelder schon seit Jahrzehnten grundsätzlich nicht mit pilzabtötenden Pflanzenschutzmitteln.

Sohn Reinhard, mittlerweile Inhaber der Firma, wird in den nächsten Jahren sicher noch weitere gesunde Noack-Rosen aus dem züchterischen Schatzkästchen seines Vaters herausziehen und der Öffentlichkeit präsentieren. Fachwelt und Rosenfreunde erwarten gespannt die weitere Entwicklung.

'Bonica'® – eine Meilland-Züchtung mit bester Frosthärte.

Kultur und Geschichte

Weitere Rosenzüchter

Rosenzüchter sind auf der ganzen Welt aktiv. Nachfolgend eine Auswahl weiterer berühmter Rosenzüchter und einige ihrer Erfolge:

David Austin (Großbritannien):
'Heritage'®, 'Graham Thomas'® (siehe auch den Abschnitt »Englische Rosen«, Seite 122)

Alexander Cocker (Großbritannien):
'Alec's Red'®, 'Silver Jubilee'®

Georges Delbard (Frankreich):
'Centenaire de Lourdes'

Gijsbert de Ruiter (Niederlande):
'Minimo'-Topfrosenserie

Jack Harkness (Großbritannien):
'Yesterday'®, 'Red Yesterday'®

Sam McGredy (Neuseeland):
'Piccadilly'®, 'Händel'®

Ralph Moore (USA):
'Gelbe Dagmar Hastrup'®, zahlreiche Zwergrosensorten

Susumu Onodera (Japan):
'Heideröslein Nozomi'®

Niels Dines Poulsen (Dänemark):
'Royal Dane'®, 'Shalom'®

Jackson & Perkins – die größte Rosenschule der Welt

Mit jährlich 15 Millionen Rosenveredlungen vertritt die amerikanische Rosenschule Jackson & Perkins, kurz J & P genannt, heute den Superlativ auf dem weltweiten Rosenmarkt.

Der Anfang der Firmengeschichte geht zurück auf das Jahr 1872, als Charles H. Perkins mit seinem Schwiegervater Albert E. Jackson in Newark im Staat New York eine bescheidene Farm gründete. Schwerpunkt war zunächst die Obstproduktion, dann wechselte Perkins zur Baumschulerei. Dies wäre heute keine Nachricht wert, hätte Perkins nicht Alvin Miller eingestellt, der mit der Rosenzüchtung begann.

Miller erwies sich als Glücksgriff. Seine spektakulärste Züchtung gelang ihm mit 'Dorothy Perkins', einer rosafarbenen Kletterrose, die nach Perkins Enkeltochter benannt wurde. Die enorme Nachfrage bescherte der Baumschule einen gewaltigen Aufschwung; J & P waren nun in aller Munde.

Bereits 1920 wurden 250 000 Rosen in vielen Sorten verkauft. Mit dem Eintritt von Eugene Boerner und Charles H. Perkins, Neffe und Namensvetter des Gründers, begann die große Zeit von J & P. »Charlie« Perkins war der geborene Kaufmann, Boerner übernahm – nachdem er zuvor im Verkauf tätig gewesen war – die Züchtungsabteilung. Zu den damaligen Marketingaktionen des »Dreamteams« gehörte beispielsweise die Anlage eines Rosengartens in Newark, der Jahr für Jahr in den vierziger und fünfziger Jahren den Schauplatz eines zweiwöchigen Rosenfestes bildete und alljährlich mehr als 250 000 Besucher lockte. Ende der fünfziger Jahre produzierte J & P 20 Millionen Rosenpflanzen pro Jahr.

In den sechziger Jahren begann der Stern der Firma jedoch zu sinken. Perkins und Boerner hatten es versäumt, rechtzeitig eine neue Führungsgeneration aufzubauen. Als Perkins starb, mußte Boerner die Geschäftsleitung übernehmen – er blieb ohne Fortune: 1966 übernahm die Harry & David Fruit Company die weltberühmte Rosenfirma.

Mittlerweile gehört J & P zur Yamanouchi Pharmaceutical Co. Ltd. of Japan und ist wieder auf Erfolgskurs. Die Verwaltung sitzt in Medford, Oregon, die Rosenzüchtung findet im sonnigen Somis bei Los Angeles unter der Leitung von Dr. Keith Zary statt. Jährlich werden 100 000 Kreuzungen mit 350 Elternsorten durchgeführt.

Noch ein Superlativ zum Abschluß: J & P versendet jedes Jahr laut Firmenangabe 29 Millionen Kataloge; auch diese Zahl ist weltweit ohne Beispiel.

■ Rosengärten und Rosarien – lebendige Rosenmuseen

Wer im Sommer Rose satt erleben möchte, sollte zu den zahlreichen kleinen und großen Rosarien pilgern. Ein Rosarium ist eine in der Regel aus vielen Arten und Sorten bestehende Rosensammlung, deren Pflanzen mit großem Pflegeaufwand gehegt werden und meist sehr gut etikettiert sind. Den Rosarien kommt bei der Erhaltung des rosigen Sortenreichtums einige Bedeutung zu, weil etliche der dort zu findenden Sorten schon seit Jahrzehnten nicht mehr im Handel erhältlich sind. Rosarien spielen insofern eine Rolle als bedeutende »Genbank« für die zukünftige Züchtung, als man mit ihrer Hilfe auch auf alte, aber längst verschollene Zuchtlinien zurückgreifen kann.

Dem Rosenfreund bieten die Rosarien die Möglichkeit, sich über wichtige Merkmale einzelner Arten und bestimmter Sorten zu informieren, über Blütenfarbe – die sich nicht immer treffend in Katalogen abbilden bzw. beschreiben läßt –, Duft oder Wuchs einer Rose.

Was sich in Rosarien einer Beurteilung entzieht, ist die Robustheit der gezeigten Sorten. Wegen der enormen Sortenanzahl und Pflanzdichte werden die Rosen in Rosarien mehrmals jährlich mit Pflanzenschutzmitteln behandelt. Grundsätzlich gilt: Je großflächiger man Rose pur pflanzt, desto robuster sollten die gepflanzten Sorten sein. Da es sich bei Rosarien aber um Sammlungen handelt, die möglichst viele verschiedene Sorten beherbergen sollen, müssen zwangsläufig auch Sorten gepflanzt werden, die als anfällig gelten.

In Dortmund beispielsweise geht man deshalb neue Wege und versucht, durch artenreiche Pflanzungen mit Gehölzen, Stauden und Sommerblumen mehr Pflegeleichtigkeit zu erreichen. Ganz auf Pflanzenschutzmittel wird man in den Rosarien aber auch in Zukunft nicht verzichten können. Wer sich beim Besuch in einem Rosengarten in eine bestimmte Sorte verliebt hat, sollte vor einer Pflanzung in Katalogen nachschauen oder in Rosenschulen bzw. beim Züchter direkt nachfragen, ob die Sorte dafür geeignet ist, auch im eigenen Garten mit einem vertretbaren Pflegeaufwand eingesetzt werden zu können.

Nachfolgend eine europaweite Auswahl sehenswerter Anlagen:

◆ Deutschland

Baden-Baden: In der Kurstadt befinden sich zwei Rosengärten: die Gönneranlage (benannt nach dem ehemaligen Baden-Badener Oberbürgermeister) in der Lichtentaler Allee (u. a. sehr viele Kletterrosen) und der Rosen-Neuheitengarten auf dem Beutig (Moltkestraße) mit seinen Anlagen für die internationale Rosenprüfung. Mehrmals im Jahr werden dort Rosen beurteilt; ein großes, aus Rosenexperten zusammengesetztes Preisgericht prämiert die schönsten Sorten. Die Rosenprüfung wurde von Walter Rieger initiiert; derzeit wird sie von

ROSEN HEUTE

Rosarien in Deutschland

1. Baden-Baden
2. Bad Nauheim-Steinfurth
3. Berlin
4. Coburg
5. Darmstadt
6. Delitzsch
7. Dortmund
8. Dreieich
9. Eltville
10. Essen
11. Eutin
12. Forst
13. Frankfurt am Main
14. Freising-Weihenstephan
15. Gelsenkirchen
16. Glücksburg
17. Hamburg
18. Hannover
19. Hof
20. Kassel
21. Klein Offenseth-Sparrieshoop
22. Lahr
23. Ludwigsburg
24. Mainau
25. Mannheim
26. Marburg
27. München
28. Pinneberg
29. Potsdam
30. Rethmar
31. Sangerhausen
32. Stuttgart
33. Trier
34. Uetersen
35. Zweibrücken

Bernd Weigel, Gartenamtsleiter und Präsident des Vereins Deutscher Rosenfreunde (VDR), geleitet. Außerdem viele Rosenpflanzungen in der Stadt.

Bad Nauheim-Steinfurth: Steinfurth ist das Herzstück eines traditionsreichen Rosenanbaugebietes in der hessischen Wetterau. Fährt man von Bad Nauheim kommend in das Rosenstädtchen hinein, liegt auf der linken Seite der frei zugängliche Rosenschaugarten der Rosen-Union, einer genossenschaftlichen Vereinigung zahlreicher Steinfurther Rosenbetriebe. Danach sind für den Rosenfreund Besuche der Schaugärten der Rosenschulen Gönewein und Heinrich Schultheis, der ältesten deutschen Rosenschule, obligatorisch. Zahlreiche weitere Betriebe, u.a. Deutschlands einzige Bioland-Rosenschule, Michel & Ruf, bieten Rosen und Artikel rund um die Rose an. Ein Besuch im **Rosenmuseum**, dem weltweit einzigen Spezialmuseum dieser Art, rundet den Ausflug ab.

Berlin: Empfehlenswert sind u.a. der Rosengarten im Großen Tiergarten, der Rosengarten im Volkspark Mariendorf und der Britzer Garten, Ort der Bundesgartenschau 1985.

Coburg: Ein kleiner, aber feiner, noch relativ junger Rosengarten steht in Coburg dem Rosenfreund offen.

Darmstadt: Ein lieblicher Rosengarten an der sogenannten »Rosenhöhe«.

Delitzsch: Ebenfalls nicht zu groß ist der Rosengarten am Wallgraben in Delitzsch, nördlich von Leipzig gelegen, der im Sommer immer einen Besuch lohnt.

Dortmund: Das Deutsche Rosarium Dortmund am Kaiserhain im Westfalenpark wurde 1969 durch den VDR (Verein deutscher Rosenfreunde) gegründet. Unter der Leitung des weltbekannten Dendrologen und Rosenfachmanns Gerd Krüssmann entstand in kurzer Zeit ein imposanter Rosengarten. Unter der Ägide von Dr. Otto Bünemann wurde im neuen »Rosengarten am Kaiserhain« der Kombination der Rosen mit anderen Freilandpflanzen breiten Raum eingeräumt. Der Kaiserhain ist für jeden Freund artenreicher Rosenverwendung eine Quelle der Inspiration und ein Fundus für Gestaltungsideen. Sehens- und gehenswert: der »Rosenweg« im Westfalenpark.

Dreieich: Burg Hayn in der Dreieich; von Lore Wirth angelegter Kräuter- und Rosengarten vor der reizvollen Kulisse einer Burg.

Eltville: Ein Ausflug in den Rheingau ist unbedingt mit einem Besuch des Rosengartens im Burggraben mit seiner imposanten Kletterrosenwand zu verbinden. Wer im Juni die acht Meter (!) hohe Kletterrose 'Tausendschön' bewundern oder den Rambler 'Bobby James' einen Lärchen-Methusalem umgarnen und erklimmen sehen möchte, sollte sich Eltville nicht entgehen lassen.

Essen: Für einen sonntäglichen Ausflug bietet sich das Rosarium im weitläufigen Grugapark an. Im Rosengarten dominieren Edel- und Beetrosen in klassisch-geometrischer Anordnung.

Eutin: Einladender Rosengarten; zahlreiche Rosen in Hausgärten und im Stadtgrün.

Forst: Der Ostdeutsche Rosengarten in der Lausitz wurde 1913 von Alfred Boese angelegt. Viele Jahrzehnte leitete der Rosenkenner und Rosenbuchautor Werner Gottschalk den Garten mit seinem umfangreichen Sortiment.

Frankfurt am Main: Der Rosengarten im Palmengarten lohnt die Reise nach Frankfurt. Der Neuaufbau Ende der achtziger Jahre folgte dem geometrischen Prinzip des Rosenparterres: Wege unterteilen das Areal in rechteckige und dreieckige Beete, Rosenhochstämme und Pergolen betonen das formale Element. Die Beete sind teilweise mit duftenden Lavendelwällen abgepflanzt. Ein Besuch zum Blütenhöhepunkt im Juni oder Juli empfiehlt sich; jährlich findet eine Rosenschau mit Preisverleihung statt. Separat sind um einen Brunnen herum zahlreiche Englische Rosen des Züchters Charles Austin gepflanzt.

Freising-Weihenstephan: Rosengarten des Sichtungsgartens (Prüfgarten), zahlreiche rosige Kombinationen mit Stauden und Ziersträuchern. Der Garten ist äußerst sehenswert für Rosenfreunde, die auch Spaß an Stauden haben.

Gelsenkirchen: Rosengarten der Bundesgartenschau 1997 mit vielen Neuheiten.

Glücksburg: Ein Meisterwerk moderner Landschaftsgestaltung ist der Schaugarten der Rosenschule Ingwer Jensen, direkt neben dem berühmten Glücksburger Wasser-

Kultur und Geschichte

'American Pillar' in Baden-Baden – eine Reise zurück zu Großmutters Rosenromantik.

Im Rosengarten Lahr kann man unter üppigen Bögen der Kletterrose 'Paul's Scarlet Climber' lustwandeln.

Das Rosenparterre im Palmengarten Frankfurt ist ab Mitte Juni ein Erlebnis für jeden Gartenfreund.

schloß. Zu sehen sind seit 1991 viele Alte und Englische Rosen in großzügiger Anordnung, mit zahlreichen Stauden und anderen Gehölzen kombiniert. Dieser Artenreichtum wurde von dem Hamburger Gartenarchitekten Günther Schulze gekonnt in Szene gesetzt. Die beste Besuchszeit liegt zwischen dem 20. Juni und Ende Juli, wenn die zahlreichen einmalblühenden Sorten ihren Blütenhöhepunkt erreichen. Wohl einer der bezauberndsten Rosengärten Deutschlands und ein Geheimtip für Kenner.

Hamburg: Parkanlage Planten un Blomen mit neuer Rosenanlage; Rosen im neuen Botanischen Garten.

Hannover: Schloß Herrenhausen, formale Anlage.

Hof: Rosen im Botanischen Garten.

Kassel: Historische Rosensammlung im Park Schloß Wilhelmshöhe, deren Ursprünge bis in Klosterzeiten des 11. Jahrhunderts nachweisbar sind. Dem Besucher bietet sich eine aufgepflanzte »Geschichte der Strauchrosen« dar sowie eine seit 1978 durch Kasseler Rosenliebhaber erneuerte Rosensammlung. Viele Wildrosen, alte Sorten, moderne Strauchrosen unter der Regie von Dr. Wernt und Hedi Grimm. Des weiteren: Rosenhang in der Karlsaue.

Klein Offenseth-Sparrieshoop bei Elmshorn: Rosenschule W. Kordes' Söhne mit Schauanlage. Über 200 verschiedene Sorten in kleinen Beeten erlauben einen direkten Sortenvergleich. Alles ist vorzüglich etikettiert, ein übersichtlicher Plan erleichtert die Suche. Beste Besuchszeit zur Hauptblüte im Juli und zur Nachblüte Ende August. Daneben können die Rosenfelder der Rosenschule Kordes jederzeit besichtigt werden. Einen aktuellen Plan, aus dem sich ersehen läßt, wo sich die Felder befinden, erhält man am Informationsstand des Rosengartens. Ein Muß für jeden Rosenfan.

Lahr: Rosengarten im Stadtpark.

Ludwigsburg: Blühendes Barock, fantastische Mischung aus barocker Architektur und edlem Rosengartenambiente. Ein Besuch ist eine Reise in eine längst vergangene, herrschaftliche Zeit.

Insel Mainau: Der ursprünglich 1871 durch Großherzog Friedrich von Baden angelegte Italienische Rosengarten bietet unzählige Anregungen zur eigenen Rosengartengestaltung; imposante »Straße der Wildrosen« und Rosenanlagen. Zahlreiche

ROSEN HEUTE

Rosen pur bieten sich dem Besucher der Insel Mainau im Sommer dar.

rosige Impulse des ehemaligen Gartendirektors und VDR-Präsidenten Josef Raff fanden ihren Niederschlag und locken jährlich zahlreiche Besucher.

Mannheim: Rosenpromenade im Luisenpark, Herzogenriedpark.

Marburg: Rosengarten im Schloßpark Marburg.

München: Rosengarten Westpark, entstanden zur Internationalen Garten-Ausstellung 1983. (Die Strauchrose 'IGA München '83'® erinnert an diese imposante Schau.)

Pinneberg: Rosengarten im Fahlt, eröffnet 1934. Eingebettet im Stadtwald der Stadt Pinneberg liegt der leider nur wenig bekannte Rosengarten. Sehr gepflegte Anlage, die neben Rosen viele Gehölze präsentiert.

Potsdam: Rosengarten im Schloßpark von Sanssouci.

Rethmar: Rosenprüfgarten des Bundessortenamts in der Nähe von Hannover. Vergleichspflanzungen vieler gängiger Handelssorten. Besuchsmöglichkeiten auf Anfrage.

Sangerhausen: Europa-Rosarium Sangerhausen, 1903 gegründet. Die größte Rosensammlung weltweit: Auf über 12,5 Hektar Gesamtfläche sind 6 500 Rosenarten und Rosensorten aller Klassen vertreten. Die Rosenwege führen an malerischen Pavillons, Teichen und Denkmälern entlang. Wildrosenlehrpfad »Helmstal«, daneben umfangreiche Gehölzsammlung. Mindestens einen vollen Tag für den Besuch einplanen.

Stuttgart: Höhenpark Killesberg, entstanden zur IGA 1993. Sehenswert das Tal der Rosen.

Trier: Der Rosengarten im Nellspark wurde 1958/59 angelegt und zeigt u. a. viele Sorten Trierer Rosenzüchter, beispielsweise von Peter Lambert.

Uetersen: Rosarium Uetersen, 1932 auf Betreiben der Züchter Kordes, Tantau und weiterer Holsteiner Betriebe neugestaltet. Heute stehen dort über 30 000 Rosen in mehr als 800 Sorten in einer weitläufigen Anlage mit Café, Restaurant und Hotel. Die abwechslungsreiche Parkanlage mit altem Baumbestand um einen großen Teich ist in jedem Fall einen Besuch wert.

Zweibrücken: Umfangreicher Rosengarten; davon getrennt der Wildrosengarten an der Fasanerie. Außerdem zahlreiche Pflanzungen im städtischen Grün.

Kultur und Geschichte

◆ **Österreich**
① *Baden bei Wien:* Österreichisches Rosarium, breites Sortiment alter und neuer Sorten, seit 1967.
② *Linz:* Rosengarten im Botanischen Garten, seit 1967.
③ *Wien:* Zwei Hektar großes Rosarium im Donaupark, seit 1964; Größe 2 Hektar.

Rosengärten in Österreich (eine Auswahl).

Rosengärten in der Schweiz (eine Auswahl).

◆ **Schweiz**
① *Dottikon-Rothenbül:* Schaugarten der Rosenschule Huber mit vielen historischen Rosen.
② *Gelfingen bei Luzern:* Barockgarten von Schloß Heidegg, herrliche Anlage auf kleinstem Raum.
③ *Genf:* Parc de la Grange, Ort internationaler Rosenwettbewerbe.
④ *Neuhausen:* Rosengarten auf Schloß Charlottenfels, ab 1938 gestaltet durch Dietrich Woessner, sehr empfehlenswert.
⑤ *Rapperswil:* Rosengarten, ab 1965 gestaltet durch Dietrich Woessner, besonders bemerkenswert der Blindenrosengarten; zahlreiche Rosen im städtischen Grün.

◆ **Niederlande**
Amsterdam: Rosarium im Amstelpark.
Arcen bei Venlo: Schloßgarten Arcen.
Den Haag: Rosengarten im Westbroekpark.
Winschoten: Rosarium.

◆ **Frankreich**
Chalon-sur-Sâone: Parc St. Nicolas.
Lyon: Parc de la Tête d'Or.
Orléans: Parc Floral.
Paris: L'Hay-les-Roses, Parc de Bagatelle im Bois de Boulogne, Parc de Malmaison.

◆ **Italien**
Cabriglia d'Arezzo: Rosengarten (Privatsammlung Prof. Fineschi).
Genua: Villa Nervi.
Monza: Rosarium Villa Reale (Rosengarten der Italienischen Rosengesellschaft).
Rom: Roseto di Roma.
Weitere Rosarien in Europa siehe im Anhang auf Seite 233.

Rosengärten in Rosendörfern, Rosenstädten und Rosenkreisen

Rosendörfer:
Nöggenschwiel: Nöggenschwiel im Südschwarzwald ist dank seiner zahlreichen Rosen im öffentlichen und privaten Grün immer eine Reise wert.
Schmitshausen: Schmitshausen bei Zweibrücken bietet dem Besucher zahlreiche Rosen im öffentlichen Grün.
Seppenrade: Seppenrade in der Nähe von Lüdinghausen ist seit 1972 Rosendorf. Im Seppenrader Rosengarten finden sich, neben zahlreichen alten und neuen Sorten, Züchtungen des Liebhaberzüchters Ewald Scholle.
Steinfurth (siehe unter »Rosarien«: Bad Nauheim-Steinfurth).
Rosenstädte (siehe unter »Rosarien«): Baden-Baden, Dortmund, Eltville, Uetersen, Zweibrücken.
Rosenkreise:
Neunkirchen mit seinen Rosengärten, u.a. in Illingen-Hüttigweiler, Wemmetsweiler, Welschbach.

Liebhaber-Vereine

Verein Deutscher Rosenfreunde
Der Verein Deutscher Rosenfreunde wurde 1883 gegründet und informiert seine mehrere tausend Mitglieder umfassend über das Thema Rosen. Für einen vergleichsweise bescheidenen Jahresbeitrag kann der interessierte Rosenfreund Mitglied dieser traditionsreichen Liebhabergesellschaft werden (Adresse siehe Seite 234).
Viermal im Jahr wird der mit vielen Fotos ausgestattete »Rosenbogen« an die Mitglieder verschickt. Der »Rosenbogen« bietet aktuelle Informationen von namhaften Autoren rund um die »Königin der Blumen«. Einmal im Jahr erscheint das Rosen-Jahrbuch mit verschiedenen Fachbeiträgen zum Thema Rose.
Regional ist der VDR in vielen Freundeskreisen organisiert. Dort finden in geselliger Runde Vorträge statt und werden Reisen geplant.
Des weiteren können Mitglieder am jährlich stattfindenden Rosenkongreß oder anderen Aktivitäten wie Rosenschnittkursen u.ä. teilnehmen. Die Studienreisen des VDR sind wegen ihrer exklusiven »rosigen« und kulturellen Angebote sehr beliebt.

'Gloria Dei' – die berühmteste Rose der Welt

Fast hätten Mitte dieses Jahrhunderts für die Edelrosen die Abschiedsglocken geläutet: Die neu aufgekommenen Beetrosen waren wesentlich wüchsiger und widerstandsfähiger als ihre »älteren« Kollegen, die nur mittels enormer und kontinuierlicher Spritzmaßnahmen überleben konnten. Zwar nahmen dies viele Rosenliebhaber in Kauf, die breite Masse der Gartenfreunde jedoch schlug schon damals einen anderen Weg ein und wählte wüchsige Alternativen – soweit vorhanden.
Bis 1945 in der Welt der Rosen ein »Wunder« geschah – Francis Meilland setzte mit einer Neuheit neue Edelrosenmaßstäbe: 'Mme A. Meilland' war wüchsig, gesund und zudem eine blühwillige, gelbrote Edelrose. In der Folge setzte eine wahre Renaissance der Edelrosen ein.
Erst zum 50. Geburtstag dieser Superrose veröffentlichte die Firma Meilland alte persönliche Aufzeichnungen von Francis Meilland zum Werdegang von 'Gloria Dei', wie die Sorte in Deutschland heißt. Auf Seite 27 einige Auszüge, die gleichzeitig Einblicke in die Rosenzüchtung schlechthin geben. 'Gloria Dei' wurde nicht nur zur besten Gartenrose Francis Meillands, sie war auch seine erfolgreichste: Mit über hundert Millionen vermehrter Pflanzen ist sie die meistgepflanzte Gartenrose aller Zeiten.

Rosen heute

Zum 50. Geburtstag von 'Gloria Dei'

»Beim Durchblättern unserer Notizbücher fanden wir unter dem Datum 15. Juni 1935 die Spuren, die den ersten Bestäubungsvorgang aufzeichnen für die Schaffung der Peace-Rose, eine Sorte, die wohl die Beste ist, die wir je gezüchtet haben. Sie ist festgeschrieben unter der Nummer 3-35-40. Diese Zahlen bedeuten, daß es die dritte Kreuzung war, die wir 1935 vorgenommen haben, und daß es die 40. Pflanze war, die aus dieser Kreuzung für eine Probevermehrung von einigen Augen ein Jahr später herausselektiert wurde...

Es war dann im Sommer 1936, wo zum ersten Mal einige Augen veredelt wurden. Diese Veredlung muß sicher sehr früh vorgenommen worden sein, denn als ich mit meinem Vater am 10. Oktober 1936 nach den frisch okulierten Rosen sah, fanden wir den ersten Austrieb mit glänzendem Laub und die ersten Knospen, die kurz vor dem Öffnen standen. Unter den sehr günstigen Wetterbedingungen jenes Herbstes entwickelten sich die Knospen zu herrlichen Blüten mit leichtem grünen Hauch auf den gelben Petalen mit den intensiv karminrot gefärbten Rändern dieser Blumenblätter.

Im Juni 1939 war die Nr. 3-35-40 die ganz große Überraschung auf unseren Rosenfeldern und die Sorte, die von den Besuchern am meisten beachtet wurde. Im Sommer wurden Augen nach Deutschland, Italien und USA geschickt... Mit einer brutalen Plötzlichkeit brach der 2. Weltkrieg am 3. September 1939 aus. Nach der Invasion 1940 in Frankreich waren auch später Italien und England

Länder, die vom Krieg betroffen waren. Daraus resultierte, daß die deutsche Firma diese Rose Nr. 3-35-40 unter der Bezeichnung Gloria Dei in den Handel brachte, die italienische verkaufte sie unter Gioia. Für Frankreich entschieden mein Vater und ich, daß wir diese Rose zur Erinnerung an meine verstorbene Mutter Mme A. Meilland nennen wollten...

Es war bis zum Juni 1945, daß wir überhaupt keine Ahnung hatten, was aus unserer Rose in den Vereinigten Staaten geworden war. Erst dann erfuhren wir von den erfolgreichen Anbauversuchen... und daß man sich darauf geeinigt hatte, diese Rose Peace zu nennen. Einfach aus dem Grund, weil diese Rose in dem Moment der Öffentlichkeit übergeben werden konnte, als der schreckliche Krieg zu Ende war.

...danach fand in San Francisco die Gründungsversammlung der Vereinten Nationen statt. Die Delegationsleiter aller 49 Delegationen fanden in ihren Hotel-Zimmern eine Vase mit einer Peace-Rose...

Wenn die Umstände dazu geführt haben, daß diese Rose unter verschiedenen Namen in der Welt bekannt wurde, so ist es jedoch richtig, daß jeder Name seine Bedeutung für die Menschen hat. Für alle Menschen guten Willens, die Blumen lieben und im besonderen die Rose, gibt sie die Gelegenheit, Gott zu preisen mit Gloria Dei, das Leben mit einem Lächeln – mit Gioia – zu meistern, den Frieden zu wünschen mit Peace, und soweit wir damit verbunden sind, ist es für uns eine immerwährende Erinnerung an Mme A. Meilland.«

Stammbaum 'Gloria Dei'

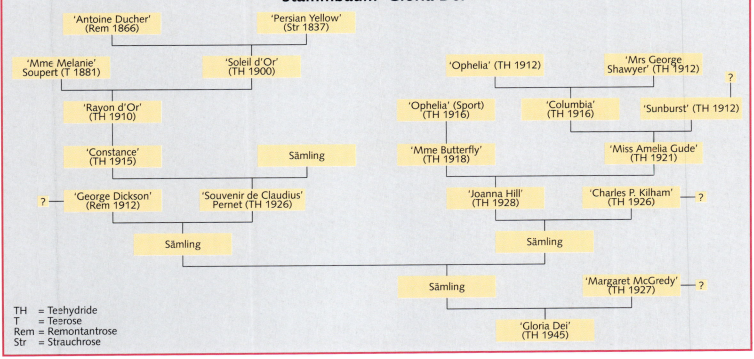

TH = Teehydride
T = Teerose
Rem = Remontantrose
Str = Strauchrose

DIE BOTANIK

Die Rose ist das formenreichste Blütengehölz unserer Gärten: Von der einfachen Wildrosenblüte über die üppige Centifolien-Fülle zu unterschiedlichen Laubformen und wild bestachelten Trieben – die Multiplikation dieser Merkmale mit dem nuancenreichen Farbenspektrum der roten, rosafarbenen, gelben und weißen Blüten bildet die Grundlage eines unvergleichlichen Sortenreichtums.

Die Botanik

Rosen – Mitglieder einer großen Familie

Die Rose zählt zu den strauchartigen Gehölzen. Das bedeutet, daß ihre Triebe verholzen und die Winterperiode in unseren Breiten blattlos überdauern. Zusammen mit vielen anderen Gehölzen, aber auch einigen Stauden wie Frauenmantel und Nelkenwurz, bildet die Rose die Familie der Rosengewächse (Rosaceae) – eine Großfamilie mit mehr als 3000 »Verwandten« (Arten). Darunter finden sich alle wichtigen Obstgehölze wie Apfel, Birne, Kirsche, Pflaume, Pfirsich, Beerenobstarten wie Erdbeere, Himbeere und Brombeere, aber auch landschaftsprägende Wildgehölze wie Schlehe, Vogel- und Trauben-Kirsche, Weißdorn und Ziergehölze wie Scheinquitte, Spierstrauch, Zwergmispel, Feuerdorn und Fingerstrauch – alle gehören sie zur Familie der Rosaceae.

Der binären Nomenklatur der Botanik folgend, nach der jede Pflanze mit Gattung (1. Name) und Art (2. Name) benannt wird,

Alle wichtigen Obstarten wie Birnen …

… und Erdbeeren sind ebenfalls Rosengewächse.

trägt die Gattung der Rose den Namen *Rosa*. Ein x zwischen den Namen steht für eine Kreuzung. Die Rosenarten sind kaum zu zählen, allein bei den reinen Wildrosen findet man über hundert Arten, von denen die Hunds-Rose *(Rosa canina)* die bekannteste ist.

Auch ein Sonnenkind wie die Rose lebt nicht vom Licht allein. Seine Existenz hängt – wie die aller Pflanzen – von Wärme-, Wasser- und Nährstoffgaben ab, die es in der richtigen Dosierung, zum passenden Zeitpunkt und im genau abgewogenen Mengenverhältnis erhält. Damit eine Rose diese Lebenselixiere aufnehmen und verwerten, damit sie sich vermehren und ihre Art erhalten kann, besitzt sie verschiedene Organe, die alle eine spezifische Funktion im Leben einer Rose erfüllen.

Bestandteile der Rose

Die Grafik zeigt alle wesentlichen Bestandteile einer veredelten Gartenrose rund um den Pflanzenaufbau in idealisierter Form und benennt sie: die Blütenknospen, die von spitzer bis rundlicher Form sein können; ein Blütenstand mit Blüten, die einfach oder gefüllt sein können; die Hagebutten, die Früchte der Rose; die gefiederten Laubblätter mit Nebenblättern, die »Solarzellen« der Photosynthese; die Triebe, die Träger der Blüten, Blätter, Stacheln und Triebknospen (den sogenannten Augen); die blütenlosen Triebe, sogenannte Blindtriebe; die Wildtriebe, die unterhalb der Veredlungsstelle entspringen; die Zapfen, Überbleibsel unsauberer Schnittmaßnahmen; die schlafenden Knospen, sozusagen »Augen auf Abruf«; das »alte« Holz mehrjähriger Triebe und, last but not least, die Wurzel mit ihren Haupt- und Feinwurzeln.

■ Die Blüte – der magische Fünfer

Wer sich mit dem Aufbau einer Rosenblüte beschäftigt, der wird immer wieder auf die Zahl 5 stoßen: Alle Wildrosen besitzen fünf Blütenblätter, die Petalen oder auch Kronblätter genannt werden (ein passender Begriff für die Blütenblätter der Königin der

Die prägnanten Merkmale einer Rose

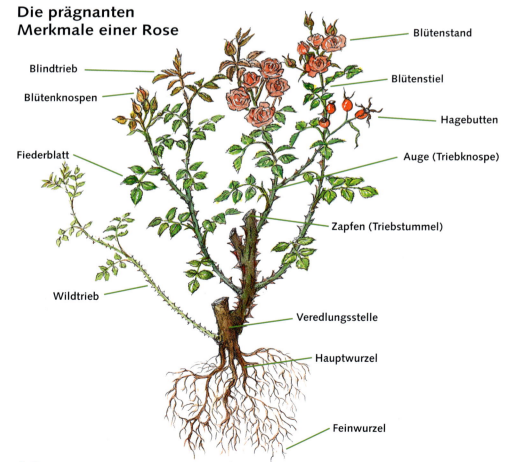

BESTANDTEILE DER ROSE

Aufbau der Rosenblüte – Blütenfüllung

einfache Blüte (5 bis 9 Petalen)

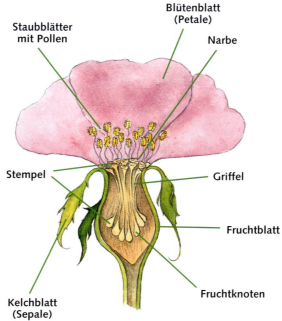

gefüllte Blüte (20 bis 39 Petalen)

halbgefüllte Blüte (10 bis 19 Petalen)

stark gefüllte Blüte (40 und mehr Petalen)

Blumen), und fünf Kelchblätter, die Sepalen heißen. Aber auch hier keine Regel ohne Ausnahme: An der Stacheldraht-Rose, *Rosa sericea* f. *pteracantha*, finden sich nur je vier Blüten- und Kelchblätter.

Die Blüten aller Rosenarten sind zwittrig. In einer Blüte sitzen sowohl die männlichen Blütenorgane, die Staubblätter, als auch das weibliche Organ, der aus Narbe, Griffel und Fruchtknoten bestehende Stempel. Nach der Befruchtung entwickelt sich aus ihm die Hagebutte mit den Samen.

Blütenfüllung: Eine Rose kann bis zu hundert Staubblätter pro Blüte entwickeln. Durch natürliche Befruchtung oder/und menschliche Züchtungsarbeit können diese Staubblätter nach und nach über Generationen hinweg in Blütenblätter umgewandelt werden. So erklären sich die unterschiedlichen Blütenfüllungen der Rosensorten, die vom einfachen bis zum stark gefüllten Blütenaufbau alle Nuancen abdecken und die Rose zum formenreichsten Blütengehölz machen.

Die klassische, einfache Rosenblüte hat fünf, maximal bis zu neun Blütenblätter (Petalen). Ab zehn Petalen spricht man von halbgefüllten, ab zwanzig Petalen von gefüllten Rosen. Stark gefüllte Sorten weisen vierzig und mehr Petalen auf. Auch der begrifflichen Definition der Blütenfüllung der Rosen liegt also – zumindest in der Theorie – ein Mehrfaches von fünf zugrunde.

In der Praxis schwankt dagegen die Anzahl der Blütenblätter auch innerhalb einer einzigen gefüllten Sorte zum Teil beträchtlich. Man hat sich deshalb auf gewisse Bandbreiten für die Sortenbeschreibungen geeinigt.

Die Anzahl der Kelchblätter variiert im Gegensatz zu der der Blütenblätter nicht – es sind immer fünf. Betrachtet man sie genauer, fällt auf, daß sie unterschiedlich ausgebildet sind. Ein alter, aus dem Lateinischen stammender Vers beschreibt dieses Phänomen sehr bildhaft: »Wir haben fünf Brüder zu gleicher Zeit geboren; zwei davon mit Bärten, zwei'n ist der Bart geschoren, einer

von uns Fünfen hat ihn halb verloren.« Bei der Hunds-Rose, *Rosa canina*, sind die ungleichen »Brüder« besonders ausgeprägt vorhanden und lassen sich bei genauer Betrachtung ohne weiteres erkennen.

Aber auch bei vielen anderen Rosenarten und -sorten findet man die einfachen, ungeteilten Kelchblätter, die »bartlosen«, neben den fiederspaltigen, den »bärtigen«. Häufig sind auch die Kelchblätter der öfterblühenden Sorten bei den Blüten des ersten Flors besonders groß und fallen beim zweiten und – gegebenenfalls – dritten Flor deutlich kleiner aus.

Als besondere Zierde gelten die Kelchblätter der Moosrosen. Die mit moosartigen Drüsen besetzten Kelchblätter, Blütenstiele und Fruchtknoten der schönsten und stark duftenden Bauerngartenrose, *Rosa centifolia* 'Muscosa', sind eine Augenweide.

Blütenformen: Die Abbildung auf der folgenden Seite zeigt die unterschiedlichen Blütenformen der Rose: flach (Wildrosen, viele Flächenrosen), hochgebaut (Edelro-

Die Botanik

sen, viele Beet-, Kletter- und Strauchrosen), geviertelt (meist in vier Zonen mit dachziegelartig angeordneten Blütenblättern aufgebaute Blüte, z. B. 'Souvenir de la Malmaison' oder Englische Rosen wie 'Heritage'®), rosettenförmig (entweder flach oder in Ballonform, z. B. Englische, Alte und Romantische Rosen, aber auch Kletterrosen wie 'Rosarium Uetersen'®), kugelig (Biedermeierform, zahlreiche Beet- und Zwergrosen).

Blütenstände: Die meisten Wildrosenarten und viele Rosensorten entfalten ihre Blüten zu mehreren, angeordnet in Blütenständen. Wirklich einstielige Rosenblüten findet man nur bei den Edelrosen. Streng botanisch betrachtet, lassen sich mehrere unterschiedliche Blütenstandstypen definieren. Gerd Krüssmann nennt in seinem Standardwerk »Rosen, Rosen, Rosen« acht Varianten (siehe Grafik Seite 33): die typische »Dolde« (1), die Scheindolde der Remontant-Rosen, ein wichtiges Bindeglied zwischen den Alten und Modernen Rosen (2), die Doppel»dolde« von *Rosa setipoda* (3), die zusammengesetzte Scheindolde der Hunds-Rose, *Rosa canina* (4), die Scheindolde von *Rosa rugosa* (5), die engwinklig zusammengesetzte Schirmrispe (6), die uneinheitlich verzweigte, zusammengesetzte Rispe mit geknickter Hauptachse (7) und die zusammengesetzte Rispe (8).

Die Übergänge zwischen den einzelnen Blütenständen verlaufen fließend, so daß eine klare Abgrenzung nicht immer ganz einfach ist. Ob jedoch ein Blütenstand botanisch als Dolde, Rispe oder als keines von beiden gilt – für den Gartenfreund ist es wichtiger und sinnvoller zu wissen, wie er beispielsweise die zahlreichen Beet- und Flächenrosen mit ausgeprägten Blütenständen gestalterisch nutzen kann (siehe dazu das Kapitel »Gestalten mit Rosen« Seite 47).

Blütenfarben: Nomen est omen: die Urfarbe der Gattung *Rosa* ist Rosa. Bei den über hundert Wildrosenarten, den Ur-Rosen, dominiert, bis auf wenige Ausnahmen (die gelben Blüten von *Rosa foetida* und *Rosa hugonis* oder die cremefarbenen Blüten der Dünen-Rose, *Rosa pimpinellifolia*) die Farbe Rosa in vielen Nuancen.

Dank der intensiven Rosenzüchtung der letzten zweihundert Jahre existieren heute

Verschiedene Blütenformen

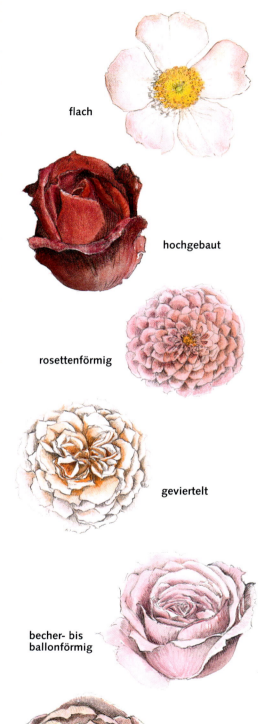

flach

hochgebaut

rosettenförmig

geviertelt

becher- bis ballonförmig

kugelig

Rosenblüten in den Hauptfarben Rot, Rosa, Gelb und Weiß, zwischen denen sich unzählige Schattierungen finden. Einzig ein reines Blau fehlt.

Die chemischen Bestandteile der Pflanzenfarbstoffe wurden gründlich erforscht. Ein Lichtmikroskop reicht aus, um der Genetik der Blütenfarben auf die Spur zu kommen. Man kann deutlich die Chromoplasten erkennen, in denen die Farbstoffe gebildet werden. Zu ihnen zählen beispielsweise Carotine und Xanthophylle, die für die gelbe Blütenfarbe bei den Rosen verantwortlich sind, oder Anthocyane, die die rote Blütenfarbe ausmachen.

Die Synthesen der Farbstoffe in den Rosen sind sehr empfindliche chemische Abläufe, die bereits durch ein einziges fehlendes Enzym gehörig durcheinander gewirbelt werden können, wie die folgenden Beispiele zeigen. Gesteuert wird eine solche Farbstoffsynthese durch ein oder mehrere Gene. Gestreifte Blütenblätter gehen vermutlich auf ein Scheckungsgen von *Rosa gallica* 'Versicolor' zurück, einer sehr alten Blütenmutation, das die Anthocyansynthese in bestimmten Teilen der Blütenblätter verhindert, so daß diese Stellen weiß bzw. gelb bleiben. Auf diese Weise entstanden kunterbunte Rosensorten in Gelb- oder Weißrot. Ein bestimmtes Gen einer weiteren Mutation, *Rosa foetida* 'Bicolor', ist vermutlich für solche Rosenblüten verantwortlich, bei denen die äußeren Blütenblätter anders als die inneren gefärbt sind.

Läuft die Anthocyansynthese nur im äußeren Bereich des einzelnen Blütenblattes ab, entstehen Blüten mit einem gelben oder weißen »Auge«, wie sie z. B. 'Red Meidiland'® aufweist. Mitunter wird Anthocyan nur dort gebildet, wo Licht auf die Blütenknospen trifft. In der Folge entstehen ebenfalls zweifarbige Rosen.

UV-Licht beeinflußt die Färbung der Blütenblätter. Es blockiert Farbgene, so daß die von dem UV-Licht getroffenen Knospenteile weiß bleiben. Beim Erblühen entsteht dadurch wiederum ein Mehrfarben-Effekt.

Während kühler Witterungsperioden werden Rosenfarben intensiver. Heiße Witterung läßt Farben verblassen.

Auch während des zeitlichen Ablaufs der Blüte kann sich die Farbe einer Rose verändern. Ältere rote Rosensorten wie 'Paul's Scarlet Climber' werden mit dem Ver-

BESTANDTEILE DER ROSE

Verschiedene Blütenstände (nach v. Rathlef/W. Kordes/G. Krüssmann)

blühen blaustichig – sie »verblauen«. Einige rosafarbene oder gelbe Rosen hellen mit dem Verblühen immer mehr auf, bis sie fast weiß sind. Bei anderen gelben Sorten setzt dagegen die Anthocyansynthese erst mit dem Öffnen der Blüten ein, die sich dann gelbrot färben. Manche weißen Rosensorten verdanken ihre Farbe einer Anthocyanblockade. Treffen aber Regentropfen die Blütenblätter, löst sich an dieser Stelle die Blockade: die weißen Blüten zeigen sich danach rot gesprenkelt.

Seit es Rosenbücher und -kataloge gibt, existiert das Problem der eindeutigen Farbbeschreibung. Wer viele Kataloge studiert, dem fällt auf, daß die Beschreibungen der Blütenfarben ein- und derselben Rose recht unterschiedlich ausfallen können. Das liegt daran, daß eine Farbwahrnehmung immer nur eine Reflexion des vorhandenen Lichtes ist. Ein Lichtwechsel läßt dieselbe Farbe völlig anders aussehen. Eine von der tiefstehenden Sonne angestrahlte gelbe Rose leuchtet sehr viel intensiver als im grellen Mittagslicht, in dem sie fast weiß erscheint. Und eine im Freien verblaut aussehende rote Rose erstrahlt unter einer Zimmerlampe in faszierendem Rot, weil der hohe Gelbanteil der Glühbirne das Blau für unser Auge überdeckt.

■ Blatt

Das Rosenlaub ist nicht nur der Ort der Photosynthese und Atmung, sozusagen die »Lunge« der Pflanze, sondern besitzt mit seinen vielfältigen Formen auch zierenden Wert. Leider liegt der Reiz der Rosenblätter nahezu im verborgenen, zu dominant ist die Blütenpracht. Dabei lohnt es sich durchaus, der grünen Zierde der Rosen einen genaueren Blick zu schenken.

Laubalter: Unter den Rosenarten gibt es **sommer- und immergrüne**. In unseren Breiten dominieren die laubabwerfenden Rosen und lediglich die Gewächshausschnittrosen, die rund ums Jahr bei gleichbleibenden sommerlichen Temperaturen unter Glas kultiviert werden, erscheinen dadurch immergrün. Echten immergrünen Rosen, wie *Rosa banksiae*, fehlt die nötige Winterhärte, so daß sie nur in ausgesprochen milden Gebieten vorkommen. Allerdings könnte man manche modernen Sorten wie 'New Dawn', 'Sommermorgen'® oder 'Heidetraum'® inzwischen fast als wintergrün betrachten, denn sie halten ihr vor Gesundheit strotzendes, glänzendes Laub bis weit in den Winter, teils sogar bis ins Frühjahr hinein fest.

Laubform: Das Blatt der Rose besteht aus mehreren zusammengesetzten Teilen, ist unpaarig gefiedert, wie die Botaniker sagen. Was aufgrund der sehr starken Fiederung zunächst für eigenständige Blätter gehalten werden könnte, bildet eine Blatteinheit, die als Ganzes zu betrachten ist. Die rosigen Fiederblätter können drei, fünf, sieben oder mehr Blättchen zählen, nur *Rosa persica* weist einfache Blätter auf. Einige Beispiele für die zahlreichen Varianten der Fiederblätter seien genannt: drei bis fünf Blättchen bei *Rosa gallica*, fünf bis sieben Blättchen bei *Rosa rubiginosa*, sieben bis neun Blättchen bei *Rosa nitida*, sieben bis elf Blättchen bei *Rosa sweginzowii*, sieben bis dreizehn Blättchen bei *Rosa moyesii*, dreizehn bis fünfzehn Blättchen bei *Rosa sericea* f. *pteracantha*. *Rosa canina*, die heimische Hunds-Rose, hat meist genau sieben Blättchen.

Je mehr Wildrosenblut in einer Rose fließt, desto mehrzähliger sind ihre Fiederblätter; stark züchterisch bearbeitete Sorten besitzen in der Regel eine wesentlich geringere Fiederanzahl und größere Einzelblättchen. Auch verringert sich die Anzahl der Fiederblätter mit ihrer räumlichen Nähe zur Blüte. Beispielsweise findet man bei Edel- und Beetrosen direkt unter der Blüte nur ein dreizähliges Blatt. **Wildtriebe**, die unter der Veredlungsstelle aus der Unterlage entspringen, lassen sich daher leicht an ihren siebenzähligen Fiedern mit kleinen Blättchen erkennen und entfernen.

Laubformen der Rose

Die Botanik

Rosa roxburghii (**Kastanien-Rose**)

Rosa virginiana

Rosa moyesii

Rosa pimpinellifolia (**Bibernell-Rose**)

Moderne Flächenrosen wie 'Heidetraum'® oder 'Alba Meidiland'® verweisen mit ihren stark gefiederten Blättern auf ihre wilden Urahnen.

Neben den Fiederblättern kommen bei vielen Rosenarten und -sorten im Blütenstand ungeteilte Hochblätter (Brakteen) vor, die in ihren Achseln die Blüten bzw. weitere Blütenstände tragen.

Die sogenannten **Nebenblätter** sitzen am Ursprung des Blattstieles. Es sind kleine, blattartige Gebilde, die beiderseits der Blattbasis den Blattstiel umschließen.

Laubfarbe: Manche Rosenarten, wie z.B. die Hecht-Rose, *Rosa glauca*, haben recht ungewöhnliche Blattfarben. *Rosa glauca*, die deshalb auch Rotblättrige Rose genannt wird, wartet ab Juni mit bereiften, bläulichrot schimmernden Blättern auf. Auch viele Edelrosen treiben zunächst mit tiefroten Blättern und Trieben aus, die sich dann nach und nach grün verfärben. Äußerst zierend ist das glänzende Rosenlaub von 'Heidetraum'® oder 'New Dawn', das wie lackiert wirkt.

Bei der Gestaltung des Gartens mit verschiedenen Rosenarten/-sorten lohnt es sich, auf die Laubstrukturen zu achten, denn das runzelige Laub der *Rosa rugosa*-Hybriden paßt nicht besonders gut zu dem glatten, glänzenden Laub moderner Sorten.

Laubblüten: Die hellgrünen »Blütenblätter« der Grünen Rose, *Rosa chinensis* 'Viridiflora', sind – botanisch gesehen – Laubblätter.

Laubduft: Blätter können die Träger aromatischer Duftstoffe sein. Die Blätter der Schottischen Zaun-Rose, *Rosa rubiginosa*, einer heimischen Wild- und interessanten Heckenrose, verströmen bei feuchter Witterung einen intensiven Apfelduft. Die Blätter von *Rosa primula* riechen myrtenartig nach Weihrauch.

Herbstfärbung: Der herbstliche Laubfall der Rosen bietet bei manchen Arten und Sorten ein ästhetisches Schauspiel. Auf Seite 68 werden Rosen mit auffallender Herbstfärbung beschrieben.

■ Frucht

Daß die Frucht der Rosen einen ganz eigenen Namen trägt, unterstreicht ihre seit alters her bestehende Bedeutung. Hagebutten sind Sammelfrüchte, die aus den Blüten entstehen. In den Hagebutten reifen die eigentlichen Samen der Rose, die Nüßchen, heran. Die Anzahl der Nüßchen schwankt sehr stark: *Rosa hugonis* besitzt nur wenige, manchmal sogar nur einen Samen, während *Rosa moyesii* vier bis sechs große und *Rosa rugosa* bis zu hundert mittelgroße in einer Hagebutte aufweist. Sehr kleine Nüßchen haben *Rosa carolina*, die Sand-Rose, und *Rosa virginiana*, die Glanz-Rose. Zahlreiche Flächen-, Strauch- und Wildrosen sind ergiebige Hagebuttenspender. Zwerg-, Beet-, Edel- und Kletterrosen können – sortenunterschiedlich – ebenfalls fruchten, wobei viele gefüllte Sorten dieser Rosenklassen allerdings selbststeril sind. Sie bilden also keine Hagebutten aus.

Die Formen und Farben der Hagebutten fallen höchst mannigfaltig aus. Im Herbst leuchten sie gelb, orange, rot, aber auch grünlich über braun bis schwarz. Die Formen variieren von kugelig über flachkugelig bis zu ei-, birnen- oder flaschenförmig. Die Früchte sind entweder kahl oder beborstet und mitunter so von dicken Stacheln überzogen, daß sie an Kastanien erinnern (bei *Rosa roxburghii*, der Kastanien-Rose). Die meisten der Hagebutten sind fleischig.

> **Hinweis** Was alles für Mensch und Tier in den Hagebutten steckt und welch köstliche Rezepte man mit ihnen zubereiten kann, ist im Kapitel »Vitaminrosen« auf Seite 134 ff. zu finden.

■ Stacheln

Rosen haben Stacheln und keine Dornen, auch wenn Joseph von Scheffel schrieb: »Es ist im Leben häßlich eingerichtet, daß bei den Rosen gleich die Dornen stehn, und was das arme Herz auch sehnt und dichtet, zum Schluß kommt das Voneinandergehn.« Botanisch betrachtet sind Stacheln aus Oberhautzellen der Triebe, Blattnerven oder Kelchblätter hervorgegangene Auswüchse, die von spitzer Form sind. Stacheln lassen sich immer leicht vom Trieb lö-

BESTANDTEILE DER ROSE

Stacheln der Rose

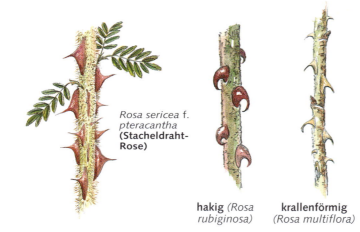

nadlig-borstig (Rosa rugosa)

Rosa sericea f. pteracantha (Stacheldraht-Rose)

hakig (Rosa rubiginosa)

krallenförmig (Rosa multiflora)

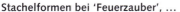

Stachelformen bei 'Feuerzauber', ...   'Königin der Rose'®, ...   'Red Nelly' und   Kartoffel-Rose (Rosa rugosa).

sen. Zur totalen Verwirrung: Stachelbeeren haben Dornen (umgeformte Sprosse), die stets fest mit den Trieben verwachsen sind und sich daher nicht leicht ablösen lassen.
Rosenstacheln können sehr unterschiedlich geformt sein: Beispielsweise sind sie bei *Rosa rugosa* und ihren Hybriden borstig bis nadlig, die der Stacheldraht-Rose – *Rosa sericea* f. *pteracantha* – dreieckig, flächigstachlig, bei *Rosa rubiginosa* hakig und bei *Rosa multiflora* krallenförmig.
Manchmal tauchen auch an ein- und demselben Trieb unterschiedliche Stachelformen auf. Die Farbe der Stacheln variiert ebenfalls: bei *Rosa rugosa* ist sie grau, bei *Rosa rubiginosa* und *Rosa pimpinellifolia* rostbraun, bei Edel- und Beetrosen meist grün und bei *Rosa sericea* f. *pteracantha* leuchtend feurigrot.

■ Wurzel

Die Wurzeln der Rosen führen, im wahrsten Sinne des Wortes, ein verborgenes Dasein. In den einschlägigen Fachbüchern finden sich fast nie Hinweise zu ihrer Behandlung und Pflege. Sie bilden das Fundament der Pflanze und sind doch vielen Rosenfreunden, da aus den Augen, auch aus dem Sinn. Dabei lohnt sich ein Blick auf die Rosenwurzel, denn die Kenntnis ihrer Wuchsform und den sich daraus ergebenden Bedürfnissen ist für den späteren Erfolg mit Rosenpflanzen im Garten oder in Kübeln von elementarer Bedeutung.
Jede Form eines Wurzelsystems resultiert aus dem natürlichen Überlebenskampf der jeweiligen Pflanze. Jede Pflanzenwurzel nutzt den sie umgebenden Bodenraum anders, um – wenn möglich – der Konkurrenz anderer Pflanzen bei der Versorgung mit Nährstoffen und Wasser auszuweichen.
Zu wissen, wie die Wurzel einer bestimmten Rosenart beschaffen ist, ermöglicht die Planung einer optimalen Gemeinschaft von Rosen und anderen Gehölzen und Stauden. Gartenrosen sind in der Regel auf Wildlingsunterlagen, meist *Rosa laxa*, veredelt. Diese bilden im Gegensatz zu den Wildrosen tief hinabstreichende Wurzeln aus, quasi unterirdische Verlängerungen der oberirdischen Triebe.
Veredelte Rosen können deshalb auch aus tieferen Schichten Wasser und Nährstoffe schöpfen – unter der Voraussetzung, daß keine undurchdringlichen Bodenschichten ihnen den Weg nach unten versperren. Wissenschaftliche Untersuchungen haben gezeigt, daß bei veredelten Gewächshausschnittrosen die intensive **Wurzelzone** zwischen 0,90 bis 1,20 m liegt.
Für ihre Entwicklung benötigt die Rosenwurzel vor allem Bodenluft. Untersuchungen belegen, daß die Pflanzen über die Wurzeln fast genauso viel atmen wie über die Blätter. Sauerstoffmangel im Boden, ausgelöst beispielsweise durch Verdichtung oder Vernässung, beendet das Wurzelwachstum. Als Folge stellen sich Kümmerwuchs und starker Schädlingsbefall an der Pflanze ein.

ROSIGE VIELFALT

Die Farben und Düfte der Rosenblüten sind vielfach beschrieben worden. Zwei besonderen Eigenschaften der Rose, nämlich ihrer Blührhythmik und ihren Wuchsformen, wurde bisher aber nur geringe Aufmerksamkeit zuteil. Mit wenig präzisen Aussagen wie »Dauerblüte« oder »schöner Wuchs« wurden sie rasch abgehandelt. Und das, obwohl diese beiden Kriterien die Vielfalt der Rose unterstreichen und maßgeblich über den gestalterischen Erfolg einer Rosenpflanzung entscheiden.

Rosige Vielfalt

Eigenschaften der Rose

Die Ausnahmestellung, die die Rose innerhalb der Gartengehölze einnimmt, läßt sich leicht erkennen, wenn man sich mit ihren vielen Eigenschaften beschäftigt. Durch die zahlreichen Blütenfarben und die markanten Unterschiede im Blühverhalten, in den Wuchshöhen und den Blüten- und Wuchsformen der einzelnen Arten und Sorten bieten Rosen dem Gartenfreund einen beispiellosen gestalterischen Fundus, aus dem er schöpfen kann.

Damit die jeweilige Rosensorte bzw. -art ihre spezifischen Talente und Neigungen, ihre Vorzüge im Garten optimal ausspielen kann, ist es sinnvoll, sich vor der Auswahl und dem Pflanzen grundsätzlich mit gewissen rosigen Charakterzügen zu beschäftigen. Nimmt man beim Gestalten mit Rosen Rücksicht auf diese Charakterzüge, erspart man sich manchen Fehler und manch mißliche Erfahrung. Es ist durchaus ärgerlich, wenn sich nach Jahren des mühsamen Aufbaus der Rosenpflanzen herausstellt, daß ihr Blühablauf oder ihr Wuchs mit dem der sie begleitenden Gehölzen und Stauden nicht harmoniert.

Natürlich gibt es keine genormten Rosen und so bleibt ihre Einteilung in bestimmte Gruppen immer eine etwas unsichere Sache. Das Verhalten von Rosen kann zudem von Jahr zu Jahr sehr unterschiedlich ausfallen. In trockenen, sehr heißen Sommern kommt es beispielsweise vor, daß der Blührhythmus der öfterblühenden Rosen unterbrochen wird. Viele Sorten bleiben »hocken« und legen eine Blühpause ein, um dann bei plötzlich vorhandener Bodenfeuchte nach ausgiebigen Regenfällen rasant wieder aufzuholen. Der Austriebsbeginn nach einem langen, harten Winter kann sich um Wochen verschieben, während bei einem milden Winterverlauf die Stöcke aufgrund der sehr flachen Knospenruhe der Rosen (= Knospenaustrieb läßt

BLÜHVERHALTEN

sich leicht durch zunehmende Temperaturen auslösen) bereits im Februar erste Blätter schieben.

Dennoch lassen, trotz aller Witterungsabhängigkeiten und regionaler Klimaunterschiede, jahrelange Beobachtungen die Einteilung von Rosen in bestimmte **Eigenschaftsgruppen** zu. Sie sollen dem Gartenfreund eine Hilfe bei der ersten, groben Auswahl der passenden Rosensorte für den gewünschten Verwendungszweck sein und gleichzeitig das Bewußtsein für den »Gartenbaustoff« Rose schärfen. Beispielhaft sind für einzelne Gruppen Rosensorten genannt, die die jeweilige Eigenschaft der Gruppe besonders ausgeprägt aufweisen. Anhand weiterer Angaben zu allen Sorten im Rosenatlas (siehe Seite 185 ff.) können dann den Eigenschaftsgruppen nach Belieben weitere Sorten zugeordnet werden.

Blühverhalten

Neben ihrer nuancenreichen Farbenvielfalt begründet in erster Linie das Blühverhalten der Rose ihren Ruf als »Königin der Blumen«. Mit keinem anderen Gehölz ist es möglich, vom Mai bis zum ersten herbstlichen Frost Farbe in den Hausgarten zu zaubern. Natürlich schafft das nicht eine einzige Rosensorte allein, aber mit Hilfe verschiedener Rosengruppen mit unterschiedlichem Blühverhalten läßt sich ein rosiges Blütenhalbjahr gestalten, das ständig neue Höhepunkte bietet. Grundsätzlich unterscheidet man zwischen einmal- und öfterblühenden Sorten; die Übergänge sind dabei fließend.

■ Die einmalblühende Rose

Das aktuelle Rosenangebot wird beherrscht von öfterblühenden Sorten. Den »nur« einmalblühenden Rosen schenkt man wenig Beachtung. Zu Unrecht, denn dieser Gruppe gehören eine Reihe interessanter Sorten vor allem aus dem Bereich der Strauch- und Kletterrosen (Rambler) an. Einmalblühende Rosen trumpfen in der Regel zeitlich vor den öfterblühenden Sorten auf und bezaubern durch ihre bis zu fünf Wochen lange Blütezeit. Viele einmalblühende Strauchrosen sind ausgesprochen frosthart. (siehe auch das Kapitel »Polarrosen« Seite 99).

Frühlingsrose 'Maigold'.

Sortenbeispiele:
weiß: 'Bobby James' (Rambler, 300–500 cm)
'Suaveolens' (Strauchrose, 200–300 cm)
creme: 'Albéric Barbier' (Rambler, 300–500 cm)
rosa: 'Ferdy'® (Strauchrose, 80–100 cm)
'Immensee'® (Flächenrose, 30–40 cm)
'Maria Lisa' (Kletterrose, 200–300 cm)
'Max Graf' (Flächenrose, 60–80 cm)
'Raubritter' (Strauchrose, 200–300 cm)
Rosa sweginzowii 'Macrocarpa' (Strauchrose, 200–300 cm)
'Venusta Pendula' (Rambler, 300–500 cm)
rot: 'Flammentanz'® (Rambler, 300–500 cm)
'Scharlachglut' (Strauchrose, 150–200 cm)

Die Farbe Gelb dominiert bei den besonders frühblühenden, einmalblühenden Strauchrosen, den sogenannten Frühlingsrosen.

■ Frühlingsrosen ab Mai

Die Frühlingsrosen sind einmalblühende Strauchrosen, die bereits ab Mai blühen und damit den rosigen Frühling einläuten (siehe auch »Frühlingsrosen«, Seite 68):

Sortenbeispiele:
'Frühlingsgold' (gelb, Strauchrose, 150–200 cm)
Rosa hugonis (gelb, Strauchrose, 200–300 cm)
Rosa moyesii (rot, Strauchrose, 200–300 cm)
Rosa sericea f. *pteracantha* (weiß, Strauchrose, 200–300 cm)

Auch die heimische Wildart *Rosa pimpinellifolia* kann als Frühlingsrose betrachtet werden.

Einen Übergang zur nächsten Gruppe stellt die nachblühende Frühlingsrose 'Maigold' (gelb, Strauchrose, 150–200 cm) dar. Ihre imposante Hauptblüte zeigt sie zu Beginn des Rosenjahres im Mai, um im Herbst nochmals vereinzelt zu blühen.

■ Die nachblühende Rose

Auf der Schwelle zur mehrfachen Blüte stehen die nachblühenden Rosensorten. Sie warten im Juni mit einer überragenden Hauptblüte auf und blühen im August bis in den September hinein vereinzelt nach.

Sortenbeispiele:
'Dagmar Hastrup' (rosa, Rugosa-Hybride, 60–80 cm), 'Marguerite Hilling' (rosa, Strauchrose, 150–200 cm) und 'Paul Noël' (rosa, Rambler, 300–500 cm)

■ Die öfter- und frühblühende Rose

Öfterblühende Sorten gelten heute als Inbegriff der modernen, enorm blühwilligen Rosen. Im Gegensatz zu anderen Gehölzen sind diese Sorten in der Lage, nach ihrer ersten Hauptblüte bei ausreichenden Licht- und Temperaturverhältnissen den ganzen Sommer über neue Blütentriebe zu bilden.

Öfter- und frühblühende Sorten:
weiß: 'Schneeflocke'® (Beetrose, 40–60 cm)
'Schneewittchen'® (Strauchrose, 100–150 cm)
creme: 'Karl Heinz Hanisch'® (Edelrose, 60–80 cm)
gelb: 'Bernstein Rose'® (Beetrose, 60–80 cm)
'Friesia'® (Beetrose, 60–80 cm)
'Lichtkönigin Lucia'® (Strauchrose, 100–150 cm)
'Polygold'® (Beetrose, 40–60 cm)
rosa: 'Centenaire de Lourdes' (Strauchrose, 150–200 cm)
'Frau Astrid Späth' (Beetrose, 40–60 cm)
'Heritage'® (Strauchrose, 100–150 cm)
'Lavender Dream'® (Flächenrose, 60–80 cm)
'Matilda'® (Beetrose, 40–60 cm)
'Silver Jubilee'® (Edelrose, 60–80 cm)
rot: 'Sarabande'® (Beetrose, 40–60 cm)

In der Regel folgen in unseren Breiten zwei Blütenflore im Juni und August aufeinander, wobei der erste Flor der stärkere ist. Je nach Sorte unterscheiden sich die Übergänge zwischen diesen beiden Blütenauftritten: Manche Rosen blühen kontinuierlich bis zum Augustflor, andere legen eine deutlich sichtbare Verschnaufpause ein.

ROSIGE VIELFALT

■ Die klassische öfterblühende Rose

Die meisten öfterblühenden Sorten blühen in zwei Floren im Juni/Juli und August/September. Um die Blüte dieser Sorten im Garten etwas gegeneinander zu versetzen, empfiehlt sich das Pinzieren der Jungtriebe Anfang bis Ende Mai, also etwa vier Wochen vor der zu erwartenden Hauptblüte. Dieser Kunstgriff ermöglicht bei korrekter Ausführung eine zeitliche Steuerung der Blüte im Hinblick auf gewünschte Blühtermine. Der genaue Ablauf des Pinzierens ist auf Seite 115 unter dem Stichwort »Vasenrosen« beschrieben.

■ Die öfter- und spätblühende Rose

Insbesondere die in ausgeprägten Blütenständen gefülltblühenden Rosen aus der Gruppe der Flächen- und Strauchrosen blühen oft sehr spät. Sie brauchen zum Aufbau ihrer gewaltigen Blütenbüschel mehr Zeit als beispielsweise die Edelrosen für ihre Einzelblüten. Deshalb hinken sie im Ablauf der Blütenflore den klassischen Öfterblühern um bis zu drei Wochen hinterher, was man beispielsweise an der Flächenrose 'Heidetraum'® ausgezeichnet beobachten kann. Sie sind daher ideal dafür geeignet, die Blühpausen der früher blühenden Sorten auszufüllen und mit ihrem ebenfalls zeitlich nach hinten versetzten Herbstflor das rosige Gartenhalbjahr bis zu den ersten Frösten zu verlängern.

Öfter- und spätblühende Sorten:
weiß: 'Alba Meidiland'® (Flächenrose, 80–100 cm)
gelb: 'Ghislaine de Feligonde' (Strauchrose, 150–200 cm)
rosa: 'Bella Rosa'® (Beetrose, 60–80 cm)
'Diadem'® (Beetrose, 80–100 cm)
'Eden Rose'® 85 (Strauchrose, 150–200 cm)
'Heidekönigin'® (Flächenrose, 60–80 cm)
'Heidepark'® (Beetrose, 60–80 cm)
'Heidetraum'® (Flächenrose, 60–80 cm)
'Lovely Fairy'® (Flächenrose, 60–80 cm)
'Magic Meidiland'® (Flächenrose, 40–60 cm)
'Royal Bonica'® (Beetrose, 60–80 cm),
'Super Dorothy'® (Rambler, 300–500 cm)
'The Fairy' (Flächenrose, 60–80 cm)
rot: 'Fairy Dance'® (Flächenrose, 40–60 cm)
'Happy Wanderer'® (Beetrose, 40–60 cm)
'Scarlet Meidiland'® (Flächenrose, 60–80 cm)
'Super Excelsa'® (Rambler, 300–500 cm)

Einfache Blüte: *Rosa canina*.

Halbgefüllte Blüte: 'Escapade'®.

Frühblühende Rose: 'Friesia'®.

Blütenformen

Mit der Form ihrer Blüte zeigt jede Rosensorte ihre Visitenkarte vor. Von der einfachen, »wilden« Rosenblüte bis zur stark gefüllten Rosettenblüte Romantischer Rosen – die Rosenblüte bietet einen unübertroffenen Formenreichtum. Die vier wesentlichen Formengruppen aus gestalterischer Sicht sind:

■ Die einfache Rosenblüte

Die einfache Blüte ist die ursprüngliche Blütenform der Wildrosen. Vier bis sieben Blütenblätter umgeben zahlreiche Staubgefäße, die mit ihrem Pollen eine ergiebige Futterquelle für Insekten sind. Einfachblühende Rosen passen gut in naturnahe Gärten oder zur Übergangsbepflanzung vom gepflegten Kulturgarten zum Feld. Dank intensiver Rosenzüchtung gibt es neben den einmalblühenden Wildrosen auch öfterblühende, sehr robuste Flächen-, Strauch- und Kletterrosen mit einfacher Blüte.

Sortenbeispiele:

Öfterblühende Flächenrosen:
'Apfelblüte'® (80–100 cm),
'Ballerina' (60–80 cm)
'Bingo Meidiland'® (40–60 cm)
'Mozart' (80–100 cm)
'Red Meidiland'® (60–80 cm)
'Repandia'® (40–60 cm)

Einmalblühende Flächenrose:
'Immensee'® (30–40 cm)

Heimische Wildrosen:
Rosa arvensis (80–100 cm)
Rosa gallica (80–100 cm)
Rosa majalis (150–200 cm)
Rosa pimpinellifolia (80–100 cm)
Rosa rubiginosa (200–300 cm)

Kletterrosen:
'Dortmund'® (öfterblühend, 200–300 cm)
'Maria Lisa' (einmalblühend, 200–300 cm)

Einmalblühende Strauchrosen:
'Frühlingsgold' (150–200 cm)
Rosa hugonis (200–300 cm)
'Bourgogne'® (150–200 cm),
Rosa moyesii (200–300 cm)
Rosa sericea f. *pteracantha* (200–300 cm)
'Scharlachglut' (150–200 cm)

Öfterblühende Strauchrose:
'Bischofsstadt Paderborn'® (100–150 cm)

BLÜTENFORMEN

■ Die halbgefüllte Rosenblüte

Die halbgefüllte Rosenblüte repräsentiert den Übergang von der Blütenurform zur modernen, gefüllten Blütenform. Die Sorten dieser Gruppe sind sozusagen »zivilisierte« Wildrosen. Dank ihrer vielen Staubgefäße den Wildrosen als Pollenspender nicht nachstehend, sorgen sie außerdem durch ihre Mehrfachblüte (Ausnahmen in Klammern) für immer wiederkehrende Farbtupfer im Hausgartenbereich.

Sortenbeispiele:

Beetrosen:
'Blühwunder'® (60–80 cm)
'Dolly'® (60–80 cm)
'Escapade'® (80–100 cm)
'Heidepark'® (60–80 cm)
'La Sevillana'® (60–80 cm)
'Ricarda'® (60–80 cm)
'Sarabande'® (40–60 cm)
'Schleswig '87'® (60–80 cm)
'Schneeflocke'® (40–60 cm)

Flächenrosen:
'Heidetraum'® (60–80 cm)
'Lavender Dream'® (60–80 cm)
'Marondo'® (60–80 cm)
'Royal Bassino'® (40–60 cm)
'Sommermärchen'® (40–60 cm)
'Sommerwind'® (40–60 cm)

Kletterrosen:
'Bobby James' (einmalblühender Rambler 300–500 cm)
'Morning Jewel'® (200–300 cm),
'Venusta Pendula' (einmalblühender Rambler, 300–500 cm)

Strauchrosen:
'Centenaire de Lourdes' (150–200 cm)
'Dirigent'® (150–200 cm)
'Marguerite Hilling' (nachblühend, 150–200 cm)
'Westerland'® (150–200 cm)

■ Die gefüllte Rosenblüte

Gefüllte Rosen sind wohlproportionierte Kostbarkeiten, die in jedem Garten edlen Zauber verströmen. Insbesondere die Edelrosen gelten als ästhetischer Hochgenuß für Freunde der feinen Gartengenüsse. Noblesse oblige.
Da fast alle Edel-, Zwerg- und Englischen Rosen, sehr viele Beet-, Kletter- und Strauchrosen gefüllte Blüten tragen, soll in diesem Kapitel auf die Nennung einzelner Sorten verzichtet und stattdessen auf den Rosenatlas (Seite 185–223) verwiesen werden.

■ Rosige Blütenstände

Viele Beetrosen, Kletter- und Strauchrosen zieren attraktive Blütenstände, die nicht locker verzweigt sind, sondern aus dichten Büscheln zahlreicher kleiner Blüten bestehen, die sich zu wahren Blütenbällen aufsummieren. In erster Linie gehören zu dieser Gruppe moderne, öfterblühende Flächenrosen, die während ihrer Blütezeit, wie ihr Name sagt, ganze Flächen mit einem geschlossenen Blütenteppich überziehen.

Sortenbeispiele:

Einfache Blütenstände:
'Apfelblüte'® (80–100 cm)
'Ballerina' (60–80 cm)
'Bingo Meidiland'® (40–60 cm)
'Mozart' (80–100 cm)
'Red Meidiland'® (60–80 cm)
'Red Yesterday'® (60–80 cm)
'Rush'® (Strauchrose, 100–150 cm)

Halbgefüllte Blütenstände:
'Heidetraum'® (60–80 cm)
'Lavender Dream'® (60–80 cm)
'Marondo'® (60–80 cm)
'Sommermärchen'® (40–60 cm)
'Sommerwind'® (40–60 cm)

Gefüllte Blütenstände:
'Alba Meidiland'® (80–100 cm)
'Fairy Dance'® (40–60 cm)
'Heidekönigin'® (60–80 cm)
'Lovely Fairy'® (60–80 cm)
'Mirato'® (60–80 cm)
'Satina'® (40–60 cm)
'The Fairy' (60–80 cm)
'White Meidiland'® (40–60 cm)
'Super Dorothy'® (Rambler, 300–500 cm)
'Super Excelsa'® (Rambler, 300–500 cm)
'Ghislaine de Feligonde' (Strauchrose, 150–200 cm)

Rosige Blütenstände zaubern Blütenfülle in den Garten.

Rosige Vielfalt

Wuchsformen

Neben Blütenform und -farbe, Blührhythmik und Wuchshöhe hängt der Wert einer Rosensorte für die Gartengestaltung entscheidend von ihrer Wuchsform ab. Die Verwendung von Rosen hat sich – vor allem aus Pflege- und Platzgründen – von den großen Gruppenpflanzungen früherer Tage gelöst und sich hin zu einer Verwendung einzelner oder in kleinen Tuffs gesetzter Rosen verlagert, oft zusammen mit Stauden oder anderen Gehölzen. Zudem haben einzeln stehende, als Blickfang fungierende Strauchrosen im Hausgarten einen sehr viel höheren Stellenwert erhalten.

Erst in neuerer Zeit widmen die Rosenzüchter der Wuchsform der Rosen verstärkte Aufmerksamkeit. Sie ist von allen Eigenschaften der Rosen bisher am wenigsten züchterisch beachtet und bearbeitet worden. Hier dürfen in den nächsten Jahren noch mit Spannung richtungsweisende Fortschritte erwartet werden. Vor allem die oft staksig wirkenden Edelrosen möchte man von ihrer an Kleiderständer erinnernden Form befreien und neuen Strauchrosensorten eine runde, dicht belaubte Wuchsform geben.

Prof. Dr. Josef Sieber hat bei der Definition der verschiedenen Wuchsformen der Rose Richtungsweisendes geleistet. Auf seinen Überlegungen aufbauend wurden folgende Wuchstypen definiert, an denen sich der Rosenfreund gut orientieren kann.

■ Flach niederliegender Wuchs

In den letzten Jahren erleben die Flächenrosen, auch **Bodendeckerrosen** genannt, einen wahren Triumphzug. Einige, aber nicht alle dieser Sorten wachsen flach und bodenbedeckend. Jede mit ihnen bepflanzte Fläche ist wegen der dichten Belaubung dieser Rosen spätestens ab dem dritten Pflanzjahr mit einem dichten Blütenteppich überzogen.

Grundsätzlich lassen sich bei den Rosen mit flach niederliegendem Wuchs zwei Gruppen unterscheiden: die **schwachwüchsigen** Sorten wie 'Heideröslein Nozomi'® (Flächenrose, 40 bis 60 cm), *Rosa repens* x *gallica* (Flächenrose, 30 bis 40 cm), 'Snow Ballet'® (Flächenrose, 40 bis 60 cm), 'Swany'® (Flächenrose, 40 bis 60 cm) und die **starkwachsenden** Sorten mit teils meterlangen Trieben wie 'Heidekönigin'® (Flächenrose, 60 bis 80 cm), 'Immensee'® (Flächenrose, 30 bis 40 cm), 'Magic Meidiland'® (Flächenrose, 40 bis 60 cm), 'Marondo'® (Flächenrose, 60 bis 80 cm), 'Repandia'® (Flächenrose, 40 bis 60 cm), 'Repens Alba' (Rugosa-Hybride, 30 bis 40 cm). Auch Kletterrosen wie 'Super Dorothy'® (Rambler, 300 bis 500 cm) oder 'Super Excelsa'® (Rambler, 300 bis 500 cm) wachsen ohne Rankhilfe flach und gelten dann als Flächenrosen.

Flach niederliegender Wuchs, schwachwüchsig

Flach niederliegender Wuchs, starkwüchsig

Zwergform

Steif aufrechter Wuchs

■ Zwergformen

Zwergrosen bilden kleine, kompakte Büsche, die mit maximal 40 cm Wuchshöhe deutlich unter Kniehöhe (60 cm) bleiben. Aufgrund ihrer Wuchsform eignen sie sich für Gruppenarrangements und ganz besonders für Kübel- und Kastenbepflanzungen.

Sortenbeispiele:
'Guletta'®, 'Orange Meillandina'®, 'Peach Meillandina'®, 'Pink Symphonie'®, 'Sonnenkind'®, 'Zwergkönig '78'® (jeweils 40–60 cm)

■ Steif aufrechter Wuchs

In diese Wuchsgruppe gehören die **Edelrosen**. Mit ihrer teilweise lichten Belaubung und dem hochgestreckten Strauchaufbau wirken sie wie Flamingos, die auf dünnen Beinen durch seichtes Wasser waten. Viele Gärtner verleitet der aufrechte Wuchs dieser Sorten dazu, sie mit Stauden oder anderem Grün zu unterpflanzen. Die Folgen sind häufig negativ, da insbesondere Edelrosen einen offenen Boden zu schätzen wissen.

Buschiger Strauchwuchs

Überhängender Strauchwuchs

Rankwuchs

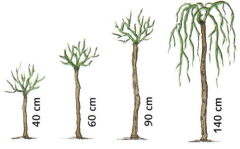

Sonderform Stammrose

WUCHSFORMEN

Sortenbeispiele (Edelrosen):
'Aachener Dom'® (60–80 cm)
'Banzai '83'® (30–100 cm)
'Barkarole'® (80–100 cm)
'Burgund '81'® (60–80 cm)
'Duftgold'® (60–80 cm)
'Duftrausch'® (80–100 cm)
'Elina'® (80–100 cm)
'Gloria Dei' (80–100 cm)
'Ingrid Bergmann'® (60–80 cm)
'Landora'® (60–80 cm)
'Paul Ricard'® (60–80 cm)
'The McCartney Rose'® (60–80 cm)

Eine **Beetrose** mit ebenfalls ausgeprägt steifem, hohem Wuchs ist 'The Queen Elizabeth Rose'® (80–100 cm).

■ Buschiger Strauchwuchs

Viele **Beet- und Strauchrosen** weisen einen dichten, formschönen Wuchs auf und bilden unterschiedlich große Büsche. Zur Sommerzeit lassen sie kaum einen Blick auf nacktes Holz zu, so dicht ist das Laub- und Blütenwerk. Nicht ohne Grund zählen sie deshalb bei Gartenfreunden zu den besonders beliebten Rosen für den Hausgarten, vor allem dann, wenn ein harmonisches Gesamtgartenbild im Vordergrund der Gestaltungswünsche steht. Einige besonders wuchsschöne Beispiele sind:

Sortenbeispiele:
Beetrosen:
'Bella Rosa'® (60–80 cm)
'Bonica '82'® (60–80 cm)
'Escapade'® (80–100 cm)
'Gartenzauber '84'® (40–60 cm)
'Goldener Sommer '83'® (40–60 cm)
'Goldmarie '82'® (40–60 cm)
'Gruß an Aachen' (40–60 cm)
'Happy Wanderer'® (40–60 cm)
'La Paloma '85'® (60–80
'La Sevillana'® (60–80 cm)
'Leonardo da Vinci'® (60–80 cm)
'Mariandel'® (40–60 cm)
'Mountbatten'® (80–100 cm)
'Nina Weibull' (40–60 cm)
Strauchrosen:
'Dirigent'® (150–200 cm)
'Schneewittchen'® (100–150 cm)
'Vogelpark Walsrode'® (100–150 cm)
'Westerland'® (150–200 cm)
Flächenrosen:
'Lovely Fairy'® (60–80 cm)
'Sommerwind'® (40–60 cm)
'The Fairy' (60–80 cm)
Wildrose:
'Rosa nitida' (60–80 cm)

Rankwüchsiger Rambler: 'Bobby James'.

■ Überhängender Strauchwuchs

Bei einigen Strauchrosen kommen zum geschlossenen Habitus als zusätzliche Zierde noch überhängende Triebe hinzu, die, in der dunklen Jahreszeit, wenn sie mit Rauhreif überzogen sind, ein Gartenschauspiel der erlesenen Art bieten.

Sortenbeispiele:
'Abraham Darby'® (150–200 cm)
'Bourgogne'® (150–200 cm)
'Centenaire de Lourdes' (150–200 cm)
'Constance Spry' (150–200 cm)
'Ferdy'® (80–100 cm)
'Frühlingsgold' (150–200 cm)
'Graham Thomas'® (100–150 cm)
'Heritage'® (100–150 cm)
'Raubritter' (200–300 cm)

■ Rankwuchs

Zur Gruppe der Rosen mit langen, peitschenförmigen Trieben zählen – erwartungsgemäß – die **Kletterrosen**. Mit Hilfe solider Rankhilfen als Unterstützung können sie Wände und Mauern, Pergolen und Torbögen in ein einmaliges Blütenmeer tauchen.

Wie Lianen schlingen sich Rambler an lichten Stämmen empor.

Rosige Vielfalt

Blütenfülle dämpft Wuchslaune: Grundsätzlich läßt sich sagen, daß öfterblühende Kletterrosen – wie z.B. 'Ilse Krohn Superior'®, 'Lawinia'®, 'Morning Jewel'®, 'New Dawn', 'Rosarium Uetersen'®, 'Salita'®, 'Santana'® und 'Sympathie' mit einer Höhe von zwei bis drei Metern deutlich wuchsschwächer sind als die enorm wüchsigen einmalblühenden **Ramblerrosen** wie etwa 'Albéric Barbier', 'Bobby James', 'Flammentanz'®, 'Paul Noël', *Rosa* x *ruga* und 'Venusta Pendula', die mit ihrem Wuchstemperament sechs und mehr Höhenmeter schaffen können. Ihr Rankwuchs bleibt bei diesen Höhenausflügen bemerkenswert locker und gefällig und wirkt nie steif.

■ Sonderform Stammrose

Eine »künstlich« hergestellte Wuchsform ist der Rosenstamm. In den Baumschulen wird durch die Veredlungshöhe – 40 cm (Fußstamm), 60 cm (Halbstamm), 90 cm (Hochstamm), 140 cm (Kaskadenstamm) – die Kronenhöhe festgelegt. Die auf die Wildlingsstämme aufveredelten Rosensorten wachsen genauso, wie sie es auch bei einer bodennahen Veredlung tun würden – nur eben in luftiger Höhe, in der viele Sorten sich übrigens weit weniger krankheitsanfällig als in Bodennähe zeigen.

Wuchshöhe

Für jeden Gartenfreund ist die Wuchshöhe seiner Wunschsorte eine wichtige Information. Von ihr hängt die Auswahl des künftigen Standortes ab, die Plazierung der Rosenpflanzen vor, innerhalb oder hinter bestehenden Beeten oder die Einplanung einer möglichen Fernwirkung.

Obwohl es über 30 000 verschiedene Rosensorten gibt, eignet sich nur eine kleine Auswahl für die Kultur als Rosenstamm. Paradebeispiel: 'Lawinia'®.

WUCHSHÖHE

30–40 cm:

flach wachsende Flächenrosen ('Immensee'®), **Zwergrosen** ('Guletta'®, 'Orange Meillandina'®, 'Pink Symphonie'®, 'Sonnenkind'®)

40–60 cm:

Beetrosen ('Amber Queen'®, 'Edelweiß'®, 'Goldener Sommer '83'®, 'Goldmarie '82'®, 'Mariandel'®, 'Sarabande'®), **Flächenrosen** ('Bingo Meidiland'®, 'Fairy Dance'®, 'Heideröslein Nozomi'®, 'Mirato'®, 'Royal Bassino'®, 'Satina'®, 'Sommerwind'®, 'White Meidiland'®)

60–80 cm:

Beetrosen ('Ballade'®, 'Bella Rosa'®, 'Bonica '82'®, 'Duftwolke'®, 'Europas Rosengarten'®, 'Friesia'®, 'La Paloma '85'®, 'Manou Meilland'®, 'Pußta'®, 'Ricarda'®, 'Rosali '83'®, 'Sommermorgen'®, 'Träumerei'®), **Edelrosen** ('Aachener Dom', 'Burgund '81'®, 'Duftgold'®, 'Landora', 'Silver Jubilee'®, 'The McCartney Rose'®), **Flächenrosen** ('Ballerina', 'Heidekönigin'®, 'Heidetraum'®, 'Lavender Dream'®, 'Palmengarten Frankfurt'®, 'Pink Meidiland'®, 'The Fairy, 'Wildfang'®)

80–100 cm:

Beetrosen ('Diadem'®, 'Make Up'®, 'Montana'®, 'The Queen Elizabeth Rose'®), **Edelrosen** ('Banzai '83'®, 'Barkarole'®, 'Duftrausch'®, 'Elina'®, 'Gloria Dei', 'Mildred Scheel'®, 'Polarstern'®), **Flächenrosen** ('Alba Meidiland'®, 'Apfelblüte'®, 'Dortmunder Kaiserhain'®, 'Mozart'), **Heimische Wildrosen** (Rosa arvensis, Rosa gallica, Rosa pimpinellifolia), **Strauchrosen** ('Ferdy'®, 'IGA '83 München'®, Rosa centifolia 'Muscosa')

100–150 cm:

Strauchrosen ('Astrid Lindgren'®, 'Bischofsstadt Paderborn'®, 'Graham Thomas'®, 'Kordes' Brillant'®, 'Lichtkönigin Lucia'®, 'Polka '91'®, 'Romanze'®, 'Schneewittchen'®, 'Vogelpark Walsrode'®)

150–200 cm:

Heimische Wildrosen (Rosa majalis, Rosa scabriuscula), **Strauchrosen** ('Abraham Darby'®, 'Centenaire de Lourdes', 'Dirigent'®, 'Eden Rose '85'®, 'Grandhotel'®, 'Rugelda'®, 'Westerland'®)

200–300 cm:

Heimische Wildrose (Rosa rubiginosa), **öfterblühende Kletterrosen** ('Compassion'®, 'Golden Showers'®, 'Ilse Krohn Superior'®, 'Lawinia'®, 'New Dawn', 'Rosarium Uetersen'®, 'Salita'®, 'Sympathie')

300–500 cm:

Rambler ('Albéric Barbier', 'Bobby James', 'Flammentanz'®, 'Paul Noël', Rosa x ruga, 'Super Dorothy'®, 'Super Excelsa'®, 'Venusta Pendula')

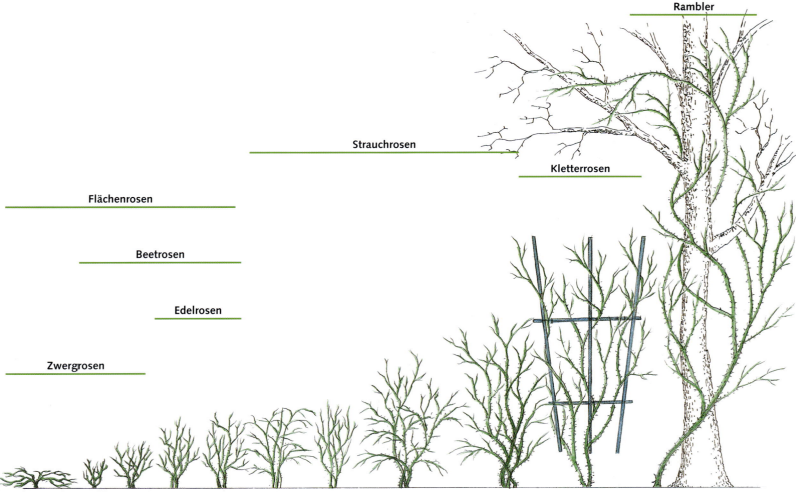

GESTALTEN MIT ROSEN

Wie läßt sich die Rose im Garten und auf der Terrasse verwenden? Das hängt von den Wünschen und Bedürfnissen des Besitzers ab, denn keine Rose ist einseitig verwendbar. Vielmehr unterstreicht die breite Palette an Einsatzmöglichkeiten – auch im öffentlichen Grün – die Stellung der Rose als Gehölz der Extraklasse.

GESTALTEN MIT ROSEN

Der gestalterische Nutzen der Rose

Die Rose nimmt unter den Gehölzen eine Ausnahmestellung ein. Auf entsprechenden Standorten zaubern Rosen mit ihrer sommerlichen Dauerblüte und dem einmaligen Duft ein besonderes Flair in die Gärten. Unbestritten spielt die Rose eine Hauptrolle auf vielen Gartenbühnen. Wie bei jeder überzeugenden Inszenierung steht und fällt der Erfolg des Auftritts der »Königin der Blumen« jedoch mit der Qualität ihres Ensembles. Fehlbesetzungen nehmen an sich applausversprechenden Gartenszenen viel von ihrem Reiz.

Der Gartenfreund führt Regie im großen Pflanzentheater, seine individuellen Neigungen entscheiden über die Pflanzenauswahl, über den Einsatz ihrer Eigenarten und ihre vorteilhafte Kombination. Die Variationsbreite der Rosen in puncto Wuchs, Farbe, Blührhythmik und Fruchtbehang verspricht durch die sich daraus ergebenden, unzähligen Kombinationsmöglichkeiten eine kreative Herausforderung der besonderen Art.

Die eigene Kreativität soll das Gestalten mit Rosen prägen und nicht das getreuliche Übernehmen vermeintlicher Patentpläne aus bunten Gartenmagazinen, die dann im eigenen Garten doch wieder anders wirken als auf dem Foto. Auch die dort vorgegebe-

Je großflächiger der Einsatz von Beetrosen, desto mehr ist auf die Robustheit der Sorten zu achten.

ne Pflanzenanzahl pro m² ist nur ein Erfahrungswert, an dem zu orientieren sich niemand gezwungen sehen muß. Sie bedingt auch nicht zwangsläufig ein geometrisch-strenges Aufstellen der Rosen in exakt gleichen Abständen, quasi Zinnsoldaten gleich. Die gleiche Anzahl Rosen kann ebenso locker in kleinen Gruppen gesetzt werden, als ob sie es sich dort wie von selbst bequem gemacht hätten.

Die Kunst des Gestaltens mit Pflanzen besteht darin, zu arrangieren, ohne daß das Arrangement zu bemerken wäre. Zum Glück gibt es Grundregeln, die den Zugang zum harmonischen Gestalten erleichtern und beim Ordnen der zunächst oft unklaren Vorstellungen helfen, wie ein Beet oder ein Gartenteil zum Schluß aussehen soll.

Die wohl wichtigste Harmonielehre im Umgang mit Rosen ist die Farbenlehre. Es lohnt sich, für ihr Studium etwas Zeit einzuplanen, etwa in der Winterzeit, und die aus der Farbenlehre gewon-

'Goldmarie '82'® – eine der gesündesten gelben Beetrosen, obwohl ihr nie das ADR-Prädikat verliehen wurde.

> **Die Farbwirkung:**
>
> **Gelb** – warmer, leichter Farbton, gut mit Rot harmonierend
>
> **Blau** – frischer, kühler Farbton, gut zu Weiß passend, auch mit Orangerot, aber nicht mit Violettrot harmonierend
>
> **Rot** – aggressiver, sehr lebhafter Farbton, paßt zu vielen Farben, Vorsicht ist jedoch bei Pflanzennachbarn in anderen Rottönen geboten; beispielsweise verbietet sich Scharlachrot neben Violettrot
>
> **Grün** – neutraler Farbton, bringt – auch in mehreren, unterschiedlichen Tönungen – zusammen mit Gelb und Rot, Frische in den Garten
>
> **Weiß** – Farbverstärker für alle anderen Farben, paßt insbesondere zu Karminrot, Hellrosa, Hellblau und Violett

nenen Erkenntnisse in die eigenen Gartenpläne einfließen zu lassen.

Die Farbenlehre: Rosen bieten eine weite Farbskala; fehlende Farben, beispielsweise Blau, lassen sich durch andere Pflanzen ergänzen. Die Grundfarben des Farbenkreises – Gelb, Blau und Rot – harmonieren ohne Probleme miteinander. Kritischer verhält es sich mit einander nahe stehenden Farben, die zwar einer Grundfarbe entstammen und scheinbar gut zusammenpassen wür-

BEETROSEN

den, sich dann aber doch beißen. Reizvoll sind Spannung erzeugende Kontraste, etwa Rot zu Grün, Gelb zu Violett, Blau zu Orange.

In die Farbgestaltung sind natürlich nicht nur die Farbwirkungen der Blüten- und Laubfarben mit einzubeziehen, sondern auch die Farben der Umgebung. Eine weiße Rose vor einer weißen Wand baut sicher wenig Spannung auf, ebenso wie eine rote Rose vor einer Ziegelmauer.

■ Beetrosen für den Garten

Was sind Beetrosen? Präzise gesagt, handelt es sich bei der Bezeichnung »Beetrosen« um einen Sammelbegriff für **Polyantharosen** und **Floribundarosen** (letztere werden auch **Polyantha-Hybriden** genannt). Unter Polyantharosen verstehen die Rosenliebhaber niedrig wachsende Beetrosen mit großen, viele kleinblumige Blüten tragenden Blütenständen. Hervorgangen sind sie aus Kreuzungen von *Rosa multiflora* und *Rosa chinensis*. Das Geburtsjahr der Polyantharosen wird auf 1865 datiert, als der Engländer Robert Fortune Stecklinge einer schwachwüchsigen *Rosa multiflora*-Form von Japan nach Europa schickte.

Aus den Polyantharosen entwickelten sich durch züchterische Bearbeitung die **Polyantha-Hybriden**. Durch das weitere Einkreuzen von Edelrosen schuf der Däne Svend Poulsen in diesem Jahrhundert die ersten Exemplare dieser neuen Gruppe. Die Floribundarosen sind großblumige, winterharte, niedrige und öfterblühende Beetrosen, deren edle, gefüllte Blütenform an die der Edelrosen erinnert. Blüten der Floribundarosen sehen bisweilen wie Miniaturausgaben der Edelrosenblüten aus.

Alles verstanden? Wenn nicht, muß dies kein Kopfzerbrechen bereiten. Aufgrund der zahllosen Übergänge innerhalb der ursprünglichen Untergruppen haben auch die meisten Rosenprofis die ehemals strenge Hierachie verlassen und ordnen die entsprechenden Typen in den Katalogen schlicht als Beetrosen ein.

Manche Rosenanbieter gruppieren jedoch auch Edel- und **Zwergrosen** unter die Beetrosen mit ein. Das ist allerdings wenig verwendungsfreundlich, da die meisten Zwergrosensorten wegen ihrer nicht ausrei-

Gefüllte Beetrosen

Sorte	Farbe	Blührhythmik	Wuchshöhe (cm)
Amber Queen®	gelb	öfterblühend	40–60
Ballade®	rosa	öfterblühend	60–80
Bella Rosa®	rosa	öfterblühend, spätblühend	60–80
Bernstein Rose®	gelb	öfterblühend, frühblühend	60–80
Bonica '82®	rosa	öfterblühend	60–80
Chorus®	rot	öfterblühend	60–80
Diadem®	rosa	öfterblühend, spätblühend	80–100
Duftwolke®	rot	öfterblühend	60–80
Edelweiß®	weiß	öfterblühend	40–60
Europas Rosengarten®	rosa	öfterblühend	60–80
Frau Astrid Späth	rosa	öfterblühend, frühblühend	40–60
Friesia®	gelb	öfterblühend, frühblühend	60–80
Gartenzauber '84®	rot	öfterblühend	40–60
Goldener Sommer '83®	gelb	öfterblühend	40–60
Goldmarie '82®	gelb	öfterblühend	40–60
Gruß an Aachen	creme	öfterblühend	40–60
Happy Wanderer®	rot	öfterblühend, spätblühend	40–60
La Paloma '85®	weiß	öfterblühend	60–80
Leonardo da Vinci®	rosa	öfterblühend	60–80
Make Up®	rosa	öfterblühend	80–100
Manou Meilland®	rosa	öfterblühend	60–80
Mariandel®	rot	öfterblühend	40–60
Matilda®	rosa	öfterblühend, frühblühend	40–60
Matthias Meilland®	rot	öfterblühend	60–80
Montana®	rot	öfterblühend	80–100
Mountbatten®	gelb	öfterblühend	80–100
Nina Weibull	rot	öfterblühend	40–60
Play Rose®	rosa	öfterblühend, frühblühend	60–80
Pußta®	rot	öfterblühend	60–80
Rosali '83®	rosa	öfterblühend	60–80
Rose de Resht	rot	öfterblühend	80–100
Royal Bonica®	rosa	öfterblühend, spätblühend	60–80
Rumba®	aprikot/gelb	öfterblühend	60–80
Schöne Dortmunderin®	rosa	öfterblühend	60–80
Sommermorgen®	rosa	öfterblühend	60–80
Stadt Eltville®	rot	öfterblühend	60–80
The Queen Elizabeth Rose®	rosa	öfterblühend	80–100
Träumerei®	rosa	öfterblühend	60–80
Warwick Castle	rosa	öfterblühend	60–80

Halbgefüllte Beetrosen

Sorte	Farbe	Blührhythmik	Wuchshöhe (cm)
Blühwunder®	rosa	öfterblühend	60–80
Dolly®	rosa	öfterblühend	60–80
Escapade®	lila/weiß	öfterblühend	80–100
Heidepark®	rosa	öfterblühend, spätblühend	60–80
La Sevillana®	rot	öfterblühend	60–80
Märchenland	rosa	öfterblühend	60–80
Ricarda®	rosa	öfterblühend	60–80
Sarabande®	rot	öfterblühend, frühblühend	40–60
Schleswig '87®	rosa	öfterblühend	60–80
Schneeflocke®	weiß	öfterblühend, frühblühend	40–60

Gestalten mit Rosen

chenden Robustheit in Beetanordnungen enorm pflegeaufwendig sind. **Edelrosen** dagegen sind aufgrund ihres hohen, staksigen Wuchses überhaupt nicht mit dem buschigen, kompakten Wuchs der eigentlichen Beetrosen vergleichbar und eignen sich nur sehr eingeschränkt für flächendeckende Farbeinsätze. Der Versuch, lichtlaubige Edelrosen, die eigentlichen »Königinnen der Rosen« mit höchster Individualität, flächendeckend, massiv und monoton ohne Hofstaat einzusetzen, käme schon fast einer Majestätsbeleidigung gleich.

Ganz im Gegensatz dazu präsentieren sich Beetrosen aus der Gruppe der Floribunda- und Polyantharosen als ausgeprägte Teamworker, die, insbesondere in größeren Gruppen und in geringem Abstand auf Beete und Rabatten gepflanzt, eine großartige Flächenwirkung bieten. Mit ihrer dichten Belaubung schattieren sie den Untergrund und verzögern dadurch die Unkrautentwicklung.

Natürlich gilt vor allem beim flächigen Einsatz von Beetrosen die **Faustregel der Robustheit**: Je großflächiger eine Beetrose gepflanzt wird, desto aufmerksamer muß bei der Sortenauswahl – neben Überlegungen bezüglich Wuchs und Farbe – die Robustheit beachtet werden.

Alle Beetrosen bilden gut verzweigte Triebe, die durch Blütenbüschel mit zahlreichen, mehr oder weniger gefüllten Einzelblüten in Rot, Rosa, Weiß und Gelb auf sich aufmerksam machen. Der erste Blütenflor der Beetrosen hat fast immer eine fantastische Fernwirkung. Danach legen die meisten Sorten erst einmal eine Verschnaufpause ein, um ab August wieder ein dominanter, farbiger Blickpunkt im Garten zu sein.

Beim Umgang mit Beetrosen ist spielerische Gestaltungslaune gefragt. Gerade Linien, die auch in der Natur nicht vorkommen, müssen dabei nicht sein. Wege können in weichen Bogen an den Beetrosen vorbeiführen. Prinzipiell lassen sich Beetrosenpflanzungen problemlos in bereits bestehende Gartenanlagen integrieren.

Die Sortenauswahl auf Seite 49 gibt besonders wetterfesten, vitalen Sorten den Vorzug. Leider sind nur wenigen Beetrosen »dufte« Eigenschaften mitgegeben. Einige Sorten bieten jedoch der Nase ein liebliches Parfüm, beispielsweise 'Duftwolke'®, 'Friesia'®, 'Manou Meilland'®, 'Rose de Resht', 'Träumerei'® und 'Warwick Castle'.

Das dekorative Rosenbeet

Wer ein Rosenbeet anlegen möchte, kann mit dem Werkstoff »Beetrose« anhand der Tabellen leicht seine Wünsche umsetzen. Als zentraler Punkt in der Beetmitte eignet sich z.B. eine Pyramide mit Kletterpflan-

Das dekorative Rosenbeet

① Beetrose 'Goldener Sommer '83'®
② Beetrose 'Friesia'® (mit Duft)
③ Goldrute *(Solidago caesia)*
④ Frauenmantel *(Alchemilla mollis)*
⑤ Mädchenauge *(Coreopsis-Arten)*
⑥ Gold-Waldrebe *(Clematis tangutica* 'Aureolin')

KLETTERROSEN UND RAMBLER

zen; davor setzt man Beetrosen, und zwar abgestuft nach ihrer Wuchshöhe, so daß sie in der Einheit ein Blütenpolster bilden. Die Farbauswahl ist dabei ganz dem individuellen Geschmack überlassen. Als Faustregel gilt, daß man sortenreine Gruppen pflanzen und dabei nicht weniger als drei, besser fünf, idealerweise sieben Stöcke locker gruppieren sollte. Möglich sind kontrastreiche Benachbarungen, aber auch Ton-in-Ton-Pflanzungen, wie etwa in unserem Beispiel in Form eines gelben Rosenbeetes.

Als gelbe Kletterpflanze kommt ein besonderes Kleinod zum Einsatz. Die Gold-Waldrebe (*Clematis tangutica* 'Aureolin') ist ein faszinierender Klettermaxe mit – für die Gattung *Clematis* sehr ungewöhnlich – gelben Blüten. Diese haben ihr Haupt wie Glocken gesenkt, sind eine begehrte Nektarquelle für Bienen und wirken mit ihrer Blütenfülle ab Juni bis in den Herbst. Anschließend schmücken sich die Fruchtstände mit silbrigem Haarschweif.

Jeweils drei bis fünf Pflanzen pro Art und Sorte in Gruppe, zwei Gold-Waldreben für die Holz- oder Schmiedeeisenpyramide.

Kletterrosen

Sorte	Farbe	Blütenfüllung	Blührhythmik	Wuchshöhe (cm)
Compassion®	rosa	gefüllt	öfterblühend	200–300
Dortmund®	rot	einfach	öfterblühend	200–300
Golden Showers®	gelb	gefüllt	öfterblühend	200–300
Ilse Krohn Superior®	weiß	gefüllt	öfterblühend	200–300
Lawinia®	rosa	gefüllt	öfterblühend	200–300
Maria Lisa	rosa	einfach	einmalblühend	200–300
Morning Jewel®	rosa	halbgefüllt	öfterblühend	200–300
New Dawn	perlmutt	gefüllt	öfterblühend	200–300
Rosarium Uetersen®	rosa	gefüllt	öfterblühend	200–300
Salita®	orange	gefüllt	öfterblühend	200–300
Santana®	rot	gefüllt	öfterblühend	200–300
Sympathie	rot	gefüllt	öfterblühend	200–300

Rambler

Sorte	Farbe	Blütenfüllung	Blührhythmik	Wuchshöhe (cm)
Albéric Barbier	creme	gefüllt	einmalblühend	300–500
Bobby James	weiß	halbgefüllt	einmalblühend	300–500
Flammentanz®	rot	gefüllt	einmalblühend	300–500
Paul Noël	rosa	gefüllt	nachblühend	300–500
Rosa x *ruga*	rosa	halbgefüllt	einmalblühend	300–500
Super Dorothy®	rosa	gefüllt	öfterblühend	300–500
Super Excelsa®	karminrosa	gefüllt	öfterblühend	300–500
Venusta Pendula	rosa/weiß	halbgefüllt	einmalblühend	300–500

■ Kletterrosen und Rambler für Wand und Pergola

Kletterrosen machen im Hausgarten Märchen wahr. Wer das »Dornröschen« der Brüder Grimm aufmerksam liest, dem erschließen sich bereits die gestalterischen Möglichkeiten dieser farbenprächtigen Hochstapler unter den Rosen: »Rings um das Schloß aber begann eine Dornenhecke zu wachsen, die jedes Jahr höher ward und endlich das ganze Schloß umzog und darüber hinauswuchs, daß gar nichts mehr davon zu sehen war, selbst nicht die Fahne auf dem Dach.«

Bis allerdings so ein Schloß völlig hinter Kletterrosen und rankenden Ramblern verschwindet, gehen schon ein paar Jahre ins Land. Schneller klettern sie an einer Pergola, einer Hauswand, einem Carport, einer Gartenlaterne, einem Torbogen oder einer kunstvollen Pyramide empor. Spätestens im dritten Jahr nach der Pflanzung schaffen Kletterrosen auch in tristen Gartenwinkeln ein märchenhaftes Ambiente.

Die Bezeichnung »Kletterrosen« wird als Überbegriff für Rosen benutzt, die Strauchrosen ähneln, aber im Unterschied zu diesen längere Triebe ausbilden. Kletterrosen können nicht selbständig klettern, sie benötigen eine Hilfe für den Aufstieg an Wänden und Pergolen. Kletterrosen, die besonders lange, weiche und dünne Triebe ausbilden, nennt man Rambler. Mit ihren meterlangen Trieben wachsen sie in lichte, alte Bäume bis in Höhen von sechs bis sieben Metern hinein, begrünen große Pergolen und imposante Torbögen. Botanisch gesehen zählen diese Rankrosen zu den sogenannten Spreizklimmern, d. h. sie sind mit ihren bestachelten Trieben immer auf der Suche nach einem Halt. Ist die Suche erfolgreich, haken sie sich mit ihnen fest. Zusätzlich zu dieser wuchstypabhängigen Unterscheidung klassifiziert man Kletterrosen nach ihrem Blührhythmus. Es gibt einmal- und öfterblühende Sorten. Öfterblühende Sorten weisen häufig eine schwächere Wuchskraft auf, werden selten – im Gegensatz zu den wildwachsenden, meist einmalblühenden lianenartigen Ramblern – über drei Meter hoch. Die Kenntnis des Blühverhaltens ist für den Rosenfreund die Basis, von der aus er die der jeweiligen Sorte angemessenen Schnittmaßnahmen ableitet, wie sie im Kapitel »Der rosige Schnittkurs« (Seite 152) ausführlich dargestellt sind.

Kletterrosen wachsen immer dem Licht entgegen. Dabei überziehen sie alles, was sich ihnen in den Weg stellt, mit einem farbigen Blütenband. Die Richtung des Triebwachstums kann der Gartenfreund bestimmen. Entweder er führt sie, locker angebunden, an einem Rankgestell in die Höhe oder er läßt sie von oben nach unten über eine Mauerkrone überhängen. Finden die Kletterkünstler keinen Halt für ihre farbenprächtigen Umarmungen, ziehen sie ihre

Das Triebwachstum bestimmen: Je waagerechter Kletterrosentriebe geführt werden, desto mehr blühendes Seitenholz bilden sie aus.

GESTALTEN MIT ROSEN

'Venusta Pendula': ein einmalblühender Rambler mit lianenartiger Wuchskraft.

langen Triebe auch flächendeckend über Steine und Böschungen, wie es etwa die Sorten 'Super Dorothy'® und 'Super Excelsa'® tun.

Das eigentlich Faszinierende an den Kletterrosen ist, daß sie trotz ihrer Langtriebigkeit selbst in kleinsten Gärten und auf schmalsten Pflanzstellen zurechtkommen. Immer vorausgesetzt, der Weg nach oben ist frei. Diesen Vorteil nutzen immer mehr Bürger, um ihre Hauswände auch zur Straßenseite hin attraktiv zu gestalten. Dies ist mit Kletterrosen sogar dann möglich, wenn die Hauswand direkt – ohne Vorgarten – an den Bürgersteig anschließt. Ein viertel Quadratmeter freie Erdoberfläche und tiefgründiger Boden reichen ihnen, um an Standorten zu bezaubern, an denen eigentlich kein Grüneinsatz möglich erschien.

Kletterrosen lieben Wände in Südost- bzw. Südwestlage. Heiße Südwände sind ungeeignet, denn dort leiden sie rasch unter Spinnmilben und Mehltau. Aber auch an sich gut geeignete Lagen können problematisch sein, wenn ein weites Vordach den Luftaustausch einschränkt und Stauwärme fördert. Um die Blühwilligkeit von Kletterrosen an Hauswänden bereits auf Augenhöhe des Betrachters zu fördern, empfiehlt es sich, die Stöcke nicht zwischen, sondern unter die Fenster zu pflanzen. Dadurch werden die Triebe bereits frühzeitig in die Waagerechte gezwungen und zur Bildung blütenreicher Seitentriebe angeregt. Auch beim Aufbau einer Kletterrose entlang einer Pergola oder eines Baldachins ist waagerechtes Binden besser und für die Blütenproduktion ergiebiger als Schneiden. Ein zu häufiger Schnitt der Kletterrosen regt letzt-

endlich nur eine übermäßige Holzproduktion an. Die Rose soll jedoch im Hausgarten als Blühpflanze und nicht als Forstgehölz erfreuen. Deshalb werden Kletterrosen in der Regel nur ausgelichtet (siehe Seite 154).

Rosenbogen: Besondere Gestaltungseffekte erreicht man im Garten mit Rosenbögen, durch die man schreitet, hinter denen sich eine andere, überraschungsreiche Welt eröffnet. Für kleinere Bögen eignen sich eher schwächerwachsende, öfterblühende Sorten, für große Bögen kommen auch Rambler in die engere Auswahl. Unabhängig von der Sortenwahl sollte man bei der

Der Rambler 'Bobby James' verhilft lichten Bäumen zu einer zweiten Blüte.

Kletterrosen und Rambler

GESTALTEN MIT ROSEN

Gestaltung von Bögen mit Rosen nicht deren Stacheln vergessen. Der Abstand zwischen den Pfosten ist deshalb so weit zu wählen, daß beim Durchschreiten keine Verletzungsgefahr besteht. Das Gleiche gilt natürlich auch für Pergolen und andere Rankgestelle. Ist nicht genug Platz vorhanden, bieten sich fast stachellose Sorten wie 'Maria Lisa' an. Rosenbögen sind ein künstlicher Gestaltungsrahmen, der in den ersten Jahren vom Gärtner Bindearbeit und Triebführung verlangt. Auch stellt sich der gewünschte Effekt nicht gleich im ersten Jahr ein; die notwendige Geduld wird aber ab dem dritten Standjahr durch üppige Rosenpracht belohnt.

Spaliergerüst: Ein Klettergerüst für Rosen muß kräftig und solide verankert sein. Geeignet sind Spaliere aus Holz oder kunststoffummanteltem Draht. Der Mindestabstand von der Wand beträgt acht Zentimeter. Er dient der ausreichenden Durchlüftung und erleichtert die Bindearbeit. Besonders bewährt haben sich die zwar etwas teureren und bei der Installation aufwendigeren, dafür aber eine kleine Ewigkeit haltbaren, verzinkten Armiergitter. Ihre Gitterstruktur ermöglicht ein bequemes Binden der Triebe in alle gewünschten Richtungen. Solche Gitter tragen bei fachgerechter Installation auch noch nach vielen Jahren die nicht zu unterschätzende Gewichtslast blütenbeladener, mitunter regennasser Triebe großer Kletterrosenstöcke.

■ Rosen für Hecken, Zäune und Einzelstandorte

Rosen für dichte Hecken, Rosen als Zaunkönige, Rosen für Soloauftritte – in diesen Gestaltungsbereichen schlägt die große Stunde der Strauchrosen.
Alle Rosen sind »Sträucher«, der Begriff **Strauchrosen** bezeichnet jedoch Sorten und Arten, die durch größere Wuchsstärke in Höhe und Breite auffallen. Die Blüten können einfach, halbgefüllt, aber auch gefüllt und edelrosenähnlich sein. In Katalogen werden Strauchrosen bisweilen in

Lohn der Geduld: Kletterrosen verleihen Pergolen nach spätestens drei Jahren einen üppigen Blütenrahmen.

ROSEN FÜR HECKEN UND ZÄUNE

einmalblühende **Parkrosen** und öfterblühende **Zierstrauchrosen** unterteilt.

Einmalblühende Parkrosen: Zu den klassischen Parkrosen zählen 'Frühlingsgold', 'Maigold', *Rosa hugonis*, *Rosa sericea* f. *pteracantha*, 'Scharlachglut' und andere, also Arten und Sorten mit einmaliger Blüte im Frühjahr oder Frühsommer, mächtigem Wachstum, reichlichem Hagebuttenansatz und ungewöhnlicher Frosthärte. Die Bezeichnung »Parkrosen« verweist schon auf die Orte, an denen sie am besten eingesetzt werden können – in Parks und weitläufigen Gartenanlagen. Dort entfalten sie ungestört und freiwachsend ihre üppige Pracht. Ideal eignen sie sich zur Unterpflanzung großer Bäume, als Einzelsträucher oder auch in lockeren Hecken, die leicht drei bis vier Meter hoch werden können.

Öfterblühende Zierstrauchrosen: Die Öfterblütigkeit der Zierstrauchrosen, zu denen auch viele Englische und Alte Rosen zählen, bremst deren Wachstum. Daher ist ihr Einsatz als etwas größere Beetrosen auch in kleineren Gartenwinkeln ohne Probleme möglich. Durch ihre Öfterblütigkeit, ihre große Robustheit und ihre überschaubare Größe – meist sind zwei Meter Höhe das Maximum – brillieren sie als gartengerechte Rosensolitäre. Sie bilden deshalb auch den Schwerpunkt in der Sortentabelle (siehe Seite 56).

Strauchrosen für die Einzelstellung: Wer einmal die Insel Mainau besucht, bekommt einen Eindruck davon, zu welchen Blütenbergen sich Zierstrauchrosen entwickeln können. Besonders wuchsschön zeigen sich beispielsweise weltbekannte Strauchrosensorten wie 'Westerland'® oder 'Schneewittchen'®. Das Besondere an diesen prächtigen Ziersträuchern auf der weltbekannten Blüteninsel ist, daß sie sich meist aus einer einzigen Pflanze aufgebaut haben. Man ließ sie viele Jahre unbeschnitten, von kleineren Auslichtungsmaßnahmen abgesehen. Dort stellen sie neben ihrer robusten Blütenfülle und urwüchsigen Frosthärte eindrucksvoll ihre beson-

Mannshohe Strauchrosen eignen sich für freiwachsende Rosenhecken in großen Gärten oder als Zaunrosen für rosige Barrieren.

Gestalten mit Rosen

dere Eigenschaft unter Beweis, nämlich einen freiwachsenden, kompakten und selbsttragenden Blütenstrauch aufzubauen. Viele moderne Strauchrosensorten bilden runde Ziersträucher, die mit dem Ausmaß und der Dauer ihrer Blütenfülle die klassischen Ziersträucher unserer Gärten leicht übertreffen. Beide zusammen, Zierstrauchrosen und Ziersträucher, sind ideale Partner; mehr dazu im Kapitel »Rosige Kombinationen mit Laubgehölzen« (Seite 89).

Wenn von der Eignung der Strauchrosen für **Einzelstellungen** die Rede ist, soll damit nicht ihre Verwendung in **Gruppenpflanzungen** ausgeschlossen werden. Der Begriff »Einzelstellung« bezieht sich vielmehr auf den freien, exponierten Stand einer Pflanze oder mehrerer Rosenstöcke. Pflanzt man einen solchen Rosenhain oder eine einzelne Strauchrose inmitten einer Rasenfläche, muß der Boden um die Rose(n) im Abstand von etwa 50 cm offen bleiben. Wer diese sogenannten »Baumscheiben« unbedingt mulchen will, sollte die Mulchschicht keinesfalls zu hoch auftragen. Wühlmäuse fänden darin eine einladende, kuschelig warme Behausung und bekämen mit den leckeren Rosenwurzeln noch einen üppig gedeckten Tisch als Beigabe dazu.

Strauchrosen für Zäune: Zäune erfüllten in den Gärten vergangener Generationen die wichtige Funktion einer Barriere zum Schutz des Gartengemüses vor der Äsung durch Wild oder vor unerwünschtem Fraßbesuch durch Hühner und andere Haustiere. Die Zäune der Bauerngärten waren relativ niedrig, so daß der Schutz zwar gewährleistet war, andererseits aber die Nachbarn noch neugierige Blicke auf die üppige Blütenpracht neben dem Gemüse werfen konnten.

Zäune spielten in der Rechtsprechung des Mittelalters auch eine juristisch bedeutsame Rolle, denn nur umfriedetes Land stand unter Schutz und ermöglichte eine rechtliche Handhabe gegen Gemüsediebe und andere ungebetene Gartenbesucher.

Ob Holz-, Flecht-, Maschendrahtzäune oder edle, schmiedeeiserne Abgrenzungen – vielfältige Zaunformen umschließen die Hausgärten und sollen auch heute noch in erster Linie Schutz bieten und Grenzen markieren. Mit Strauchrosen in der Zaunfunktion läßt sich dieser Schutz mittels imposanter Stacheln und sommerlanger Dauerblüte funktionell und zugleich ästhetisch ansprechend gestalten. Blühende Strauchrosen, die Zaunlatten umranken oder überwallen, erinnern an die Romantik alter Bauerngärten und machen gleichzeitig ein Übersteigen – dank ihrer einzigartigen »Bewaffnung« – zu einem risikoreichen Abenteuer.

Strauchrosen für Hecken: Eine Hecke ganz aus Rosen übernimmt zum einen die gleiche Schutzfunktion wie ein Zaun – ohne daß man sich dabei gegen seinen Nachbarn total »abschottet« –, zum anderen entsteht durch sie ein lebendes Rückzugsreservat für viele Lebewesen. Auch niedrige Rosenhecken sind ökologische Zäune, die deutlich Grenzen festlegen, zugleich aber nach außen farbenfroh offene Freundlichkeit signalisieren.

Rosenhecken kommen – wie anderen Hecken auch – zahlreiche lebenserhaltende Aufgaben zu. Sie gleichen Temperaturextreme aus – zahlreiche Lebewesen nutzen die erhöhte Luftfeuchtigkeit und die durch verstärkte Taubildung feuchte Kühle innerhalb ihres Zweiggewirrs –, sie vermindern die Windgeschwindigkeit, sind lebende Staubfilter und Schalldämpfer, reinigen durch ihre Laubaktivität die Luft und produzieren tagsüber Sauerstoff. Vögeln und anderen Tieren bieten sie Brutschutz und Lebensraum und mit den Hagebutten zudem eine beliebte Nahrungsquelle (siehe Seite 134).

In den folgenden Tabellen sind öfterblühende Rosensorten aufgeführt, die sich für lockere, freiwachsende Hecken eignen. Nicht nur Zierstrauchrosen kommen in Frage, sondern – für niedrige Hecken – auch Sorten aus der Gruppe der Flächen- und Beetrosen; hier sind wiederum besonders 'Escapade'®, 'La Sevillana'® und 'Pink Meidiland'® als diejenigen mit überreichem

Strauchrosen

Sorte	Farbe	Blütenfüllung	Blührhythmik	Wuchshöhe (cm)
Armada®	rosa	gefüllt	öfterblühend	100–150
Astrid Lindgren®	rosa	gefüllt	öfterblühend	100–150
Bischofsstadt Paderborn®	rot	einfach	öfterblühend	100–150
Centenaire de Lourdes	rosa	halbgefüllt	öfterblühend	150–200
Dirigent®	rot	halbgefüllt	öfterblühend	150–200
Dornröschenschloß Sababurg®	rosa	gefüllt	öfterblühend	100–150
Eden Rose '85®	rosa	gefüllt	öfter-, spätblühend	150–200
Elmshorn	rot	gefüllt	öfterblühend	150–200
Ferdy®	rosa	gefüllt	einmalblühend	80–100
Freisinger Morgenröte®	orange	gefüllt	öfterblühend	100–150
Ghislaine de Feligonde	gelb	gefüllt	öfterblühend	150–200
Grandhotel®	rot	gefüllt	öfterblühend	150–200
Gütersloh®	rot	gefüllt	öfterblühend	100–150
IGA '83 München®	rosa	gefüllt	öfterblühend	80–100
Ilse Haberland®	rosa	gefüllt	öfterblühend	100–150
Kordes' Brillant®	orange	gefüllt	öfterblühend	100–150
Lichtkönigin Lucia®	gelb	gefüllt	öfter-, frühblühend	100–150
Marguerite Hilling	rosa	halbgefüllt	nachblühend	150–200
Polka '91®	bernstein	gefüllt	öfterblühend	100–150
Raubritter	rosa	gefüllt	einmal-, spätblühend	200–300
Rödinghausen®	rot	gefüllt	öfterblühend	100–150
Rokoko®	cremegelb	gefüllt	öfterblühend	100–150
Romanze®	rosa	gefüllt	öfterblühend	100–150
Rosendorf Sparrieshoop®	rosa	gefüllt	öfterblühend	100–150
Rosenresli®	rosa	gefüllt	öfterblühend	100–150
Scharlachglut	rot	einfach	einmalblühend	150–200
Schneewittchen®	weiß	gefüllt	öfter-, frühblühend	100–150
Vogelpark Walsrode®	rosa	gefüllt	öfter-, frühblühend	100–150
Westerland®	aprikot	halbgefüllt	öfterblühend	150–200

FLÄCHENROSEN

Hagebuttenansatz hervorzuheben. Unter den für niedrige Hecken geeigneten Sorten ist auch 'Rose de Resht' genannt. Mit ihr können sich Freunde Alter Rosen eine rosige Kleinhecke schaffen. Die notwendige dichte Pflanzfolge für eine Hecke bedingt aber auch einen höheren Befallsdruck durch Pilzkrankheiten und in der Folge einen etwas höheren Pflegeaufwand. Der ideale Standort der Hecken ist sonnig; unter der Traufe von Bäumen haben auch robuste, öfterblühende Rosenhecken nichts zu suchen. Natürlich können Sorten mit ähnlichen Wuchshöhen und -formen auch miteinander zu bunten Hecken gemischt werden.

Bevor man eine Hecke anlegt, ist ein Blick in das Nachbarrecht dienlich. Länderunterschiedlich werden nämlich Mindestabstände zur Grundstücksgrenze vorgegeben. Darauf sollte man achten und sich beim örtlichen Gartenamt erkundigen oder entsprechende Literatur zu Rate ziehen, will man spätere Konflikte mit seinem Nachbarn vermeiden.

Hohe Heckenrosen (etwa 1 bis 2 Meter)

Sorte	Farbe	Blütenfüllung	Blührhythmik
Astrid Lindgren®	rosa	gefüllt	öfterblühend
Bischofsstadt Paderborn®	rot	einfach	öfterblühend
Centenaire de Lourdes	rosa	halbgefüllt	öfterblühend
Dirigent®	rot	halbgefüllt	öfterblühend
Dornröschenschloß Sababurg®	rosa	gefüllt	öfterblühend
IGA '83 München®	rosa	gefüllt	öfterblühend
Ilse Haberland®	rosa	gefüllt	öfterblühend
Lichtkönigin Lucia®	gelb	gefüllt	öfterblühend, frühblühend
Polka '91®	bernstein	gefüllt	öfterblühend
Schneewittchen®	weiß	gefüllt	öfterblühend, frühblühend
Westerland®	aprikot	halbgefüllt	öfterblühend

Niedrige Heckenrosen (etwa 0,6 bis 1 Meter)

Sorte	Farbe	Blütenfüllung	Blührhythmik
Ballerina	rosa/weiß	einfach	öfterblühend
Escapade®	lila/weiß	halbgefüllt	öfterblühend
La Sevillana®	rot	halbgefüllt	öfterblühend
Mountbatten®	gelb	gefüllt	öfterblühend
Pink Meidiland®	pink/weiß	einfach	öfterblühend
Red Yesterday®	rot	einfach	öfterblühend
Rose de Resht	rot	gefüllt	öfterblühend

'Westerland'®: Eine Strauchrosensorte, die – läßt man sie unbeschnitten – einen rundum belaubten, wuchsschönen Zierstrauch aufbaut.

Rambler als geschnittene, formierte Hecken: Als Zaun- bzw. Heckenrosen bewährt haben sich auch Ramblersorten wie beispielsweise 'Bobbie James'. Sie sind eine raumsparende, gut formbare, farbenprächtige Heckenalternative für beengte Standorte, an denen für freiwachsende Strauchrosenhecken einfach der Platz fehlt.

Man pflanzt die Rambler direkt an einen stabilen Maschendrahtzaun, den sie rasch erobern. Nach einigen Jahren kann man aus dem begrünten Zaun eine Hecke mit etwa fünfzig Zentimetern Tiefe und zwei Metern Höhe formieren. Dafür bringt man die Rosen – wie andere Laubhecken auch – mit der Heckenschere oder einem Mähbalken arbeitsextensiv in die gewünschte Form.

■ Flächenrosen für pflegeleichte Pflanzungen

Der Begriff **Flächenrose** ist neu. Er faßt die **Bodendecker-** und **Kleinstrauchrosen** zusammen, deren Sortimente meistens nur schwer voneinander zu trennen waren, und beschreibt den Nutzen dieser Sorten, nämlich größere Bodenflächen unkrautunterdrückend und pflegeleicht abdecken zu können.

Gestalten mit Rosen

Flächenrosen sind jedoch keine Wunderkinder. In den ersten Jahren bedürfen sie der Pflege und müssen bei ihrem Kampf gegen das Unkraut Unterstützung durch den Gartenfreund erhalten.

Nicht zu verwechseln sind Flächenrosen mit Bodendeckern, die zur Unterpflanzung stark schattenwerfender Bäume und dichter Großsträucher geeignet sind. Die Verwechslungen entstehen aus der Doppeldeutigkeit des Begriffes »Bodendecker«, der einerseits Pflanzen meint, die als Böschungsbefestiger und Rasenersatz dienen, andererseits eben auch zur Unterpflanzung großer Gehölze geeignete Pflanzen. Zu letzterem Zweck kommen vorwiegend Stauden mit nicht verfilzenden Wurzeln zum Einsatz, auf Dauer niemals Rosen. Höchstens unter Jungbäumen mit noch kleiner, kaum schattierender Kronentraufe ist für einige Jahre eine rosige Flächendeckung mit robusten Sorten denkbar. Unter großen, mächtigen Bäumen erhalten Rosen jedoch zu wenig Sonne und zuviel Nässe, einmal vom Regen, danach durch den Tropfenfall der Krone. Infolge dieser hohen Luftfeuchtigkeit erhöht sich der Befallsdruck durch viele Pilzkrankheiten, insbesondere Sternrußtau.

In der Gruppe der Flächenrosen finden sich Rosensorten mit vielfältigen Wuchsformen. Zur farbenprächtigen Gestaltung von Freiflächen bieten sich bodendeckende Sorten mit flachen, aufliegenden Trieben ebenso an wie Sorten mit überhängendem, kleinstrauchartigem Wuchsaufbau.

Flächenrosen sind wuchsfreudig und gelten als ausgesprochen **robust und frosthart.** Nicht ohne Grund gehörte diese Rosengruppe in den letzten Jahren zu den »Abräumern« bei der ADR-Rosenprüfung (siehe Seite 163). Sorten wie 'Bingo Meidiland'®, 'Bonica '82'®, 'Heidetraum'®, 'Lavender Dream'®, 'Magic Meidiland'®, 'Mirato'®, 'Palmengarten Frankfurt'®, 'Pink Meidiland'®, 'Red Yesterday'®, 'Repandia'® und 'Sommerwind'® dokumentieren den züchterischen Fortschritt im Hinblick auf vitale, widerstandsfähige Rosen, die sich ohne Pflanzenschutzmaßnahmen behaupten. Jede fünfte in Deutschland veredelte Rose ist derzeit eine Flächenrose.

Aufgrund ihrer stabilen genetischen Struktur gelten Flächenrosen als genügsame »Schwerarbeiter« unter den Rosen. Ihre hohe **Belastbarkeit** – Sorten wie 'Immensee'® vertragen es sogar, daß Autoreifen über ihre Triebe hinwegfahren – entdeckten die städtischen Grünämter Anfang der achtziger Jahre. Zu diesem Zeitpunkt stellte sich die aufwendige Pflege der Edel- und Beetrosen in den öffentlichen Anlagen als zunehmend unbezahlbar heraus; auch ließ die Blattrobustheit vieler alter Rosenklassiker von Jahr zu Jahr mehr zu wünschen übrig. Die Flächenrosen haben die Lücke vortrefflich gefüllt. Eine Auswahl bewährter Sorten nennt die obenstehende Tabelle.

Flächenrosen sind aber nicht nur ein problemlos zu handhabender, rosiger Werkstoff für viele Pflanzsituationen wie öffentliche Anlagen, Industrieflächen, Lärmschutzwälle, Parkplätze, Böschungen und viele mehr. Vor allem die einfach bis halbgefüllt blühenden Sorten sprudeln auch monatelang als ergiebige Pollenquelle für Bienen, Hummeln und Insekten. Die dichte Blattstellung der Flächenrosen unterdrückt nicht nur erfolgreich unerwünschten Krautbewuchs, sondern bietet zugleich Vögeln sicheren Brut- und Nistschutz sowie Kleinsäugern und anderen Lebewesen eine geschützte Behausung. Die Hagebutten der fruchtansetzenden Flächenrosensorten füllen zudem die Speisekammern vieler Tiere während der Wintermonate.

Kurzum: Flächenrosen verbinden höchste Funktionalität mit der Erfüllung ökologischer Forderungen nach zeitgemäßer Pflanzengestaltung. Zunehmend beschränkt sich ihre Anwendung nicht mehr nur auf öffentliche Flächen, auch viele Haus- und Klein-

Flächenrosen

Sorte	Farbe	Blütenfüllung	Wuchshöhe (cm)	Wuchsform
Alba Meidiland®	weiß	gefüllt	80–100	buschig
Ballerina	rosa/weiß	einfach	60–80	überhängend
Bingo Meidiland®	rosa	einfach	40–60	buschig
Bonica '82®	rosa	gefüllt	60–80	buschig
Heidekönigin®	rosa	gefüllt	60–80	flach, starkwachsend
Heideröslein Nozomi®	perlmutt	einfach	40–60	flach, schwachwüchsig
Heidetraum®	rosa	halbgefüllt	60–80	buschig
Immensee®	rosa	einfach	30–40	flach, starkwachsend
Lavender Dream®	lavendel	halbgefüllt	60–80	niedrig buschig
Lovely Fairy®	rosa	gefüllt	60–80	buschig
Magic Meidiland®	rosa	gefüllt	40–60	flach, starkwachsend
Max Graf	rosa	einfach	60–80	flach, starkwachsend
Mirato®	rosa	gefüllt	40–60	buschig
Palmengarten Frankfurt®	rosa	gefüllt	60–80	buschig
Pink Meidiland®	pink/weiß	einfach	60–80	überhängend
Red Meidiland®	rot	einfach	60–80	niedrig buschig
Red Yesterday®	rot	einfach	60–80	überhängend
Repandia®	rosa	einfach	40–60	flach, starkwachsend
Royal Bassino®	rot	halbgefüllt	40–60	buschig
Satina®	rosa	gefüllt	40–60	buschig
Scarlet Meidiland®	rot	gefüllt	60–80	überhängend
Sommermärchen®	pink	halbgefüllt	40–60	buschig
Sommerwind®	rosa	halbgefüllt	40–60	buschig
The Fairy	rosa	gefüllt	60–80	buschig
White Meidiland®	weiß	stark gefüllt	40–60	breit ausladend

> **Hinweis**
> Obwohl man Flächenrosen auch zur Bepflanzung sehr großer Flächen sortenrein in sehr hoher Zahl verwenden kann, sollte man die Fehlplanung grüner Monokulturen, wie sie in den siebziger Jahren stattfand, nicht wiederholen. Umso größer die zu gestaltende Fläche, umso mehr Sortenvielfalt sollte eingeplant werden. Eine einseitige Sortenverwendung ist nicht nur vom gestalterischen Aspekt her gesehen öde und unbefriedigend, sondern leistet auch der Ausbreitung von Krankheiten und Schädlingen Vorschub. Artenreiche Kombinationen von Flächenrosen, beispielsweise mit Stauden, stellen auf jeden Fall die bessere Alternative dar.

FLÄCHENROSEN

'Palmengarten Frankfurt'® deckt Flächen mit einer pinkfarbenen Blütenfülle ab.

Artenreiche Pflanzungen von Flächenrosen und Stauden senken den Pflegeaufwand beträchtlich.

gartenfreunde nutzen den Fortschritt in der Rosenzüchtung und schmücken kleinere Flächen, Kübel und Tröge mit Sorten dieser robusten Rosengruppe.

Wurzelechte Flächenrosen: Wer Flächenrosen auf einer größeren Fläche einsetzen möchte, sollte beim Pflanzenkauf auf wurzelechte Ware achten. Wurzelechte Rosen werden in der Regel durch Stecklinge vermehrt, es fehlt die Veredlungsunterlage (siehe auch der Abschnitt »Vermehrung durch Stecklinge«, Seite 174). Damit ist die Bildung lästiger Wildtriebe ausgeschlossen. Wurzelechte Flächenrosen läßt man ungestört drei bis vier Jahre wachsen, bevor sie im zeitigen Frühjahr maschinell, beispielsweise mit einem Mähbalken oder der Heckenschere, auf etwa 30 cm Höhe verjüngt werden. Bereits im darauffolgenden Sommer erfreuen sie wieder mit überreicher Blütenpracht. Ein jährlicher Rückschnitt wäre nicht nur zeitaufwendig, sondern würde die Funktionalität der Flächenrosen bedeutend

Wurzelechte Flächenrosen wie 'Lovely Fairy'® als pflegeleichtes Straßenbegleitgrün bringen Farbe in die Stadt.

einschränken. Nur wenn man sie sich ungestört entwickeln läßt, können sie – wie sie es sollen – mit ihrem Laub den Boden lückenlos abdecken.

Es hat sich bewährt, nach der Pflanzung die Flächen zwischen den Rosen mit Rindenmulch abzudecken, jedoch nicht höher als fünf Zentimeter. Der erhöhte Stickstoffverbrauch durch die mikrobielle Aktivität ist dabei zu berücksichtigen. Nähere Angaben hierzu finden sich im Kapitel »Die Praxis« unter dem Stichwort »Mulchen« (Seite 157).

Verblühte Rosenblüten im Sommer zu entfernen, ist bei Flächenrosen überflüssig, weil sie sich gut **selbst reinigen**. Ein weiterer Pluspunkt für Rosenfreunde, die während der warmen Tage lieber in der Hängematte dösen, als sich im Rosenbeet abzumühen.

GESTALTEN MIT ROSEN

Der Einzelhandel bietet wurzelechte Flächenrosen mit einem kleinen Wurzelballen an, der entweder in einem kleinen Kunststoff- oder im mitpflanzbaren Altpapiertopf sitzt. Leider ist das Angebot noch gering, trotz der beschriebenen Vorteile wurzelechter Rosen. Der Grund liegt darin, daß im Vergleich zu veredelten, superstarken Rosenstöcken stecklingsvermehrte, wurzelechte Flächenrosen weniger Holzsubstanz aufweisen. Der Pflanzenfachhändler weiß aus Erfahrung, daß viele Gartenfreunde eher zu kräftigen Rosenpflanzen greifen und bietet deshalb in der Regel ausschließlich veredelte Pflanzware an. Auf gezieltes Nachfragen hin stellt es aber für den Fachhändler kein Problem dar, auch wurzelechte Rosen, wie sie zu Tausenden in öffentlichen Anlagen verwendet werden, zu besorgen.

Der europaweit größte Demonstrationsversuch mit Flächenrosen steht in der Sächsischen Landesanstalt für Landwirtschaft, Fachbereich Gartenbau und Landespflege, in Dresden-Pillnitz. Wer sich für Flächenrosen interessiert und im Sommer mehr als hundert verschiedene Flächenrosensorten im unmittelbaren Vergleich sehen möchte, sollte sich in Pillnitz vor Ort informieren. Kulturelle Abstecher nach Dresden und in die Sächsische Schweiz lassen sich damit ideal kombinieren.

■ Mobile, frostharte Terrassen-Rosen

Mobile, frostharte Rosen für Terrasse und Balkon – gepflanzt in Kübel, Tröge, Ampeln oder größere Balkonkästen – erlauben es, über viele Jahre hinweg Orte mit Rosen zu schmücken, an denen eine rosige Blütenpracht sonst nicht möglich wäre.

Die Mobilität kommt aber nicht nur der gestalterischen Kreativität des Terrassen- und Balkonfreundes entgegen, sondern verringert auch den Pflegeaufwand. Erweist sich ein Standort als ungeeignet, weil sich beispielsweise vor einer heißen Südwand die Wärme staut, positioniert man die Terrassen-Rosen an einem anderen Ort und entzieht damit Spinnmilben, Mehltau & Co. postwendend ihre paradiesische Entwicklungsgrundlage (siehe hierzu auch im Kapitel »Die Praxis« den Abschnitt »Der rosige Standort«, Seite 142).

Kübelstandort

Vor Südwänden können Rosen zu starker Lichtreflektion ausgesetzt sein und mit Blattverbrennungen bzw. Spinnmilbenbefall reagieren.

Natürlich gedeiht auch eine Terrassen-Rose an einem rosengerechten Standort besser als an einem schattigen Plätzchen, aber der Befallsdruck durch die schlimmste Geißel der Rosenliebhaber – den Sternrußtau – läßt auf der Terrasse oder dem Balkon durch die Erdferne deutlich nach. Es spritzen kaum bodenbürtige Dauersporen durch Regenwasser vom Terrassenboden hoch, wie es im Garten ständig der Fall ist. Deshalb können auf der Terrasse gut auch Rosengruppen wie etwa die der Zwergrosen zur Gestaltung genutzt werden, die, im Garten ausgepflanzt, nur mit hohem Pflanzenschutzmittelaufwand eine Chance haben.

Rosen sind allerdings als ausgesprochene Tiefwurzler keine Kübelgehölze par excellence. Form und Größe der Gefäße und Balkonkästen sollte deshalb besonderes Augenmerk geschenkt werden.

Kübelformen, Kübelmaterialien: Als ideal für die Rose mit ihren tiefgehenden, langen Wurzeln erweist sich die hohe, langgezogene Zylinderform, am besten mit standsichernder Bodenwulst zur Minderung der Kopflastigkeit. Sie stellt den bestmöglichen Kompromiß zwischen oben breiteren Kübelformen – die leicht umzutopfen und zu wässern sind – und standsicheren, bauchigen Formen dar, die allerdings beim Umtopfen Probleme bereiten.

Im Fachhandel findet man Gefäße aller Art aus allen möglichen Materialien, die auch für Terrassen-Rosen in Frage kommen. *Terrakotta:* Die Vorteile der Kübel aus Terrakotta sind eine ausreichende Durchlüftung der Kübelerde, nachteilig wirkt der hohe Wasserverlust durch die Gefäßwand und die damit verbundene Austrocknungsgefahr. Insbesondere hart gebrannte Qualitäten handgeformter Ware neigen weniger dazu, sich mit Wasser vollzusaugen und sind frosthärter. Im Laufe der Jahre werden hochwertige Kübel durch ansetzende Patina immer wertvoller. *Kunststoff:* Kübel aus Kunststoff sind leicht zu transportieren und wassersparend, aber nur wenig isolierend. Die Erde erwärmt sich in ihnen schnell, Rosen reagieren auf solch ungewohnte Erderwärmung mitunter negativ. *Holz:* Holzkübel sind schlag- und bruchfest, isolieren gut (besonders Kübel aus imprägnierter Eiche) und haben eine hohe Lebensdauer. Problematisch können mit den Jahren Verwitterungserscheinungen sein. *Weidenkorb:* Die Körbe haben eine warme, rustikale Ausstrahlung, halten aber kaum Frost ab und sind nur begrenzt haltbar. Nach zwei bis drei Jahren beginnen sie, sich aufzulösen. Man legt sie mit gelochter, wasserablassender Schwarzfolie aus. *Steingut und Keramik:* Diese Materialien bieten eine saubere, optisch ansprechende Kübellösung für die Terrasse mit geringem Wasserverlust und hoher Lebensdauer. Zu ihnen zählen auch die glasierten ostasiatischen Gefäße.

Naturstein- und Kunststeintröge: Alte Futtertröge aus Sandstein oder Granit sehen gut aus, ihre Mobilität ist allerdings begrenzt.

Verzinkte Waschzuber: Tolle Pflanzgefäße für romantische Kübelarrangements. Unbedingt auf ausreichenden Wasserabzug achten.

Blumenkasten mit 'Pink Symphonie'®.

KÜBELROSEN

Stecklingsvermehrte Topfrosen (oben und ganz oben) eignen sich für kleinste Gefäße, sind jedoch keine frostharten Terrassen-Rosen. Einen krönenden Abschluß für ein Kübelpflanzen-Arrangement auf einer Terrasse bildet der Kaskadenstamm von 'Super Excelsa'® (links im Bild).

GESTALTEN MIT ROSEN

Kübelerden: Oft verbleiben Terrassen-Rosen viele Jahre in ihren Gefäßen. Die Pflanzerde muß deshalb den Wurzeln des Starkzehrers Rose mittelfristig ausreichend Luft und Nährstoffe zur Verfügung stellen können. Man kann eine der zahlreichen, im gärtnerischen Fachhandel angebotenen Erdmischungen, darunter auch spezielle Kübelerden, zum Topfen verwenden.

Wenn man bis zu zehn Prozent Blähton oder gebrochenen Schiefer in diese bereits vorgefertigten oder auch in eigene Mischungen einarbeitet, verbessert dies langfristig die Erdstruktur. Erden mit hohem Lehm- bzw. Tonanteil sollte man meiden, da diese Bestandteile im Substrat wandern und die Abzugslöcher der Kübel verstopfen. Lehmige Gartenerde, oft in der Literatur empfohlen, scheidet als Pflanzerde für Terrassen-Rosen aus demselben Grund aus. Erde mit sehr hohen Torfanteilen neigt dazu, im Kübel abzusacken und ist, wenn sie einmal ausgetrocknet war, nur schwer wieder zu befeuchten. Außerdem trägt ein Verzicht auf Torf zur Schonung dieses wertvollen Naturrohstoffs bei. Ebenfalls ungeeignet ist reine Komposterde und bereits aufgedüngte Balkonkastenerde. Bewährt haben sich dagegen Erden mit einem Holzfaseranteil von bis zu dreißig Prozent.

Ein- und Umtopfen: Rosen aller Angebotsformen können in Kübel gepflanzt werden. Wichtig ist vor allem die Wahl einer ausreichenden Kübelgröße. Wurzelnackte Rosen müssen ihre Wurzeln frei und ohne Verbiegen im Gefäß entfalten können. Die ausreichend gewässerten Ballen von Container-Rosen sollten nach allen Seiten einen Abstand von etwa zehn Zentimetern zur Gefäßwand haben. Damit es später bei der Überwinterung keine Probleme gibt, ist auf eine Höhe und Breite des Kübels von jeweils mindestens vierzig Zentimetern zu achten.

Eine **Drainageschicht** aus Tonscherben oder Blähton, etwa in der Stärke von fünf Prozent der inneren Kübelhöhe, wird auf dem Kübelboden verteilt. Darüber kommt ein wasserdurchlässiges Vlies, darauf die eigentliche Kübelerde. Das Vlies trennt Erde und Drainageschicht und verhindert so, daß eingeschwemmte Erdbestandteile den Weg des ablaufenden Wassers blockieren. Nach dem Auffüllen der Freiräume um die Rosenwurzeln mit der Erde wird ausgiebig gewässert. Wenn die Erde sich danach gesetzt hat, sollte ein etwa drei Zentimeter hoher Gießrand verbleiben.

In der Regel muß man Rosen im Kübel nach zwei, spätestens jedoch nach drei Jahren **umtopfen**. Die Wurzeln haben nach diesem Zeitraum die Pflanzerde bis in alle Bereiche durchwurzelt, auch Hohlräume für die notwendige Bodenluft sind durch das Wurzelwachstum verlorengegangen. Zudem machen sich durch die intensive Kultur im Kübel zunehmend Salzschäden bemerkbar, weil die verbliebene Restmenge Erde nur noch in sehr geringem Umfang die toxisch wirkenden Stoffwechselprodukte der Wurzeln abpuffern kann.

Das Umtopfen von Terrassen-Rosen in immer größere Kübel stößt irgendwann an Grenzen. Als Alternative dazu besteht die Möglichkeit, vorhandene Ballen rundum mit einem Messer zu verkleinern oder mit einem scharfen Wasserstrahl vollkommen von der Resterde zu befreien. Unbedingte Voraussetzung für beides ist, daß sich die Rose in einem absoluten Zustand der Ruhe befindet. Nach dem Ausspülen des Ballens schneidet man dicke Wurzeln und oberirdische Triebe zurück und topft die so verjüngte Rose neu ein. Aber auch wenn in größere Kübel umgetopft und der Ballen nicht verkleinert oder ausgespült wird, reißt man den verfilzten Wurzelballen mit der Hand oder mit einem Messer auf.

Wasserabzug

Wichtig: Einwandfreier Wasserabfluß durch Drainageschicht aus Tonscherben …

… ausreichend große Abzugslöcher und …

… Hochstellen der Gefäße auf schmale Leisten.

Sind die Terrassen-Rosen über Jahre in einem Kübel verblieben, kann es problematisch sein, sie dort herauszubekommen. Je nach Wuchskraft haben sie sich regelrecht im Gefäß festgepreßt.

Bei Gefäßen aus Ton oder Holz hilft es, die Erde vor dem Herausziehen der Pflanze anzufeuchten. Umgekehrt sollte man bei Kübeln aus Steingut oder Kunststoff die Erde trocken werden lassen. Sind Wurzeln in das Geflecht von Weidenkörben eingewachsen, hilft in der Regel nur das Zerschneiden des Korbes.

Bewässerung: Je nach Kübelmaterial und Kübelgröße sind die Wurzeln der Rosen häufig wechselnder Bodenfeuchte ausgesetzt. Gleichmäßige Bodenfeuchtigkeit wäre das Ideal – auf jeden Fall aber wird der achtsame Rosenfreund seine Rosen nicht vertrocknen lassen. In den meisten Fällen wird dann aber zuviel des Guten getan – die Rosen werden ertränkt. Staunässe setzt aber in kürzester Zeit den wichtigen Feinwurzeln böse zu, luftliebende Bodenorganismen gehen unweigerlich verloren. Die Folge ist Wurzelfäulnis, die Rose erstickt regelrecht.

Damit Überschußwasser problemlos ablaufen kann, müssen ausreichend große Abzugslöcher am Boden vorhanden sein. Außerdem kann der Kübel zusätzlich auf schmale, etwa einen Zentimeter hohe Leisten gestellt werden.

Vorsicht ist bei Untersetzern für Kübel angebracht, die völlig im Freien stehen, weil sich in ihnen Regenwasser staut. Mit ziemlich flachen Untersetzern vermindert man die Gefahr, daß die Erde durch das stehengebliebene Wasser zu naß wird.

Wer häufig stark kalkhaltiges Gießwasser benutzt, muß mit **Chlorosen** durch Eisenmangel rechnen, denen mit Eisendüngern wie Sequestren oder Fetrilon entgegengewirkt werden kann (siehe Seite 158).

Ausgezeichnete Regulierungsmöglichkeiten für eine optimale Bewässerung der Terrassen-Rosen bieten **Bewässerungssysteme**, wie sie im Fachhandel erhältlich sind. Über Feuchtefühler, sogenannte Tensiometer, wird der Wassergehalt der Kübelerde ermittelt und nach Bedarf entsprechend gewässert. Im Winter muß man jedoch die wassergefüllten Tensiometer vor Frost schützen.

KÜBELROSEN

Düngung: Bewährt haben sich Langzeitdünger, die im Nahbereich der Wurzeln plaziert werden, so daß das Wurzelwachstum sich mehr im Zentrum des Kübels abspielt. Je größer der Abstand der Wurzeln von der Kübelwand, desto geringer ist ihre Gefährdung durch Frost.

Frostschutz: Terrassen-Rosen zählen zu den frostharten Kübelpflanzen und können deshalb – mit Hilfe bestimmter Schutzmaßnahmen – rund ums Jahr im Freien bleiben. Das erspart das lästige und beschwerliche Einräumen im Herbst, ganz abgesehen davon, daß vielen Gartenfreunden auch geeignete, frostfreie Unterstellmöglichkeiten für die Kübel fehlen. Im Stadtklima und in milden Klimazonen kann man alle Rosen problemlos im Freien über den Winter bringen. Rosenfreunde, die in ausgesprochenen Frostlagen zu Hause sind, brauchen ebenfalls nicht auf Terrassen-Rosen zu verzichten. Sie sollten aber – wie bei der Gartenbepflanzung – auf besonders harte, einmalblühende Polarrosen zurückgreifen, wie sie im Kapitel »Die Rosen für besondere Standorte« (Seite 99 ff.) beschrieben sind.
Was heißt »Frosthärte« überhaupt? Die Angabe der Frosthärte einer Rose beschreibt das Vermögen der ober- und unterirdischen Pflanzenteile, längere Frostperioden schadlos zu überstehen. Je aktiver die Wurzeln und je weniger ausgereift die Triebe sind, desto frostempfindlicher ist die Pflanze. Wer beispielsweise seine Kübelrosen nach dem 15. Juli stickstoffbetont düngt, darf sich nicht wundern, wenn sie nicht die für eine ausreichende Frosthärte notwendige Holzreife erreichen. Auch zu kleine Gefäße lassen Wurzeln schockartig – ohne längere Übergänge – ein- und damit erfrieren.
Eine Gefahr für eine ruhende, an sich frostharte Wurzel besteht im Winter, wenn sie durch eine milde Witterungsperiode aktiviert wird. Auf erneuten scharfen Frosteinbruch reagiert sie dann sehr empfindlich. Dieser Gefahr kann man dadurch begegnen, daß man die Kübel nicht an Stellen überwintert, die sich durch die Wintersonne besonders schnell erwärmen. Grundsätzlich empfehlen sich für die Terrassen-Rosen **Frostschutzmaßnahmen**, damit sie auch ausgesprochene Polarwinter, die selbst frosthärteste Gehölze in Mitleidenschaft ziehen, gut überstehen. Dieser Frost-

Frostschutz für Kübelpflanzen

Einstellen in gelochte Maurertubben, Auffüllen mit Laub.

Umwickeln mit Noppenfolie.

Schutz mit Kokosmatte und Laub.

Einstellen der Kübel in Laubkäfig.

schutz besteht aus einer etwa zehn Zentimeter starken, trocken bleibenden Isolierschicht rund um den Kübel, die dem Frost das schnelle Durchdringen der Kübelwand erschwert und ein langsames, wurzel- und gefäßschonendes Einfrieren und Auftauen der Stöcke ermöglicht.
Die Isolierschicht kann man selbst basteln oder auf im gärtnerischen Fachhandel angebotene Fertiglösungen zurückgreifen. Leicht anzulegen ist beispielsweise ein Mantel aus mit Maschendraht verstärkten Kokosfasern. Man stellt den drahtigen Mantel in einem Abstand von zehn Zentimetern um den auf Leisten stehenden Kübel. Er soll auch den oberen Kübelrand um etwa zehn Zentimeter überragen. Den leeren Raum zwischen Kübel und Mantel füllt man mit feinem Birken-, Buchen- oder Apfellaub oder Blättern von Ziersträuchern auf. Damit von dem Laub freigesetzte Huminsäuren die Kübeloberfläche nicht angreifen können, empfiehlt es sich, zusätzlich eine Folienschicht zwischen Laub und Kübel zu legen. Ein Netz über der oberen Laubfläche verhindert Verwehungen durch den Wind.
Wichtig ist auch der **Schutz** der oberirdischen Triebe **vor Wintersonne und Austrocknung.** Dazu deckt man sie am besten mit Sackleinen, Ballentuch oder Fichtenreisig ab.
Natürlich kann man seine Terrassen-Rosen auch mit Hilfe anderer Methoden überwintern. Zum Beispiel besteht die Möglichkeit, die Kübel in größere Behälter wie Maurereimer zu stellen und auch hier die Zwischenräume mit Laub aufzufüllen. Wichtig: Die Einstellgefäße müssen Wasserabzugslöcher haben, damit sich auf keinen Fall Feuchtigkeit staut.
Pratikabel ist auch das Umwickeln des Rosenkübels mit Noppenfolie, bis ein etwa zehn Zentimeter starker Schutzmantel aufgebaut ist. Den Folienmantel läßt man ebenfalls oben überstehen und füllt diesen Rand mit feinem Laub auf.
Möglich, aber ziemlich aufwendig als Frostschutzmaßnahme für die Kübel ist es, sie im Garten einzugraben. Nur für Bodybuilding-Fans mit viel Platz im Garten zu empfehlen.

Hilfsmittel zum Bewegen der Kübel: Der Fachhandel offeriert eine Reihe von Hilfsgeräten, die den Transport von Kübelpflanzen erleichtern. Größere Kübel zu bewegen wird zum Beispiel dann notwendig, wenn ein Gartenfest viel Platz beansprucht und die Pflanzen zusammengerückt werden müssen oder wenn eine besonders schöne Terrassen-Rose für eine bestimmte Zeit ihren Platz an einer exponierten Stelle im Garten finden soll.
Einfach zu handhaben sind **Kübelroller**, die im Grunde genommen den Möbelrollern ähneln. Man stellt die Gefäße auf den Roller und schiebt sie an den gewünschten

GESTALTEN MIT ROSEN

Besonders schön als Gartenschmuck wirken Arrangements aus ganz unterschiedlichen, blühenden Terrassen-Rosen.

Stammrosen sind ein freundlich-rosiger Willkommensgruß an Portal und Haustür.

Ort. Beim Kauf sollte man darauf achten, daß die Räder feststellbar sind und sich kein Wasser auf dem Roller stauen kann. Mit der **Kübeltrage** können zwei Personen problemlos größere Kübel bewegen. Dabei bleibt man auf sicherem Abstand zu pieksigen Solitären wie Kletter- oder Strauchrosen. Ähnlich funktioniert der **Tragegurt** aus Kunstgewebebändern, der sich nach Gebrauch platzsparend verstauen läßt.

Gestalten mit Terrassen-Rosen: Der große gestalterische Vorteil der Terrassen-Rosen wie anderer Kübelpflanzen besteht in ihrer Mobilität. Man stellt sie heute so, morgen so – wie es einem gerade gefällt. Zusätzlich lassen sich den Terrassen-Rosen vollkommen unterschiedliche Gestaltungsfunktionen zuordnen.

An Spalieren und Stäben gezogene Kletterrosen eignen sich beispielsweise als blühender Sichtschutz und rosiger Paravent. Mit ihnen lassen sich Terrassen wunderbar in verschiedene Räume aufteilen oder vor neugierigen Blicken schützen.

Besonders schöne Kübelrosen bieten sich auch als wandernder Gartenschmuck an. Als farbenfroh blühende Rosenskulptur frei auf der Rasenfläche oder vor einer grünen Gehölzkulisse stehend, entfalten sie ihre volle dekorative Wirkung. Ist die Blüte vorbei, räumt man sie in einen weniger stark einsehbaren Gartenwinkel und ersetzt sie durch eine andere Terrassen-Rose oder sonstige Kübelpflanze.

Zu Pyramiden aufgebundene Kletter- oder Strauchrosen, aber auch Halb- und Hochstämme, kann man links und rechts des Hauseingangs als freundlich grüßende Pförtner positionieren.

Stammrosen – Zwergstamm-, Halbstamm-, Hochstamm- und Kaskadenrosen – entfalten in Kübeln einen besonderen Charme, wenn man sie mit passenden Stauden, die sich in ihrer Wuchskraft deutlich den Stämmen unterordnen, unterpflanzt und damit verschiedene Blühebenen herstellt.

Folgende Stauden haben sich gut bewährt: Das Berg-Bohnenkraut *(Satureja montana)*, niedrige Glockenblumen-Arten *(Campanula portenschlagiana)* oder auch das Dickmännchen *(Pachysandra terminalis)*.

Ungeeignet sind säureliebende Heidepflanzen aus der Familie der Ericaceae und Bodendecker mit aggressivem Wurzelwachstum.

Für hohe Kaskadenstämme in sehr großen Kübeln ab fünfzig Liter Volumen kommen zur Unterpflanzung auch Flächenrosen in

Kletterrosen an Spalieren – ein blühender Sichtschutz.

KÜBELPFLANZEN

Rosensorten für Kübel

Sorte	Klasse	Farbe	Blütenfüllung	Wuchsform
Abraham Darby®	Strauchrose	aprikot	gefüllt	überhängend
Ballerina	Flächenrose	rosa/weiß	einfach	überhängend
Blühwunder®	Beetrose	rosa	halbgefüllt	aufrecht
Bonica '82®	Beetrose	rosa	gefüllt	buschig
Eden Rose '85®	Strauchrose	rosa	gefüllt	aufrecht
Friesia®	Beetrose	gelb	gefüllt	aufrecht
Ghislaine de Feligonde	Strauchrose	gelb	gefüllt	überhängend
Graham Thomas®	Strauchrose	gelb	gefüllt	überhängend
Heidetraum®	Flächenrose	rosa	halbgefüllt	buschig
Heritage®	Strauchrose	rosa	gefüllt	überhängend
Ilse Krohn Superior®	Kletterrose	weiß	gefüllt	überhängend
La Sevillana®	Beetrose	rot	halbgefüllt	buschig
Lawinia®	Kletterrose	rosa	gefüllt	überhängend
Leonardo da Vinci®	Beetrose	rosa	gefüllt	buschig
Lichtkönigin Lucia®	Strauchrose	gelb	gefüllt	aufrecht
Louise Odier	Strauchrose	rosa	gefüllt	überhängend
Mirato®	Flächenrose	rosa	gefüllt	buschig
Mountbatten®	Beetrose	gelb	gefüllt	buschig
New Dawn	Kletterrose	perlmutt	gefüllt	überhängend
Othello®	Strauchrose	rot	gefüllt	aufrecht
Palmengarten Frankfurt®	Flächenrose	rosa	gefüllt	buschig
Paul Ricard®	Edelrose	bernstein	gefüllt	aufrecht
Pink Symphonie®	Zwergrose	rosa	gefüllt	aufrecht
Play Rose®	Beetrose	rosa	gefüllt	buschig
Raubritter	Strauchrose	rosa	gefüllt	überhängend
Red Yesterday®	Flächenrose	rot	einfach	überhängend
Romanze®	Strauchrose	rosa	gefüllt	aufrecht
Rosarium Uetersen®	Kletterrose	rosa	gefüllt	überhängend
Rose de Resht	Beetrose	rot	gefüllt	aufrecht
Schneewittchen®	Strauchrose	weiß	gefüllt	buschig
Sommerwind®	Flächenrose	rosa	halbgefüllt	buschig
The Fairy	Flächenrose	rosa	gefüllt	buschig
Westerland®	Strauchrose	aprikot	halbgefüllt	buschig

Rosensorten für Tröge

Sorte	Klasse	Farbe	Blütenfüllung	Wuchsform
Bella Rosa®	Beetrose	rosa	gefüllt	buschig
Bonica '82®	Beetrose	rosa	gefüllt	buschig
Friesia®	Beetrose	gelb	gefüllt	aufrecht
Heidetraum®	Flächenrose	rosa	halbgefüllt	buschig
La Sevillana®	Beetrose	rot	halbgefüllt	buschig
Lovely Fairy®	Flächenrose	rosa	gefüllt	buschig
Mirato®	Flächenrose	rosa	gefüllt	buschig
Palmengarten Frankfurt®	Flächenrose	rosa	gefüllt	buschig
Royal Bonica®	Beetrose	rosa	gefüllt	buschig
Sommermärchen®	Flächenrose	pink	halbgefüllt	buschig
Sommerwind®	Flächenrose	rosa	halbgefüllt	buschig
Super Dorothy®	Rambler	rosa	gefüllt	überhängend
Super Excelsa®	Rambler	karminrosa	gefüllt	überhängend
Swany®	Flächenrose	weiß	gefüllt	überhängend
The Fairy	Flächenrose	rosa	gefüllt	buschig
White Meidiland®	Flächenrose	weiß	stark gefüllt	breitausladend

Der Rotblättrige Schlitz-Ahorn ist ein edles Kübelgehölz der Extraklasse.

Dekorativ: Rosenstämme in Kübeln, mit niedrigen Glockenblumen farbenfroh unterpflanzt.

Gestalten mit Rosen

Zwergformen von wertvollen Nadelgehölzen sind dankbare Kübelpflanzen, auch für kleinere Gefäße.

Eiben lassen sich zu mobilen Formgehölzen gestalten.

Frage (u. a. 'Magic Meidiland'®, 'Alba Meidiland'®, 'The Fairy'). Überhaupt: Kaskadenrosen entfalten ab stattlichen 180 Zentimetern Höhe (inkl. Kübel) ihre riesigen Kronen. Einen solch imposanten Rosenbaum entwickelt z. B. 'Paul Noël'.

Natürlich sind nicht nur viele Gartenrosen bei entsprechender Vorbereitung und Pflege in Gefäßen frosthart, sondern auch zahlreiche andere Gartengehölze, die sich über Jahre hinweg mit gutem Erfolg im Kübel ziehen und problemlos im Freien überwintern lassen. Hier eine Auswahl:

▶ **Laubsträucher:** Zimt-Ahorn *(Acer griseum)*, Gelbbunter Eschen-Ahorn *(Acer negundo* 'Aureomarginatum'*)*, Feinlaubiger Erbsenstrauch *(Caragana arborescens* 'Lorbergii'*)*, Korkflügelstrauch *(Euonymus alatus)*, Großfrüchtiges Pfaffenhütchen *(Euonymus planipes)*, Zaubernuß 'Westerstede' *(Hamamelis-*Sorte*)*, Kugel-Liguster 'Atrovirens Compact' *(Ligustrum vulgare-*Sorte*)*, Edel-Flieder *(Syringa vulgaris-*Sorten*)*.

▶ **Schattenspendende Terrassenbäume:** Kugel-Ahorn *(Acer platanoides* 'Globo-

sum'*)*, Schirm-Birke *(Betula pendula* 'Youngii'*)*, Apfel-Dorn *(Crataegus* x *lavallei* 'Carrierei'*)*.

▶ **Nadelgehölze:** Zwerg-Balsamtanne 'Piccolo' *(Abies balsamea-*Sorte*)*, Zapfen-Fichte *(Picea abies* 'Acrocona'*)*, Serbische Hänge-Fichte 'Pendula' *(Picea omorika-*Sorte*)*, Schlangenhaut-Kiefer *(Pinus leucodermis)*, Blaue Pummel-Kiefer *(Pinus pumila* 'Glauca'*)*, Lebensbaum 'Smaragd' *(Thuja occidentalis-*Sorte*)*, Säulen-Lebensbaum *(Thuja occidentalis* 'Columna'*)*.

In den Tabellen wurden Rosensorten zusammengestellt, die sich aufgrund ihrer Wuchsart, Vitalität und der frostharten Wurzeln für Kübel, Trog, Kasten und Ampel eignen. Dazu kommen die im Kapitel »Stammrosen« (Seite 123 ff.) genannten Zwerg-, Halb-, Hoch- und Kaskadenrosen, die in entsprechend dimensionierten Kübeln gedeihen.

Wintergartenrosen: Bereits vor über hundert Jahren kultivierten vermögende Villenbesitzer in ihren noblen Wintergärten und Treibhäusern eine bestimmte Duftrose, die heute noch im Handel zu bekommen ist: die gelbe, kletternde Teerose 'Maréchal Niel'. Damit war die rosige Versorgung des Knopflochs rund ums Jahr gesichert. Wer einen Wintergarten besitzt, kann sich den Spaß machen, in entsprechend großen Kübeln diese im Freiland nicht winterharte Sorte zu halten. Den Sommer sollte sie im Freien verbringen, um ausreichend Licht für die sonnenarme Jahreszeit auftanken zu können.

■ Rosen mit markanter Bestachelung – Rosen ohne Stacheln

Was wäre eine Rose ohne Stacheln, ohne diese wehrhaften Auswüchse, die wie nichts anderes den Charakter der Rosen prägen und die doch von Rose zu Rose sehr unterschiedlich ausgeprägt sein können. Jede Art, jede Sorte hat ihre eigene Form der Pieksigkeit, manche sind »bis zu den Zähnen bewaffnet«.

Einige Strauchrosen schmücken sich mit einem ästhetisch so ansprechenden, so zierenden Stachelkleid, daß alleine dieser

Der Rosengarten auf der Terrasse

Mit Kübelrosen wird mobile Blütenpracht auf Terrasse oder Balkon gezaubert. Je nach Lust und Laune lassen sich die wertvollen Gefäße arrangieren.

① Strauchrose 'Schneewittchen'®, ein Traum ganz in Weiß.
② Bepflanzung eines alten Futtertroges mit den überhängenden Sorten 'Super Dorothy'® oder 'Super Excelsa'®.
③ Korkflügelstrauch (Euonymus alatus), dekorativer Laubstrauch mit dreifacher Zierde: flügelige Korkrinde, leuchtend rote Herbstfärbung, grünlich-gelbe Blüten im Mai, die Bienen anlocken.
④ Ampel mit 'Heidekönigin'®.
⑤ Sichtschutzspalier und Raumteiler mit Kletterrose 'Rosarium Uetersen'®.
⑥ Gelbbunter Eschen-Ahorn (Acer negundo 'Aureomarginatum'), einmalig gelbweiß, panaschiertes Laub, gelblich-weiße, bienenlockende Blüten von März bis April, Flügel-Früchte (»Nasenzwicker«) in hängenden Trauben ab September.
⑦ Duftende Strauchrose 'Westerland'®, zur Pyramide aufgebunden.
⑧ Halbstammrose 'Bonica '82'®, unterpflanzt mit Berg-Bohnenkraut (Satureja montana).

Rosen für Kästen

Sorte	Klasse	Farbe	Blütenfüllung	Wuchsform
Guletta®	Zwergrose	gelb	gefüllt	aufrecht
Orange Meillandina®	Zwergrose	orangerot	gefüllt	aufrecht
Peach Meillandina®	Zwergrose	aprikot	gefüllt	aufrecht
Pink Symphonie®	Zwergrose	rosa	gefüllt	aufrecht
Sonnenkind®	Zwergrose	gelb	gefüllt	aufrecht
Zwergkönig '78®	Zwergrose	rot	gefüllt	aufrecht

Rosen für Ampeln

Sorte	Klasse	Farbe	Blütenfüllung	Wuchsform
Alba Meidiland®	Flächenrose	weiß	gefüllt	buschig
Flammentanz®	Rambler	rot	gefüllt	überhängend
Heidekönigin®	Flächenrose	rosa	gefüllt	überhängend
Heidetraum®	Flächenrose	rosa	halbgefüllt	buschig
Marondo®	Flächenrose	rosa	halbgefüllt	überhängend
Mirato®	Flächenrose	rosa	gefüllt	buschig
Scarlet Meidiland®	Flächenrose	rot	gefüllt	überhängend
Snow Ballet®	Flächenrose	weiß	gefüllt	überhängend
Super Dorothy®	Rambler	rosa	gefüllt	überhängend
Super Excelsa®	Rambler	karminrosa	gefüllt	überhängend
Swany®	Flächenrose	weiß	gefüllt	überhängend
The Fairy	Flächenrose	rosa	gefüllt	buschig

Gestalten mit Rosen

'Ghislaine de Feligonde' besitzt stachellose Triebe, die für Kinderhände wie geschaffen sind.

Schmuck schon das Anpflanzen dieser Sorten lohnt. Eine ihrer markantesten Vertreterinnen ist die Stacheldraht-Rose – *Rosa sericea* f. *pteracantha* (weiß, einfach, 200-300 cm), die nur vier Blütenblätter ausbildet und durch flügelartige, bis drei Zentimeter große, leuchtendrote Stacheln auffällt (siehe kleines Bild Seite 29). Daneben besticht *Rosa sweginzowii* 'Macrocarpa' (rosa, einfach, 200-300 cm), die außer auffallenden Stacheln tolle Hagebutten anbieten kann. Ein heißer Tip für alle Freunde winterlicher Rauhreifromantik ist die einmalblühende Strauchrose 'Ferdy'® (rosa, gefüllt, 80-100 cm). Dicht an dicht reihen sich feine, spitze Stacheln zu einem Borstenkleid, in dessen Gewirr sich im Winter die Frostkristalle verfangen und das Winterlicht in glitzernden Facetten bricht.
Aber auch für Freunde zahmer, kaum bestachelter Rosen gibt es Sortenempfehlungen. Die Kletterrose 'Maria Lisa' (rosa, einfach, 200-300 cm) zeigt sich wie die wiederentdeckte Strauchrose 'Ghislaine de Feligonde' (gelb, gefüllt, 150-200 cm) nur sehr wenig bestachelt und wie für Kinderhände gemacht.

■ Rosen mit Herbstfärbung

Zugegebenermaßen ist es ungewöhnlich, Rosen wegen der Herbstfärbung ihres Laubes im Garten einzusetzen. Auch kommt das Laub der hier vorgestellten Sorten nicht an die Leuchtkraft klassischer herbstfärbender Gehölze wie Zaubernuß, Felsenbirne oder Japanische Ahorne heran. Dennoch – klein, aber fein – bieten etwa die *Rosa rugosa*-Hybriden eine auffallende gelbe Herbstfärbung, während das feurige Rot der Glanzrose *(Rosa nitida)* schon fast spektakulär ist.

■ Frühlingsrosen

Als »Erfinder« der Frühlingsrosen gilt **Wilhelm Kordes**, der in den zwanziger Jahren mit der Züchtung einer ganzen Gruppe von Frühlingsrosen begann. Dafür kreuzte er mit Formen der Dünen-Rose *(Rosa pimpinellifolia)*, die ihre Widerstandsfähigkeit gegen Pilzkrankheiten und ihre Verträglichkeit arktischer Winter in die Kreuzungen einbrachte. Wilhelm Kordes taufte die ab Ende Mai blühenden Sorten mit Frühlingsnamen, z. B. 'Frühlingsgold'.
Heute hat sich der Begriff »Frühlingsrosen« als Synonym für alle besonders frühblühenden Rosenarten und -sorten etabliert. Es handelt sich dabei um strauchartig wachsende Formen, die den Rosenreigen im Frühling eröffnen.

Heidegärten: Heidegärten prägen Pflanzen aus der Familie der Heidekrautgewächse (Ericaceae). Als klassische Heidegartenbegleiter werden immergrüne Nadel- und Laubgehölze gehandelt. Aber auch Frühlingsrosen sind ein »Heidenspaß«, da sie erstens auf relativ mageren, sauren Heideböden zurechtkommen und zweitens von ihrem Habitus her als Leitpflanzen in größere Heideensembles passen. Neben den Frühlingsrosen bieten sich Sorten wie 'The Fairy' oder 'Alba Meidiland'® für die Eingangsbereiche von Heidegärten an.

Rötliche Herbstfärbung

Klasse	Sorten/Art
Rambler	Bobby James
Kletterrose	Ilse Krohn Superior®
Wildrose	*Rosa nitida*
Strauchrose	*Rosa sweginzowii* 'Macrocarpa'
Rambler	Super Dorothy®
Rambler	Super Excelsa®

Gelbliche Herbstfärbung

Klasse	Sorten/Art
Flächenrose	Alba Meidiland®
Rugosa-Hybriden	Dagmar Hastrup, Foxi®, Gelbe Dagmar Hastrup®, Pierette®, Polareis®, Polarsonne®, Schnee-Eule®
Flächenrose	The Fairy

FRÜHLINGSROSEN

Herbstzauber: Eine Blüte von 'Graham Thomas'® im bunten Herbstlaub.

Das Herbstlaub bestimmter Rosensorten verabschiedet den Sommer farbenfroh.

Strauchrose 'Robusta'® mit buntem Herbstlaub.

Frühlingsrosen				
Sorte/Art	Farbe	Blütenfüllung	Wuchshöhe (cm)	Wuchsform
Frühlingsgold	gelb	einfach	150–200	überhängend
Maigold	gelb	gefüllt	150–200	aufrecht
Rosa hugonis	gelb	einfach	200–300	überhängend
Rosa moyesii (Veredlung)	rot	einfach	200–300	aufrecht
Rosa pimpinellifolia	creme	einfach	80–100	buschig
Rosa sericea f. *pteracantha*	weiß	einfach	200–300	aufrecht

'Frühlingsgold' – eine gelungene Kreuzung aus Pimpinellifolia-Hybriden mit Edelrosen.

GESTALTEN MIT ROSEN

Der ökologische Nutzen der Rose

Irrtümlicherweise wird der Begriff Ökologie häufig mit Naturschutz gleichgesetzt. Ökologie ist jedoch eine Wissenschaftsrichtung, die sich – wertfrei – mit der Lehre von den Wechselwirkungen zwischen Lebewesen und Umwelt beschäftigt und diese präzise beschreibt.

Ökologie ereignet sich tagtäglich, überall, ständig und fortlaufend auf der Erde, und zwar ohne jegliches Zutun. Es gibt keine gute oder schlechte Ökologie, genauso wenig wie es eine gute oder schlechte Schwerkraft gibt. Jedoch können wir mittels der Naturschutz-Gesetzgebung Einfluß auf die Komplexität und das Gleichgewicht eines Ökosystems nehmen.

Im allgemeinen Sprachgebrauch ist Ökologie mittlerweile zu einem Modewort geworden, seiner eigentlichen Bedeutung weitgehend entfremdet. Eigentlich weiß niemand mehr so recht, was der ursprüngliche Sinn des Wortes ist; man behilft sich deshalb mit vagen Definitionen, in dem Sinne, daß alles, was »ökologisch« heißt, irgendwie natürlich ist. Dagegen heute noch angehen zu wollen, käme einem Kampf gegen Windmühlen gleich. Daher soll unter einem besonders hohen »ökologischen Wert« einer Pflanze die Leistung, verstanden werden, die sie im Rahmen des Naturkreislaufs für andere Lebewesen erbringt. Lebewesen in diesem Sinne können zum Beispiel Rehe sein, die an Trieben von Gehölzen äsen, Bienen, die sich an Blüten-

Pollenspendende Rosenblüten sind eine wichtige Futterquelle für Insekten.

pollen und Fruchtnektar laben, oder Vögel, die im rosigen Gestrüpp Schutz für ihre Brut suchen. Der ökologische Wert einer Pflanze ist also weit gefaßt, relativ und von den Zielen des Pflanzenverwenders bestimmt.

Während sich ein Rosenfreund makellose Rosenästhetik wünscht, die »natürliche« Verhältnisse im Hausgarten ausschließt, werden umweltbewußte Rosenfreunde bei einem leichten Pilzbefall nicht sofort mit der Spritze auf Pilze und Läuse losgehen, sondern diese Anziehungskraft des Rosenlaubes auf andere Lebewesen als ökologischen Wert ihrer Rosen im kausalen Naturkreislauf erkennen. Die Rose kann nicht nur nehmen, sondern muß auch geben. Nur so kann Natur auch im Hausgarten »eigenständig« funktionieren.

Die Grenze zwischen Ästhetik und Ökologie verläuft dabei fließend, jeder muß sie für

Hagebutten, lebensnotwendiges Winterfutter für zahlreiche Vogelarten.

sich selbst ziehen. Wer beide Pole ins richtige, ausgeglichene Lot bringt, wird Spaß und Pflegeleichtigkeit in seinem privaten Refugium in Harmonie vereinen können.

Die nachfolgenden Seiten zeigen, wieviel ökologischer Nutzen für Mensch und Tier in den Rosen steckt. Mit der Auswahl der entsprechenden Arten und Sorten beeinflußt man ganz entscheidend den ökologischen Wert seines Gartens und stellt die Weichen für das harmonische Verhältnis zwischen den Waagschalen Ästhetik und Ökologie.

Die Hunds-Rose (*Rosa canina*), **ursprünglich heimisch an Waldrändern und in Hecken.**

ÖKOLOGIE DER ROSE

Rosa scabriuscula (**Kratz-Rose**)

Rosa majalis (**Zimt-Rose, Mai-Rose**)

Rosa pimpinellifolia (**Bibernell-Rose, Dünen-Rose**)

Rosa rubiginosa (**Schottische Zaunrose, Wein-Rose**)

Rosa arvensis (**Feld-Rose, Kriech-Rose**)

Rosa gallica (**Essig-Rose**)

Heimische Wildrosen

Die Schönen Wilden in der großen Rosenfamilie sind die heimischen Wildrosen. Die bekannteste unter ihnen ist *Rosa canina*, die Hunds-Rose, eine Rose der Felder und Äcker. Ein etwa sechshundert Jahre alter Abkömmling von *Rosa canina* ziert noch heute den Hildesheimer Dom (siehe Seite 12). Neben ihr gibt es jedoch eine Reihe von Wildrosenarten, die durch menschlichen Landbau und Eingriffe in die Natur vollkommen zurückgedrängt wurden. Sie existieren nur noch in Restarealen und sind vom Aussterben bedroht.

Nach einem Umdenken in den letzten Jahren bestreitet heute kaum noch jemand die wichtige Bedeutung dieser Arten für brütende, schutzsuchende Vögel, für Bienen, Hummeln und Kleinsäuger. Wildrosen zählen beispielsweise, neben Schlehe und Weißdorn, zu den wertvollsten Heckengehölzen. In Untersuchungen wurden bis zu 103 verschiedene Insektenarten auf heimischen Wildrosen gefunden.

Wer zum Erhalt dieser Wildrosenarten etwas beitragen möchte, kann sie zum Beispiel im Hausgarten pflanzen. Bevor man aber seinen Garten in ein Refugium für bedrohte Pflanzen verwandelt, sollte man sich über die ungewohnte Ästhetik einer solchen naturnahen Gartengestaltung im Klaren sein.

Die heimischen Wildrosen sind einmalblühend. Das heißt, daß sich die bescheidene Blütenpracht auf die Monate Mai und Juni beschränkt. Außerdem geht die recht häufig zitierte pauschale Gleichung »je heimischer, desto ökologischer« nicht auf. Wer beispielsweise Rosen in erster Linie als Pollenquelle für Bienen, Hummeln und andere, teilweise in ihrer Existenz bedrohte Insekten pflanzt, wird rasch feststellen, daß bestimmte »Zuchtrosen« wie 'Pink Meidiland'® durch ihre den ganzen Sommer über währende Blüte wesentlich mehr Pollen liefern als Wildrosen mit ihrem nur kurzlebigen Blütenflor. Zudem finden die geflügelten Gartenbesucher zusätzlich im Sommer und Herbst einen gedeckten Tisch vor, zu einer Zeit sonst knappen Pollenangebotes.

Einheimische Wildrosen wie die Hunds-Rose *Rosa canina* bieten u.a. für Raubmilben und Wespen-Arten Winterwohnräume,

Heimische Wildrosen

Art	Farbe	Wuchshöhe (cm)	Wuchsform	Standort
Rosa arvensis	weiß	80–100	flach, starkwachsend	Halbschatten
Rosa gallica	rosa	80–100	aufrecht	Sonne, Halbschatten
Rosa majalis	rosa	150–200	buschig	Halbschatten
Rosa pimpinellifolia	creme	80–100	buschig	Sonne, Halbschatten
Rosa rubiginosa	rosa	200–300	überhängend	Sonne, Halbschatten
Rosa scabriuscula	rosa	150–200	buschig	Sonne

die auf Blattlaus- und Zikadeneiern parasitieren und damit einen wichtigen Beitrag zur biologischen Schädlingsbekämpfung leisten. Wie neue Untersuchungen aus der Schweiz belegen, können auch gezüchtete Rosen diesen Wohnraum für Nützlinge bereitstellen. Grundsätzlich entscheidet nicht in erster Linie die Art oder Sorte einer Rose über ihre Attraktivität für Nützlinge, sondern vielmehr, ob diese Refugien ungestörten Schutz und Lebensraum bieten. Die bedrohtesten Wildrosen können – genau wie ihre Kollegen aus der gezüchteten Abteilung – ihre ökologischen Aufgaben nur sehr eingeschränkt erfüllen, wenn sie zum Beispiel aus Platzmangel im engen Hausgarten regelmäßig geschnitten werden müssen. Denn zusammen mit den Trieben fallen die Behausungen der Nützlinge samt Bewohner der Schere zum Opfer.

Der Begriff »heimisch« in Bezug auf Pflanzen ist nicht mit unserer Vorstellung von »Heimat« gleichzusetzen. Er umschreibt vielmehr die heute vorhandene Flora Mitteleuropas, die die letzte Eiszeit überstanden hat. Bis zu dieser eisigen Zäsur waren viele heute als typische Südländer geltende Gehölze, wie z.B. verschiedene Magnolien-Arten, bei uns heimisch. Die lange Eisperiode reduzierte die Vielfalt der Arten, denen durch die Ost-Westbarriere der Alpen ein Rückzug in wärmere Gefilde verwehrt war. Sie starben in Mitteleuropa aus, in den südlicheren Regionen hingegen existierten sie weiter. Deshalb gelten sie heute bei uns als nicht einheimisch. In Nordamerika hingegen konnten die Arten in mildere Klimazonen ausweichen und wanderten nach der Eiszeit wieder ein. Darum zählt man heute in Mitteleuropa nur etwa einhundertachtzig, in Nordamerika jedoch über achthundert einheimische Gehölzarten.

Unter diese 180 Gehölzarten fallen etwa 25 heimische Wildrosenarten, die man bisher nur selten in Hausgärten trifft. Die Tabelle enthält eine Auswahl für Fans, die es mit ihnen versuchen wollen.

Weitere empfehlenswerte Arten für den erfahrenen Wildrosenfreund sind: *Rosa jundzillii* (Rauhblättrige Rose), *Rosa tomentosa* und *Rosa tomentella* (Flaum-Rose).

Rosen im Naturgarten

Natur und Garten? Kein Widerspruch, denn einheimische Wildrosen lassen sich in etwas größere Naturgärten bestens einfügen. Sie spielen dabei eine vollkommen andere Rolle, als es die öfterblühenden Rosen im Ziergarten tun. Während dort die Rosen möglichst viel Blütenpracht zeigen sollen, reiht der Naturgärtner seine Wildrosen in einen Naturkreislauf ein, in dessen Verlauf sie anderen Lebewesen Unterschlupf, Nahrung und Schutz gewähren. Nicht die optische Zierde der einzelnen Rose steht im Vordergrund, sondern die naturnahe Harmonie zwischen Flora und Fauna. Beobachtungen dieses Zusammenspiels zwischen Pflanzen und Tieren im eigenen grünen Refugium sensibilisieren für ökologische Zusammenhänge, »Natur« wird spielend gelernt.

Der Verzicht auf Pflanzenschutzmittel im Naturgarten versteht sich von selbst, Pflege und Schnitt reduzieren sich auf ein Minimum. Auch trockene, tote Äste verbleiben in den Rosensträuchern, sie bieten vielen Käferarten als Totholz besten Wohnraum. Jedoch: Naturnah heißt nicht verwahrlost. Das Gestalten mit Wildrosen setzt – wie das Gestalten mit anderen Rosen auch – Planung voraus. Besonders zu bedenken ist beispielsweise, ob ausläuferbildende Wildrosen mit hoher Konkurrenzkraft gepflanzt werden sollen. Nachfolgend ein Vorschlag für eine kleine, ausbaufähige Naturgartenecke mit heimischen Gehölzen.

Heimische Wildrosen

Rosen im Naturgarten

① 1 **Vogelbeeren-Hochstamm**
(Sorbus aucuparia)
② 3 **Gewöhnliche Schneebälle**
(Viburnum opulus)
③ 3 **Schwarze Holunder**
(Sambucus nigra)
④ 2 **Kornelkirschen**
(Cornus mas)
⑤ 2 **Zimt-Rosen**
(Rosa majalis)
⑥ 3 **Rote Hartriegel**
(Cornus sanguinea)
⑦ 2 **Wein-Rosen**
(Rosa rubiginosa)
⑧ 3 **Feld-Rosen**
(Rosa arvensis)
⑨ 2 **Schlehdorne**
(Prunus spinosa)
⑩ 1 **Wolliger Schneeball**
(Viburnum lantana)
⑪ 2 **Gemeine Felsenbirnen**
(Amelanchier ovalis)

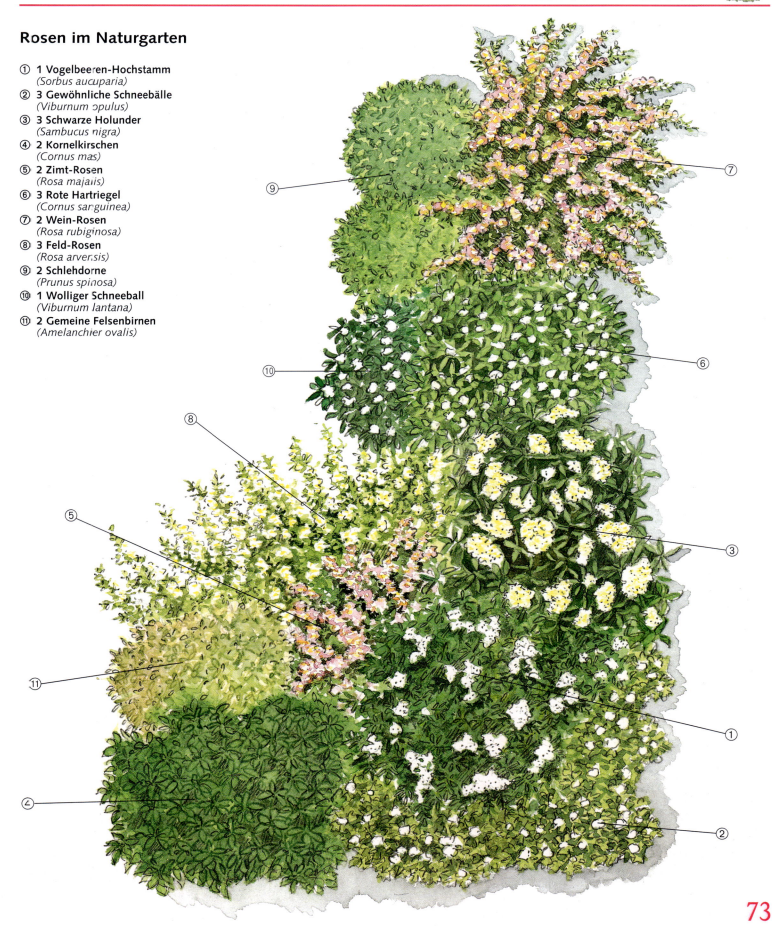

GESTALTEN MIT ROSEN

Rosige Kombinationen

In vielen Rosenbüchern ist zum Thema der Kombination von Rosen mit anderen Gehölzen und Stauden, mit Sommerblumen, Zwiebeln und Gräsern wenig zu finden. Viele Gärten zeigen die Rose nur pur, in oft ermüdender Monotonie in immer gleichen symmetrischen Beetanordnungen. Lockere, heitere Arrangements von Rosen, Stauden und anderem Grün fehlen fast völlig. Mangelt es einfach an der Pflanzenkenntnis oder befürchtet man, ein »Hofstaat« könnte der »Königin der Blumen« Schaden zufügen?

Zahlreiche Kultursorten unter den Rosen bieten sich für variationsreiche Kombinationen an. Die Pflanzenvielfalt verwöhnt dabei nicht nur das Auge, der Artenreichtum ist auch eine wichtige Voraussetzung für geringere Pflegemaßnahmen und naturnahe Gartengestaltung. Rosige Kombinationen entsprechen außerdem dem Naturverhalten vieler Rosenarten, die in der freien Natur als Saumpflanzen an lichten Gehölzrändern auftreten.

■ ... mit Stauden

Rosen lassen in Verbindung mit Stauden jedes Gartenjahr zum Farbenfest werden. Mit beiden Pflanzengruppen arbeitend, steht dem Gartenfreund eine Farbpalette zur Verfügung, mit der sich vom Frühjahr bis zum Herbst jeder Garten von pastellfarben bis kunterbunt gestalten läßt – nonstop. Vor allem die bei den Rosen fehlenden blauen Farbtöne halten mit Stauden Einzug in den Garten.

Damit jedoch die gute Nachbarschaft von Rosen und Stauden nicht durch einen Konkurrenzkampf gefährdet wird, den nur die aggressivsten Arten überstehen, gilt es, die sehr **unterschiedlichen Nährstoffbedürfnisse** beider Gruppen im Auge zu behalten. Rosen und Stauden sind niemals gemischt, sondern immer nebeneinander zu pflanzen – sei es in Gruppen, Bändern, Reihen oder einzeln. Dieses Nebeneinander ermöglicht die bedarfsgerechte Ernährung und Pflege, so daß aus Partnern keine Kontrahenten werden.

Vor allem, wenn man sich die Lebensrhythmik von Stauden vergegenwärtigt, wird einem schnell klar, warum Rosen und Stauden zwar in einem »Haus« leben können, aber doch besser in getrennten »Wohnungen« unterzubringen sind. Stauden sind mehrjährige Pflanzen. Im Frühjahr treiben sie explosionsartig und kraftvoll aus. Sie erledigen die Blüten- und Samenbildung häufig innerhalb weniger Monate, teilweise sogar nur Wochen. Aus diesem Grund haben viele Stauden im Frühjahr ein sehr großes Nährstoffbedürfnis, genau zur gleichen Zeit, wenn die Rosen kurz vor dem Austrieb stehen – sozusagen »mit den Hufen scharren«. Würden ihnen direkt beigepflanzte Stauden nun mit ihrem momentanen Heißhunger die Nährstoffe entziehen, wäre ein Fehlstart für die Rosen vorprogrammiert.

Im Herbst ziehen sich die Stauden schnell zurück, ihre oberirdischen Teile sterben ab. Stauden sind frosthart, wenn man ihnen ihr abgestorbenes Laub als Winterschutz läßt. Eine **Unterpflanzung** von Rosen mit Stauden verbietet sich aber nicht nur wegen des unterschiedlichen Lebenswandels. Die Rosensorten, die sich besonders gut für eine Kombination mit Stauden eignen, stammen aus der Gruppe der Beet-, Flächen- und Strauchrosen. Die Beet- und Flächenrosen entwickeln ein dichtes Laub, das eine Unterpflanzung unmöglich macht. Zudem brauchen Rosen einen offenen Boden, damit man sie – in frostreichen Gegenden – anhäufeln kann. Auch zum Schneiden muß man immer wieder an die Pflanze herantreten können.

Kurzum: Die »Königin der Blumen« akzeptiert nicht jeden Begleiter, läßt sich aber gerne von Kavalieren umgarnen, die auf Distanz bleiben. Tun sie das nicht, helfen Schere und Spaten.

Eine **Ausnahme** bilden lediglich staksig aufgebaute Edelrosen oder Alte Rosen mit

Friedrich Hebbel beschreibt in einem Gedicht das Nebeneinander einer Kletterrose und einer weißen Lilie

Rose und Lilie

Die Rose liebt die Lilie,
Sie steht zu ihren Füßen,
Bald löst die Glut ihr schönstes Blatt,
Es fällt, um sie zu begrüßen.
Die Lilie bemerkt es wohl,
Sie hätt' das Blättlein gerne.
Der Wind verweht's, und Blatt nach Blatt
Jagt er in alle Ferne.
Die Rose doch läßt nimmer ab,
Läßt immer neue fallen.
Sie grüßt und grüßt sich fast zu Tod;
Doch keines trifft von allen.
Das letzte fängt die Lilie
Und tut sich dicht zusammen.
Nun glüht das Blatt in ihrem Kelch
Als wär's ein Herz voll Flammen.

Rosen und Stauden

lichter Belaubung und lockerem Strauchaufbau. Diese stacheligen »Kleiderständer« lassen sich mit bodendeckenden Stauden wie dem Berg-Bohnenkraut (Satureja montana) oder niedrigen Glockenblumen-Arten (Campanula portenschlagiana ist zu empfehlen, C. poscharskyana dagegen nicht, da zu stark wuchernd) vortrefflich unterpflanzen. Der Nutzen liegt nicht nur im ästhetischen Anblick, sondern in der deutlichen Unkrautunterdrückung. Nicht geeignet sind z. B. Bleiwurz (Ceratostigma plumbaginoides) und Stachelnüßchen (Acaena buchananii), deren Wurzelfilz den Rosen böse zusetzt und sie regelrecht strangulieren kann.

Den Strauchrosen können Stauden am ehesten auf den Pelz rücken, denn aufgrund ihrer Wuchskraft und -höhe verschaffen sie sich selbst mitten in einer Staudenrabatte als solitärer Farbenpunkt Aufmerksamkeit. Weiße Flammenblumen-Sorten (Phlox), die im August blühen, vertragen sich zum Beispiel hervorragend mit einmalblühenden Strauchrosen. Weiß kann auch zwischen an sich rivalisierenden Farben vermitteln und etwa verschiedenartig rote Rosen zum feurigen Strahlen bringen.

Rittersporne stellen die klassischen Rosenkavaliere für Beet- und Strauchrosen. Rittersporne in vielen Blautönen – der weltberühmte Staudenzüchter Karl Foerster hat seine Sorten poetisch mit himmel-, enzian-, kornblumen-, nacht- und meergrünblau umschrieben – steigern die Schönheit der Rosen. Als leuchtend blauer Hintergrund für niedrige Beetrosen übernehmen Rittersporne sogar eine Leitfunktion, von umrahmenden Begleitern kann keine Rede mehr sein. Überhaupt ist die **Wuchsform** der Rosen und Stauden ein wichtiges gestalterisches Merkmal. Während zu niedrigwachsenden Rosen aufrechte Stauden interessante, spannungsreiche Kontraste schaffen, können strauchartige Rosensorten mit überhängenden Stauden eine ideale Gestaltungssymbiose eingehen.

Weitere, häufig auftretende blaue Rosenbegleiter sind Katzenminze (Nepeta) und Salbei (Salvia), die – im Gegensatz zum Rittersporn – eher magere Bodenverhältnisse favorisieren. Passende blaublühende Kräuter, wie der Lavendel, werden im Kapitel »Rosen mit Kräutern« (Seite 85 f.) angesprochen.

Die Farbe des Himmels in den Garten geholt: Blauer Salbei umgarnt die Rosenblüte.

Feinstrahl, ein rosiger Kavalier mit üppiger Sommerblüte.

Tuffs aus Frauenmantel sind eine bewährte, gelbblühende Vorpflanzung für Rosenbeete.

GESTALTEN MIT ROSEN

> **TIP** Ritterspornfans schneiden im Juni die verblühten Triebe handbreit bis auf den Boden zurück. Die Pflanze vergeudet keine Kraft für die Samenausbildung, sondern treibt neu aus und erfreut im Spätsommer mit einer Nachblüte.

Hellgelb ist neben **Weiß** und **Blau** die dritte ideale Staudenfarbe zu Rosen. Gelbe Farben eignen sich gut für Ton-in-Ton-Gestaltungen und passen wunderbar zu dunkelroten Beet- und Strauchrosen. Als gelbe Blütenkerzen im Hintergrund eignen sich Steppenkerzen *(Eremurus)*. Eine besondere Erwähnung verdient der Frauenmantel *(Alchemilla mollis)*. Seinen gelben Blütenschleier im Juni und Juli umgibt ein äußerst zierendes Laub, das eine ungewöhnliche Eigenschaft besitzt: Es gibt über die Ränder Wassertröpfchen ab. Fachleute nennen diese Erscheinung Guttation. Strahlt die Sonne diese Wassertröpfchen an, glitzern sie wie Sterne am Abendhimmel.

Silberlaubige Stauden sind als Rosenbegleiter Gold wert. Ihre graue Laubfarbe drückt ihren Lichthunger aus und empfiehlt sie als Nachbarn für das Sonnenkind Rose. Eine Favoritenstellung nimmt das Heiligenkraut *(Santolina chamaecyparissus)* ein, getrocknet ein duftiger Innenraumschmuck. Daneben bieten sich das Perlkörbchen *(Anaphalis triplinervis)* mit weißen Blütentrauben, die Katzenminze *(Nepeta)*, Lavendel und Edelraute *(Artemisia stelleriana* und *A. schmidtiana* 'Nana') an.

Funkien *(Hosta)* bringen dekorative Laubfarben in ihre »Wohngemeinschaft« mit den Rosen ein. Die Frühlingsgold-Funkie *(Hosta fortunei* 'Aurea') bildet dichte Horste und treibt goldgelb aus. *Hosta sieboldiana*, die Blaublatt-Funkie, ziert mit violettblauem Laub, und *Hosta undulata* 'Univittata', die Schneefeder-Funkie, überrascht mit ihren schmalen, herzförmigen Blättern, die weißgrün gestreift sind. Funkien blühen im Juli dezent violett mit rosa und bevorzugen einen nährstoffreichen, humosen Boden. Kurzzeitig vertragen sie Trockenheit, auf volle Sonne reagieren sie jedoch empfindlich.

Margeriten, Schafgarbe und Rittersporn sind Stauden mit rosenverträglichen Ansprüchen für den artenreichen Rosengarten.

Rosen und Stauden

Sehr schön mit Rosen und Stauden zu gestalten sind **Mauern** im Garten; überhaupt passen **Stein und Rose** gut zueinander. Als Staudenmaterial bieten sich Polsterstauden an, die vor und neben, aber nicht in die Rosengruppen gepflanzt werden.

Blaukissen *(Aubrieta* – blaue bzw. violettfarbene Blüte von April bis Mai, bis 10 cm hohe Polster, nach der Blüte Rückschnitt), Steinkraut *(Alyssum* – gelbe Blüten von April bis Mai, bis 20 cm hohe, lockere Polster) und Schleifenblume *(Iberis* – weiße Blüten von April bis Mai, etwa 10 cm hoher, lockerer Polsterteppich) kommen in Frage. Man läßt sie über Mauerkronen kriechen, zusammen mit Rosensorten, die durch ihren überhängenden Wuchs das Mauerwerk mit einem Blütenteppich überziehen, der ab Juni an die Frühlingsblüte der Polsterstauden anschließt. Im Kapitel »Die Mauerblümchen – überhängende Mauerrosen« (Seite 108) werden geeignete Rosensorten vorgestellt.

Die Staudenfarbe **Rot** ist als einzige in der Kombination mit Rosen gefährlich, weil sich dann zuviele Rottöne mischen. Deshalb: Wenn rote Stauden, dann keine, die zeitgleich mit der Rose blühen.

Noch einige **allgemeine Hinweise**: Stauden und Rosen lieben beide einen Pflanzenschnitt im Frühjahr. Das bedeutet, daß sich nicht nur Gestaltungs-, sondern auch Pflegemaßnahmen kombinieren lassen.

Beim Verkauf im gärtnerischen Fachhandel werden zunehmend Stauden in **Altpapiertöpfen** oder ähnlichen, sich zersetzenden Gefäßen angeboten. Diese Stauden sehen zwar auf den ersten Blick durch die Bemoosung oder den bereits beginnenden Zersetzungsprozeß des Topfes nicht unbedingt »staubgewischt« aus, verursachen jedoch keinen Verpackungsmüll. Man pflanzt die Ökotöpfe mit ein und reißt nur die äußere Topfhaut vor dem Pflanzen etwas auf. Das erleichtert den neuen Faserwurzeln den Weg in das sie umgebende Erdreich und fördert den Zersetzungsprozeß der Ökotöpfe im Boden.

Höhere Stauden wie Rittersporn, Eisenhut oder Buschmalve *(Lavatera)* sind dankbar für eine Stütze. Bei Wind und Regen neigen sie zum Auseinanderfallen; einfache Konstruktionen aus Bambusstäben und Bast verhindern das. Wichtig ist das rechtzeitige Anbringen dieser Stützmaßnahmen,

GESTALTEN MIT ROSEN

denn sie sollen mit den Stauden »wachsen«, damit diese ihre arttypische Form behalten. Haben die hohen Stauden bereits Blüten angesetzt und sich unter dieser Last noch vorne gebeugt, werden sie sich auch nach einem (zu) späten Aufbinden nicht mehr aufrichten.

Ausläuferbildende Rosen: Kurioserweise können Rosen in Staudenbeeten lästig werden. Einige Rosenarten wie *Rosa nitida* oder *Rosa gallica* tauchen unverhofft mit ihren Ausläufern in Stauden- und Blumenbeeten auf. Unterbinden läßt sich dieser Ausbreitungsdrang durch das Pflanzen von veredelten Stöcken.

Rosen/Stauden-Beet

Der Vorschlag für eine Pflanzenkombination in Rosa, Weiß und Blau möchte pflegeleichten Artenreichtum mit raumsparender Gartengestaltung verbinden. Mit Kletterrosen an stabilen Pergolen wird die Senkrechte genutzt, zu ihren Füßen wachsen Stauden und buschige Rosensorten in verschiedenen Höhen und mit unterschiedlichen Blühzeiten. Den Blütenreigen eröffnen im Mai Schleifenblume und Katzenminze, im Juni folgen Glockenblumen und Schleierkraut. Danach dominieren die Rosen bis zum Herbst, blaue Glattblatt-Astern schließen im Oktober zusammen mit den letzten Rosenblüten das Blütenjahr ab.

> **Pflanztip**
> Meistens werden Stauden in Töpfen und Containern aus Kunststoff angeboten. Man bekommt den empfindlichen Erdballen unversehrt aus dem Gefäß, wenn man es mitsamt der Staude umdreht, leicht auf einer Kante aufklopft und dann den Ballen sanft herauszieht.

Rosen/Stauden-Beet

① 1 Kletterrose 'New Dawn'
② 1 Kletterrose 'Super Dorothy'®
③ 1 Kletterrose 'Rosarium Uetersen'®
④ 1 Strauchrose 'Schneewittchen'®
⑤ 2 Beetrosen 'Bonica'®
⑥ 1 Kletterrose 'Ilse Krohn Superior'®
⑦ 4 Glockenblumen (*Campanula portenschlagiana*)
⑧ 5 Schleierkräuter (*Gypsophila*-Arten bzw. -Sorten)
⑨ 4 Glattblatt-Astern, blau (*Aster novi-belgii*-Sorte)
⑩ 5 Schleifenblumen (*Iberis*-Arten)
⑪ 5 Perlkörbchen (*Anaphalis triplinervis*)
⑫ 4 Beetrosen 'Sommermärchen'®
⑬ 5 Katzenminzen (*Nepeta* x *faassenii*)

Rosen und Stauden

Blau- bis violettblühende Stauden

	Wuchshöhe (cm)	Blütemonate	Verwendungsbereich	Standort
Ballonblume (*Platycodon grandiflorus*)	50	VII–VIII	Beet	sonnig
Berg-Aster (*Aster amellus*-Hybriden)	50–60	VII–VIII(–IX)	Beet, Schnitt	sonnig
Dost (*Origanum*-Arten)	20–40	VII–IX	Beet	sonnig
Eisenhut (*Aconitum napellus*)	110	VI–VII	Beet, Gehölzrand, Leitpflanze	wechselsonnig
Feinstrahl (*Erigeron*-Hybriden, u. a. 'Adria')	80	VI–VII, IX	Terrasse, Beet, remontierend	warm, sonnig
Zier-Salbei (*Salvia nemorosa*-Sorten wie 'Blauhügel')	40	VI–VIII	Beet, remontierend nach Rückschnitt	sonnig, Dauerblüher
Glockenblumen (*Campanula*-Arten, u. a. *C. persicifolia*, *C. glomerata*)	10–80	VI–VII (–VIII)	Polsterstaude, Schnitt	sonnig, mit höheren Beetrosen
Katzenminze (*Nepeta* x *faassenii*)	25	V–IX	Terrasse, Steingarten, nach Blüte Rückschnitt	sonnig
Kugeldistel (*Echinops ritro* 'Veitch's Blue')	80	VII–IX	Terrasse, Beet	sonnig
Lavendel (*Lavandula*-Arten und -Sorten)	40	VI–VII	Terrasse, Beet, Kübel	warm
Rittersporn (*Delphinium*-Hybriden, u. a. 'Völkerfrieden', 'Finsteraarhorn', 'Sommernachtstraum', 'Moerheimii')	80–150	VI–IX	Beet, Schnitt, Leitpflanze, remontierend nach Rückschnitt	sonnig

Gelbblühende Stauden

	Wuchshöhe (cm)	Blütemonate	Verwendungsbereich	Standort
Frauenmantel (*Alchemilla mollis*)	30–40	VI–VII	Beet, Schnitt	anspruchslos
Goldrute (*Solidago caesia*)	60	VII–VIII	Rabatte	sonnig
Mädchenauge (*Coreopsis*-Arten)	25	VI–VIII	Rabatte	sonnig
Steppenkerze (*Eremurus*-Arten und -Hybriden)	150–200	V–VI	Rabatte, Schnitt	sonnig

Weißblühende Stauden

	Wuchshöhe (cm)	Blütemonate	Verwendungsbereich	Standort
Feinstrahl (*Erigeron*-Hybriden wie 'Sommerneuschnee')	60	VI–VII, IX	Terrasse, Beet, remontierend	warm, sonnig
Glockenblumen (*Campanula latifolia* 'Alba', *C. persicifolia* 'Alba')	80–100	VI–VII (–VIII)	Schnitt	sonnig
Herbst-Aster (*Aster novae-angliae* und *A. novi-belgii*-Sorten)	100–140	IX–X	Rabatte	sonnig
Kissen-Aster (*Aster dumosus* 'Schneekissen')	25	VIII–IX	Polster, Böschung, Terrasse	sonnig
Madonnen-Lilie (*Lilium candidum*)	80–120	VI–VII	Rabatte	warm
Perlkörbchen (*Anaphalis triplinervis*)	25	VII–VIII	Terrasse, Beet, Mauerkronen	warm, sonnig
Schleierkraut (*Gypsophila*-Arten und -Sorten)	80	VI–VIII	Beet, Böschung, Terrasse	sonnig

Rosablühende Stauden

	Wuchshöhe (cm)	Blütemonate	Verwendungsbereich	Standort
Moschus-Malve (*Malva moschata*)	70	VI–IX	Rabatte, Schnitt	auch absonnig
Königs-Lilie (*Lilium regale*)	80–150	VII	Rabatte	sonnig
Buschmalve (*Lavatera thuringiaca*)	150	VII–IX	Rabatte	sonnig

Rotblühende Stauden

	Wuchshöhe (cm)	Blütemonate	Verwendungsbereich	Standort
Blut-Storchschnabel (*Geranium sanguineum*)	30	V–VIII	Flächendecker	sonnig
Herbst-Aster (*Aster novae-angliae*- und *A. novi-belgii*-Sorten)	100–140	IX–X	Rabatte	sonnig

GESTALTEN MIT ROSEN

Karl Foerster traf genau den Punkt: »Raffinierte Blumen-Benachbarung steht so hoch über den Wirkungen der Einzelpflanze wie Klänge und Melodien über dem Einzelton.« Folgende Gartenkompositionen sind eine wohlklingende Auswahl (im Uhrzeigersinn, von oben links beginnend): Kletterrose 'Sympathie' mit …

KOMBINIEREN: ROSEN UND STAUDEN

… Frauenmantel, Ziest *(Stachys grandiflora)* und Rosmarin; bunte Rosenvielfalt umspielt die Skulptur; Rosen und Eselsohren *(Stachys byzantina)*; Beetrose 'Friesia'® und Färberkamille; Strauchrose 'Schneewittchen'® und Lichtnelken; Rosen mit Majoran, Phlox, Färberkamille, Fingerhut und Klee; 'Bonica'® und 'Pascali'®, umgeben von Verbenen.

Gestalten mit Rosen

Roter Türken-Mohn und Schlafmützchen *(Escholzia)* kontrastieren hübsch mit der weißen Strauchrose 'Schneewittchen'®.

Prächtig erhebt die Stammrose 'Rosarium Uetersen'® ihr blütenübersätes Haupt.

■ ... mit Sommerblumen und Blumenzwiebeln

Sommerblumen sind fröhliche Rosenkavaliere, mit denen sich Rosengruppen farbenfroh aufwerten lassen. Manchen Rosenfreunden erscheint die Lebhaftigkeit der Sommerblumen neben der strahlenden Eleganz der Rosenblüten jedoch allzu grell – sie lehnen die Kombination von Sommerblumen und Rosen kategorisch ab. Das ist sicher eine ganz persönliche, subjektive Empfindung, so daß man es in dieser Hinsicht mit dem Ausspruch Friedrichs des Großen halten sollte, daß ein jeder nach seiner Fasson selig werden möge.

Auf jeden Fall ist es ratsam, wegen der vollkommen unterschiedlichen Rhythmik langlebiger Rosen und kurzlebiger Sommerblumen zunächst eigene Erfahrungen mit beider Lebenswandel zu sammeln. Ei-

ROSEN UND SOMMERBLUMEN

nen Einstieg bietet zum Beispiel das Auffüllen von Leerstellen im einstmals geschlossenen Rosenbeet mit Sommerblumen. Immer wieder kommt es vor, daß ein Rosenstock ausfällt. Aufgrund des Phänomens der Nachbaukrankheit bei Rosen, der sogenannten »Bodenmüdigkeit« (siehe Seite 144), wächst eine neue Ersatzrose zwar zunächst munter los, kümmert dann aber sichtbar. Verbessert man jedoch an dieser Stelle den Boden mit etwas Gartenkompost und setzt einige passende Sommerblumen – rosenwurzelschonend mit der mehrzinkigen Grabegabel – hinein, erschließen sich auch dem eingefleischten Rosenfreund durchaus die Vorzüge der Sommerblumen.

Diese Vorzüge zeigen sich im übrigen nicht nur bei der Gestaltung. Die Einbeziehung der Sommerblumen erhöht den Artenreichtum und mindert den Befallsdruck u.a. von Blattläusen und Rosenzikaden. (Lediglich die Rosenblattrollwespe zeigt sich von Sommerblumen unbeeindruckt, offenbar locken sie die natürlichen Gegenspieler dieser Wespenart nicht.)

Welche Sommerblumen passen zu welchen Rosen? Der Anfänger sollte sich zunächst auf weiß- bzw. blaublühende Sommerblumen beschränken und mit diesen kreativ

Nigella versamt sich leicht im Rosenbeet: Jungfer in Rosen.

arbeiten. Weiße Beetrosen harmonieren z.B. exzellent mit hohen, fragil-eleganten Schmuckkörbchen *(Cosmos bipinnatus)*. Gefällt diese Mischung aber nicht, wählt man im nächsten Jahr eine andere Rosenbegleitung. Niedrige Sommerblumen wie der Duftsteinrich *(Lobularia)* zieren reizvoll den Boden unter Stammrosen. In kleinen Gruppen verträgt sich der silbrige Blattschmuck des Kreuzkrautes *(Senecio)* mit allen Rosenfarben. Hübsch macht sich *Nigella* mit gelben Beetrosen.

Selbstaussaat: Durch eine Vorkultur im Frühbeetkasten oder einfachen Folienhaus bzw. -tunnel kann die Blüte der Sommerblumen beträchtlich verfrüht werden. Für die selbstausgesäten Sommerblumen wie auch für die gekauften Pflanzen gilt jedoch: Erst nach dem 15. Mai pflanzen, wenn keine Nachtfröste mehr zu erwarten sind.

Der Einsatz von **Blumenzwiebeln** in der Nähe von Rosen hat schon so manches erbitterte Streitgespräch zwischen Garten- und Rosenfreunden ausgelöst. Einige Rosenfreunde warnen förmlich vor dem Einsatz von Tulpen, Narzissen und Krokussen in der Nähe von Rosen und tolerieren nicht einmal *Scilla* und Schneeglöckchen. Da öfterblühende Rosen jedoch erst ab Juni blühen, können Zwiebelblumen für Blüten-

Sommerblumen als Rosenkavaliere

	Blütenfarbe	Wuchshöhe (cm)	Hinweise
Sommer-Blutströpfchen (*Adonis aestivalis*)	vielfarbig	30–50	Blütezeit je nach Saat variabel
Leberbalsam (*Ageratum*-Sorten)	blau, rosa, weiß	15–20	zahlreiche Sorten; gut wässern
Ochsenzunge (*Anchusa capensis*)	blau	25–30	volle Sonne
Garten-Löwenmaul (*Antirrhinum majus*)	purpurn und gelb	20–100	in milden Wintern halbstrauchig
Blaues Gänseblümchen (*Brachycome iberidifolia*)	blau	20	keine pralle Sonne
Browallie (*Browallia speciosa*)	blau, weiß	15–25	vollsonnig, warm
Schmuckkörbchen (*Cosmos bipinnatus*)	rosarot	100–120	Blütezeit VII–X
Blaudolde (*Didiscus caeruleus*)	himmelblau	60	Sonne, warm
Dahlie (*Dahlia*-Hybriden)	gelb, weiß, violett	bis 40	Sonne
Schlafmützchen (*Eschscholzia californica*)	vielfarbig	20–50	Blütezeit VI–X
Schnee auf dem Berge (*Euphorbia marginata*)	weiße Hochblätter	70–100	Blütezeit VII–X
Mittagsgold (*Gazania*-Hybriden)	weiß, gelb, orange	15–25	volle Sonne
Schleifenblume (*Iberis umbellata*)	lila oder purpurn	20–30	Blütezeit VI–VIII
Männertreu (*Lobelia erinus*)	blau, rotviolett, weiß	10–30	Blütezeit V–X
Duftsteinrich (*Lobularia maritima*)	weiß, rosa, lila	10–15	Blütezeit VI–VIII, als Einfassung
Elfenspiegel (*Nemesia*-Sorten)	blau, rot	20–50	viele Sorten
Jungfer im Grünen (*Nigella damascena*)	blau, rosa, weiß	50	Blütezeit VI–IX
Einjahrs-Phlox (*Phlox drummondii*)	vielfarbig	10–50	Blütezeit VII–IX
Garten-Reseda (*Reseda odorata*)	grünlichgelb, rote Staubgefäße	15–60	Blütezeit VII–IX
Kreuzkraut (*Senecio bicolor*)	gelb	bis 80	dekoratives, graufilziges Blatt
Verbene (*Verbena bonariensis*)	hellblau	bis 200	mag keine Nässe
Zinnie (*Zinnia angustifolia* 'White Star')	weiß	40	warm

GESTALTEN MIT ROSEN

Die Herbstzeitlose füllt Lücken, ein Farbengruß in blütenarmer Zeit.

Bunte Tulpenvielfalt vor (aber nicht in) einem Rosenbeet.

Rosen kombiniert mit Stauden und Zwiebelpflanzen.

reichtum im Frühling sorgen. Bis zur Rosenblüte sind sie dann wieder von der Gartenbühne abgetreten.

Wie bei den Stauden und Sommerblumen gilt: »Erlaubt ist, was gefällt«, wenn den Eigenschaften und Bedürfnissen der jeweiligen Pflanzengruppe Rechnung getragen wird. Tulpen und Osterglocken gehören z. B. nicht mitten in bestehende Rosenbeete. Erstens haben sie im Frühsommer, nach ihrer Blüte, reichlich Blattmasse gebildet, die für eine hohe kleinklimatische Luftfeuchte innerhalb der belaubten Rosen sorgen würde, die dann bis zum Abend nicht immer abtrocknet und Pilzkrankheiten fördert. Zweitens würden die Zwiebeln beim Hacken und Anhäufeln unweigerlich in Mitleidenschaft gezogen werden. Die Lösung ist einfach: Zwiebeln kommen vor oder neben die Rosengruppen. Dort können sie in der idealen Erdtiefe gesteckt werden. Ihr Laub kann über den Sommer an

ROSEN UND KRÄUTER

»Dufte« Pflanzen unter sich: Rosen und Lavendel.

Ort und Stelle belassen werden und sich natürlich zurückziehen – eine wichtige Voraussetzung für eine reiche Blüte im nächsten Frühjahr.

■ ... mit Kräutern

Rosen und Kräuter – diese Kombination verbindet besonders ansprechend Zierde und Nutzen von Pflanzen. Bereits in den Klostergärten des Mittelalters bildeten beide wichtige Bestandteile der lebenden Hausapotheken. Frische Kräuter aus dem Garten sind bis zum heutigen Tag beliebte Zutaten zur Verfeinerung von Speisen geblieben. Mit einigen Rosenstöcken daneben ist es nur noch ein kleiner Schritt zum eigenen Klostergärtlein.

Die sanften Farben der Alten Rosen passen besonders hübsch zu Kräutern. Strauchrosen werden durch Kräuterarrangements in ihrer Natürlichkeit verstärkt. Damit die Rosen gezielt gedüngt werden können, ohne daß dabei die Kräuter zuviele Nährstoffe

GESTALTEN MIT ROSEN

erhalten und dadurch an Aroma einbüßen, empfiehlt sich wiederum das Nebeneinander beider Pflanzengruppen.

Kräuter schmeicheln nicht nur dem Auge, einige, wie der **Lavendel**, stehen zudem in dem Ruf, Blattläuse auf für uns aromatische Art und Weise von den Rosen fernzuhalten. Das funktioniert allerdings nur, wenn eine entsprechende Menge in unmittelbarer Umgebung der Rose gepflanzt wurde. Der Lavendel paßt mit seinem grauen Laub, das auf gute Hitzeverträglichkeit hinweist, zu dem Sonnenkind Rose und sorgt, neben parfümlosen Beetrosen gepflanzt, auch für angenehme Duftnoten in Rosen-Stauden-Beeten.

Prinzipiell können Kletter-, Strauch-, Flächen- und Beetrosen mit Kräutern kombiniert werden. Besonders geeignet sind bereits tiefverwurzelte Rosenstöcke. Warum? Sie können beachtliche Trockenperioden überraschend gut überstehen. Sie müssen nicht laufend, sondern höchstens während ausgesprochener Hitzeperioden ab und an durchdringend gewässert werden. Der trockene Boden in den oberen Schichten kommt vielen Kräutern südlicher Herkunft zupass und sorgt für eine hohe geschmackliche Güte der Ernte aus dem rosigen Kräuterbeet.

> **TIP** Erfahrene Gartenfreunde schneiden den Lavendel nach der Blüte Mitte August etwa um die Hälfte zurück. Dies fördert den Neuaustrieb und die Pflanzen kommen besser durch den nächsten Winter.

Rosiger Kräutergarten

Unser Gestaltungsvorschlag sichert die Selbstversorgung mit Kräutern auf kleinstem Raum, schafft würziges Kübel-Ambiente und nutzt mittels Rosenbogen die Gartendimension Höhe. Die genannten Kräuterarten gehören zum Grundsortiment einer Küche und gedeihen problemlos im Garten. Wer häufig Besuch von Nacktschnecken bekommt, kann seine Kräuterbeete durch Schneckenzäune vor unerwünschten Gästen schützen. Natürlich kann die Gestaltung der Kräuterecke auch formaler, geometrischer Natur sein, durch eine Rahmenpflanzung mit dem kompaktwachsenden Einfassungs-Buchs 'Blauer Heinz' begrenzt, der im Kapitel »Rosen und immergrüne Laubgehölze« (Seite 92) vorgestellt wird.

Die meisten Kräuterarten stammen aus südlichen Regionen und bevorzugen – wie die Rose – sonnige Lagen. Im Kräuterbeet ausgelegte Trittsteine erleichtern den Zugang zu den einzelnen Pflanzen zu Pflege- und Erntearbeiten und speichern die Tageswärme, die sie in den Abendstunden kräuterfördernd abgeben. Das Kräuterbeet sollte in Hausnähe eingerichtet werden, damit man sich auf die Schnelle mit den würzigen Zutaten in höchster Frische versorgen kann.

Rosiger Kräutergarten

① Lavendel
 (Lavandula angustifolia)
② Echter Thymian
 (Thymus vulgaris)
③ Pfefferminze
 (Mentha × piperita)
④ Zitronenstrauch, im Kübel
 (Aloysia triphylla)
⑤ Rosmarin, im Kübel
 (Rosmarinus officinalis)
⑥ Petersilie
 (Petroselinum-Arten)
⑦ Garten-Salbei
 (Salvia officinalis)
⑧ Zitronenmelisse
 (Melissa officinalis)
⑨ Estragon
 (Artemisia dracunculus)
⑩ Lorbeer, als Hochstamm im Kübel (Laurus nobilis)
⑪ Schnittlauch
 (Allium schoenoprasum)
⑫ Garten-Bohnenkraut
 (Satureja hortensis)
⑬ Origano
 (Origanum vulgare)
⑭ Kletterrose 'New Dawn'

ROSEN UND GRÄSER

Kräuterarten zu Rosen

	Wuchshöhe (cm)	Blühzeit, Blütenfarbe	Verwendungsbereich	Hinweise
Schnittlauch (*Allium schoenoprasum*)	20–30	ab Juni, rötlichrosa	Salate, Quark, Suppen	nicht mitkochen; mehrjährig, für Einfassungen
Zitronenstrauch (*Aloysia triphylla*)	bis 200	ab Juni, weißrosa	Süßspeisen, Eistee, Gebäck, Duftkissen, Badezusatz	nicht winterharter Strauch, Blätter mit Zitronenduft
Dill (*Anethum graveolens*)	bis 120	Juni bis August, gelb	Salate, Suppen, Rohkost	einjährig, warm, sonnig, für Blumengestecke
Estragon (*Artemisia dracunculus*)	bis 130	ab Juli, grünweiß	Soßen, Suppen, Geflügel	mehrjährig, auch Halbschatten
Waldmeister (*Galium odoratum*)	bis 30	Mai, weiß	Bowlen, Säfte, Duftpotpourris	mehrjährig, guter Bodendecker im Schatten
Lorbeer (*Laurus nobilis*)	im Süden über 10 m	ab Mai, gelblichweiß	Suppen, Soßen, Marinaden, Essig	Kübelpflanze, Formgehölz
Lavendel (*Lavandula angustifolia*)	bis 50	ab Juli, blau	Soßen, Fisch, Eintopf, Duftpotpourris	mehrjähriger Halbstrauch, vollsonnig, trocken
Zitronenmelisse (*Melissa officinalis*)	bis 90	ab Juli, weißblau	Salate, Suppen, Quark, Geflügel, Fisch, Tee	mehrjährig, sonnig
Pfefferminze (*Mentha x piperita*)	bis 60	ab Juni, rosaweiß	Salate, Soßen, Suppen, Rohkost, Tee	mehrjährig, auch Halbschatten
Majoran (*Origanum majorana*)	bis 50	ab Juli, weiß, rosarot	Fleischgerichte, Quark, Aufläufe, Kartoffelklöße	einjährig, sonnig
Origano (*Origanum vulgare*)	bis 50	ab Juli, rosa, rot, weiß	Fisch, Fleisch, Pizza, Soßen	mehrjährig, sonnig
Petersilie (*Petroselinum*-Arten)	bis 30	ab Juni, grünlichgelb	Suppen, Soßen, Quark, Fleisch, Gemüse, Salat	kraus- bzw. besonders aromatische glattblättrige Arten, als einjährige Pflanzen ziehen
Rosmarin (*Rosmarinus officinalis*)	bis 70	ab April, blauviolett	Fleisch, Grillgerichte, Gemüse, Essig	mehrjähriger Halbstrauch, sonnig, nadelartige Blätter
Garten-Salbei (*Salvia officinalis*)	bis 70	ab Mai, blauviolett	Fleisch, Grillgerichte, Gemüse, Tee	mehrjähriger Halbstrauch, sonnig
Garten-Bohnenkraut (*Satureja hortensis*)	bis 30	ab Juli, weiß, rosaviolett	Fleisch, Wild, Eintopf, Bohnen	einjährig, auch Halbschatten
Echter Thymian (*Thymus vulgaris*)	bis 40	ab Mai, violett	Fleisch, Wurst, Grillgerichte, Pasteten, Gemüse, Käse, Essig	mehrjähriger Halbstrauch, sonnig

■ ... mit Gräsern und Bambus

Gräser: vermitteln in der Gestaltung mit Rosen Struktur und Disziplin. Sie sind lichthungrig wie die Rosen, kommen ihnen aber im Wurzelbereich nicht in die Quere. Während des Sommers bieten sie ein dauerhaftes, konstantes Bild und strahlen Gelassenheit und Ruhe aus. Während der Frostperiode füllen viele Arten mit ihren wintergrünen, bisweilen gelb- bzw. weißbunten Halmen die blütenlosen Rosenbeete und bringen Leben ins triste Wintergrau.
Niedrige Arten wie der Blauschwingel (*Festuca cinerea*) oder das Bärenfellgras (*Festuca gautieri*) eignen sich ideal als Einfassung für Beetrosengruppen. Höhere Gräser, neben Strauch- und Wildrosen gepflanzt, geben diesen Rahmen und Halt. Bewährte »Rosen-Gräser« wie der Blaustrahlhafer oder das Lampenputzergras kommen selbst auf begrenzten Standorten zurecht und bringen auch in kleine Hausgärten eine »Linie«.
Von Zeit zu Zeit, spätestens nach fünf Jahren, sollte man die Horste aus dem Boden nehmen und teilen.

Bambus: Auch der Bambus gehört zur großen Familie der Gräser. Was ihn zum »Supergras« macht, ist die Tatsache, daß er sich nicht, wie viele andere Gräser, im Winter zurückzieht. Das bietet die Möglichkeit, ihn wie ein immergrünes Laub- und Nadelgehölz als feste Konstante rund ums Jahr in die Gartengestaltung einbinden zu können. Wichtig für den Garten- und Rosenfreund ist die Kenntnis der Einteilung der Bambusse in horst- bzw. ausläuferbildende Arten/Sorten, letztere mit teilweise starkem Ausbreitungsdrang. Im Handel erhältliche, professionelle Rhizomsperren aus starker Folie oder Betonringe halten, wenn sie rund um die Pflanze eingegraben werden, die Ausläuferbildung im Zaum und verhindern ein »Wandern« der unterirdischen Triebe durch den Garten. Rhizome machen nämlich selbst vor Terrassenbelägen nicht Halt, läßt man ihnen ihren eigenen Willen.
Bambusse blühen in großen Zeitabständen, die bis zu 120 Jahre betragen können. Nach der Blüte und Fruchtbildung stirbt der Bambus ab. Manche Arten wachsen krautartig, andere erreichen – in ihrer ostasiatischen Heimat – Höhen von bis zu 35 Metern.
Insbesondere junge Pflanzen schützt man im Winter durch eine Mulchabdeckung. Ältere Exemplare sind wesentlich frosthärter. Deshalb wird in der Regel die Frühjahrspflanzung im April bevorzugt. Während der Wachstumsphase reagieren Bambusse positiv auf eine organische Düngung und gute Bodenfeuchte, Staunässe schadet ihnen jedoch. Für die Benachbarung mit Rosen eignen sich die horstartigen Bambus-

GESTALTEN MIT ROSEN

Herbstgruß im Oktober: Grazil-aufrechte Gräser (hier: Chinaschilf) und Herbst-Astern am Ende des Rosenjahres.

Rosen-Gräser

	Blattfarbe	Wuchshöhe (cm, Höhe Laub/Blüten)	Hinweise
Silberährengras (Achnatherum calamagrostis)	hellgrün	bis 60/80	schweifartige Blütenrispen, überhängend, sonnige Lage
Reitgras (Calamagrostis x acutiflora 'Karl Foerster')	gelblichgrüne Halme	100/160	horstartig, dichttriebig
Rote Segge (Carex buchananii)	rotbraune Halme	40/50	steif aufrechte Blatthorste, sonnige Standorte
Japan-Segge (Carex morrowii 'Variegata')	Blätter dunkelgrün, heller Rand, wintergrün	30/40	halbschattig
Rasen-Schmiele (Deschampsia caespitosa)	dunkelgrüne Blatthorste	bis 60/100	sonnig bis halbschattig, liebt Bodenfeuchte
Blau-Schwingel (Festuca cinerea)	stahlblaue Blatthorste	15/20	sonnig bis halbschattig, niedrige Polster
Bärenfellgras (Festuca gautieri)	grüne Blatthorste	je 15 bis 20	rasenartig, niedrig, für sonnige Lagen
Japangras (Hakonechloa macra)	bläulich	bis 30/60	wintermilde Standorte
Blaustrahl-Hafer (Helictotrichon sempervirens)	bläulichgrün	60/100	immergrüne, dichte Horste
Chinaschilf (Miscanthus sinensis)	grünlich	150/200	monumentale Riesengräser
Feinhalm-Chinaschilf (Miscanthus sinensis 'Gracillimus')	hellgrün	120/150	sonnige Lage
Zebra-Chinaschilf (Miscanthus sinensis 'Zebrinus')	gelb gestreift	120/150	dichtbuschig, sonnige Lage
Pfeifengras (Molinia arundinacea)	grünlich	bis 50/200	goldene Oktoberfärbung
Rutenhirse (Panicum virgatum-Sorten)	grün, auch rötlichgrau	bis 120/170	mittelstark wachsend
Lampenputzergras (Pennisetum compressum)	grünlich	50/70	dekorative Blütenähren im Herbst
Zotten-Rauhgras (Spodiopogon sibiricus)	graugrün	50/100	Schnittgras
Reiher-Federgras (Stipa barbata)	gelblichgrün	30/80	sonnig

Rosen und Laubgehölze

se mit ihrem »kontrollierten« Wachstum und von den ausläuferbildenden Arten jene mit schwachem bis mittelstarkem Wuchs. Vor allem zu Strauch- und Wildrosen passen folgende Bambusse (eine Auswahl):

▶ *Fargesia murielae* 'Phoenix' (Schirm-Bambus-Sorte): immergrüner, mittelstark und horstartig wachsender Bambus der neuen Generation, Halme olivgrün, breitausladende Wuchsform, Höhe 2,5 bis 4 m.

▶ *Fargesia nitida*: mittelstark und horstartig wachsender Bambus, Halme rötlichbraun, dichtbuschige Gestalt bildend, Höhe 2,5 bis 4 m.

▶ *Indocalamus tesselatus*: etwa einen Meter hoch werdende, ausläufertreibende Bambusart. Hübscher Blattschmuck.

▶ *Phyllostachys aurea* (Gold-Bambus): ausläufertreibende, mittelhohe Bambusart, dichtbelaubte, grüngelbe Halme mit dicken Knoten, Höhe 2,5 bis 3 m.

▶ *Phyllostachys flexuosa*: ausläufertreibende, mittelhohe Bambusart, Halme bogig gewellt, zickzackförmig wachsend, grün, später gelb-schwarz gefleckt, Höhe 2 bis 5 m.

▶ *Phyllostachys nigra* (Schwarzlack-Bambus): schwach ausläufertreibende, mittelhohe Bambusart, Halme dicht, grün, später braun-schwarz glänzend, Höhe 3 bis 6 m.

▶ *Phyllostachys viridis* 'Mitis': ausläufertreibende, mittelhohe Bambusart mit grünen Halmen, später mattgelb färbend, Höhe 5 bis 7 m.

▶ *Pleioblastus humilis* var. *pumilus*: ausläufertreibende, niedrige Bambusart, Halme grün, dicht, straff senkrecht wachsend, geschlossene Wuchsform, Höhe 50 bis 80 cm.

▶ *Sasa kurilensis*: ausläufertreibende Bambusart, Höhe 1,5 m; dekorativer Blattschmuck.

▶ *Sasa palmata* var. *nebulosa*: ausläufertreibende Bambusart, Höhe 1,5 bis 2 m; auffallend großes, zierendes Laub.

■ ... mit Laubgehölzen

Laubgehölze sind die Pflanzen, die unsere Gärten am nachhaltigsten prägen. Keine andere Pflanzengruppe zeigt so viele verschiedene Laub-, Wuchs-, Frucht- oder Blüteneigenschaften. Dieser Formenreichtum, den wir oft als Zierde ansehen, ist jedoch kein Luxus, den die Natur sich leistet, sondern immer funktional begründet.

Strauchrose 'Eden-Rose '85'®, umgeben von filigranen Grashalmen.

Ährenvolle Bestauslese: das Lampenputzergras 'Hameln'.

Purpurfarbener Strukturgeber: die Rutenhirse 'Rotbraun'.

Wenn man das weiß, kann man von bestimmten Merkmalen – beispielsweise der Laub- oder Wuchsform – auf die passenden Licht- und Standortbedürfnisse rückschließen. Derb-ledrige und/oder kleine Blätter lassen auf Hitzeverträglichkeit schließen, geschlitztes oder gefiedertes Laub ist häufig sehr windangepaßt, ältere Gehölze, die bis ins Innere belaubt sind, gelten als schattentolerant, nur an ihrer Peripherie belaubte Sträucher oder Bäume signalisieren Sonnenhunger, rotes Laub toleriert ebenfalls viel Sonne. Bläulich-silbriges Laub weist auf eine hohe Trockenheitstoleranz hin, viel Bodenfeuchte wünschen dagegen frischgrüne Gehölze, während gelbblättrige Laubgehölze bei ungleichmäßigem Bodenfeuchteangebot zum Verbrennen neigen.

Laubhumus ist eine besonders wertvolle Humusart, die die inneren Widerstandskräfte der Gehölze stärkt. Vorausgesetzt, man beläßt ihn im Garten und stopft ihn nicht in die Mülltonne. Großes Laub kompostiert man, bevor man es unter kleinere Gehölze verteilt. Unter größeren Sträuchern und Bäumen kann es zum Rotten direkt bis etwa fünf Zentimeter dick verteilt werden.

Pflanzt man Laubgehölze vor oder neben Rosen, ist – je nach Wuchsstärke – auf ausreichenden Abstand zu achten. Die Lichtverhältnisse für die Rosen dürfen sich durch die Entwicklung der Gehölze nicht verschlechtern. In idealer Weise wirkt sich die Pflanzung einer Gehölzkulisse auf der Ost- und/oder Nordseite des Gartens aus. Sie bremst den Kaltluftzustrom und schützt die Rosen vor allem vor kalten Ostwinden, die ihnen empfindlich zusetzen können.

Die Qual der Wahl der zu Rosen passenden Gehölze für den eigenen Garten erleichtern ein paar **grundsätzliche Überlegungen**. Die Auswahl frischgrüner Frühlingsblüher gestaltet sich ganz problemlos, da sie nicht in optische Konkurrenz zur Rose treten. Buntlaubige Gehölze sind auffallend und deshalb nicht in unmittelbarer Nähe zur Rose zu plazieren. Je mehr das Gehölz während der Rosenblüte im Sommer von den Rosen durch Blatt und/oder Blüte ablenken könnte, desto weiter entfernt sollte es – auch unter dem Gesichtspunkt des Kontrapunktes – von der »Königin der Blu-

Gestalten mit Rosen

men« gepflanzt werden. Und: Je wuchsfreudiger das Gehölz, desto größer ist der Abstand von den Rosen zu wählen. Bäume werden einmal groß, deshalb muß man ihnen von Anfang an genügend Raum gewähren.

Wer größere Rosenbeete sein eigen nennt, kann sehr gut Kleingehölze nutzen, um die »Monotonie« aufzulockern und die einzelnen Rosengruppen für das Auge voneinander abzugrenzen. Als optische »Schmankerl« eignen sich auch Stämmchenformen wertvoller Laubgehölze, zum Beispiel das Mandelbäumchen oder die veredelte Zierkirsche 'Brillant'.

▶ Schmetterlingsstrauch in Sorten (Buddleja davidii-Hybriden): Lockt mit seinem intensiven Blütenduft Schmetterlinge aus weiter Entfernung in den Garten, aufrecht wachsend, bis 30 cm lange Blütenrispen, sortenunterschiedlich in weiß, rosa, rot oder violett ab Juli. Nektar- und pollenspendende Bienenweide für sonnige bis halbschattige Lagen. Auch für Kübel. Starker Rückschnitt im Frühjahr sorgt für jährliche Blütenfülle.

▶ Schönfrucht (Callicarpa bodinieri var. giraldii): Bis 200 cm hoher Zierstrauch mit lilafarbenen Früchten im Herbst, gelborangefarbene Herbstfärbung, zartrosa Blüten mit Duft von Juli bis August, Bienenweide, Vogelnährgehölz. Auch für Kübel.

halbschattige Lagen. Kräftiger Rückschnitt im Frühjahr steigert Blühwilligkeit.

▶ Prunkspiere (Exochorda macrantha 'The Bride'): Prunkspiere mit den größten Einzelblüten für sonnige bis absonnige Standorte, weißer Blütentrauben-Vorhang im Mai, bis 100 cm hoch, Laub eiförmig-länglich. Auch für Kübel.

▶ Goldglöckchen (Forsythia-Gartensorten): Frühlingsblüher mit gelber Fernwirkung, bis 250 cm hoch. Auch für Kübel, einzeln oder in Blütenhecken in sonniger bis absonniger Lage. Stärkerer Rückschnitt der älteren Blütentriebe und Auslichten erhöht Blütenfülle. Sortentip: 'Weekend', bereits

Einmaliger lilafarbener Fruchtschmuck: die Schönfrucht mit Beeren.

Filigraner Kletterkünstler und Gehölzrarität für Kenner im Duett: Anschmiegsam und sanft umschlingt die Alpen-Waldrebe (Clematis alpina) einen Federbuschstrauch.

▶ Gold-Ahorn (Acer shirasawanum 'Aureum'): Toller Einzelstrauch mit goldgelber Fernwirkung und Ostasienambiente für absonnige Lagen und bodenfeuchte Standorte, bis 200 cm hoch, Wuchs trichterförmig, Blätter goldgelb und eingeschnitten. Auch für Kübel und Trog.

▶ Kupfer-Felsenbirne (Amelanchier lamarckii): Robuster Strauchriese mit bester Sichtschutzwirkung für sonnige bis absonnige Standorte, Wuchs aufrecht, Blätter im Austrieb bronzefarben, imposante feurigorangerote Herbstfärbung, Blüten von April bis Mai in weißen Trauben, Bienenweide, schwarzrote, genießbare Beeren ab August, Vogelnährgehölz. Auch für Kübel.

▶ Westamerikanischer Blumen-Hartriegel (Cornus nuttallii): Der schönste Blumenriegel, Sammlerstück, Großstrauch mit eiförmigem Laub, das im Herbst rot leuchtet, »Blüten« (botanisch: Hochblätter, sogenannte Brakteen) im Mai, auffallend cremeweiß, für sonnige bis absonnige Lagen.

▶ Duft-Ginster (Cytisus nigricans 'Cyni'): Sommerlicher Blütenrausch in Gelb, bis 100 cm hoch; hitzeverträgliche, dunkelgelbe, nach Honig duftende Blüten, ergiebige Bienenweide für sonnige Lagen. Auch für Kübel.

▶ Maiblumenstrauch (Deutzia gracilis): Sehr zierliche und filigran wachsende Deutzie, bis 80 cm hoch, mit zartweißen Blüten von Mai bis Juni. Nektar- und pollenspendende Bienenweide für sonnige bis

als junge Pflanze überreich blühend, strahlend gelb. Eine tolle neue Zwerg-Forsythie ist 'Mélée d'Or', die nur bis 100 cm hoch wird und überreich blüht.

▶ Federbuschstrauch (Fothergilla major, syn. F. monticola): Sammlerstück mit herzförmigen, blaugrünen Blättern, die sich im Herbst leuchtend orange- bis karminrot färben, grünlichweiße Blütenähren im Mai ziehen vor dem Laubaustrieb die Blicke auf sich. Auch für Kübel.

▶ Strauch-Hortensie 'Annabelle' (Hydrangea arborescens-Sorte): Wunder-Hortensie mit riesigen, weißen Blütenbällen bis 25 cm Durchmesser, bis 100 cm hoch. Blüte von Juli bis September. Liebt hohe Bodenfeuchte; für sonnige bis absonnige Standorte.

ROSEN UND LAUBGEHÖLZE

Auftritt der Kletterrose 'Flammentanz'® zusammen mit Rhododendren vor einer Nadelgehölzkulisse.

▶ **Gefüllter Ranunkelstrauch** *(Kerria japonica* 'Pleniflora'): Strauch mit nelkenartigen, gelben Blütenrosetten von April bis Juni für sonnige bis absonnige Lagen, bis 150 cm hoch. Ideal in gemischten Blütenhecken, auf Böschungen, Zäunen.

▶ **Perlmuttstrauch** *(Kolkwitzia amabilis)*: Rosaweiß blühender Strauch, der den Übergang zwischen Frühjahr und Sommer prägt. Wuchs überhängend, bis 200 cm hoch. Bienenweide für sonnige bis absonnige Standorte. Für Hecken, Einzelstellung, auch für Kübel.

▶ **Stern-Magnolie 'Royal Star'** *(Magnolia stellata*-Sorte): Frühjahrs-Magnolie mit schneeweißer Blüte für sonnige Gartenlagen, bis 200 cm hoher Strauch, schon in jungen Jahren üppig blühend. Einzeln, auch für Kübel, wohl einer der edelsten Frühjahrsblüher im März bis April.

▶ **Zier-Äpfel** *(Malus*-Sorten): Zierde durch Blüte, Laub und Frucht, Blüte sortenunterschiedlich gefüllt oder einfach, rosa oder rot, Früchte gelb, rot oder mehrfarbig. Bienenweide und Vogelbrutgehölz für sonnige Lagen. Sortenauswahl: 'Charlottae': Blüte zartrosa; grüngelbe, große Früchte; 'John Downie': Blüte weiß; sehr große Früchte.

▶ **Niedrige Blutpflaume** *(Prunus* x *cistena)*: Blutpflaume für kleinste Plätze in sonniger bis absonniger Lage, kaum über 150 cm hoch werdend; dunkelrotes Laub; hellrosa Blüte ab April. Auch im Kübel, sehr trockenheitsverträglich.

▶ **Zierkirsche 'Brillant'** *(Prunus kurilensis*-Sorte): Blütenwunder, entweder als Strauch oder als Stämmchen, bereits die junge Pflanze blüht überreich in Weiß. Einzeln oder in Gruppen, für Vasenschnitt und auch für Kübel.

▶ **Säulen-Zierkirsche** *(Prunus serrulata* 'Amanogawa'): Blühendes Fanal im April/Mai, zart-weißlichrosa gefüllte Blüten zieren eine schlanke Wuchssäule, auch kleine Standorte in sonniger Lage. Einzeln oder in Gruppen.

Säulenförmige Gehölze eignen sich allgemein als besondere Blickpunkte und dienen der Gartengliederung.

▶ **Mandelbäumchen** *(Prunus triloba)*: Rosarote, dicht gefüllte Blüten verkünden den Frühling im April, bis 150 cm hoher Strauch oder als Stämmchen. Starker Rückschnitt nach jeder Blüte fördert neuen Blütenansatz. Auch für Kübel.

Gestalten mit Rosen

Sortenempfehlung für die Säckelblume: die dunkelblaue 'Gloire de Versailles'.

Den Immergrüne Kissen-Schneeball erkennt man leicht an seiner ausgeprägten Blattnervatur.

▶ **Rosa Kissen-Spiere 'Little Princess'** *(Spiraea japonica*-Sorte*)*: Kleine Blütenprinzessin mit weißlichrosa Blüten von Juni bis Juli. Niedriger Strauch, 30 bis 40 cm hoch. Nektar- und pollenspendende Bienenweide. Für Flächen, Böschungen, kleine Hecken. Auch für Kübel.

▶ **Zwerg-Kissen-Spiere 'Shirobana'** *(Spiraea japonica*-Sorte*)*: Weiße und rosafarbene Einzelblüten bieten ein changierendes Farbenspiel auf einem Blütenstand, bis 60 cm hoch. Nektar- und pollenspendende Bienenweide. Auch für Kübel.

▶ **Herbst-Flieder** *(Syringa microphylla* 'Superba'*)*: Miniatur-Flieder mit Duft, nur 100 cm hoch; im Mai violettrosafarbene Blüten, schwächere Nachblüte im Herbst. Einzeln oder in Gruppen für kleinste Flächen in sonniger Lage. Nektar- und pollenspendende Bienenweide.

▶ **Winter-Schneeball** *(Viburnum bodnantense* 'Dawn'*)*: Winterblühender Strauch mit Duft, 200 cm und mehr hoch werdend, rote Herbstfärbung. Auch für Kübel.

Blaue Gehölze: In der Kombination mit Rosen spielen Pflanzen in der Farbe Blau immer wieder eine besondere Rolle. Dies wird so lange der Fall bleiben, solange es keine wirklich blauen Rosen gibt. In Anbetracht der Auswahl an blaublühenden Gehölzen braucht man sie auch eigentlich nicht. Blaue Gehölze sorgen zusammen mit ihren Kollegen aus dem Bereich der Stauden und Sommerblumen für Weite und Tiefe im Garten. Die »Stauden-Legende« – Karl Foerster – schrieb gar ein ganzes Buch über den »Blauen Schatz der Gärten«.

Aber Vorsicht: Blau wirkt kühl, in Verbindung mit Grau wird es gar ins Kalte gesteigert. Mit roten und rosafarbenen Rosen kommt jedoch spürbar Wärme ins Spiel der Farben.

Neben den bekannten Klassikern wie Hortensien, Schmetterlingsstrauch und Flieder in blauen bis fliederfarbenen Sorten verdienen noch folgende »Bläulinge« Aufmerksamkeit:

▶ **Bartblume** *(Caryopteris* x *clandonensis* 'Kew Blue'*)*: Duftende, dunkelblaue Blüten im Spätsommer locken Bienen und andere Insekten. Kleinstrauch mit graugrünem Laub, idealer Rosenbegleiter. Rückschnitt im Frühjahr erhöht Blühwilligkeit. Auch für Kübel.

▶ **Säckelblume** *(Ceanothus*-Sorten*)*: Sommer- und Herbstblüher, bis 100 cm hoch; Laub dunkelgrün, blaue Blütenrispen ab Juli bis zum Frost. Kräftiger Rückschnitt im Frühjahr fördert Blütenreichtum. Auch für Kübel. Sortenauswahl: 'Gloire de Versailles' mit blauen Blüten.

▶ **Blauraute 'Blue Spire'** *(Perovskia atriplicifolia*-Sorte*)*: Spätsommerblüher für sonnige Lagen, Blütezeit ab Juli bis Oktober, Blütenstände in Blau, bis 100 cm hoch. Wertvolle Bienenweide in nektar- und pollenarmer Zeit. Rückschnitt im Frühjahr erhöht Blütenreichtum. Auch für Kübel. Das silbergraue Laub paßt vortrefflich zu Rosen.

▶ **Garten-Eibisch** *(Hibiscus syriacus*-Gartensorten*)*: Spätsommer-Blüher mit malvenartigen Blüten, bis 250 cm hoch, für sonnige Lagen, Blüten ab Juli bis September, sortenunterschiedlich in den Farben Rot, Violett, Rosa, Weiß. Auch für Kübel. Blaue Sorte: 'Blue Bird'.

Immergrüne: Als immergrün bezeichnet man Gehölze, die ihr Laub über mehr als zwei Wachstumsperioden behalten. Aber auch bei Immergrünen gibt es einen Laubfall, oft verfärben sich mitten im Sommer ältere Blätter gelb und fallen ab. Dies ist eine vollkommen normale Erscheinung und – sofern es dem Gartenfreund überhaupt auffällt – kein Grund zur Sorge.

Immergrüne können bei der Gestaltung mit Gehölzen als ruhende, grüne Pole inmitten ringsum wechselnder Farbenspiele genutzt werden. Mit ihnen lassen sich Rosenbeete abgrenzen, sie stellen den (halbschattigen) Hintergrund, und vor allem bringen sie Grün ins winterliche Grau.

▶ **Immergrüne Kissen-Berberitze** *(Berberis candidula)*: Robuster Kleinstrauch. Von Mai bis Juni gelbe Blüten, bedornt, bis 50 cm Höhe, dunkelblaue Beeren im Herbst. Bienenweide. Auch für Kübel und Tröge.

▶ **Hoher Buchsbaum** *(Buxus sempervirens* var. *arborescens)*: Grüner Werkstoff für geometrisch geschnittene Figuren, ohne Schnitt übermannshoch, ledrige, glänzende Blätter, sehr schattenverträglich. Auch im Kübel, insbesondere Terracotta. Die beste Schnittzeit ist Mitte Juni.

▶ **Buchs 'Blauer Heinz'** *(Buxus sempervirens*-Sorte*)*: Kompakte, langsam wachsende Selektion, die sich mit ihren dunkelgrünen, blau überhauchten Trieben ideal als Einfassungs-Buchs eignet.

▶ **Strauch-Hülse** *(Ilex* x *meserveae*-Sorten*)*: Enorm frostharte Sorten aus der Gattung *Ilex* (Stechpalme). Bläuliche, glänzende Triebe und Blätter, roter Fruchtschmuck

ROSEN UND LAUBGEHÖLZE

bei 'Blue Princess'. Bis 300 cm hoch, auch für Kübel und Tröge. Adventsschmuck.
▶ **Flache Heckenmyrte** *(Lonicera nitida* 'Maigrün'): Bis 60 cm hoher, frischgrüner Flächen- und Böschungsbegrüner.
▶ **Schmuck-Mahonie** *(Mahonia bealei):* Schönste Mahonien-Art, bis 150 cm hoch, hellgelbe Blütentrauben mit Duft von Februar bis April, dunkelblaue Früchte ab Juli. Auch für Kübel.
▶ **Hängendes Schattenglöckchen** *(Pieris japonica*-Sorten): Blütenstrauch, selbst in schattiger Lage, je nach Sorte bis 100 cm hoch; weiße bis rosafarbene, selten rote Blütenrispen von April bis Mai. Auch für Kübel. Sortentips: 'Debutante', 'Flamingo', 'Forest Flame', 'Purity', 'Valley Valentine' (rot!), 'Variegata'.
▶ **Feuerdorn** *(Pyracantha*-Gartensorten): als Sichtschutz, Bodendecker (auch im vollen Schatten), für undurchdringliche Hecken, Triebe bedornt, 100 bis 250 cm hoch, weiße Blütendolden im Mai, Fruchtfarbe sortenunterschiedlich Orange, Rot und Gelb. Nektar- und pollenspendende Bienenweide, Vogelnistgehölz.
▶ **Immergrüner Kissen-Schneeball** *(Viburnum davidii):* Blüh- und Fruchtstrauch für Kenner, Laub mit bogig verlaufenden Blattnerven, im Juni große, weißrosafarbene Blütendolden, blaubereifte Früchte.

Zierendes Bauerngärtchen mit romantischem Flair

Gartenhistorisch folgten die Bauerngärten den Klostergärten des Mittelalters. Die geometrischen Beetformen wurden übernommen, wobei Umrahmungen mit Einfassungs-Buchs den formalen Beetcharakter zusätzlich betonen. Wege unterteilen die Fläche in rechteckige oder quadratische Teile, lassen dabei Wegkreuze entstehen, die an die christliche Lehre erinnern.
Kleine Gänge in Kreuzform, in dem hier gemachten Gestaltungsvorschlag mit Rondell

Zierendes Bauerngärtchen mit romantischem Flair

① **Hochstammrose 'Raubritter'**
② *Rosa centifolia* **'Muscosa'**
③ **Lavendel** *(Lavandula angustifolia)*
④ **Beetrose 'Leonardo da Vinci'**®
⑤ **Beetrose 'Rose de Resht'**
⑥ **Strauchrose 'Heritage'**®
⑦ **Strauch-Hortensie 'Annabelle'**
⑧ **Rittersporn 'Völkerfrieden'** *(Delphinium-Sorte)*
⑨ **Einfassungs-Buchs 'Blauer Heinz'** *(Buxus)*
⑩ **Rosen-Kugeln**
⑪ **Blauraute 'Blue Spire'** *(Perovskia atriplicifolia-Sorte)*
⑫ **Säckelblume 'Gloire de Versailles'** *(Ceanothus-Sorte)*
⑬ **Kissen-Aster** *(Aster dumosus* **'Schneekissen')**
⑭ **Katzenminze** *(Nepeta x faassenii)*
⑮ **Strauch-Pfingstrose 'Reine Elisabeth'** *(Paeonia-Suffruticosa-Hybride)*
⑯ **Eisenhut** *(Aconitum)*

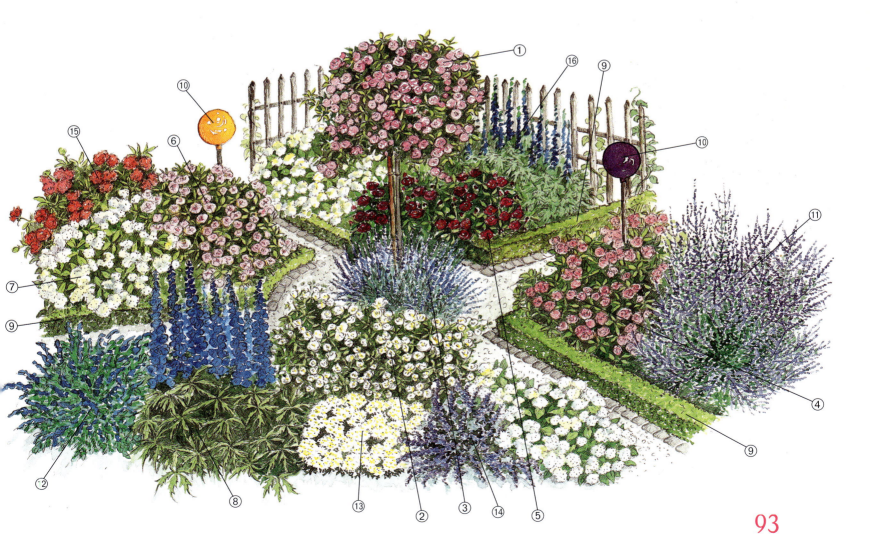

Gestalten mit Rosen

in der Mitte, lassen den Gartenfreund alle Beetbereiche leicht erreichen. Bauerngärten verbinden wie kaum eine andere Gartenform Nutzen und Zierde auf traditionelle und zugleich sehr farbenfrohe, bunte Art und Weise. Typisch sind mit Erbsen und Wicken berankte Holzzäune als äußere Einfassung. Diese begrenzen das eigene Kleinod klar, schirmen es aber nie so ab, daß nicht noch der Nachbar einen neidvollen Blick hineinwerfen könnte.

Stämmchen und Rosenkugeln dienen als Blickfang; wem ausreichend Platz zur Verfügung steht, der kann noch eine Bank oder Laube integrieren.

■ ... mit Nadelgehölzen

Rosiger Nadelstreif – warum nicht? Der bizarre Wuchs des einen Nadelgehölzes schafft lebhafte Kontraste im Garten, während das dunkle Grün eines anderen für gestalterische Ruhe sorgt. Mit ihren immerblauen, -gelben oder -grünen Nadelfarben sagen Nadelgehölzsorten der Wintertristesse Adieu und bringen Farbe in die rosenlose kalte Jahreszeit.

Die Auswahl an passenden Nadelgehölzen für eine Kombination mit Rosen ist groß. Wir stellen an dieser Stelle vor allem kompakt wachsende Zwergformen, buntnadlige Auslesen und exquisite Einzelstücke vor, die den Garten strukturieren können. Letztere sind jedoch mit ausreichendem Abstand zu den Rosen zu plazieren. Als junge Pflanze aus der Baumschule kommend, sehen sie zunächst niedlich aus; sobald sie aber Fuß gefaßt haben, legen sie kontinuierlich und Jahr für Jahr zu. Der Abstand zwischen den Rosenbeeten und dem äußeren Kronenrand von Nadelbäumen sollte im Minimum immer einen Meter betragen.

> **TIP** Bodendeckende Nadelgehölze lassen sich auch zwischen Rosengruppen einsetzen. In größeren Gärten passen Wildrosen bestens zu imposanten Eiben und Kiefern.

Platzprobleme gibt es mit den **Zwergformen** nicht. Diese Miniaturausgaben ihrer imposanten Artkollegen schaffen selbst auf kleinsten Flächen, die im Zuge der Gestaltungslust mitunter allzu bunt ausgestattet wurden, mit ihrer zumeist dunkelgrünen

Wüchsige Strauchrosen wie *Rosa moyesii* **passen gut zu vitalen Nadelgehölzen in größeren Gärten.**

Farbe Ruhe. Ihr Grün harmoniert eigentlich mit allen Rosenfarben, von der Wuchsform her eignen sich besonders Beetrosen als Partner dieser nadligen Liliputaner.

Aus Unwissenheit werden Nadelgehölze häufig als fremdländisch und damit ökologisch wertlos abqualifiziert. Dabei agieren viele Sorten im Frühling als zwar unscheinbarer, aber ergiebiger Pollenspender für Bienen, Hummeln und andere Insekten. Sie bieten mit ihrem Ganzjahres-Grün, beispielsweise als Hecke, vielen Vögeln und anderen Tieren auch im Winter sicheren, da nicht einsehbaren Schutz. Nadelgehölze sind sehr pflegeleicht und anspruchslos. Raupen beispielsweise meiden sie, sie bevorzugen einheimische Laubkost.

▶ Niedrige Balsam-Tanne (*Abies balsamea* 'Nana'): Flachkugelige, kompakte Zwergform. Pollenspendende Bienenweide für sonnige Lagen. Auch für Kübel, Trog und Balkonkasten.

▶ Blaue Säulen-Scheinzypresse (*Chamaecyparis lawsoniana* 'Dart's Blue Ribbon'): Bläuliche Nadelfärbung für wertvolle Hekken oder einzeln. Auch für Kübel.

▶ Blaue Kissen-Scheinzypresse (*Chamaecyparis lawsoniana* 'Minima Glauca'): Dicht- und kugelförmig wachsende Zwergform, kuschelzarte Benadelung. Auch für Kübel und Tröge.

▶ Kleine Muschel-Scheinzypresse (*Chamaecyparis obtusa* 'Nana Gracilis'): Wertvoller Natur-Bonsai ohne Schnittaufwand, sehr schattenverträglich, aber auch in sonniger Lage gedeihend, Zwerggehölz mit frischgrünen Nadeln. Auch für Kübel und Tröge.

▶ Kleine Silber-Scheinzypresse (*Chamaecyparis pisifera* 'Boulevard'): Blaugrüne bis blauweiße Benadelung, dichte Wuchsform. Auch für Kübel und Tröge.

▶ Haar-Scheinzypresse 'Sungold' (*Chamaecyparis pisifera*-Sorte): Goldgelbe Benadelung, schwachwachsend, sonnenverträglich. Auch für Kübel und Tröge.

▶ Blauer Strauch-Wacholder (*Juniperus chinensis* 'Blaauw'): Aufrecht wachsender Strauch, graublaue Benadelung, Frucht-

ROSEN UND NADELGEHÖLZE

ansatz, für sonnige Lagen, robust. Auch für Kübel.
▶ **Gelber Strauch-Wacholder** *(Juniperus chinensis* 'Old Gold'): Gelber, kompakt wachsender Strauch mit überhängenden Triebspitzen. Auch für Kübel.
▶ **Kriech-Wacholder 'Repanda'** *(Juniperus communis*-Sorte): Flaches Nadelpolster mit dunkelgrüner, silbrig gestreifter Benadelung. Auch für Kübel.
▶ **Blauer Teppich-Wacholder** *(Juniperus horizontalis* 'Wiltonii'): Absolut flachwachsender, langsam wachsender Bodendecker, ideal zum Überwuchern von Fels und Stein.
▶ **Niedriger Wacholder** *(Juniperus procumbens* 'Nana'): Absolut niedrig wachsendes Polstergehölz. Auch für Kübel.
▶ **Tamarisken-Wacholder** *(Juniperus sabina* 'Tamariscifolia'): Robuster Flächenbegrüner, sternförmiger, in die Breite gehender Wuchs, bläulichgrüne Nadelfarbe. Auch für Kübel.
▶ **Kriech-Wacholder 'Blue Carpet'** *(Juniperus squamata*-Sorte): Stahlblauer Flächenbegrüner, dicht wachsend, für sonnige Lagen, robust, anspruchslos. Auch für Kübel.
▶ **Blauer Stern-Wacholder** *(Juniperus squamata* 'Blue Star'): Kompakte Wuchsform mit bläulicher Benadelung. Auch für Kübel und Trog. Eines der schönsten Nadelgehölze für die Rosenbegleitung.
▶ **Raketen-Wacholder** *(Juniperus virginiana* 'Skyrocket'): Schlanker, aufrechter Wuchs, blaugrüne Nadeln, echten Zypressen ähnliche, frostharte Sorte. Auch für Kübel und Trog.
▶ **Japanische Zwerg-Lärche** *(Larix kaempferi* 'Blue Ball'): Breitkugelige Zwergform, Benadelung bläulich, für Kenner exquisiter Nadelgehölze.
▶ **Igel-Fichte** *(Picea abies* 'Echiniformis'): Zwerggehölz, selten mehr als 2 cm im Jahr wachsend, igelförmiger Wuchs, grüne Nadeln. Auch für Kübel und Balkonkästen.
▶ **Kleine Nest-Fichte** *(Picea abies* 'Little Gem'): Nestartiger Wuchs, hellgrüne Nadeln, für sonnige Lagen. Auch für Tröge, Balkonkästen.
▶ **Gnom-Fichte** *(Picea abies* 'Pygmaea'): Kompaktes, kugelförmiges, extrem langsam wachsendes Nadelgehölz in frischgrüner Farbe. Auch für Kübel und Tröge.
▶ **Blaue Igel-Fichte** *(Picea glauca* 'Echiniformis'): Igelförmige Zwergform mit blaugrünen Nadeln.
▶ **Zwergige Zuckerhut-Fichte** *(Picea glauca* 'Laurin'): Zwerg-Fichte, ideal in Trögen und Balkonkästen, grünes Kleinod für Kenner.
▶ **Kleine Blau-Fichte** *(Picea pungens* 'Glauca Globosa'): Nestförmige, breitrunde Wuchsform mit stahlblauen Nadeln.
▶ **Schnee- oder Grannen-Kiefer** *(Pinus aristata):* Buschiges Nadelgehölz, das durch seine weißen Harzausscheidungen an den Nadeln auffällt. Pollenspendendes Bienennährgehölz.
▶ **Schlangenhaut-Kiefer** *(Pinus leucodermis):* Die schönste aufrechte Kiefern-Art für den Hausgarten. Breitbuschiger Wuchs mit schwarzgrüner, edler Benadelung, Rinde attraktiv schlangenhautartig modelliert. Bienennährgehölz.

> **TIP** Alle Kiefern bleiben, wenn man die Jungtriebe Ende Mai einkürzt, noch kompakter. Viele Kiefern-Zwergformen sind zudem frostharte Kübelgehölze.

▶ **Säulen-Kiefer** *(Pinus silvestris* 'Fastigiata'): Nadelgehölz mit bläulichgrauer Benadelung und säulenförmigem Wuchs, ideal zwischen Rosen. Auch für große Kübel und Tröge.
▶ **Mops-Kiefer** *(Pinus mugo* 'Mops'): Flächenbegrüner mit breitem, kegelförmigem Wuchs, kaum über 80 cm hoch; Nadeln grün, sehr dicht stehend. Passend zu Rosen, auch für Tröge.
▶ **Weymouth-Kiefer** *(Pinus strobus* 'Radiata'): Langsam wachsender Strauch mit bläulichgrüner Benadelung. Bienennährgehölz. Hübsch mit Rosen.
▶ **Säulen-Eibe** *(Taxus baccata* 'Fastigiata'): Dichte Wuchssäulen bildendes, dunkelgrünes Nadelgehölz. Bienennährgehölz. Auch in Kübeln. Die Gelbe Säulen-Eibe *(Taxus baccata* 'Fastigiata Aureomarginata') zieren gelbgrüne Nadeln.
▶ **Kissen-Eibe** *(Taxus baccata* 'Repandens'): Flächenbegrüner, flachwachsende Zwergeibe für sonnige bis vollschattige Lagen, Benadelung dunkelgrün.
▶ **Lebensbaum 'Sunkist'** *(Thuja occidentalis*-Sorte): Goldgelber Nadelgnom mit kegelförmigem Wuchs. Auch für Kübel.
▶ **Kissen-Hemlock** *(Tsuga canadensis* 'Nana'): Hübsche, dunkelgrüne Zwergform, kaum kniehoch werdend. Auch für Kübel und Tröge.

Immergrüner Gartenzwerg: Kugel-Kiefer 'Mops'.

Hübsch zu Rosen: die Igel-Fichte.

Blaues Nadelkissen: Zwerg-Wacholder 'Blue Star'.

Gestalten mit Rosen

Rosenbeet im Nadelstreif

① Buchs-Kugel *(Buxus)*
② Strauchrose 'Ghislaine de Feligonde'
③ Schlangenhaut-Kiefer *(Pinus leucodermis)*
④ Funkien in buntlaubigen Sorten *(Hosta)*
⑤ Kletterrose 'Maria Lisa'
⑥ Mähnen-Scheinzypresse *(Chamaecyparis nootkatensis* 'Pendula'*)*
⑦ Bambus *(Fargesia nitida)*
⑧ Mops-Kiefer *(Pinus mugo* 'Mops'*)*
⑨ Blaue Igel-Fichte *(Picea glauca* 'Echiniformis'*)*
⑩ Kriech-Wacholder 'Blue Carpet' *(Juniperus squamata-*Sorte*)*
⑪ Raketen-Wacholder *(Juniperus virginiana* 'Skyrocket'*)*
⑫ Rambler 'Venusta Pendula'

Rosenbeet im Nadelstreif

Wo Kinder spielen, ist immer etwas los, treffen sich Menschen, entsteht Kommunikation. Ein solcher Platz sollte ganzjährig ansprechend gestaltet werden. Unser Gestaltungsvorschlag baut deshalb um eine Kinderschaukel ein immergrünes Szenario mit Nadelgehölzen, Immergrünen und Rosen auf. Damit sich die Kinder nicht an den Rosenstacheln verletzen, kommen nur Sorten zum Einsatz, die fast stachellos sind. Natürlich können auch andere Sorten gesetzt werden, sie sollten dann aber durch eine Gehölzvorpflanzung vom unmittelbaren Kinderkontakt getrennt sein.

Markantes, rosiges Ausrufezeichen ist ein Baumstumpf, der zu einem ästhetisch sinnvollen Einsatz kommt. Lianenartig wird er von der Ramblerrose 'Venusta Pendula' umwoben. Natürlich erfüllt ein lichter Baum oder Großstrauch die gleiche Stützfunktion. Ein Bambus schafft spannende Dschungelatmosphäre. Integrieren läßt sich natürlich noch ein Kinder-Gartenbeet, das die Kleinsten selbst bestellen und beernten können.

■ ... mit großblumigen *Clematis* und anderen blühenden Kletterpflanzen

Die Waldrebe – botanisch *Clematis* genannt – weist viele Parallelen zur Rose auf. Aufgrund ihrer Wuchskraft und Blütenfülle bezeichnet man sie als »Königin der Kletterpflanzen«. Auch ihr haftet, wie der »Königin der Blumen«, der Ruf an, empfindlich und etwas heikel in der Kultur zu sein. Richtig ist, daß die Waldrebe, wie die Rose, tiefgründige Böden benötigt und auf stauende Nässe äußerst empfindlich reagiert. Reine Lehm- bzw. Tonböden sind deshalb vor einer Pflanzung nachhaltig aufzubessern.

Man unterscheidet in der Gruppe der winterharten, verholzenden *Clematis* zwischen Wildarten und großblumigen *Clematis*-Sorten. Für den Gartenfreund besitzen letztere aufgrund ihrer bis zu zwanzig Zentimeter großen Blüten und ihres Nachblühverhaltens den höchsten Zierwert. Sie begrünen elegant Spaliere, Gitter, Zäune und auch lichte Bäume.

Ihren Kopf recken *Clematis*-Sorten gerne in die Sonne, ihre Füße lassen sie am liebsten im kühlen Schatten baumeln. Damit sind die Lichtansprüche der Waldrebe erschöpfend umschrieben. Und schon bietet sich die Gelegenheit für eine rosige Kombination an, denn Schattenbildung im Wurzelbereich der *Clematis* läßt sich beispielsweise durch vorgepflanzte flachwachsende Flächenrosen wie 'Heideröslein Nozomi'® erreichen.

Eine weitere Möglichkeit ist der gemeinsame Einsatz von Kletterrosen, insbesondere Ramblersorten, und großblumigen *Clematis*, etwa um sie in lichte Bäume wachsen zu lassen. Man pflanzt die Waldrebe auf die kühle Schattenseite des Baumes, die Ramblerrose auf die sonnenzugewandte Stammseite. Beiden Kletterkünstlern gewährt man dabei ausreichenden Abstand zum Stamm, damit die Baumwurzeln ihnen keine zu starke Konkurrenz machen.

Die Waldrebe ist ein Bienennährgehölz, mit ihren büscheligen Fruchthaaren polstern die Vögel ihre Nester aus. Die Hauptblütezeit variiert je nach Sorte, sie beginnt im Mai und reicht bis in den Herbst hinein.

ROSEN UND KLETTERPFLANZEN

Englische Rosen und *Clematis*, **traumhaft kombiniert. Ein Tip: Der Rosengarten St. Alban (bei London) zeigt zahlreiche** *Clematis*-**Rosen-Kombinationen.**

GESTALTEN MIT ROSEN

Bei gleichzeitiger Blüte von *Clematis* und Rosen sollte man auf die Farbharmonie achten. Zeitgleich blühende *Clematis* und Kletter- oder Strauchrosen zählen zu den spannendsten Blütenhöhepunkten des Gartenjahres. Beide Gruppen bieten vielfältige, kontrastierende Farb- und Blütenformen, wie etwa großblumige *Clematis* neben einfachen Wildrosenblüten oder helle neben dunklen Blütenfarben.

Sie läßt sogar 'Nelly Moser' hinter sich: die *Clematis*-Sorte 'Dr. Ruppel'.

Sortenauswahl (Blütenfarbe, Blühzeit):
'Dr. Ruppel' (kräftig rosa mit karminfarbenen Streifen, Mai bis Juli)
'Ernest Markham' (dunkelviolett, Juli bis Oktober)
'Gipsy Queen' (purpurblau, Juli bis Oktober)
'Hagley Hybrid' (rosa mit purpurrotem Mittelband, Juli bis September)
'Jackmannii' (violettpurpur, Juli bis September)
'Königskind' (königsblau, Mai bis Oktober)
'Lady Betty Balfour' (purpurfarben mit gelben Staubgefäßen, August bis Oktober)
'Lasurstern' (violettblau mit gelben Staubgefäßen, Mai bis Juni)
'Mme Le Coultre' (weiß, Juni bis Juli)
'Rouge Cardinal' (rubinrot, Juli bis September)
'The President' (dunkelviolett, Juni bis Juli).
Neben der Waldrebe bieten sich **weitere Kletterpflanzen** zur Kombination mit Rosen an – auf kleinstem Raum. Sei es eine kahle Mauer, ein Lichtmast, ein lichter

> **Hinweis:** *Clematis* sind sehr bruchempfindlich; deshalb werden sie auch im Handel ausnahmslos gestäbt angeboten. Vorsicht ist daher beim Verpacken, Transport und insbesondere beim Pflanzen geboten.

Waldreben erklimmen spielend Lauben und Pergolen, vorausgesetzt, ihre Blattranken finden einen Halt (Draht, Sisal o. ä.), der ein Abrutschen ihrer üppigen, aber dünnen Triebe verhindert.

Baum, ein Schuppen oder eine alte Kletterrose – ein Plätzchen für einen Klettermaxe findet sich überall. Nachfolgend eine Auswahl:

▶ Gelber Strahlengriffel *(Actinidia arguta)*: Kletterstrauch mit stachelbeerähnlichen Früchten, hoher Vitamingehalt, eßbare Frucht ab Oktober, Herbstfärbung gelb. Für Pergola, wächst in lichtkronige Bäume, auch für Kübel.

▶ Klettergurke *(Akebia quinata)*: Kletterpflanze mit fingerteiligen Blättern und bräunlichvioletten Blüten ab Mai; gurkenähnliche Früchte ab August. Für Pergola, Spalier, auch für Kübel.

▶ Osterluzei *(Aristolochia macrophylla)*: Kletterpflanze mit pfeifenähnlichen Blüten und herzförmigem Laub. Für Pergola, auch für Kübel.

▶ Rote Klettertrompete *(Campsis x tagliabuana* 'Mme Galen'): Kletterstrauch mit gefiedertem Laub und orangeroten trompetenähnlichen Blüten ab Juni bis September, verlangt warmen Standort in sonniger Lage. Auch für Kübel.

▶ Kletter-Hortensie *(Hydrangea anomala* ssp. *petiolaris)*: Klettergehölz für Kenner, mit bis zu 25 cm großen Blütenrispen. Für Wände, Pergolen, auch für Kübel.

▶ Gelber Winter-Jasmin *(Jasminum nudiflorum)*: Bringt gelbe Leuchtkraft in winterliche Gärten, da von Februar bis März, manchmal schon ab November, blühend. Bienennährgehölz. Auch für Kübel.

POLARROSEN

Die Rose für besondere Standorte

Mitunter liegen Hausgärten in Gegenden, die durch extreme Klima- bzw. Standortbedingungen gekennzeichnet sind und keine optimalen Lagen für Rosen darstellen. Dennoch bieten sich Rosensorten mit besonderen Eigenschaften auch für diese besonderen Pflanzstellen an. Vorausgesetzt, unangepaßte Pflegemaßnahmen verschärfen die Standortextreme nicht zusätzlich.

■ Polarrosen für Frostlagen

Wer einen Hausgarten oder eine Ferienwohnungsterrasse in Höhenlagen über 500 m NN oder in ausgesprochenen Frostlagen (Senken) sein eigen nennt, braucht auf Rosen nicht zu verzichten. Natürlich ist die Auswahl beschränkt, nichtsdestotrotz lassen sich für größere und kleinere Pflanzstellen Sorten in Weiß, Rosa, Rot und sogar Gelb empfehlen. Besonders einmalblühende Strauch- und Kletterrosen und die Rugosa-Hybriden gelten als ausgesprochen frosthart.

Einmalblühende Strauch- und Kletterrosen: Einmalblühenden Rosen haftet der »Makel« ihrer Blührhythmik an. Seltsamerweise wird bei ihnen etwas als Nachteil empfunden, was bei anderen Blütengehölzen als vollkommen normal gilt. Wer käme auf die Idee, den Rhododendron abzuqualifizieren, weil er nur einmal im Jahr blüht? Alles zu seiner Zeit: Einmalblühende Rosen bezaubern in der Regel vor den öfterblühenden Sorten und ihre bis fünf Wochen lange Blütezeit bietet zahllose gestalterische Einsatzmöglichkeiten. Einmalblühende Strauch- und Kletterrosen sind im besten Sinne des Wortes einmalig (in der Tabelle auf Seite 101 mit einem * gekennzeichnet).

Neben der wohlüberlegten Sortenauswahl muß besonderer Wert auf die standortangepaßte Pflege der Polarrosen gelegt werden.

Düngung: Sparsamer Gebrauch von stickstoffbetonten Düngern zur Ausbildung der notwendigen Holzreife ist oberstes Gebot. Organische Dünger auf jeden Fall im Winter bzw. Frühjahr ausbringen, damit eine wachstumsgerechte Umsetzung bis zum Frühsommer möglich ist. Düngemittel, seien sie organischer oder mineralischer Natur, müssen mit ausreichender Bodenfeuchte in Berührung kommen, damit sie umgesetzt werden können. Bleiben sie aufgrund von Sommertrockenheit auf der Bodenoberfläche liegen und kommen erst durch spätsommerliche Niederschläge zum Zuge, sind ein herbstliches Wachstum mit fatalen Frostschäden die Folge.

Winterschnitt: Später Schnittzeitpunkt ab Ende April, um Spätfrostschäden an butterweichen Frühtrieben und in der Folge eine Schwächung der Pflanze zu vermeiden. Bei öfterblühenden Sorten sollte man auf den Sommerschnitt verzichten, der den Hagebuttenansatz der Sorten zeitlich nach hinten verschiebt. Ihnen sollte eine naturnahe, der kurzen Wachstumsperiode des Standortes angepaßte Entwicklungsrhythmik zugestanden werden. Auch dies dient wiederum der besseren Holzreife. Hochleistungspflege an frostexponierten Standorten bedeutet das sichere Aus für an sich frostharte Sorten.

Winterschutz: Es versteht sich von selbst, daß insbesondere Beetrosen ein optimaler Winterschutz (durch Anhäufeln, Reisigabdeckung) gewährt wird.

▶ Rote Geißschlinge (*Lonicera* x *brownii* 'Dropmore Scarlet'): Orangerot blühende Kletterpflanze für Pergolen und Spaliere.
▶ Feuer-Geißschlinge (*Lonicera* x *heckrottii*): Kletterpflanze mit gelbroten, zweifarbigen Blüten von Juni bis September. Duft, auch für Kübel.
▶ Wald-Geißschlinge 'Serotina' (*Lonicera periclymenum*-Sorte): Blütenreiche Geißschlinge mit reinweißen Blüten, die sich beim Verblühen gelb bis rot verfärben.
▶ Glyzine, Blauregen (*Wisteria sinensis*): Stark windender Klettermaxe mit blauen, bis 30 cm langen Blütentrauben von Mai bis Juni. Für Wände, Pergolen, Gitter, auch für Kübel. Vorsicht, darf Rosen nicht zu nahe kommen.

Legendäre Frosthärte besitzt 'Bonica '82'®.

Gestalten mit Rosen

Der Winter ist da: Rauhreif überzieht die zarten Blüten von 'Schneewittchen'®.

Bereifte Hagebutten einer Heckenrose verabschieden den Herbst.

■ Dachgartenrosen für luftige Höhen

Glaubt man so mancher Pflanzenempfehlung für Dachgärten, eignet sich fast alles, was grün ist, für diesen ungewöhnlichen Standort. Dabei wird vollkommen außer acht gelassen, daß Dachgärten als Standort für eine Bepflanzung von sehr unterschiedlicher Natur sein können: So kann ein Dachgarten, der über eine Garage läuft, eine Fortsetzung des eigentlichen Gartens auf gleichem Höhenniveau sein, mit ähnlichem Pflegeaufwand und ähnlicher Bepflanzung. Das andere Extrem bildet der Dachgarten in exponierter Hochlage, den eigentlichen Gartenbereich weit überragend. Diese Dachgartenform ist schutzlos allen Unbilden der Witterung ausgesetzt, in der Regel bei begrenzter Bodenauflage und daraus resultierender, stark eingeschränkter Pflanzenauswahl. Dazwischen ist der abge-

POLAR- UND DACHGARTENROSEN

Polarrosen (* = einmalblühend)

Sorte/Art	Farbe	Blütenfüllung	Wuchshöhe (cm)	Wuchsform
Bonica '82®	rosa	gefüllt	60–80	buschig
Dagmar Hastrup	rosa	einfach	60–80	aufrecht
Dortmund®	rot	einfach	200–300	überhängend
Ferdy® *	rosa	gefüllt	80–100	überhängend
Flammentanz® *	rot	gefüllt	300–500	ohne Rankhilfe flachwachsend
Foxi®	rosa	gefüllt	60–80	buschig
Gelbe Dagmar Hastrup®	gelb	halbgefüllt	60–80	aufrecht
Heidetraum®	rosa	halbgefüllt	60–80	buschig
IGA '83 München®	rosa	gefüllt	80–100	aufrecht
Magic Meidiland®	rosa	gefüllt	40–60	flach, starkwachsend
Marguerite Hilling	rosa	halbgefüllt	150–200	buschig
Pierette®	rosa	gefüllt	60–80	buschig
Pink Grootendorst	rosa	gefüllt	100–150	aufrecht
Pink Meidiland®	pink/weiß	einfach	60–80	überhängend
Play Rose®	rosa	gefüllt	60–80	buschig
Polareis®	rosa	gefüllt	60–80	buschig
Polarsonne®	rot	gefüllt	60–80	buschig
Repens Alba *(Rosa x paulii)	weiß	einfach	30–40	flach, starkwachsend
Rosa moyesii (Veredlung) *	rot	einfach	200–300	aufrecht
Rosa sericea f. pteracantha *	weiß	einfach	200–300	aufrecht
Rosa sweginzowii 'Macrocarpa' *	rosa	einfach	200–300	aufrecht
Rosarium Uetersen®	rosa	gefüllt	200–300	überhängend
Scharlachglut *	rot	einfach	150–200	aufrecht
Schnee–Eule®	weiß	gefüllt	40–60	aufrecht
Schneewittchen®	weiß	gefüllt	100–150	buschig
Sommerwind®	rosa	halbgefüllt	40–60	buschig
Venusta Pendula *	rosa/weiß	halbgefüllt	300–500	ohne Rankhilfe flachwachsend

senkte, schachtartig von Wänden umgebene Dachgarten einzustufen, etwa als höher gelegener Innenhof.

In der Regel sind Rosen auf dem Dach einer stärkeren und längeren Sonnenstrahlung ausgesetzt. Bereits mit den ersten Sonnenstrahlen beginnt für die Rose der »Arbeitstag«, der erst mit der letzten Abendsonne endet. Viele hitzeempfindliche Rosenbegleiter, etwa das Dickmännchen (Pachysandra) oder buntlaubige Gehölze, scheiden hier aus. Die Hitze macht robusten Rosensorten bei ausreichender Bodenfeuchte im Sommer wenig aus, die Gefahren lauern vielmehr in der kalten Jahreszeit. Das Sonnenkind Rose kann durch starke Wintersonne rasch zum Austrieb gebracht werden. Die nachts zurückkehrende, klirrende Kälte trifft dann auf eine aktive Rose – mit zum Teil verheerenden Folgen. Deshalb müssen Rosen auf dem Dachgarten durch Reisig oder Sackleinen während der Frostperiode gut abgedeckt werden, ohne daß dabei jedoch durch übertriebenen Schutz eine zusätzliche Erwärmung entsteht.

GeDACHt, getan: Rosen für Dachgärten.

Gestalten mit Rosen

Dachgartenrosen

Flächenrosen-Sorte	Farbe	Blütenfüllung	Wuchshöhe (cm)	Wuchsform
Alba Meidiland®	weiß	gefüllt	80–100	buschig
Ballerina	rosa/weiß	einfach	60–80	überhängend
Bingo Meidiland®	rosa	einfach	40–60	buschig
Bonica '82®	rosa	gefüllt	60–80	buschig
Heidekönigin®	rosa	gefüllt	60–80	flach, starkwachsend
Heidetraum®	rosa	halbgefüllt	60–80	buschig
Lovely Fairy®	rosa	gefüllt	60–80	buschig
Magic Meidiland®	rosa	gefüllt	40–60	flach, starkwachsend
Mirato®	rosa	gefüllt	40–60	buschig
Palmengarten Frankfurt®	rosa	gefüllt	60–80	buschig
Pink Meidiland®	pink/weiß	einfach	60–80	überhängend
Red Meidiland®	rot	einfach	60–80	niedrig buschig
Red Yesterday®	rot	einfach	60–80	überhängend
Royal Bassino®	rot	halbgefüllt	40–60	buschig
Satina®	rosa	gefüllt	40–60	buschig
Scarlet Meidiland®	rot	gefüllt	60–80	überhängend
Sommermärchen®	pink	halbgefüllt	40–60	buschig
Sommerwind®	rosa	halbgefüllt	40–60	buschig
The Fairy	rosa	gefüllt	60–80	buschig
White Meidiland®	weiß	stark gefüllt	40–60	breitausladend

Eine weitere Extrembedingung des Dachgartens ist die hohe Verdunstung, die außer durch die Sonneneinstrahlung durch den permanenten Windgang verursacht wird. Dürstende Rosen sind anfällig für Schädlinge und Krankheiten. Aus diesem Grund muß der Boden immer ausreichend feucht gehalten werden. Bewässerungsautomatiken, wie sie im Fachhandel angeboten werden, sind dabei ganz hilfreich.

Wegen der geringen Bodentiefe im Bereich von Dachgärten kommen vor allem wurzelechte Rosenpflanzen für diesen Standort in Frage. Sie gedeihen auch bei einer geringeren Pflanztiefe – im Gegensatz zu veredelten Rosen – und nutzen selbst die oberen Bodenschichten mit ihrem feinen Wurzelwerk zur Eigenversorgung effektiv aus.

■ Hangrosen für »Schräglagen«

Die Begrünung und Befestigung von Hängen war die ursprüngliche Aufgabe der Flächenrosen. Eingesetzt als sommerblühender Ersatz für monotone Hangbepflanzungen mit Zwergmispeln (Cotoneaster), die nur grünes Laub boten, begann die eigentliche Karriere der Schwerarbeiter unter den Rosen. Erste positive Erfahrungen sammelte man mit 'Max Graf', später mit 'The Fairy'. Glücklicherweise erkannten die Rosenzüchter frühzeitig die Entwicklung und gaben innerhalb weniger Jahre ein breites Sortiment an geeigneten Hangrosen in den Handel. So kann heute durch umsichtige Sortenauswahl und die Kombination mit anderen Flächendeckern eine neuerliche Pflanzenmonotonie verhindert werden.

Was beim Dachgarten beschrieben wurde, gilt auch hier: Hang ist nicht gleich Hang. Ein Hang kann sowohl ein sanft abgestufter Steingarten sein als auch eine Terrassierung innerhalb mehrerer Beete. Entscheidend für die Bepflanzung ist die Hangneigung und die Flächengröße. Ihre Eigenschaft, an bodenaufliegenden Trieben neue Wurzeln bilden zu können, befähigt die Flächenrosen, zur Hangbefestigung beizutragen. Jedoch können auch sie keine Wunder vollbringen; zu steile Hänge müssen zusätzlich durch Stützmauern aufgefangen werden. Dies ist nicht nur zweckmäßig, sondern bei der Verwendung dekorativen Mauerwerks

Hang zum Schönen: Wurzelechte Flächenrosen eignen sich gut zur Hangbefestigung.

HANGROSEN, BIKINIROSEN

Hangrosen			
Flächenrosen-Sorte	Farbe	Blütenfüllung	Wuchshöhe (cm)
Alba Meidiland®	weiß	gefüllt	80–100
Apfelblüte®	weiß	einfach	80–100
Heidekönigin®	rosa	gefüllt	60–80
Heidetraum®	rosa	halbgefüllt	60–80
Immensee®	rosa	einfach	30–40
Magic Meidiland®	rosa	gefüllt	40–60
Marondo®	rosa	halbgefüllt	60–80
Max Graf	rosa	einfach	60–80
Mirato®	rosa	gefüllt	40–60
Palmengarten Frankfurt®	rosa	gefüllt	60–80
Pink Meidiland®	pink/weiß	einfach	60–80
Repandia®	rosa	einfach	40–60
Rosa repens x gallica	rosa	einfach	30–40
Royal Bassino®	rot	halbgefüllt	40–60
Satina®	rosa	gefüllt	40–60
Sommerwind®	rosa	halbgefüllt	40–60
The Fairy	rosa	gefüllt	60–80

Urwüchsige Hangrosen, deren Triebe bei …

auch zugleich ästhetisch sehr ansprechend. An Hängen, die für Schnitt- und Pflegemaßnahmen nur schwer erreichbar sind, sollte auf jeden Fall wurzelechte Pflanzware verwendet werden. So braucht man nicht mühselig Wildtriebe zu entfernen und muß nur alle vier bis fünf Jahre verjüngen.

■ Bikinirosen – Hitzerosen für heiße Lagen

Manche Rosen mögen's heiß: Obwohl alle Rosen Sonnenkinder sind, empfiehlt sich für exponierte Südlagen mit enorm hoher Sonneneinstrahlung eine besondere Sortimentssichtung. Entscheidend dafür, wieviel Hitze eine Sorte zu erdulden vermag, ist die Kleinlaubigkeit. Je kleiner das Laub, desto geringer die Transpiration, sprich Wasserverdunstung. Kleines Laub findet sich insbesondere bei Rosensorten aus der Gruppe der Flächenrosen. Diese Sorten decken zudem durch ihre Dichtlaubigkeit den Boden ab und bewahren so die Bodenfeuchte. Außer dem Wasserhaushalt spielt die Hitzefestigkeit der Blüten bei der Tauglichkeitsprüfung einer Sorte für extreme Sonnenbäder eine Rolle. Besonders rotblühende Sorten verblassen durch permanente Sonnenbestrahlung und wirken im Vergleich zu ihrer vorherigen Leuchtkraft nur noch wie ein fader Liebesbrief anstelle einer feurigen Liebeserklärung. Besonders hitzefest sind weiße Rosenblüten.

… Bodenkontakt neue Wurzeln bilden können: 'Immensee'® (oben vorne) und 'Heidetraum'®.

Macht seit vielen Jahren ein gute Figur in schräger Hanglage: 'The Fairy'.

Gestalten mit Rosen

Bikinirosen

Sorte	Farbe	Klasse	Blütenfüllung	Wuchshöhe (cm)
Alba Meidiland®	weiß	Flächenrose	gefüllt	80–100
Apfelblüte®	weiß	Flächenrose	einfach	80–100
Ballade®	rosa	Beetrose	gefüllt	60–80
Bella Rosa®	rosa	Beetrose	gefüllt	60–80
Bingo Meidiland®	rosa	Flächenrose	einfach	40–60
Chorus®	rot	Beetrose	gefüllt	60–80
Dortmund®	rot	Kletterrose	einfach	200–300
Friesia®	gelb	Beetrose	gefüllt	60–80
Heideröslein Nozomi®	perlmutt	Flächenrose	einfach	40–60
Heidetraum®	rosa	Flächenrose	halbgefüllt	60–80
Lavender Dream®	lavendel	Flächenrose	halbgefüllt	60–80
Montana®	rot	Beetrose	gefüllt	80–100
Palmengarten Frankfurt®	rosa	Flächenrose	gefüllt	60–80
Pink Meidiland®	pink/weiß	Flächenrose	einfach	60–80
Romanze®	rosa	Strauchrose	gefüllt	100–150
Rosarium Uetersen®	rosa	Kletterrose	gefüllt	200–300
Royal Bonica®	rosa	Beetrose	gefüllt	60–80
Scarlet Meidiland®	rot	Flächenrose	gefüllt	60–80
Schneewittchen®	weiß	Strauchrose	gefüllt	100–150
Snow Ballet®	weiß	Flächenrose	gefüllt	40–60
Sommerwind®	rosa	Flächenrose	halbgefüllt	40–60
Super Dorothy®	rosa	Rambler	gefüllt	300–500
Super Excelsa®	karminrosa	Rambler	gefüllt	300–500
The Fairy	rosa	Flächenrose	gefüllt	60–80
White Meidiland®	weiß	Flächenrose	stark gefüllt	40–60

Rosen für den Halbschatten

Sorte/Art	Farbe	Klasse	Blütenfüllung	Wuchshöhe (cm)
Aachener Dom®	rosa	Edelrose	gefüllt	60–80
Bobby James	weiß	Rambler	halbgefüllt	300–500
Bonica '82®	rosa	Beetrose	gefüllt	60–80
Christoph Columbus®	orange	Edelrose	gefüllt	60–80
Dortmund®	rot	Kletterrose	einfach	200–300
Flammentanz®	rot	Rambler	gefüllt	300–500
Gloria Dei	gelb/rot	Edelrose	gefüllt	80–100
Heidekönigin®	rosa	Flächenrose	gefüllt	60–80
Heideröslein Nozomi®	perlmutt	Flächenrose	einfach	40–60
Heidetraum®	rosa	Flächenrose	halbgefüllt	60–80
IGA '83 München®	rosa	Strauchrose	gefüllt	80–100
Immensee®	rosa	Flächenrose	einfach	30–40
La Sevillana®	rot	Beetrose	halbgefüllt	60–80
Mirato®	rosa	Flächenrose	gefüllt	40–60
New Dawn	perlmutt	Kletterrose	gefüllt	200–300
Paul Noël	rosa	Rambler	gefüllt	300–500
Rosa x ruga	rosa	Rambler	halbgefüllt	300–500
Repandia®	rosa	Flächenrose	einfach	40–60
Romanze®	rosa	Strauchrose	gefüllt	100–150
Schneewittchen®	weiß	Strauchrose	gefüllt	100–150
Sommerwind®	rosa	Flächenrose	halbgefüllt	40–60
The Fairy	rosa	Flächenrose	gefüllt	60–80
The Queen Elizabeth Rose®	rosa	Beetrose	gefüllt	80–100
Trigintipetala	rosa	Strauchrose	halbgefüllt	150–200
Venusta Pendula	rosa/weiß	Rambler	halbgefüllt	300–500

■ Regenrosen für Gebiete mit hohen Niederschlägen

In Gebieten mit überdurchschnittlichen Niederschlagsmengen, etwa in Norddeutschland oder im Bergischen Land, ist bei der Sortenauswahl erstens auf eine gute Widerstandsfähigkeit der Blätter gegen Sternrußtau und zweitens auf wasserunempfindliche Blütenblätter zu achten. Die Tabelle führt eine Auswahl solcher Sorten auf. Weitergehende gebietsbezogene Sorteninformationen geben die regionalen Baumschulen und Freundeskreise des Vereins deutscher Rosenfreunde.

■ Rosen für das Halbschattendasein – Rosen für Gräber

Licht ist das wichtigste Lebenselixier der Rosen. Nimmt seine Verfügbarkeit ab, leidet die Blühwilligkeit und steigt in der Regel auch die Anfälligkeit für Pilzkrankheiten. Daran, daß Rosen im Innern des Strauches in der Regel vollkommen unbelaubt sind, erkennt man den hohen Lichtbedarf der »Königin der Blumen«. Nun ist Halbschatten nicht gleich Halbschatten. Robuste Sorten kommen durchaus mit vier bis fünf Stunden direkter Sonne am Tag aus, solange die halbschattige Lage nicht von den Kronentraufen großer Bäume herrührt (siehe Seite 143). Im Wanderschatten von Gebäuden oder Mauern fühlen sich manche Rosen durchaus wohl. Die Tabelle nennt eine Auswahl bewährter Sorten.

Rosen für Grabstellen: Deutschlands Friedhöfe zählen mit mehr als einer Milliarde Besuchern jährlich zu den meistfrequentiertesten Grünanlagen überhaupt. Über die Hälfte der Bundesbürger betreut ein Grab. Auf Friedhöfen treffen sich insbesondere viele ältere Menschen, halten ein Schwätzchen und bleiben so in Kontakt zueinander. Die Grabstätten haben für die Hinterbliebenen eine ganz besondere Bedeutung. Sie suchen die Pflanzen dafür – auch als Ausdruck ihrer Gefühle – meist mit besonderer Liebe und Sorgfalt aus und pflegen sie entsprechend.

Grabstellen alter Friedhöfe liegen sehr oft in halbschattigen, zumindest absonnigen

Regenrosen, Rosen im Halbschatten

Wenn Regentropfen an meine Blütenkelche klopfen... 'Schneewittchen'® enttäuscht auch in niederschlagsreichen Gebieten nicht.

Regenrosen

Sorte	Farbe	Klasse	Blütenfüllung	Wuchshöhe (cm)
Aachener Dom®	rosa	Edelrose	gefüllt	60–80
Banzai '83®	gelb	Edelrose	gefüllt	80–100
Bonica '82®	rosa	Beetrose	gefüllt	60–80
Centenaire de Lourdes	rosa	Strauchrose	halbgefüllt	150–200
Christoph Columbus®	orange	Edelrose	gefüllt	60–80
Edelweiß®	weiß	Beetrose	gefüllt	40–60
Escapade®	lila/weiß	Beetrose	halbgefüllt	80–100
Ghislaine de Feligonde	gelb	Strauchrose	gefüllt	150–200
Grandhotel®	rot	Strauchrose	gefüllt	150–200
Heidekönigin®	rosa	Flächenrose	gefüllt	60–80
Heidepark®	rosa	Beetrose	halbgefüllt	60–80
Heidetraum®	rosa	Flächenrose	halbgefüllt	60–80
IGA '83 München®	rosa	Strauchrose	gefüllt	80–100
La Sevillana®	rot	Beetrose	halbgefüllt	60–80
Lichtkönigin Lucia®	gelb	Strauchrose	gefüllt	100–150
Play Rose®	rosa	Beetrose	gefüllt	60–80
Polka '91®	bernstein	Strauchrose	gefüllt	100–150
Romanze®	rosa	Strauchrose	gefüllt	100–150
Rosarium Uetersen®	rosa	Kletterrose	gefüllt	200–300
Schneewittchen®	weiß	Strauchrose	gefüllt	100–150
Schöne Dortmunderin®	rosa	Beetrose	gefüllt	60–80
Silver Jubilee®	rosa	Edelrose	gefüllt	60–80

Lagen. Dafür sorgen große Baum-Methusaleme, die zwar mit ihren imposanten Wuchsformen wichtige, weil ungestörte Rückzugsnischen für Vögel, Kleinsäuger und Insekten bieten, aber auch weiten Teilen der Friedhofsanlagen das Licht rauben. Dennoch muß man bei der Grabgestaltung nicht auf Rosen verzichten. In halbschattiger Lage bezaubern Sorten wie 'Sommerwind'®, 'Bonica'®, 'Aachener Dom'® oder 'The Fairy'.

Liegt die Grabstelle sonnig, eignen sich die Liliputaner unter den Rosen, die Miniatur- bzw. Zwergrosen, auf besondere Weise für die Bepflanzung. Sie nutzen das äußerst begrenzte Flächenangebot effektiv und farbenfroh.

Rosensorten wie 'Pink Symphonie'® oder 'Sonnenkind'® nehmen Grabstätten etwas von ihrer Traurigkeit, ohne dabei übertrieben bunt zu wirken. In Kombination mit anderen Gehölz- und Staudendäumlingen, aber auch mit Sommerblumen, ergeben sich passende Grab-Arrangements für das ganze Jahr.

Gestalten mit Rosen

Keine Regel ohne Ausnahme: Obwohl Rosen Sonnenkinder sind, kommen einige vitale Sorten auch mit einem begrenzten Lichtangebot zurecht.

SALZROSEN

■ Salzrosen –
Rosen für das Salz der Erde

Standorte, an denen Gehölze direktem Salzkontakt ausgesetzt sind – sei es in Küstennähe durch Gischt oder an Hauptstraßen durch Streusalz – sind sicherlich für Rosen nicht ideal. Im Winterstadium wirkt die Schädigung auf die bereits vorgebildeten Knospen. Sie manifestiert sich durch einen unregelmäßigen Austrieb im Frühjahr. Jedoch zeigen sich Laub und Triebe bestimmter Sorten relativ salzunempfindlich.
Es gibt jedoch eine Gruppe von Rosen, die außer direktem Salzkontakt der oberirdischen Teile auch vergleichsweise gut Bodenversalzung toleriert: die Rugosa-Hybriden. Küstennahe Bestände wurzelechter Sämlingspflanzen dokumentieren diese Salzverträglichkeit. Daraus läßt sich auch die Eignung der Rugosa-Hybriden für derartige Standorte ableiten, vorausgesetzt, es handelt sich um wurzelechtes Pflanzenmaterial.
Andererseits reagieren Rugosen empfindlich gegenüber Kalk, mit ein Grund, warum mit zunehmender geographischer Südwanderung ihre Neigung zu Chlorosen (gelbe Färbung des jungen Laubes) zunimmt. Im trockenen Mittelmeerraum sucht man sie vergeblich. Die Chlorosen treten bei wurzelechten wie veredelten Stöcken auf, weshalb man an besonders kalkhaltigen Standorten auf die Verwendung von Rugosa-Hybriden verzichten sollte.

'Dagmar Hastrup'

'Polareis'®

'Gelbe Dagmar Hastrup'®

'Foxi'®

'Polarsonne'®

'Schnee-Eule'®

107

Gestalten mit Rosen

Bewährte Rosen empfehlen sich für Kleingarten-Paradiese: wenig Pflege, viel Freizeit.

Wochenendrosen – Rosen für Schrebergärten

Wochenend' und Sonnenschein – seit knapp 140 Jahren existieren in Deutschland organisierte Klein- und Schrebergärten. Den therapeutischen Wert der Gartenarbeit erkannte im vergangenen Jahrhundert der Arzt Daniel Gottlieb Moritz Schreber. Er kämpfte bereits damals gegen Zivilisationskrankheiten an und empfahl als Therapie die Bewegung in frischer Luft und grüner Umgebung. Auf ihn geht der erste Schreber-Verein zurück.

Kleingärten sind in der Regel intensiv genutzte, artenreiche Grünflächen mit Lauben abseits der Wohngegenden, die nicht nur für ihre Besitzer, sondern auch für viele Kleinlebewesen zu einem wichtigen Refugium geworden sind. Meist am Wochenende gestalten dort vor allem Bürger aus den dicht besiedelten Innenstädten ihre eigene, grüne Oase am Stadtrand. Nach der Zäsur des Krieges wurden die Gärten hauptsächlich zur Eigenversorgung mit Gemüse und Obst genutzt. Rosen oder andere Blumen fanden sich, wenn überhaupt, nur auf kleinen Beeten. Heutige Kleingärten teilen sich meistens in einen Nutz- und einen Zierbereich auf.

Robuste Edel-, Beet-, Flächen- Kletter- und Strauchrosen bringen Sommer für Sommer Farbe in diese kleinen Paradiese und tragen zur Erhöhung des Artenreichtums und damit der Pflegeleichtigkeit der Anlagen bei. Durch ihre ansprechende Erscheinung wird der Kleingarten zum Wohngarten mit hohem Freizeitwert.

Die Mauerblümchen – Überhängende Mauerrosen

Rosenblüten und Mauerwerk in Kombination sorgen eigentlich immer für ein besonders romantisches Ambiente. Vor allem Flächen- und Kletterrosen mit langen, überhängenden Trieben führen hier ihr Können als bezaubernde Mauerkünstler vor, die von der Mauerkrone herab in die Tiefe wachsen.

Kletterrosen? Ihr Einsatz mag verwirren, kennt man sie doch eher in ihrer Rolle als von unten nach oben wachsende Wandbegrüner. Damit wurden diese Multitalente jedoch einseitig festgelegt, denn auch die

Salzrosen

Sorte	Farbe	Klasse	Blütenfüllung	Wuchshöhe (cm)
Ballerina	rosa/weiß	Flächenrose	einfach	60–80
Bingo Meidiland®	rosa	Flächenrose	einfach	40–60
Bonica '82®	rosa	Beetrose	gefüllt	60–80
Dagmar Hastrup	rosa	Rugosa-Hybride	einfach	60–80
Dortmunder Kaiserhain®	rosa	Flächenrose	gefüllt	80–100
Foxi®	rosa	Rugosa-Hybride	gefüllt	60–80
Gelbe Dagmar Hastrup®	gelb	Rugosa-Hybride	halbgefüllt	60–80
Heidetraum®	rosa	Flächenrose	halbgefüllt	60–80
La Sevillana®	rot	Beetrose	halbgefüllt	60–80
Marondo®	rosa	Flächenrose	halbgefüllt	60–80
Mirato®	rosa	Flächenrose	gefüllt	40–60
Palmengarten Frankfurt®	rosa	Flächenrose	gefüllt	60–80
Pierette®	rosa	Rugosa-Hybride	gefüllt	60–80
Pink Meidiland®	pink/weiß	Flächenrose	einfach	60–80
Polareis®	rosa	Rugosa-Hybride	gefüllt	60–80
Polarsonne®	rot	Rugosa-Hybride	gefüllt	60–80
Red Yesterday®	rot	Flächenrose	einfach	60–80
Repandia®	rosa	Flächenrose	einfach	40–60
Repens Alba (Rosa x paulii)	weiß	Rugosa-Hybride	einfach	30–40
Robusta®	rot	Rugosa-Hybride	einfach	150–200
Rugelda®	gelb	Strauchrose	gefüllt	150–200
Schnee-Eule®	weiß	Rugosa-Hybride	gefüllt	40–60
Sommerwind®	rosa	Flächenrose	halbgefüllt	40–60
The Fairy	rosa	Flächenrose	gefüllt	60–80

WOCHENENDROSEN UND MAUERROSEN

umgekehrte Wuchsrichtung macht speziellen Sorten nicht die geringsten Probleme. Wichtig ist der Standort der Mauern. Heiße Südlagen sind ungeeignet. Sie fördern den Befall der Pflanzen durch Spinnmilben und Echten Mehltau. Wenn überhaupt, kommen hier nur Rosen mit Steppencharakter, etwa *Rosa hugonis*, in Frage. Wer Experimenten aus dem Weg gehen will, wählt deshalb für die Bepflanzung mit Rosen Mauern mit Ost- bzw. Westausrichtung.

> **TIP** Die Mauerbegrünung stellt sich nicht im ersten Jahr ein, etwas Geduld schadet nicht. Deshalb sollte man die Sortenauswahl mit besonderem Bedacht vornehmen, um Enttäuschungen vorzubeugen: Auf Robustheit und die Harmonie der Farben von Blüten und Mauerwerk ist besonderes Augenmerk zu legen.

Zwischen den Rosenranken freibleibendes, leicht geneigtes Mauerwerk läßt sich zusätzlich mit passenden Stauden reizvoll bepflanzen. Besonders zu empfehlen sind Arten und Sorten, die mit wenig Erdboden und dem wenigen Niederschlagswasser, das durch die leichte Schräge in die Ritzen läuft, zurechtkommen. Dazu zählen Blaukissen, Polster-Phlox, *Sempervivum* oder sogar Alpen-Edelweiß.

Rosen für Schrebergärten

Sorte	Farbe	Klasse	Blütenfüllung	Wuchshöhe (cm)
Aachener Dom®	rosa	Edelrose	gefüllt	60–80
Astrid Lindgren®	rosa	Strauchrose	gefüllt	100–150
Ballerina	rosa/weiß	Flächenrose	einfach	60–80
Blühwunder®	rosa	Beetrose	halbgefüllt	60–80
Bonica '82®	rosa	Beetrose	gefüllt	60–80
Burgund '81®	rot	Edelrose	gefüllt	60–80
Dornröschenschloß Sababurg®	rosa	Strauchrose	gefüllt	100–150
Duftwolke®	rot	Beetrose	gefüllt	60–80
Elina®	gelb	Edelrose	gefüllt	80–100
Friesia®	gelb	Beetrose	gefüllt	60–80
Graham Thomas®	gelb	Strauchrose	gefüllt	100–150
Heidetraum®	rosa	Flächenrose	halbgefüllt	60–80
Ilse Krohn Superior®	weiß	Kletterrose	gefüllt	200–300
La Sevillana®	rot	Beetrose	halbgefüllt	60–80
Leonardo da Vinci®	rosa	Beetrose	gefüllt	60–80
Lichtkönigin Lucia®	gelb	Strauchrose	gefüllt	100–150
Louise Odier	rosa	Strauchrose	gefüllt	150–200
New Dawn	perlmutt	Kletterrose	gefüllt	200–300
Pariser Charme	rosa	Edelrose	gefüllt	60–80
Raubritter	rosa	Strauchrose	gefüllt	200–300
Romanze®	rosa	Strauchrose	gefüllt	100–150
Rosarium Uetersen®	rosa	Kletterrose	gefüllt	200–300
Schneeflocke®	weiß	Beetrose	halbgefüllt	40–60
Schneewittchen®	weiß	Strauchrose	gefüllt	100–150
Silver Jubilee®	rosa	Edelrose	gefüllt	60–80
Sommerwind®	rosa	Flächenrose	halbgefüllt	40–60
The Fairy	rosa	Flächenrose	gefüllt	60–80
The McCartney Rose®	rosa	Edelrose	gefüllt	60–80
Westerland®	aprikot	Strauchrose	halbgefüllt	150–200

Überhängende Mauerrosen

Sorte	Farbe	Blütenfüllung	Trieblänge (cm)
Alba Meidiland®	weiß	gefüllt	100
Apfelblüte®	weiß	einfach	150
Fairy Dance®	rot	gefüllt	100
Ferdy®	rosa	gefüllt	150
Flammentanz®	rot	gefüllt	300
Ghislaine de Feligonde	gelb	gefüllt	150
Heidekönigin®	rosa	gefüllt	200
Immensee®	rosa	einfach	300
Lovely Fairy®	rosa	gefüllt	100
Magic Meidiland®	rosa	gefüllt	200
Marondo®	rosa	halbgefüllt	150
Max Graf	rosa	einfach	200
New Dawn	perlmutt	gefüllt	300
Repandia®	rosa	einfach	250
Rosarium Uetersen®	rosa	gefüllt	300
Scarlet Meidiland®	rot	gefüllt	150
Snow Ballet®	weiß	gefüllt	100
Super Dorothy®	rosa	gefüllt	300
Super Excelsa®	karminrosa	gefüllt	300
Swany®	weiß	gefüllt	100
The Fairy	rosa	gefüllt	150

Attraktives »Mauerblümchen«: die vielseitige 'The Fairy'.

ROSEN GENIESSEN

Rosenblüten und Rosenfrüchte verfeinern seit Jahrhunderten Speisen und kosmetische Schönheitsmittel, zieren in floristischen Vasenarrangements und betören durch liebliches Blütenparfüm. Mit Rosen werden viele Sinne gleichermaßen angesprochen.

ROSEN GENIESSEN

Rosen sehen, riechen, schmecken

Eine Rose ziert immer. Sei es als bienenumworbene, einfache Blüte heimischer Wildrosen mit ihren goldgelben Staubgefäßen, sei es als luxuriöse, elegante Edelrose. Wie hoch der Zierwert eingeschätzt, was als »schön« empfunden wird, entscheidet jeder, der eine Rose betrachtet, für sich individuell. Die geballte Blütenfülle Englischer Rosen in üppigen Gestecken oder duftende Edelrosen in der Vase, Stammrosenblüten in Augenhöhe oder Rosenstiele als Trockenblumen – die Spannbreite ästhetischer Verwendungsmöglichkeiten von Rosen ist schier unerschöpflich.

■ Vasenrosen

Für jeden Rosenfreund gibt es die Möglichkeit, sich mit Schnittrosen aus eigenem Anbau während der Sommermonate zu versorgen. Die meisten Rosen bereiten viele Tage in der Vase Spaß – wenn man sie richtig kultiviert und handhabt. Viele Gartenfreunde haben bereits tolle Rosensorten im eigenen Garten stehen, deren Vasentauglichkeit ihnen gar nicht bewußt ist. Wie so oft im Leben kommt es nur auf das »Gewußt wie« an, denn zahlreiche Kleinigkeiten entscheiden über die Lebensdauer eines Rosenstiels nach dem Schnitt.

Schnittrosen-Typen: Ein Blick auf die Tabelle mit dem Vasenrosensortiment zeigt, daß viele Vasenrosen aus der Klasse der sogenannten **Edelrosen** stammen. Edelrosen – auch **Teehybriden** genannt – kennzeichnen lange, zum Vasenschnitt prädestinierte Stiele, auf denen große, elegant geformte, gut gefüllte, meist einzelne Blüten stehen. Hervorgegangen sind Edelrosen ursprünglich aus Kreuzungen mit chinesischen Teerosen, die sie aber an Winterhärte schnell übertrafen und deshalb verdrängten.
Die Sorte 'La France', 1867 von dem Franzosen Jean Baptiste Guillot eingeführt, gilt als erste Teehybride. Heute befinden sich viele hundert Sorten im Handel; bei der hier getroffenen Auswahl stand die Robustheit der Sorten im Vordergrund.

Nicht nur im Garten, auch in der Vase ist die Rose die »Königin der Blumen«.

Die zweite interessante Gruppe der Vasenrosen bilden die sogenannten **Sprayrosen**, besonders büschelblütige Sorten mit zahlreichen Blüten pro Stiel. Sie setzen sich aus Sorten der Beet- und Flächenrosen zusammen. Ihr Vorteil liegt in ihrer hohen Effektivität: Bereits mit wenigen, auch kurzstieligen Blütenbüscheln lassen sich üppige Sträuße zusammenstellen.
Für Gestecke prädestiniert sind die stark gefüllten Strauchsorten der **Englischen Rosen**. Schon eine einzelne Blüte wertet ein Gesteck fantastisch auf. Englische Rosen als Schnittrosen werden in den Blumengeschäften – wenn überhaupt – sehr teuer angeboten und sind ein exklusives, floristisches Gestaltungsmaterial von höchstem Wert.
Alle genannten Sorten sind nur eine Auswahl, die nicht repräsentativ sein kann. Wer bereits verschiedene Rosensorten im Garten hat, kann nach folgender Faustregel deren Eignung für die Vase abschätzen: Je gefüllter eine Rosensorte ist, um so länger ist in der Regel ihr Blütenleben, umso geeigneter ist sie für einen Vasenschnitt. Lediglich stark duftende Sorten, deren Vasenleben selten über sieben Tage hinausreicht, weichen von dieser Regel ab.

Blüten ausbrechen: Wer gezielt Vasenrosen im Garten kultiviert, möchte durch das Ausbrechen bestimmter, sich gerade entwickelnder Blütenknospen die Entwicklung der verbleibenden Knospen steuern.
Bei Edelrosen bewirkt – ähnlich wie bei der Fruchtausdünnung eines Obstbaumes – das Ausbrechen der Beiknospen eine bessere Entwicklung der obersten Hauptknospe, der dann alleine Nährstoffe und Wasser zugute kommen und die entsprechend größer wird.
Bei Beet- und Flächenrosen, die Blütenbüschel ausbilden, wird umgekehrt vorgegangen: Die oberste Hauptknospe muß entfernt werden, alle Beiknospen bleiben. Geschieht dies nicht, öffnet sich die Hauptknospe weit vor den anderen Beiknospen. Wird dann der Stiel geschnitten, gehen die noch geschlossenen Beiknospen in der Vase nicht mehr auf, der Blütenreichtum ist verloren.

Blütenreife: Der richtige Schnittzeitpunkt entscheidet erheblich über die spätere Lebensdauer einer Vasenrose. Wer hat sich nicht schon einmal über einen wunderbaren Rosenstrauß aus dem Blumengeschäft gefreut und dann geärgert, weil die teuren

Blumen bereits am nächsten Tag ihre Blütenköpfe hängen ließen und welkten? Der Hauptgrund dafür liegt darin, daß Schnittprofis bisweilen ihre Rosen zu knospig schneiden, weil sie geringere Preise für angeblühte, also etwas geöffnete und eigentlich zur richtigen Zeit geschnittene Rosen durch den Blumengroßhandel befürchten müssen.

Der günstigste Schnittzeitpunkt ist gekommen, wenn die äußeren Kelchblätter der Blüten sich gelöst haben und nach unten weisen, während sich das erste Blütenblatt am oberen Blütenrand langsam zu öffnen beginnt. Die Blütenknospe fühlt sich in diesem Stadium weich an. Eine Blüte, die im knospigen, harten Zustand mit geschlossenen Kelchblättern geschnitten wurde, wird sich nicht in der Vase öffnen und vorzeitig welken.

Schnittermin: Geschnitten werden Rosen, die für die Vase bestimmt sind, in den frühen Morgenstunden, wenn die Kühle der Nacht noch vorherrscht. Niemals sollten Vasenrosen während der heißen Mittagszeit geschnitten werden, denn zum einen ist dann ihr Wassergehalt am niedrigsten und zum anderen ihr innerer Nährstoffvorrat am größten. Mit dem Schnitt gingen überdurchschnittlich viele Nährstoffe und Kohlenhydrate für die weitere Entwicklung des Rosenstocks verloren, da diese am Abend nicht mehr in ältere Pflanzenteile und die Wurzeln zurücktransportiert werden können.

Schnittiefe: Beim Schnitt ist darauf zu achten, die Rosen nicht zu langstielig zu schneiden. Jedes Blatt, das der Rose verloren geht, verringert die Produktionsfläche

Vasenrosen

Klasse	Sorte	Farbe	Blütenfüllung	Wuchshöhe (cm)
Edelrose	Aachener Dom®	rosa	gefüllt	60–80
Edelrose	Banzai '83®	gelb	gefüllt	80–100
Edelrose	Barkarole®	rot	gefüllt	80–100
Edelrose	Carina®	rosa	gefüllt	80–100
Edelrose	Christoph Columbus®	orange	gefüllt	60–80
Edelrose	Elina®	gelb	gefüllt	80–100
Edelrose	Gloria Dei	gelb/rot	gefüllt	80–100
Edelrose	Golden Medaillon®	gelb	gefüllt	80–100
Edelrose	Ingrid Bergmann®	rot	gefüllt	60–80
Edelrose	Landora®	gelb	gefüllt	60–80
Edelrose	Paul Ricard®	bernstein	gefüllt	60–80
Edelrose	Senator Burda®	rot	gefüllt	60–80
Edelrose	Silver Jubilee®	rosa	gefüllt	60–80
Sprayrosen:				
Beetrose	Bonica '82®	rosa	gefüllt	60–80
Beetrose	Diadem®	rosa	gefüllt	80–100
Beetrose	Duftwolke®	rot	gefüllt	60–80
Beetrose	Europas Rosengarten®	rosa	gefüllt	60–80
Beetrose	Make Up®	rosa	gefüllt	80–100
Beetrose	Royal Bonica®	rosa	gefüllt	60–80
Beetrose	Rumba®	rot/gelb	gefüllt	60–80
Beetrose	Träumerei®	rosa	gefüllt	60–80
Beetrose	Warwick Castle	rosa	gefüllt	60–80
Flächenrose	Alba Meidiland®	weiß	gefüllt	80–100
Flächenrose	Lovely Fairy®	rosa	gefüllt	60–80
Flächenrose	Scarlet Meidiland®	rot	gefüllt	60–80
Flächenrose	The Fairy	rosa	gefüllt	60–80
Rosen für nostalgische Rosensträuße:				
Englische Rose	Abraham Darby®	aprikot	gefüllt	150–200
Englische Rose	Constance Spry	rosa	gefüllt	150–200
Strauchrose	Eden Rose '85®	rosa	gefüllt	150–200
Englische Rose	Graham Thomas®	gelb	gefüllt	100–150
Englische Rose	Heritage®	rosa	gefüllt	100–150
Beetrose	Leonardo da Vinci®	rosa	gefüllt	60–80
Englische Rose	Othello®	rot	gefüllt	100–150
Strauchrose	Polka '91®	bernstein	gefüllt	100–150
Englische Rose	The Squire	rot	gefüllt	100–150
Englische Rose	Wife of Bath	rosa	gefüllt	80–100

Ausbrechen: Durch das frühzeitige Abkneifen (siehe Pfeile) der Seitenknospen mit Hilfe von Daumen und Zeigefinger kann sich die Hauptknospe der Edelrosen größer entwickeln.

für lebenswichtige Zuckerverbindungen. Die Rose atmet über die Blätter, das chlorophyllhaltige Laub ist ihre »Lunge«. Nur wenn ausreichend Blattmasse nach dem Schnitt verbleibt, kann die Rose zügig nachtreiben.

Pro Rosenstock sollte man deshalb maximal zwei Stiele auf einmal schneiden und mindestens drei normal entwickelte, siebenfiedrige Rosenblätter am diesjährigen Trieb stehenlassen. (Fiedrig heißt: Die Rose besitzt Fiederblätter, deren einzelne Fieder wie eigenständige Blätter aussehen, jedoch botanisch, in ihrer Gesamtheit, als ein Blatt – eben ein Fiederblatt – aufgefaßt werden.) Wer bis ins alte, mehrjährige Holz schneidet, hat den Schnitt viel zu tief angesetzt und gefährdet die Lebenskraft seiner Rosen. Nützlich für den Schnitt von Vasenrosen ist die sogenannte Präsentierschere, wie sie im Kapitel »Werkzeug-Einmaleins« (Seite 177) beschrieben wird.

Vasenleben verlängern: Wasserverlust und Wasseraufnahme steuern die Haltbarkeit von Schnittrosen ganz maßgeblich.

Rosen geniessen

So halten Schnittrosen länger

Frühmorgens schneiden.

Sofort ins Wasser stellen.

Stielenden schräg anschneiden.

Stielenden 3 Sekunden lang in kochendes Wasser tauchen.

Der Wasserverlust wird durch die Blattoberfläche, Lufttemperatur, Luftfeuchte, Lichtintensität und Luftbewegung beeinflußt. Die Wasseraufnahme erfolgt über die Leitungsbahnen der Stiele. Versuche haben gezeigt, daß die Haltbarkeit von Rosen, die fünfzehn Minuten nach der Ernte noch der Sonne ausgesetzt waren, bereits erheblich kürzer war. Diese Zeit genügt, um den Wasserfluß in den Leitungsbahnen abreißen und ein verstopfendes Vakuum darin entstehen zu lassen.

Nach dem Schnitt sollte man die Stiele deshalb sofort (!) in einen Eimer einstellen, der gut zur Hälfte mit handwarmem Wasser gefüllt ist. Warmes Wasser erleichtert die Wasseraufnahme. Idealerweise wird der Eimer dann an einen kühlen, schattigen Ort gebracht, z.B. einen Kellerraum, an dem die Vasenrosen etwa vier Stunden durchkühlen können. Dies verlangsamt die physiologischen Abbauprozesse innerhalb der Stiele beträchtlich. Hat man keine Möglichkeit, die Rosen sofort in Wasser zu stellen, wickelt man sie erst einmal in feuchtes Zeitungspapier ein und bringt sie aus der direkten Sonne. Niemals geschnittene Rosenstiele von oben überbrausen. In den Blüten verfangene Wassertropfen würden sich sehr schnell zu Faulstellen entwickeln. Die folgenden Tips beziehen sich nicht nur auf Vasenrosen aus dem eigenen Garten, sondern auch auf gekaufte Schnittrosen.

Stacheln und Blätter der Rosenstiele werden bis zu der Stelle entfernt, an der sie später im Wasser stehen, so daß sich kein Rosenlaub im Vasenwasser befindet. Bestens bewährt hat sich zum Abstreifen der Stacheln ein handschonendes Spezialwerkzeug, der sogenannte Entdorner. Mit seinem scharfen Messer schneidet man anschließend die Stielenden auf einer Länge von etwa vier bis fünf Zentimetern schräg an, damit Nährstoffe und Wasser über eine möglichst große Fläche eindringen können und die Stiele am Vasengrund nicht komplett aufstehen.

Einen optimalen Abschluß findet die Vorbereitung der Rosen für die Vase, wenn man die unteren Stielenden jetzt bundweise kurz – für etwa drei Sekunden – in einen Topf mit kochendem Wasser taucht. Das ist kein Aprilscherz, sondern eine Methode der Schnittprofis, das Leben von Vasenrosen zu verlängern. Durch den Schnitt gelangen unmittelbar Luftbläschen – das bereits erwähnte Vakuum – in die Leitungsbahnen der Stiele, die die Wasserkanäle verstopfen. Ein Vorgang, der etwa mit einer Embolie beim Menschen vergleichbar ist, bei der Luft in die Blutbahn gerät. Das kochende Wasser zieht die Bläschen aus den Leitungsbahnen, der Weg für die weitere Versorgung der Schnittstiele mit Wasser ist wieder frei.

Die Gefäße und Vasen, in die die Schnittrosen eingestellt werden sollen, müssen peinlich sauber sein. Der fertige Schnittrosenstrauß verträgt keine direkte Sonneneinstrahlung oder Zugluft. Das Wasser der Vasen sollte täglich gewechselt und die Stielenden erneut angeschnitten werden, um verstopfte Leitungsbahnen wieder frei zu machen. Aufgeblühte Rosen verbrauchen wesentlich mehr Wasser als knospige Stiele.

Rosiges Arrangement mit Frauenmantel, Rittersporn, Salbei und Gartenjasmin. Tip: Vasenrosen halten bedeutend länger, wenn man 1. saubere Gefäße verwendet, 2. sauberes, handwarmes Wasser langsam (ohne Sauerstoffbildung) einlaufen läßt, 3. die Arrangements nicht in die direkte Sonne bzw. in Zugluft stellt und 4. die Vasen nachts in einen kühlen Raum bringt.

Frischhaltemittel: Der Fachhandel bietet Frischhaltemittel in Tabletten- oder Pulverform an, die ins Vasenwasser eingerührt werden. Durch ihre desinfizierende Wirkung verlängern sie das Leben einer sachgerecht geschnittenen Vasenrose um einige Tage. Bakterien im Vasenwasser, die die Leitungsbahnen der Stiele verstopfen, werden abgetötet. Wunder wirken diese Präparate jedoch nicht, eine vorherige falsche Behandlung der Schnittrosen können sie nur bis zum einem gewissen Grade ausgleichen. Die Dosierungsanweisungen für die Frischhaltemittel sollte man im übrigen genau einhalten, denn zu viel davon schädigt die Rosen eher als sie frischzuhalten. Man kann sich sein Frischhaltemittel auch selbst zusammenstellen. Ein Hausrezept nennt folgende Zusammensetzung: 1 Liter Wasser, 1 Teelöffel Obstessig, 1 Eßlöffel Zucker.

> **TIP** Wenn langstielige Rosen vorzeitig welken, kann man ihnen mit einem nächtlichen Aufenthalt in der mit zwei bis drei Zentimeter Wasser gefüllten Badewanne eine wahre Frischzellenkur verschaffen. Unter Wasser schneidet man dann die welken Rosen neu an und verhindert damit ein erneutes Verstopfen der Leitungsbahnen durch Luftbläschen.

Steuern des Blütenflors: Bei der Kultur von Vasenrosen im Freiland ergibt sich das Problem, daß viele Sorten auf einmal blühen. Um die Ernte über einen längeren Zeitraum hinweg zu verteilen, hat sich das sogenannte Pinzieren der Jungtriebe bewährt. Etwa drei oder vier Wochen vor der Hauptblüte – je nach Wunsch – wird ein Teil der heranwachsenden Triebe eingekürzt. Derart pinzierte Triebe sind gezwungen, nun wieder neu auszutreiben. Ihre Blüte verzögert sich um etwa sechs bis sieben Wochen.

Ende der Schnittsaison: Nach dem 1. Oktober dürfen keine Vasenrosen mehr geschnitten werden, damit die Rose zur Ruhe kommt und ausreifen kann.

■ Duftrosen – Rosen mit Seele

Düfte üben in vielerlei Hinsicht Reize auf unser Leben aus. Doch den über dreitausend verschiedenen Düften, die wir riechen können, setzt unsere Sprache nur wenige Begriffe entgegen. Düfte sind für uns somit im wahrsten Sinne des Wortes »unbeschreiblich«: Wir nehmen sie wahr, aber es fehlen uns die Worte, sie treffend zu beschreiben. Diese Sprachlosigkeit hängt damit zusammen, daß der Duftsinn der einzige unserer Sinne ist, der direkt, unter Umgehung des Sprachzentrums, mit dem Gefühlszentrum im Gehirn verbunden ist. Bei der Aufnahme all unserer anderen Sinneseindrücke werden aufwendige Verarbeitungsvorgänge in Gang gesetzt, nur beim Riechen nicht. Deshalb verbinden wir mit bestimmten Duftnoten keine beschreibenden Worte, sondern Erinnerungen. Der neue Strohhut riecht nicht »heuig«, sondern läßt beispielsweise die Erinnerung an einen Landspaziergang wach werden, der über weite Felder führte, die nach frischem Heu rochen. Gerüche rufen Erinnerungen wach, doch umgekehrt können wir uns nicht an Gerüche erinnern. Sie haben einen flüchtigen Charakter, auch im Gedächtnis. Und das, obwohl mehr als 100 Millionen Rezeptoren in der nur wenige Quadratzentimeter großen Riechschleimhaut der Nase ständig Duftmoleküle empfangen. Die dort ausgelösten Riechreize gelangen über einige der 20 Millionen Riechnerven direkt ins Limbische System unseres Gehirns.

'Paul Ricard'® – ihr ungewöhnlicher Anisduft ist einmalig und erinnert verblüffend an einen erfrischenden Pastis.

Vasenrosen – Blütenreife

Falsch: Knospig geschnittene Rosen blühen nicht auf.

Knospe kurz vor dem idealen Schnitttermin.

Richtiger Schnitttermin für Vasenrosen im Sommer.

Angeblühte Knospen: gut für den Schnitt in kühler Jahreszeit.

Falsch: Aufgeblühte Rosen haben nur noch ein kurzes Vasenleben vor sich.

Rosen geniessen

Das Limbische System ist das stammesgeschichtlich älteste menschliche Gehirnteil und spielt eine lebenswichtige Rolle bei der Entstehung und Steuerung von Gefühlen. Es beeinflußt direkt u.a. eine Hormondrüse, die die Ausschüttung von Sexualhormonen regelt. Noch bevor solche Dinge wissenschaftlich belegt waren, kannten die Menschen den Zusammenhang zwischen Düften und sexuellen Reizen. So hoffte man auf den stimulierenden Duft des Moschusparfüms, dessen Grundstoff aus den männlichen Drüsen des Moschustieres stammt. Oder man nutzte den hohen Anteil von Sexuallockstoffen in Trüffeln, um der suchenden Sau vorzugaukeln, ein feuriger Eber sei in der Nähe. Auch Napoleon glaubte an die aphrodisierende Wirkung der Körpergerüche. Jedesmal, bevor er von einem Feldzug zurückkehrte, schrieb er an seine Kaiserin Joséphine: »Nicht waschen – komme zurück!«.

Moderne Untersuchungen belegen, daß es Frauen früher »stinkt« als Männern; Frauen haben eindeutig den besseren Geruchssinn. Wahrscheinlich hängt dies mit der höheren Konzentration des weiblichen Hormons Östrogen zusammen, das die Geruchsrezeptoren aktiviert. Erreicht die Konzentration dieses Hormons während des Eisprunges ihren Höhepunkt, ist auch der Geruchssinn einer Frau am stärksten ausgeprägt.

Rosenduft: Was ist Rosenduft? Der weltberühmte Dendrologe Gerd Krüssmann beschreibt in seinem Standardwerk »Rosen, Rosen, Rosen« seine chemische Struktur folgendermaßen: »Duftstoffe sind flüchtige Ausscheidungsprodukte bestimmter Drüsen oder einzelner Drüsenzellen oder ganzer Organe (Blüten, Blätter). Der Duft ist oft ein Gemisch aus mehreren Duftarten... Duftstoffe sind ungesättigte und aromatische Alkohole und Aldehyde, Fettsäuren, Phenole, Carbonsäuren und ihre Ester, ätherische Öle und Harze.« Ein Hauptbestandteil ist übrigens Geraniol. Deshalb duftet der Storchschnabel *(Geranium)* auch ein wenig nach Rosen und dient zur Herstellung einer preiswerten Rosenöl-Variante.

Was bei dem Rosenanalytiker Krüssmann an die Chemiestunden längst vergangener Schultage erinnert, ist die Lockformel des Rosenduftes, der für viele Lebewesen, insbesondere den Menschen, höchste Anzie-

Duftrosen

Klasse	Sorte	Farbe	Blütenfüllung	Wuchshöhe (cm)
Beetrose	Duftwolke®	rot	gefüllt	60–80
Beetrose	Friesia®	gelb	gefüllt	60–80
Beetrose	Manou Meilland®	rosa	gefüllt	60–80
Beetrose	Rose de Resht	rot	gefüllt	80–100
Beetrose	Träumerei®	rosa	gefüllt	60–80
Edelrose	Barkarole®	rot	gefüllt	80–100
Edelrose	Burgund '81®	rot	gefüllt	60–80
Edelrose	Duftgold®	gelb	gefüllt	60–80
Edelrose	Duftrausch®	lila	gefüllt	80–100
Edelrose	Elina®	gelb	gefüllt	80–100
Edelrose	Erotika®	rot	gefüllt	80–100
Edelrose	Karl Heinz Hanisch®	creme	gefüllt	60–80
Edelrose	Mildred Scheel®	rot	gefüllt	80–100
Edelrose	Papa Meilland®	rot	gefüllt	60–80
Edelrose	Pariser Charme	rosa	gefüllt	60–80
Edelrose	Paul Ricard®	bernstein	gefüllt	60–80
Edelrose	Polarstern®	weiß	gefüllt	80–100
Edelrose	The McCartney Rose®	rosa	gefüllt	60–80
Flächenrose	Immensee®	rosa	einfach	30–40
Flächenrose	Lavender Dream®	lavendel	halbgefüllt	60–80
Heim. Wildrose	*Rosa gallica*	rosa	einfach	80–100
Heim. Wildrose	*Rosa pimpinellifolia*	creme	einfach	80–100
Kletterrose	Compassion®	rosa	gefüllt	200–300
Kletterrose	Ilse Krohn Superior®	weiß	gefüllt	200–300
Kletterrose	Lawinia®	rosa	gefüllt	200–300
Kletterrose	Morning Jewel®	rosa	halbgefüllt	200–300
Kletterrose	New Dawn	perlmutt	gefüllt	200–300
Kletterrose	Sympathie	rot	gefüllt	200–300
Rambler	Bobby James	weiß	halbgefüllt	300–500
Rambler	Paul Noël	rosa	gefüllt	300–500
Rambler	*Rosa x ruga*	rosa	halbgefüllt	300–500
Rugosa-Hybride	Dagmar Hastrup	rosa	einfach	60–80
Rugosa-Hybride	Foxi®	rosa	gefüllt	60–80
Rugosa-Hybride	Gelbe Dagmar Hastrup®	gelb	halbgefüllt	60–80
Rugosa-Hybride	Pierette®	rosa	gefüllt	60–80
Rugosa-Hybride	Polareis®	rosa	gefüllt	60–80
Rugosa-Hybride	Polarsonne®	rot	gefüllt	60–80
Rugosa-Hybride	Schnee-Eule®	weiß	gefüllt	40–60
Strauchrose	Abraham Darby®	aprikot	gefüllt	150–200
Strauchrose	Constance Spry	rosa	gefüllt	100–150
Strauchrose	Graham Thomas®	gelb	gefüllt	100–150
Strauchrose	Heritage®	rosa	gefüllt	100–150
Strauchrose	Ilse Haberland®	rosa	gefüllt	100–150
Strauchrose	Lichtkönigin Lucia®	gelb	gefüllt	100–150
Strauchrose	Louise Odier	rosa	gefüllt	150–200
Strauchrose	Maigold	gelb	gefüllt	150–200
Strauchrose	Othello®	rot	gefüllt	100–150
Strauchrose	Polka '91®	bernstein	gefüllt	100–150
Strauchrose	*Rosa centifolia* 'Muscosa'	rosa	gefüllt	80–100
Strauchrose	Souvenir de la Malmaison	rosa	gefüllt	80–100
Strauchrose	The Squire	rot	gefüllt	100–150
Strauchrose	Trigintipetala	rosa	halbgefüllt	150–200
Strauchrose	*Rosa gallica* 'Versicolor'	rosa	halbgefüllt	100–150
Strauchrose	Westerland®	aprikot	halbgefüllt	150–200
Strauchrose	Wife of Bath	rosa	gefüllt	80–100

hungskraft ausstrahlt. Wer sich einer Rose nähert, beugt sich sofort nieder und riecht an ihrer Blüte. Von Rosen erwartet man Duft. Fehlt er, stellt sich Enttäuschung ein. Der australische Rosenfreund A.S. Thomas formulierte es treffend: »Eine Rose ohne Duft ist nicht weniger schön, aber sie ist weniger anziehend.«
Warum duften Rosen überhaupt? In der Natur existiert nämlich grundsätzlich kein Luxus. Der Duft bestimmter Rosen muß also eine rationale, über unser schöngeistiges Empfinden hinausgehende Bedeutung haben. Zunächst einmal lockt der Duft Insekten an. Für Bienen und Hummeln bedeuten die ätherischen Öle der oft nektararmen Blüten ein wahres Festessen. In den frühen Morgenstunden, wenn der Rosenduft am intensivsten ist, umschwirren sie die Blüten in emsiger Aufgeregtheit. »Bezahlt« wird dieser Genuß mit der Bestäubung der Blüten. Ein weiterer Grund für die Existenz des Rosendufts ist die zum Teil abweisende Wirkung der ätherischen Öle auf Pilze, »feindlich« gesinnte Insekten und Fraßfeinde.
Läßt sich Rosenduft beschreiben? Wer verschiedene Duftrosen im Garten hat, könnte einmal mit Freunden ein privates Duftseminar veranstalten, vielleicht verbunden mit einer gemütlichen Weinprobe. Dabei wird sich schnell zeigen, welch schwieriges Unterfangen das Beschreiben eines Rosenduftes – und eines Weinbuketts – ist. Man beginnt am besten mit dem charakteristischen, sogenannten Spitzenduft einer Sorte und umschreibt dann die Mittel- und Basisnote, das sogenannte Bouquet. Dabei bieten die französischen Parfümprofis Hilfe, die verschiedene Begrifflichkeiten geprägt haben, mit denen sich ein Duftbild »malen« läßt: etwa ein fruchtiger, animalischer, metallischer, pudriger oder grasiger Duft, Duft nach Anis, Apfel oder Zitrone. Auch Alma de l'Aigle charakterisiert in ihrem Buch »Begegnung mit Rosen« sehr ausführlich und äußerst fantasiereich die Duftnoten vieler Rosensorten. Sie hat Begriffe wie »warmdunstig«, »blütig-süß«, »Waldboden im Herbst« oder »nach besonnter Mädchenhaut« in ihr Duftvokabular integriert. Der Titel ist auch vierzig Jahre nach seiner Veröffentlichung ein Tip für Fans von Duftrosen.

Duftstärke und Duftnote können bei Duftrosen ein- und derselben Sorte variieren, u.a. ändern sie sich auch mit der Bodenart, dem Standort, der Tageszeit und dem Entwicklungsstadium der Pflanze. Bereits der griechische Philosoph Theophrast – ein Schüler Artistoteles', der als Vater der Botanik gilt und von 371 bis 287 vor Christus lebte – schrieb: »Die Intensität der Farbe und des Duftes können von Ort zu Ort verschieden sein; auch Rosenstöcke (derselben Art), die auf dem gleichen Grundstück wachsen, duften nicht gleich.« Diese Beobachtung deckt sich mit den heutigen Erfahrungen von Rosenfachleuten, die bei vielen duftenden Sorten eine Zunahme der Intensität einer Duftnote auf lehmigen bis tonigen Böden feststellten.

Welche Rosen duften? Die Tabelle nennt eine kleine Auswahl von Duftrosen. Das Sortiment beschränkt sich nicht nur auf die duftenden Edelrosen – die klassischen Parfümrosen –, sondern bezieht auch Wildrosen, Kletter-, Beet-, Strauch-, ja sogar einige Flächenrosen mit starkem Duft ein. So kann sich jeder Gartenfreund den passenden Duftrosen-Typ für seine individuelle Gartenanlage heraussuchen.

Flächenrose 'Lavender Dream'® – nicht nur Edelrosen, auch bestimmte Sorten anderer Rosengruppen sind 'dufte'.

Noch ein Hinweis: Oft wird behauptet, eine Alte Rose sei gleichbedeutend mit einer duftenden Rose. Das ist eine Mär. Es besteht bei den alten Sorten ein mit neueren Sorten vergleichbares Verhältnis duftender und nicht duftender Sorten. Etwa nur ein Viertel des Rosensortiments der letzten Jahrhunderte besaß wirklichen Duft. Dieses Verhältnis erscheint heute verschoben, da von den alten Sorten vornehmlich die mit Duft im Handel sind und die ohne Duft fallengelassen wurden.

Duft in der Rosenzüchtung: Natürlich weiß jeder Rosenzüchter, daß Duft ein anziehendes Verkaufsargument für eine neue Sorte ist. Leider setzt dabei die Genetik, heute wie zu Beginn der systematischen Rosenzüchtung, klare Grenzen. Duftgene werden rezessiv vererbt, d.h. andere Gene überlagern sie. Oft besitzen die Nachkommen »dufter« Eltern überhaupt keinen Duft. Häufig tritt aber auch das genaue Gegenteil ein. Zudem sind die für den Duft zuständigen Gene sehr oft mit bestimmten Genen anderer Eigenschaften wie Farbe und Widerstandsfähigkeit gekoppelt. Fliederfarbene Sorten, sogenannte blaue Rosen, duften fast immer, leiden aber auch unter höherer Anfälligkeit für Pilzkrankhei-

Rosen geniessen

ten. Auch Gelb/Aprikot gilt als »duftende« Farbe (jedoch häufig ungenügend frostharter Sorten). Schwer ist Duft in orangefarbene Sorten hineinzubekommen. Weiß und Rot liegen bei der Dufthäufigkeit der Sorten im guten Mittelfeld. Trotz aller Erfolge bleibt es für die Rosenzüchter noch ein großes Stück Arbeit, neue Sorten zu erzielen, die duften und zugleich wüchsig und widerstandsfähig sind.

Rosenölproduktion: Wer auf spannende, kurzweilige und unterhaltsame Weise detailliert die alten Methoden zur Gewinnung von Parfümstoffen kennenlernen möchte, sollte Patrick Süskinds faszinierenden Kriminalroman »Das Parfüm« lesen. Der Romanheld Jean Baptiste Grenouille extrahiert darin eine Essenz aus den Körperdüften der von ihm ermordeten Jungfrauen. Als er sich selbst mit einer zu groß geratenen Dosis dieses Parfüms besprüht, wird er ... nun, das zu erfahren, soll jedem Leser und Duftliebhaber selbst überlassen bleiben.

Das Wort Parfüm stammt vom lateinischen Ausdruck *per fumen* ab, was etwa »durch Rauch« bedeutet. Durch diesen sollten die römischen Götter milde gestimmt werden. Um flüchtige Düfte zu stabilisieren, wurden schon im Altertum die Blütenblätter der Rosen mit Öl oder Fett vermengt. Noch heute wird in der Welthauptstadt der Parfüme, in Grasse in Südostfrankreich, nach den Prinzipien dieser alten Methode, der **Enfleurage**, gearbeitet. Dazu werden in mehreren Durchgängen Blütenblätter auf Tafeln aus Rindertalg gestreut. Der Talg fixiert die ätherischen Öle, die später durch Alkohol extrahiert werden.

Neuere, effektivere Methoden zur Gewinnung von Duftstoffen sind die Extraktion und die Destillation. Für die **Extraktion** wird der getrocknete Rohstoff angefeuchtet und auf Siebplatten in Edelstahlfässern übereinander geschichtet. Durch die Zugabe des Lösungsmittels Hexan bei Zimmertemperatur brechen die Pflanzenzellen auf. Bei Rosenblüten dauert dieser Vorgang sieben Minuten, er wird mehrmals wiederholt. Danach wird das Innere der Fässer auf 80°C erhitzt, das Hexan verdampft und zurück bleibt das sogenannte Concrete in einem Vakuum. Das Concrete ist die erste Stufe der Extraktion, eine wachsartige Masse mit dem Duftstoff. Daraus wird durch Auflösung in Alkohol und eine Frostbehandlung bei minus 35° C das Absolute gewonnen, die reine Essenz.

Bei der **Destillation** entzieht heißer Wasserdampf den frischen Blüten die ätherischen Öle. Der wertvolle Dampf wird aufgefangen, kühlt in der sogenannten Florentinischen Flasche ab und kondensiert. Auf dem Kondenswasser schwimmen die leichteren, absolut reinen ätherischen Öle oben und werden abgeschöpft. Diese Methode wird – außer bei Rosen – vor allem bei Lavendel und Sandelholz angewandt.

Die meisten Blüten zur Gewinnung von Rosenöl werden heute von der sogenannten Ölrose, *Rosa* x *damascena* 'Trigintipetala', geerntet (siehe Bild Seite 222). Knapp die Hälfte der weltweiten Rosenölproduktion stammt derzeit aus der Ukraine, ein Viertel aus Bulgarien, der Rest u.a. aus der Türkei und Marokko. Die Ernte der halbgefüllten Blüten findet in den frühen Morgenstunden der Tage ab Mai statt. Um 1 Kilogramm Rosenöl zu erzeugen, sind etwa 3 000 Kilogramm Blüten notwendig. Reines Rosenöl lohnt den Aufwand, es ist etwa doppelt so teuer wie Gold. Bulgarien beispielsweise hat Hunderte von Fässern reinen Rosenöls bei ausländischen Banken zur Absicherung seiner Handelsbilanz gelagert.

Der rosige Duftgarten

So könnte die Gestaltung eines rosigen Duftgartens aussehen: Im März eröffnet die Scheinhasel (*Corylopsis*) den Duftreigen, gefolgt von der Vorfrühlings-Alpenrose (*Rhododendron* x *praecox*) und dem Seidelbast (*Daphne*-Arten und -Sorten). Im Mai und Juni schließen sich duftende Azaleen an, die übrigens mit ihrem Laub auch feurige Herbstfärber sind. Im Sommer übernehmen die Rosen das Duftparadies – Englische Rosen, »dufte« Beet- und Edelrosen betören die Nase. Hinter einer Sitzbank baut sich die Apotheker-Rose zur duftverströmenden Kulisse auf. Die stark duftende Feuer-Geißschlinge (*Lonicera* x *heckrottii*) ziert derweil zusammen mit Rambler-Rosen das Mauerwerk. Dazwischen bezaubern als »Füller« Katzenminze (*Nepeta*), Salbei (*Salvia*), Blaukissen (*Aubrieta*), Polster-Phlox und – last but not least – das Maiglöckchen (*Convallaria*).

■ Nostalgierosen

Mit dem Begriff »Nostalgierosen« werden Alte, Romantische und Englische Rosen zusammengefaßt. Eigentlich handelt es sich bei Nostalgierosen um keine eigenständige Rosenklasse, denn viele unterschiedliche

Alte und Romantische Rosen

Klasse	Sorte (Einführungsjahr)	Farbe	Duft	Wuchshöhe (cm)
Beetrose	Gruß an Aachen (1909)	creme		40–60
Beetrose	Leonardo da Vinci® (1993)	rosa		60–80
Beetrose	Rose de Resht (unbekannt, vor 1880)	rot	Duft	80–100
Strauchrose	Eden Rose® '85 (1985)	rosa		150–200
Strauchrose	Ghislaine de Feligonde (1916)	gelb	Duft	150–200
Strauchrose	Jacques Cartier (1868)	rosa	Duft	100–150
Strauchrose	Polka '91® (1991)	bernstein	Duft	100–150
Strauchrose	Raubritter (1936)	rosa		200–300
Strauchrose	Louise Odier (1851)	rosa	Duft	150–200
Strauchrose	*Rosa centifolia* 'Muscosa' (1796)	rosa	Duft	80–100
Strauchrose	Souvenir de la Malmaison (1843)	rosa	Duft	80–100
Kletterrose	Gloire de Dijon (1853)	orange-creme	Duft	200–300
Englische Rose	Abraham Darby® (1985)	aprikot	Duft	150–200
Englische Rose	Constance Spry (1960)	rosa	Duft	150–200
Englische Rose	Graham Thomas® (1983)	gelb	Duft	100–150
Englische Rose	Heritage® (1984)	rosa	Duft	100–150
Englische Rose	Othello® (1986)	rot	Duft	100–150
Englische Rose	The Squire (1977)	rot	Duft	100–150
Englische Rose	Warwick Castle (1986)	rosa	Duft	60–80
Englische Rose	Wife of Bath (1969)	rosa	Duft	80–100

Duft- und Nostalgierosen

Der rosige Duftgarten

1. **Azalee** (Rhododendron) **'Cannon's Double'**
2. **Azalea** (Rhododendron) **'Sarina'**
3. **Azalea** (Rhododendron) **'Phebe'**
4. **Vorfrühlings-Alpenrose** (Rhododendron x praecox)
5. **Pracht-Spiere** (Spiraea x vanhouttei)
6. **Polster-Phlox** (Phlox subulata-Sorten) in Farben
7. **Scheinhasel** (Corylopsis spicata)
8. **Seidelbast** (Daphne mezereum **'Select'**)
9. **Blaukissen** (Aubrieta-Hybriden)
10. **Kugel-Akazie** (Robinia pseudoacacia **'Umbraculifera'**)
11. **Zier-Apfel** (Malus floribunda)
12. **Maiglöckchen** (Convallaria majalis)
13. **Buchsbaum-Kugel** (Buxus)
14. **Apotheker-Rose** (Rosa gallica **'Officinalis'**)
15. **Beetrose 'Friesia'**®
16. **Katzenminze** (Nepeta x faassenii)
17. **Englische Rose 'Graham Thomas'**®
18. **Englische Rose 'Abraham Darby'**®
19. **Edelflieder 'Madame Lemoine'** (Syringa vulgaris-Sorte)
20. **Bauernjasmin** (Philadelphus coronarius)
21. **Rosmarin-Seidelbast** (Daphne cneorum)
22. **Engelstrompete, weißblühend, im Kübel** (Datura)
23. **Lavendel** (Lavandula-Sorte)
24. **Salbei** (Salvia-Sorte)
25. **Feuer-Geißschlinge** (Lonicera x heckrottii)
26. **Rambler 'Bobby James'**
27. **Rambler 'Paul Noël'**
28. **Edelrose 'The McCartney Rose'**®

Wuchstypen, insbesondere zahlreiche Sorten mit Strauchrosenwuchs, sind vertreten. Gemein sind allen Sorten der Alten, Romantischen und Englischen Rosen die traumhaft gefüllten, rosetten- oder ballonförmigen Blütenbälle, die die Blicke magisch auf sich ziehen. Im Gegensatz zu vielen modernen Edelrosen, die betont spitze Blüten ausbilden und in den ersten Tagen der Blütenentfaltung am meisten faszinieren, werden die Nostalgierosen mit jedem Tag schöner, an dem die Blüte sich weiter öffnet. Zudem verströmen viele Sorten einen wunderbaren Duft. Bereits wenige Blüten dieser Rosen genügen, um sich in Großmutters Garten zurückversetzt zu fühlen.

Romantische und Alte Rosen

Obwohl keine andere Pflanze in diesem Jahrhundert züchterisch so stark bearbeitet wurde wie die Rose und herrliche neue Sorten mit vielen Vorteilen entstanden sind, zieht es eine nicht geringe Zahl von Gartenfreunden zu den alten Sorten hin. Sicher spielt die Sehnsucht nach Omas Rosengarten oder dem gemütlichen Bauerngarten eine wichtige Rolle beim Griff zu den »guten, alten Sorten«. Auch empfinden viele Rosenliebhaber die Farben der alten Sorten als weicher als die »grellen«, augenblendenden Töne moderner Sorten. In der Tat ist das Rosa, Hauptfarbe im Bereich Alter Rosen, bei einigen Sorten von unübertroffener Reinheit. Und noch eines ist gewiß: Alte Rosen haben Charme!

Neue Rosenformen sind immer ein Spiegel des jeweils herrschenden Zeitgeistes. Alte Rosen beispielsweise reflektieren ihre Entstehungsepoche mit üppiger Blüten- und Duftfülle. Sie erinnern an die pompösen Ballkleider ihrer Zeit, an Träume aus Seide

Rosen geniessen

und Samt, mit Rüschen über und über besetzt: optische Höhepunkte rauschender Opernbälle und prachtvoller Festlichkeiten.

Aber ab wann gilt eine Rose als alt? Die sogenannten Alten Rosen werden auf der Grundlage ihres Einführungsjahres eingestuft. Dabei wird der Begriff präzise abgegrenzt; die Amerikanische Rosengesellschaft definierte 1966: »Eine Rose ist eine **Alte Rose**, wenn sie zu einer Klasse gehört, die bereits vor 1867 – dem Jahr der Einführung der Sorte 'La France' als erster Teehybride – bestand.«

Diese Regelung kann heutzutage nicht mehr befriedigen, denn auch nach 'La France' und besonders in den letzten zwanzig Jahren entstanden Rosen mit dem Flair alter Sorten – denken wir nur an die Englischen Rosen. Viele Rosenfreunde schließen sich deshalb dieser strengen Auslegung nicht an und sehen den Ausdruck »Alte Rosen« nicht als Zeit-, sondern als Stilbegriff. Die Rosenzüchtung hat seit Beginn dieses Jahrhunderts eine Reihe von Rosen hervorgebracht, die dem Flair wirklich Alter Rosen in nichts nachstehen und deshalb mit diesen gemeinsam hier zu einer Gruppe zusammengefaßt sind. Diese neuen »Alten« Rosen werden als »**Romantische Rosen**« bezeichnet, weil sie wie ihre Vorbilder aus vergangenen Jahrhunderten den Betrachter verzaubern und in ihm ein romantisches Lebensgefühl wecken wollen – fern von jeglicher Hektik. Altes und Neues sollte – fast wie im menschlichen Miteinander – wie selbstverständlich zusammengehören.

Von Alten und Romantischen Rosen erwartet der Gartenfreund – nachdem seine Begeisterung durch Beiträge und fantastische Abbildungen in vielen Zeitschriften und Katalogen geweckt wurde – wahre Wunderdinge. Widerstandskraft, Duft und Dauerblütigkeit werden als gegeben vorausgesetzt, vor allem mit Blick auf einen Kaufpreis, der oft fast das Doppelte des Preises moderner Rosen beträgt. Seine Höhe resultiert daher, daß trotz der Renaissance der stark gefüllten Rosettensorten die Nachfrage – gemessen an anderen Sorten – relativ bescheiden ist und dementsprechend die Produktionszahlen in den Rosenbaumschulen – oftmals Spezialbetriebe, die sich nur mit diesem Teil des Rosensortiments beschäftigen – relativ klein sind. Was nur in geringen Stückzahlen hergestellt wird, kostet meistens mehr als »Massenware«.

Trotzdem sind Alte Rosen ebenso Rosen wie alle anderen auch. Sie bleiben von den Unbilden eines Rosenlebens nicht verschont, können genau wie ihre jüngeren Sorten-Kollegen von Krankheiten befallen werden. Einige alte Sorten sind sogar sehr anfällig, vor allem für Echten Mehltau und Sternrußtau. Als Faustregel kann man sich merken, daß die Auswahl alter Sorten um so sorgfältiger erfolgen muß, um so mehr eine Sorte durch Öfterblütigkeit, Blütenfülle und Duftstärke brilliert.

Damaszener-Rose für Einsteiger: 'Rose de Resht'.

Viele Alte Rosen setzen kaum Hagebutten an. Vor allem die Staubblätter (mit dem männlichen Pollen) der Blüten sind zu Blütenblättern umgewandelt, beispielsweise bei den unwahrscheinlich gefüllten Zentifolien; sie fruchten also nicht mehr. Eines aber gilt als Privileg der Alten Rosen: Sie sind vielleicht nicht immer die widerstandsfähigsten bzw. »ökologischsten« Rosen, ihre Zähigkeit jedoch, die sie befähigt, auch in jahrzehntelang nicht gepflegten Wildgärten die Zeit zu überdauern, ist unbestritten. Die Auswahl in der Tabelle auf Seite 118 berücksichtigt vor allem solche wüchsigen und robusten Sorten.

Die Geschichte der Alten Rosen beginnt mit dem Ende des Mittelalters, als mit Rosen aus Vorderasien, aus China und aus Indien der Rosenduft und die Blütenfüllung nach Europa gelangten und den Beginn erster Rosenzüchtung markierten. Seitdem sind zahlreiche Gruppen Alter Rosen entstanden; sie alle ausführlich zu behandeln, würde allein ein dickes Buch füllen. Deshalb an dieser Stelle nur die wichtigsten Klassen und bewährte Einsteigersorten.

Bourbon-Rosen: Die erste Bourbon-Rose und spätere Ausgangssorte dieser Gruppe entstand sehr wahrscheinlich Anfang des 19. Jahrhunderts aus Kreuzungen von Damaszener- mit chinesischen Rosen auf der Insel Île de Bourbon (heute La Réunion) im Indischen Ozean. Französische Siedler begrenzten ihre Felder mit Rosenhecken und fanden diesen Sämling. Später kam er nach Frankreich, wo er züchterisch zur Klasse der Bourbon-Rosen weiterbearbeitet wurde. Eine bedeutende Sorte aus dieser Gruppe ist 'Souvenir de la Malmaison', für viele die schönste Alte Rose überhaupt; oder 'Louise Odier', Liebling des viktorianischen Englands, eine der am sichersten nachblühenden Alten Rosen.

Damaszener-Rosen: Man unterscheidet zwei Arten von Damaszener-Rosen: erstens die im Sommer blühende Variante, ein Abkömmling aus *Rosa gallica* und *Rosa phoenicia*, und zweitens die im Sommer blühende und im Herbst nachblühende Herbstdamaszener-Rose, die vermutlich einer Kreuzung von *Rosa gallica* und *Rosa moschata* entsprang. Typisch für die Damaszener-Sorten ist das graugrüne, weiche Laub und der schwere, üppige Duft, den sie an viele nachfolgende Rosensorten weitergegeben haben. Eine der besten Sorten aus dieser Gruppe ist 'Rose de Resht'. Sie ist absolut winterhart, stark duftend und öfterblühend und hat von der Gallica-Linie eine ordentliche Portion Robustheit mitbekommen. Eine sichere Einsteigersorte für alle Fans der Damaszenen – und für diejenigen, die es werden wollen.

Portland-Rosen: In engster Verwandschaft zu den Damaszener-Rosen stehen die Portland-Rosen. Entstanden ist diese Gruppe wahrscheinlich aus einer Kreuzung der öfterblühenden Herbstdamaszener-Rose mit *Rosa gallica* 'Officinalis', der Apotheker-

Alte, Romantische und Englische Rosen

Rose. Portland-Rosen eignen sich gut für den Hausgarten; insbesondere 'Jacques Cartier' (die oft auch den Damaszener-Rosen zugeordnet wird) ist einen Versuch wert. Ihr Laub steht dicht und gilt als gesund; also der Tip für alle Portland-Einsteiger.

Zentifolien und Moosrosen: Die Zentifolien gelten als Inbegriff der Alten Rosen schlechthin: üppige Blütenfülle und fantastischer Duft, der – dieser Gruppe zu Ehren – als »Zentifolienduft« ein fester Bestandteil zahlreicher Duftbeschreibungen moderner Sorten geworden ist. Man sollte allerdings wissen, daß die Zentifolien gut zwei Meter hoch werden; der Strauch neigt zudem zum Auseinanderfallen. Kompakter wächst eine Spielart der Zentifolien, die Moosrose. Entstanden aus einer Mutation (d.h. einer spontanen Veränderung) der Blütentriebe, kennzeichnen die Moosrosen ihre moosartig dicht mit Drüsen besetzten Blütenstiele, Fruchtknoten und Kelchblätter. Als wohl schönste darf sich die stark duftende *Rosa centifolia* 'Muscosa' bezeichnen, die Bauerngartenrose vergangener Tage, auf vielen Gemälden flämischer Meister verewigt.

Noisette-Rosen: Diese öfterblühende Rosenklasse geht auf den Franzosen Louis Noisette zurück. Mit Sämlingen seines in den USA lebenden Bruders Philippe kreuzte Louis ab Beginn des 19. Jahrhunderts; es entstanden niedrige und kletternde Sorten.

Teerosen: Alte Rosengruppe mit starkgefüllten Blüten und außergewöhnlichem Duft. Eine Kletterrose für alle, die sich mit dieser Rosenklasse beschäftigen möchten, ist 'Gloire de Dijon', eine robuste, einigermaßen winterfeste Teerose.

Alba-Rosen: Last but not least führt der Ausflug zu den wichtigen Klassen der Alten Rosen zur »Weißen« Rose – *Rosa* x *alba* und Formen. Bereits Römer und Griechen waren von ihr fasziniert, sie ist die älteste Gartenrose überhaupt. Die später erzielten Formen und Sorten zeichnen eine sehr gute Winterhärte, robuster Wuchs und überragender Duft aus. Empfehlenswert ist die porzellanrosafarbene Sorte 'Maiden's Blush', ein einmalblühendes Duftwunder mit kompaktem Wuchs.

Ideale Bourbon-Rose: 'Louise Odier'.

Gesunde Portland-Rose: 'Jacques Cartier'.

Mehltausensibel: *Rosa centifolia* **'Muscosa'.**

Duftige Alba-Rose: 'Maiden's Blush'.

Das Hobby: Alte Rosen sammeln

Wer »anfällig« für schöne, alte Dinge ist, mit Passion »Geschichte« sammelt und einen Garten besitzt, für den eröffnet sich hier eine neue, reiche Fundstätte. Aber Vorsicht: Die Gefahr ist groß, sich mit dem Virus eines ungewöhnlichen Hobbys zu infizieren, das, hat es einmal von jemandem Besitz ergriffen, zu einer Leidenschaft werden kann.

Alte Rosen sind lebendige Antiquitäten. Der Streifzug durch die Rosenklassen zeigt, welchen Umfang allein schon die verschiedenen Gruppen haben, ganz zu schweigen von den vielen, vielen Sorten. Es ist unmöglich, alle diese Souvenirs vergangener Zeiten kommerziell zu erhalten. Die bereits erwähnten Spezialbetriebe für Alte Rosen bemühen sich zwar, im Rahmen eines erstaunlich großen Sortiments viele Hunderte von Sorten anzubieten, doch trotzdem sind bestimmte Sorten heute ausgesprochene Raritäten, deren Existenz nur noch in Sammlerkreisen bekannt ist.

Oft vermehren deshalb besonders leidenschaftliche Rosensammler ihre Sorten selbst. Sie bekämen sie ohnehin nicht mehr zu kaufen, möchten die Vitalität ihrer wertvollen Sammlerstücke durch Nachvermehrungen immer wieder erneuern und erhalten ausgesuchte, rosige Raritäten als individuelle, »unbezahlbare« Geschenke an Freunde und andere Liebhaber.

Was ist beim Aufbau einer Sammlung zu beachten? Die Sortenauswahl muß jedem selbst überlassen bleiben, Patentsortimente zu nennen, würde jeder Individualität entgegenlaufen. Zunächst sollte man jedoch in die einzelnen Rosenklassen der Alten Rosen hineinschnuppern. Am besten kauft man sich bewährte, in der Regel leicht handhabbare Sorten wie die erwähnten Klassiker. Das ist eine überschaubare Investition, mit der man erste eigene Erfahrungen sammeln kann.

Eigene Erfahrungen sind unverzichtbar, zum einen, um die vorhandenen Standorte im Hausgarten auf ihre Rosentauglichkeit hin zu überprüfen, zum anderen, um besser abschätzen zu können, welchen Pflegeaufwand man in eine zukünftige Rosensammlung zu investieren bereit ist. Denn eines muß jedem Rosensammler klar sein: Um so mehr rosiges Altertum auf engem

Rosen geniessen

Gartenraum konzentriert wird, um so höher wird der Pflegeaufwand. Geschichtsträchtige Rosenschätze zu erhalten, ist ein aufwendiges Unterfangen. Wer sich des öfteren in professionellen Rosensammlungen, den sogenannten Rosarien, mit offenen Augen umsieht, bekommt eine Ahnung davon, welch enorme Handarbeit sich hinter

'Constance Spry' – erste, noch nicht öfterblühende Englische Rose von David Austin (1961).

'Heritage'® – beste Englische Rose für Einsteiger.

all der dort gezeigten Pracht verbirgt. Ein echter Liebhaber sollte diesen Pflegeaufwand nicht scheuen, das Hacken, Schneiden, Binden, Laubsammeln nicht als Arbeit, sondern als rosigen Lustgewinn betrachten.

Sind erste eigene, positive Erfahrungen gesammelt und ist die Lust am Weitermachen geweckt, empfiehlt sich der Austausch mit Gleichgesinnten. Als Forum dafür bieten sich die regelmäßigen Treffen der regionalen Freundeskreise des Vereins deutscher Rosenfreunde an. Der Informationsaustausch mit anderen Rosenliebhabern in geselliger Runde bietet den großen Vorteil, Sortenwissen zu erhalten, das die regionalen Witterungs- und Bodenverhältnisse berücksichtigt und so in keinem Fachbuch steht. Das erspart viele Enttäuschungen beim Aufbau einer privaten Rosensammlung.

Englische Rosen

Das Lebenswerk des englischen Rosenzüchters David Austin sind Englische Rosen, die Bauerngartenrosen der Neuzeit. Seit über 35 Jahren beschäftigt sich Austin, Jahrgang 1926 und von Haus aus Landwirt, mit der spezialisierten Züchtung neuer Rosensorten, die das Flair und das verschwenderische Rosenparfüm von Großmutters Rosensorten mit der Öfterblütigkeit und

'Othello'® – eine Englische Rose für Fortgeschrittene.

Robustheit moderner Formen verbinden. Zudem sind viele stark gefüllte Alte Rosen Schönwetterrosen, d.h. sie reagieren empfindlich auf Regen. Ihre Blütenblätter verkleben und bilden unschöne, graubraune Blütenmumien. Austins Englische Rosen dagegen können als regenunempfindlich eingestuft werden, denn auch in nassen Jahren bleiben die Blüten ansprechend.

Mit der einmalblühenden Sorte 'Constance Spry' begann 1961 der weltweite Siegeszug der Englischen Rosen. Austin hatte die moderne Floribundarose 'Dainty Maid' mit der alten Gallica-Rose 'Belle Isis' gekreuzt.

Bereits dieser erste Erfolg verdeutlicht die Doktrin der Austinschen Rosenzüchtung: Sein entscheidender, genialer Grundgedanke war und ist, das schlummernde, nie wirklich in seiner ganzen möglichen Fülle genutzte Züchtungspotential Alter Rosen mit den Entwicklungsvorsprüngen moder-

'Graham Thomas'® – eine Englische Rose mit schönstem Strauchwuchs für mittelgroße Gärten.

ner Züchtungsarbeit zu kombinieren. So als ob Leonardo da Vinci für die Ausarbeitung und Verwirklichung seiner, der damaligen Zeit weit vorauseilenden technischen Phantasien ein Computer und moderne Maschinen zur Verfügung gestanden hätten.

David Austin darf wohl mit Recht als der erfolgreichste Gartenrosenzüchter der letzten Jahre angesehen werden. Es gibt derzeit kaum einen Rosenliebhaber auf der ganzen Welt, der nicht zumindest eine Austin-Sorte sein eigen nennt.

Natürlich kann man nicht alle Englischen Rosensorten unbesehen für unsere Klimaverhältnisse empfehlen. Das sehr ausgewogene, atlantische Klima der Insel läßt Sorten gedeihen, die in unseren Breiten, etwa im schon fast kontinental geprägten Klima Sachsens – mit z.T. extrem heißen Sommern und polarartigen Winterperioden –, versagen. Die Auswahl der in der Tabelle

ENGLISCHE ROSEN, STAMMROSEN

Die bewährte Strauchrose 'Schneewittchen'® – 1983 zur Weltrose gekürt – ist auch als Hochstammrose problemlos und anfängerfreundlich.

auf Seite 118 genannten Austin-Sorten berücksichtigt dies und gibt den in unserer Klimazone bewährten Sorten den Vorzug. Der Begriff »Englische Rosen« bezieht sich nicht auf eine fest umrissene Klasse wie etwa Beet- oder Strauchrosen. Austin ordnet seinen Englischen Rosen sowohl Beet- als auch Strauch- und Kletterrosen unterschiedlichster Höhe zu. Nicht alle haben Duft, auch gibt es – wenn auch wenige – einfachblühende Sorten darunter. Die meisten der hier vorgestellten »New English Roses« sind jedoch stark gefüllte, duftende Strauchrosen. Ihre Farben leuchten kräftiger, als man es von Alten Rosen gewohnt ist. Auch »neue« Farbnuancen sind Austin gelungen. Die Bernsteinfarbe einer 'Graham Thomas'® oder das Karminrot von 'The Squire'® findet man bei den wirklich Alten Rosen nicht, so daß Englische Rosen auch die Farbskala erweitert haben.

■ Stammrosen

Stammrosen sind eine Kunstform der Rosenkultur mit langer Geschichte. In früheren Zeiten zählte das Veredeln von Stammrosen zur hohen Gartenkunst. Stammrosen paßten ideal zur strengen Symmetrie formaler, höfischer Gartenanlagen. Wie Zinnsoldaten standen sie auf geometrischen Beeten exakt positioniert Spalier. Diese gestalterische Steifheit verlor zunehmend ihren Reiz und sorgte mit dafür, daß die Stammrosen mehr und mehr aus den Gärten verschwanden.

Heute erleben Stammrosen – ebenso wie die Stämmchenformen anderer Gehölze – eine Renaissance. Das hat seine Gründe: Die durchschnittliche Gartengröße nimmt kontinuierlich ab, mit Stammrosen jedoch kann man auch kleinstflächig gestalten. Balkons und Terrassen werden zunehmend größer, Stammrosen im Kübel bieten dafür exzellente Gestaltungsmöglichkeiten. Nicht zuletzt gelten Stammrosen heutzutage als harmonische Elemente der Bauerngärten, einer beliebten Gartenform mit großer Tradition und naturnahem Ambiente.

Was sind Stammrosen? Es handelt sich nicht um eine eigenständige Rosenklasse, vielmehr veredeln die Rosen- und Baumschulen auf spezielle, über drei Jahre kultivierte Unterlagen (*Rosa canina* 'Pfänder' oder *Rosa pollmeriana*) geeignete Sorten aller Rosenklassen in unterschiedlicher Höhe. Die Höhe der Okulation bestimmt den Kronenansatz der Stammrosen. Danach unterscheidet man:

40 cm Fußstämme (Zwergstämme): Auf der Höhe von 40 cm werden meist Zwergrosensorten, aber auch einige Flächenrosen veredelt. Der Handel bietet Fußstämme oft

ROSEN GENIESSEN

zum Muttertag an, sie passen vortrefflich in kleine Kübel und Gefäße. Durch den Abstand von der Erdoberfläche verringert sich der Befallsdruck bodenbürtiger Pilzkrankheiten wie Sternrußtau bedeutend – als Fußstämmchen können deshalb die eigentlich als empfindlich geltenden Zwergrosen wieder mit in die Gartengestaltung einbezogen werden.

60 cm Halbstämme: Auf der Höhe von 60 cm werden meist Beet- und Flächenrosensorten veredelt. Halbstämme sind die idealen Rosenstämme für Kübel, da ihre Kronen etwa in Augen- und Nasenhöhe des Betrachters ihre Blütenpracht entfalten.

90 cm Hochstämme: Auf der Höhe von 90 cm werden in der Regel kompakte Beet-, Edel- und Flächenrosen veredelt. Hochstämme sind die klassischen Stammrosen, die, ausgepflanzt im Garten oder beidseitig als Portalgruß vor der Haustür, auf der besten Höhe für Optik und Duft liegen. Aufrechtwachsende Sorten sind außerdem kinderfreundlich, denn für die kleinsten Rosenfreunde bergen die Hochstammrosen in der Regel keine Verletzungsgefahr durch Stacheln. Echte Fans von Hochstammrosen pflanzen mehrere Stämme als »Allee« in den Garten. Dies sind nur einige Beispiele der vielfältigen Gestaltungsmöglichkeiten, die sich im Garten und auf der Terrasse bieten.

Öfterblühende Stammrosen

40 cm Fußstämme:

Klasse	Sorte	Farbe	Wuchsform
Flächenrose	Swany®	weiß	betont überhängend
Flächenrose	The Fairy	rosa	überhängend
Zwergrose	Guletta®	gelb	aufrecht
Zwergrose	Orange Meillandina®	orangerot	aufrecht
Zwergrose	Peach Meillandina®	aprikot	aufrecht
Zwergrose	Pink Symphonie®	rosa	aufrecht
Zwergrose	Sonnenkind®	gelb	aufrecht
Zwergrose	Zwergkönig '78®	rot	aufrecht

60 cm Halbstämme:

Klasse	Sorte	Farbe	Wuchsform
Beetrose	Bonica '82®	rosa	buschig
Beetrose	Duftwolke®	rot	aufrecht
Beetrose	Leonardo da Vinci®	rosa	buschig
Beetrose	Schneeflocke®	weiß	buschig
Flächenrose	Alba Meidiland®	weiß	buschig
Flächenrose	Ballerina	rosa/weiß	überhängend
Flächenrose	Heidetraum®	rosa	überhängend
Flächenrose	Lovely Fairy®	rosa	überhängend
Flächenrose	Mirato®	rosa	überhängend
Flächenrose	Scarlet Meidiland®	rot	überhängend
Flächenrose	Sommermärchen®	pink	buschig
Flächenrose	Sommerwind®	rosa	buschig
Flächenrose	Swany®	weiß	betont überhängend
Flächenrose	The Fairy	rosa	überhängend

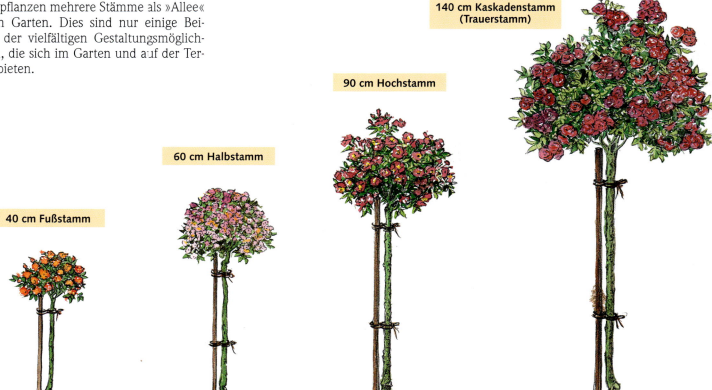

40 cm Fußstamm
60 cm Halbstamm
90 cm Hochstamm
140 cm Kaskadenstamm (Trauerstamm)

Stammrosen

Öfterblühende Stammrosen

90 cm Hochstämme:

Klasse	Sorte	Farbe	Wuchsform
Beetrose	Bonica '82®	rosa	buschig
Beetrose	Diadem®	rosa	buschig
Beetrose	Duftwolke®	rot	aufrecht
Beetrose	Friesia®	gelb	buschig
Beetrose	Leonardo da Vinci®	rosa	buschig
Beetrose	Play Rose®	rosa	buschig
Beetrose	Schneeflocke®	weiß	buschig
Edelrose	Aachener Dom®	rosa	aufrecht
Edelrose	Burgund '81®	rot	aufrecht
Edelrose	Carina®	rosa	aufrecht
Edelrose	Duftrausch®	lila	aufrecht
Edelrose	Elina®	gelb	aufrecht
Edelrose	Gloria Dei	gelb/rot	aufrecht
Edelrose	Silver Jubilee®	rosa	aufrecht
Flächenrose	Alba Meidiland®	weiß	überhängend
Flächenrose	Heidetraum®	rosa	überhängend
Flächenrose	Lovely Fairy®	rosa	überhängend
Flächenrose	Mirato®	rosa	überhängend
Flächenrose	Sommermärchen®	pink	buschig
Flächenrose	Sommerwind®	rosa	buschig
Flächenrose	Swany®	weiß	betont überhängend
Flächenrose	The Fairy	rosa	überhängend
Kletterrose	Rosarium Uetersen®	rosa	betont überhängend
Strauchrose	Ghislaine de Feligonde	gelb	betont überhängend
Strauchrose	Raubritter (einmalblühend)	rosa	betont überhängend
Strauchrose	Schneewittchen®	weiß	buschig

140 cm Kaskadenstämme:

Klasse	Sorte/Blüheigenschaft	Farbe
Flächenrose	Heidekönigin®	rosa
Flächenrose	Heideröslein Nozomi® (einmalblühend)	perlmutt
Flächenrose	Magic Meidiland®	rosa
Flächenrose	Marondo® (einmalblühend)	rosa
Flächenrose	Scarlet Meidiland®	rot
Flächenrose	Snow Ballet®	weiß
Flächenrose	The Fairy	rosa
Kletterrose	Golden Showers®	gelb
Kletterrose	Ilse Krohn Superior®	weiß
Kletterrose	Lawinia®	rosa
Kletterrose	Morning Jewel®	rosa
Kletterrose	New Dawn	perlmutt
Kletterrose	Rosarium Uetersen®	rosa
Kletterrose	Santana®	rot
Kletterrose	Sympathie	rot
Rambler	Flammentanz® (einmalblühend)	rot
Rambler	Paul Noël (nachblühend)	rosa
Rambler	Super Dorothy®	rosa
Rambler	Super Excelsa®	karminrosa
Strauchrose	Raubritter (einmalblühend)	rosa
Strauchrose	Schneewittchen®	weiß

Hinweis: Qualität, Pflanzung, Pfählung, Winterschutz, Wildtriebentfernung und Schnitt der Stammrosen sind in den entsprechenden Praxis-Kapiteln beschrieben (siehe ab Seite 141).

140 cm Kaskadenstämme (Trauerstämme): Auf der Höhe von 140 cm werden als Kaskadenrosen meist Kletterrosen- bzw. überhängende Flächenrosensorten veredelt. Besonders die weichtriebigen Ramblersorten machen mit ihren herabhängenden Blütenkaskaden dieser Form der Stammrosen alle Ehre. Häufig werden Kaskadenstämme unter der Bezeichnung Trauerrosen bzw. -stämme angeboten – ein trauriger Begriff, der diesen fröhlichen Blütenfontänen in keiner Weise gerecht wird und ihre Verwendung eher bremst als fördert. Besonders schöne Solitäre sind im Kaskadenrosen-Garten des Deutschen Rosariums in Dortmund zu bewundern. Nebenstehendes Sortiment wird im Handel angeboten (Auswahl, alle Sorten sind öfterblühend).

'Super Excelsa'® ist eine robuste Flächen- und Kletterrose, die sich für Kaskadenstämme bestens eignet. Im Gegensatz zur alten Sorte 'Excelsa' (bitte nicht verwechseln!) ist sie mehltaurobust und in sonniger Lage wirklich öfterblühend. Sie stammt aus der Züchterwerkstatt von Karl Hetzel, der sich der Züchtung gesunder, robuster Rosen verschrieben hat.

Rosen geniessen

Zwergrosen sind Rosenknirpse, die in vielen Farben angeboten werden.

■ Miniaturrosen

Zwergrosen sind die Däumlinge unter den Rosen. Ihre Ursprünge finden sich wahrscheinlich in China. Die Urminiaturrose *Rosa* 'Roulettii', die auch unter dem Namen 'Pompon de Paris' angeboten wird, erlangte im vorigen Jahrhundert weltweite Berühmtheit als »kleinste Rose der Welt«. 1929 brachte der bekannte Pflanzenzüchter Georg Arends aus Wuppertal diese Rose aus England nach Deutschland und vermehrte sie umgehend in großen Stückzahlen. Zeitgleich beschäftigten sich zahlreiche andere Rosenzüchter mit dieser Sorte und erzielten weitere Verbesserungen.

Die heutigen Zwergrosen zeigen eine Wuchshöhe, die kaum über dreißig Zentimeter hinausgeht. Trotz dieser Schwachwüchsigkeit bilden gute Zwergsorten eine für ihre Größe enorme Menge an Blüten aus. Ihr Laub ist zierlich klein und rundet den putzigen Gesamteindruck dieser »Rosen-Davids« ab.

Der Zwergwuchs dieser Sorten ermöglicht ihre vielseitige Verwendung im Balkonkasten, im Garten und Steingarten oder auch als stecklingsvermehrte Topfrose. Kurzum: Wenn das Platzangebot gering ist, spielen Miniaturrosen ihre Trümpfe aus.

Andererseits geht mit der Schwachwüchsigkeit auch eine relativ hohe Anfälligkeit vieler Sorten für Pilzkrankheiten einher. Mehrere Spritzungen mit pilzabtötenden Mitteln während der Sommermonate sind daher notwendig, wenn Zwergrosen für flächige Pflanzungen verwendet werden.

Das bedeutet aber nicht, daß der umweltbewußte Rosenfreund ganz auf Zwergrosen verzichten muß. Beachtet er die folgenden Hinweise, mit denen er den Ansprüchen der Pflanzen entgegenkommt, können die in der Tabelle genannten Sorten durchaus mit einem »blauen Auge« durch den Sommer kommen. Auf einen absolut rosengerechten, also sonnen- und luftumspielten Standort (mindestens acht Sonnenscheinstunden täglich) muß geachtet werden, jede Standortsünde rächt sich bei den Miniaturrosen innerhalb kürzester Zeit. Das Laub der Winzlinge muß immer trocken bleiben. Die Probleme mit Pilzkrankheiten nehmen spürbar ab, wenn die Blätter nicht der unmittelbaren Erdnähe ausgesetzt sind. Vor allem die Dauersporen der Sternrußtaupilze gelangen von der Erdoberfläche über spritzendes Regen- oder Gießwasser leicht an gesunde Blätter.

Dieses Problem läßt sich lösen, indem man Rosen in Trögen oder Balkonkästen kultiviert und von unten bewässert. Außerdem stehen die Zwergrosen so in unmittelbarer Nähe des Rosenliebhabers. Auf der Terrasse kann man sich aus kürzester Distanz an den vielen Details erfreuen.

Im Handel finden sich verschiedene Angebotsformen. Vor allem an Muttertag werden stecklingsvermehrte Topfrosen angeboten. Sie sind als Zimmerrosen selektiert und deswegen nur bedingt für den Garten geeignet. Vorteile bieten diese Rosen mit

Zwergrosen

Sorte	Farbe	Blütenfüllung	Wuchshöhe (cm)
Guletta®	gelb	gefüllt	30–40
Orange Meillandina®	orangerot	gefüllt	30–40
Peach Meillandina®	aprikot	gefüllt	30–40
Pink Symphonie®	rosa	gefüllt	30–40
Sonnenkind®	gelb	gefüllt	30–40
Zwergkönig '78®	rot	gefüllt	40–60

Zwerg- und Floristik-Rosen

ihren sehr kleinen Wurzelballen bei der Bepflanzung enger Blumenkästen. Einen Versuch sind sie immer wert, meist kann man sie überraschend günstig einkaufen.

Die Auswahl der an dieser Stelle genannten Sorten bezieht sich auf veredelte Rosenstöcke. Durch die Wuchskraft der Unterlage wachsen sie etwas stärker als ihre wurzelechten Kollegen aus dem Gewächshaus. Sie sind auch robuster und verholzen ausreichend, um eine Überwinterung im Freien zu überstehen. Wegen ihres starken Wurzelwerks passen sie nicht in kleine Blumenkästen, die verwendeten Gefäße müssen mindestens 30 cm tief und breit sein.

Steingarten: Die genannten Miniaturrosen eignen sich auch für sonnig gelegene Steingärten. Am besten pflanzt man sie in Tröge und Schalen oder auf Terrassenbeete.

■ Floristik-Rosen

Die kreative Beschäftigung mit Rosen im Rahmen der Floristik ermöglicht es, die »Königin der Blumen« rund ums Jahr im Haus zu haben. In den Sommermonaten können frische Rosen zu reizvollen Vasengestecken verarbeitet werden, aber auch im Herbst und Winter locken getrocknete Rosen in malerischen Stilleben oder getrocknete Blütenblätter in wohlriechenden Potpourris das Auge und die Nase.

Floristik mit getrockneten Rosen

Die Rose eignet sich wie kaum eine andere Blume für das Trocknen. Selbst in Jahren und Jahrzehnten, teilweise sogar Jahrhunderten geht nichts von ihrer romantischen Ausstrahlung verloren, bleibt ihr morbides Charisma erhalten. Mit den richtigen Methoden lassen sich sogar erstaunliche Annäherungen an die Frische und Farbe lebender Rosen erreichen.

Das Trocknen von Pflanzenteilen blickt auf eine lange Tradition zurück. Es war für die Menschen vergangener Jahrhunderte – lange bevor man Fotografien und bunte Gartenzeitschriften kannte – eine der wenigen Möglichkeiten, Pflanzen dauerhaft zu fixieren, um sich an ihnen längere Zeit aus nächster Nähe erfreuen zu können. Heute wird die alte Kunst der Blütenkonservierung wiederentdeckt. Vornehmlich die stark gefüllten Duftrosen aus der Gruppe der Edelrosen und der Alten und Englischen Rosen eignen sich vortrefflich dafür. Aber auch stark gefüllte Beetrosen sind mit ihrer üppigen Blütenfülle beliebte »Baumaterialien« hübscher, kleiner Biedermeiersträußchen.

Hervorragend geeignet zum Trocknen von Rosen: ein luftiger Speicher.

»Trocknen« bedeutet, der Rose sehr langsam und vorsichtig das in ihr vorhandene Wasser zu entziehen. Dazu bieten sich verschiedene Methoden an:

Lufttrocknen: Wer Zeit und Platz hat und sich an der natürlichsten Konservierungsmethode für Rosen versuchen möchte, hängt seine Rosen bundweise kopfüber in einem gut belüfteten, zugigen, trockenen Raum – etwa auf dem Dachboden – auf. Die Stielenden werden vor dem Aufhängen entblättert, die Bunde mit einem lockeren Gummiband zusammengehalten. Starre Bindematerialien wie Kordeln eignen sich nicht, weil die Stiele durch den Wasserentzug schrumpfen und dann aus den Bunden herausfallen würden. Je nach Blütenfüllung und Stiellänge dauert der Konservierungsvorgang zehn bis dreißig Tage. Die Bundstärke sollte nicht mehr als zehn Rosenstiele betragen. Zu dicke Bunde trocknen nur sehr ungleichmäßig und vor allem die inneren Stiele sind dann keiner ausreichenden Luftzirkulation ausgesetzt. Deshalb müssen die einzelnen Bunde auch auf Abstand hängen.

Salztrocknen: Im Bastelladen bekommt man ein Trockensalz, mit dessen Hilfe man

Ein traumhaftes Trockenblumen-Arrangement mit Rosen, Gräsern und Rittersporn.

127

Rosen geniessen

Zum Konservieren werden Rosenblüten komplett in Trockensalz eingelegt.

Duftende Zierde für Bad und Wohnräume: Rosen- und Lavendelpotpourris.

Rosenblüten – und natürlich auch Blüten anderer Pflanzen – farbecht trocknen kann. Ideal ist das Trocknen in einer geschlossenen Dose, etwa einer alten, flachen Blechdose für Kekse. Man bestreut den Dosenboden mit Trockensalz, legt die bis auf einen kurzen Stiel eingekürzten Blütenköpfe hinein und berieselt sie dann so lange mit weiterem Salz, bis nichts mehr von ihnen zu sehen ist. Die Blechdose wird verschlossen und an einem trockenen, warmen Ort gelagert. Nach einigen Tagen öffnet man die Dose und entnimmt die Blüten. Das Salz wird »recycelt«, indem man es absiebt und im Backofen trocknet. Es kann dann wiederverwendet werden.

Was kann man alles mit Trockenrosen anfangen? Hier einige Vorschläge: ein kleiner Biedermeierstrauß mit getrockneten roten Rosen, eingehüllt in Efeuranken und Efeufruchtstände. Oder ein Rosenpräsentkorb, gefüllt mit getrockneten Rosenstielen und Strohhalmen. Schön wirkt auch ein gemischter Trockenstrauß mit Lavendel und Gräsern aus dem Garten und zusätzlichen Eukalyptusblättern vom Floristen um die Ecke. Wer etwas Ausgefallenes sucht, dem sei rosiger Körperschmuck empfohlen, beispielsweise eine Halskette, zu der Rosenblütenblätter »aufeinandergestapelt« werden. Tischdekorationen mit Aha-Effekt ergeben jeweils drei in Bast oder Schleifen eingebundene Blütenköpfe. Etwas Besonderes sind in Gießharz eingelassene Rosenblüten als Briefbeschwerer – ein nicht alltägliches Objekt und ein Blickfang allererster Güte. Der Kreativität sind keine Grenzen gesetzt.

Auf einige besondere Dinge sei an dieser Stelle noch hingewiesen:

Duftstrauß mit getrockneten Rosen, Salbei, Sternanis, Zimt und Lavendelkugeln.

Duftpotpourris: Sie bestehen aus losen Blütenblättern oder -köpfen. Geerntet wird in den frühen Morgenstunden bei trockener Witterung. Zum Trocknen legt man die Blüten nebeneinander – nicht übereinander – auf Drahtgittern und Zeitungspapier aus. Das Papier saugt überschüssiges Wasser auf, zirkulierende, warmtrockene Luft sorgt für das richtige Trockenklima. Beträufelt mit etwas Rosenöl und aufbewahrt in Dosen, Säckchen oder flachen Schalen, wird das Potpourri in Dielen, Wohnräumen, Bädern und Schränken aufgestellt. Gut macht sich auch eine Mischung aus Rosenblättern, Kräutern und Gewürzen. Im 18. Jahrhundert, der Hochzeit der Potpourris, wärmte man im Winter die Gefäße am offenen Feuer an, lüftete anschließend die Deckel und erfreute sich an dem würzigen Geruch.

Bewährt hat sich folgendes Rezept: 4 Becher getrocknete Rosenblütenblätter von Duftrosen, 1 Becher getrocknete Rosenknospen, 1 Becher Lavendelblüten, 1/2 Becher gemahlene Veilchenwurzel, je 1 Löffel gemahlenes Pigment, Zimt und Muskat, 1/2 Löffel gemahlene Gewürznelken, einige Tropfen Rosenöl.

FLORISTIK-ROSEN

Rosenbälle: Wer kleine, aber feine Weihnachtsgeschenke oder Geburtstagsüberraschungen sucht, kann mit getrockneten Rosenblütenblättern profanen Alltagsgegenständen ein rosiges Kleid überziehen. Weihnachtskugeln, Tischtennisbälle, Dosen, Schachteln, Blumentöpfe aus Kunststoff und vieles mehr – alles läßt sich mit aufgeklebten Blütenblättern in dekorative Accessoires verwandeln. Zum Kleben verwendet man einen Bastelkleber, beispielsweise Loctite fashion. Dekorationen mit Schleifen und Bändern werten das fertige Unikat zusätzlich auf.

Salzgetrocknete Rosen: Rosen, die nie verblühen.

Rosenstämmchen: Für die etwas fortgeschrittenen Floristik-Liebhaber ist die Herstellung künstlicher Rosenstämmchen eine besondere Herausforderung. Der »Stamm« wird aus getrockneten, besonders attraktiv bestachelten Rosentrieben geformt, die zu viert oder fünft im Bündel zusammengefaßt werden. Ihn krönt eine aus dünnen Weidentrieben geformte Kugel oder ein Kegel, die bzw. der mit Blütenblättern verziert wird. Denkbar ist auch eine Krone aus trockener Bastelsteckmasse, in die getrocknete, möglichst kleine Rosenblüten dicht an dicht gesteckt werden. Damit die Steckmasse von zu vielen Einstichen nicht porös wird, bündelt man immer drei Blüten mit einer Drahtmanschette aus Bindedraht zu einer Einheit und arbeitet mit diesen Büscheln. Ein alter Blumentopf, der bereits Patina angesetzt hat, dient, gefüllt mit Steckmoos, als Standfuß. Wer mehr Stabilität wünscht, kann den Topf auch mit Gips auffüllen, der nach dem Erhärten mit Moos abgedeckt wird.

Glycerin für das rosige Beiwerk: Viele Laubgehölze eignen sich in getrocknetem Zustand ideal als Beiwerk für rosige Trockensträuße, u.a. Buche, Ahorn, Lorbeer, Efeu. Werden sie luftgetrocknet, zerbröseln sie schnell. Um sie geschmeidig zu halten, stellt man sie deshalb während des Trockenvorgangs in Glycerin ein. Das klare, sirupartige Glycerin gibt es in der Drogerie. Man mischt ein Teil Glycerin mit zwei Teilen Wasser. Die an den Stielenden entblätterten und rindengeschälten Triebe kommen etwa eine Hand breit tief in diese Lösung. Das Behältnis wird kühl und dunkel aufgestellt. Sobald sich auf den Blättern die ersten Glycerintropfen zeigen, ist das Präparieren abgeschlossen.

Floristik mit frischen Vasenrosen

Das Arrangieren von Sträußen und Gestecken mit frischen Schnittrosen erweitert den Rosengarten bis in die Wohnräume hinein. Die Frage, welche Farbe mit welchem Beiwerk kombiniert wird, entzieht sich eigentlich jeder Diskussion, weil sowieso jeder seine eigenen Vorlieben hat. Empfindet der eine die Einheitlichkeit eines Rosenstraußes aus einer Sorte und Farbe als besonders wohltuend und beruhigend, wird der andere kunterbunte Mischungen vieler Farben und Sorten für reizvoller halten. Faustregeln gibt es also keine, obwohl in der älteren Literatur noch präzise beschrieben wird, welche Rosenfarben mit welchem Beiwerk zu welchem Geburtstag oder einer Hochzeit passen: z.B. Schleierkraut und rote Rosen, Frauenmantel mit gelben Rosen, weiße Margeriten mit rosafarbenen Rosen.

Letztendlich wird sich die Blütenpracht aus eigener Produktion an dem orientieren, was der Garten hergibt. Viel wichtiger ist das Beachten der Regeln des Vasenrosenschnitts, wie sie im Kapitel »Vasenrosen« ausführlich dargelegt sind (siehe Seite 112 ff.) und die Anlage einer artenreichen Pflanzung im Garten, die das passende Beiwerk liefert. Wer regelmäßig eigene Vasenrosen schneiden und sie abwechslungsreich arrangieren möchte, macht sich mit folgenden Beiwerkspflanzen (Auswahl) weitgehend unabhängig von Zukäufen im Sommer. Gleichzeitig erhöht er den Artenreichtum seines Gartens beträchtlich:

Stauden: Anemonen, Astilben, Eisenhut, Frauenmantel, Gräser, Iris, Lavendel, Mädchenauge, Margeriten, Rittersporn, Schleierkraut, Schwertlilien, Tränendes Herz.
Kletterpflanzen: *Clematis*, Efeu
Gehölze: buntblättrige Ahorn-Sorten *(Acer negundo*-Sorten), Blaue Altas-Zeder, Blutbuche, Blutpflaume, Buddleien, *Cotoneaster* 'Skogholm', Deutzien, Ginster, Kiefern, Sanddorn, Weigelien, Wildrosenarten, Zieräpfel und Zierkirschen.

> **TIP** Auch im Bereich der Rosenfloristik gibt es »Seerosen«. Sie haben nichts mit den echten Seerosen der Gattung *Nymphaea* gemein, wie man sie auf Teichen und Weihern sieht. Aber auch den dicken, stark gefüllten Rosenblüten gelingt es hervorragend, auf dem Wasser zu schwimmen. Wenige Handgriffe genügen, damit flache, mit Wasser gefüllte Schalen und Gefäße den idealen Rahmen für »Seerosen«-Arrangements der besonderen Art bilden können, eine aufsehenerregende Dekoration für Grill- und Sommerfeste im Freien.

Wer seiner Gartenparty zusätzlich einen rosigen Rahmen geben, Eingangsbereiche dekorieren oder einfache Gefäße schnell in kunstvolle Vasen umwandeln möchte, kann mit Teppichklebeband die gewünschten Stellen (Mauern, Holzlatten oder ähnliche robuste Materialien) abkleben und darauf dicht an dicht Rosenblüten setzen.

Schnittrosen zum Anstecken: Dünnwandige, etwa fingerdicke Glasröhrchen mit eingearbeiteter Anstecknadel halten, gefüllt mit Wasser, die Rosenblüte im Knopfloch frisch. Zu erhalten sind sie seit kurzem im gärtnerischen Rosenhandel.

129

ROSEN GENIESSEN

■ Küchen-Rosen

Da es allgemein – und spätestens seit Umberto Ecos Kloster-Krimi »Der Name der Rose« – bekannt ist, daß die Mönche mittelalterlicher Klöster keine Kostverächter waren, kann es auch nicht überraschen, daß so mancher Klosterkoch mit frischen Rosenblättern Fleisch und Süßspeisen würzte. Mit dem Anbau der Rose schlugen die klugen Mönche zwei Fliegen mit einer Klappe: Einerseits konnten sie sich an der duftenden Blütenpracht der Rosen in den Klostergärten erfreuen, andererseits bereicherten die Rosenblüten und -früchte die Klosterküche und -apotheke.

Neuerdings entdecken viele Rosenfreunde die Küchenrosen neu. Der milde Geschmack der Rosen entspricht ihrem zarten Duft. Pektine, Gerbstoffe, ätherische Öle, Flavonglycoside sind einige der Inhaltsstoffe, die Rosen zum Gourmet-Eldorado machen. Rosen verfeinern den Geschmack vieler Speisen auf unnachahmliche Art und Weise.

In der Regel werden Duftrosen verarbeitet. Dies können Englische Rosen, Zentifolien, aber auch Parfümrosen der neuen Generation sein. Für alle gilt eines: Sie dürfen **keinesfalls** mit Pflanzenschutzmitteln behandelt worden sein, ihre Herkunft **muß** bekannt sein und ist idealerweise der eigene Garten.

Natürliche Schönheit für Augen und Gaumen:
Rosen-Potpourri und Rosenwasser.

Rezepte

Rosenwasser

Zutaten:

4 Hand voll stark duftende Rosenblüten

½ l Wasser

Zubereitung:

Von den Blütenblättern die hellen Spitzen abschneiden (könnten bitter sein). Das Wasser erwärmen und damit zwei Hand voll Blütenblätter übergießen. Das Ganze abdecken und 2 Tage ziehen lassen. Abseihen und das Wasser über die restlichen Rosenblüten gießen. Nochmals ziehen lassen, dann das fertige Rosenwasser in Fläschchen abfüllen.

Tip: Das Rosenwasser läßt sich einfrieren. Für Marzipan, Glasuren, Sorbets u. a. verwenden.

Ein fruchtiges Natur-Büfett:
Hagebutten von verschiedenen Rosenarten.

ROSEN IN DER KÜCHE

Rosensirup

Zutaten:

2 Hand voll stark duftende Rosenblüten

1 Zitrone

½ l Wasser

Zucker

Zubereitung:

Von den Blütenblättern die hellen Spitzen abschneiden (könnten bitter sein). Die Blütenblätter zusammen mit dem Wasser einmal aufkochen, gut abgedeckt 15 Minuten ziehen lassen und dann abseihen. Für intensiveren Geschmack diesen Vorgang mit frischen Blütenblättern wiederholen. Dann den Rosensud mit Zucker im Verhältnis 1:1 (oder je nach Geschmack weniger) nochmals aufkochen und in Flaschen abfüllen.

Tip: Der Rosensirup läßt sich einfrieren. Für Fruchtsalate, Eis, Glasuren u. a. verwenden.

Rosenessig

Zutaten:

1 Hand voll duftende Rosenblüten

1 Hand voll Himbeeren

½ l Weißweinessig

Zubereitung:

Von den Blütenblättern die hellen Spitzen abschneiden (könnten bitter sein). Blütenblätter und Himbeeren vorsichtig in eine zuvor heiß ausgespülte und (im warmen Backofen) gut abgetrocknete Flasche füllen und den Essig zugießen. An einem warmen, sonnigen Ort 2-3 Wochen (nicht länger) ziehen lassen und dann abfiltern. Den fertigen Essig kühl und dunkel aufbewahren.

Tip: Essig zum Verschenken zusammen mit 2-3 frischen Rosenblättern in eine dekorative Flasche füllen.

Kandierte Rosenblüten

Zutaten:

Rosenblüten

Eiweiß

feiner Zucker oder Puderzucker

Zubereitung:

Eiweiß verquirlen, die Blütenblätter oder ganzen Rosenblüten eintauchen und im Zucker wenden. Überschüssigen Zucker abschütteln. Die Blätter auf einem Rost 2-3 Tage an einem luftigen, warmen Ort trocknen lassen, bis sie sich hart anfühlen. In einem gut verschließbaren Gefäß zwischen Pergamentpapierlagen aufbewahren.

Tip: Zur Dekoration von Kuchen und Desserts oder als besondere Leckerei zu einem Glas Sherry oder Dessertwein.

Rosenessig aus eigener Produktion.

Rosen-Eiswürfel

Zutaten:

Rosenblüten in gewünschter Menge (besonders geeignet: die kleinen Blüten der Sorte 'Mozart')

Wasser

Zubereitung:

Eine Eiswürfelschale mit Wasser füllen und die Blüten einlegen. Gefrieren lassen.

Tip: Äußerst dekorativ nicht nur in Getränken, sondern auch zum Servieren einer besonderen Flasche Sekt oder Weißwein.

Rosenlikör

Zutaten:

125 g duftende Rosenblütenblätter

½ l Wasser

½ l Weinbrand

250 g Zucker

½ Teel. Zimt (nach Geschmack)

Zubereitung:

Von den Blütenblättern die hellen Spitzen abschneiden (könnten bitter sein). Die Blütenblätter mit dem Wasser übergießen und 2 Tage zugedeckt stehenlassen. Durch ein feines Sieb abseihen und das Rosenwasser mit Weinbrand auffüllen. Zucker und Zimt hinzufügen und weitere 14 Tage in einem verschlossenen Gefäß stehenlassen, dazwischen ab und zu gut durchschütteln. Dann den Likör filtern und in Flaschen abfüllen.

Rosenbowle I

Zutaten:

duftende Blütenblätter von ca. 10 Rosen (Menge je nach gewünschter Geschmacksintensität)

100 g Würfelzucker

1 kl. Glas Weinbrand oder Grand Marnier (nach Geschmack)

2 Fl. trockenen Weißwein (oder 1 Fl. Weißwein, 1 Fl. Mineralwasser)

1 Fl. Sekt

Zubereitung:

Von den Blütenblättern die hellen Spitzen abschneiden (könnten bitter sein). Die Blütenblätter zusammen mit dem Zucker in eine Schüssel geben, mit Weinbrand und einer halben Flasche Wein übergießen, abdecken, kühl stellen und etwa 1 Stunde durchziehen lassen. Abseihen und kurz vor dem Servieren mit gekühltem Wein und Sekt auffüllen. Zur Dekoration einige frische Rosenblütenblättern in der Bowle schwimmen lassen.

Rosenbowle II

Zutaten:

duftende Blütenblätter von 25 Rosen

150 g Zucker

1/2 Stange Vanille

Stangenzimt

Saft von 3 Orangen

4 cl Rosenlikör

1 l Rot- oder Weißwein

1 Fl. Sekt

1 Fl. Mineralwasser

Zubereitung:

Von den Blütenblättern die hellen Spitzen abschneiden (könnten bitter sein). Die Blütenblätter in eine Schüssel geben, Zucker, Vanillestange, Zimt hinzufügen und mit Orangensaft, Rosenlikör und dem leicht erwärmten Wein übergießen. Das Ganze 6 Stunden ziehen lassen. Abseihen und vor dem Servieren mit gekühltem Sekt und Mineralwasser auffüllen. Die Bowle kühl servieren und mit frischen Rosenblättern dekorieren.

Rosentee I

Zutaten:

1 Hand voll frische oder getrocknete, duftende Rosenblütenblätter

½ l Wasser

Zubereitung:

Von den Blütenblättern die hellen Spitzen abschneiden (könnten bitter sein) und mit kochendem Wasser übergießen. 10 Minuten ziehen lassen, nach Geschmack süßen.

ROSEN GENIESSEN

Rosentee II

Zutaten:

1 Hand voll getrocknete, duftende Rosenblütenblätter

100 g guten schwarzen Tee

Zubereitung:

Die Blütenblätter unter den schwarzen Tee mischen und diesen wie gewohnt zubereiten. Den Rest der Teemischung in einer luftdichten Dose aufbewahren.

Rosengelee

Zutaten:

Blütenblätter von ca. 15 stark duftenden Rosen

1 kg Gelierzucker

¾ l trockener Weißwein

evtl. Rosenwasser

Zubereitung:

Von den Blütenblättern die hellen Spitzen abschneiden (könnten bitter sein). Die Blütenblätter zusammen mit dem Wein erhitzen, 10-15 Minuten ziehen lassen und abseihen. Gelierzucker in die abgekühlte Flüssigkeit geben und alles unter Rühren 4 Minuten sprudelnd kochen lassen. Nach Geschmack etwas Rosenwasser zufügen. Das Gelee in heiß ausgespülte Gläser füllen und diese sofort verschließen.

Rosenkonfitüre

Zutaten:

frische Blütenblätter von 40 duftenden Rosen

250 g Zucker

1 kg Gelierzucker

Saft von 5 Zitronen

Zubereitung:

Von den Blütenblättern die hellen Spitzen abschneiden (könnten bitter sein). Mit dem Zucker vermischen und durch einen Fleischwolf drehen. Dieses »Rosenmus« zusammen mit dem Gelierzucker und Zitronensaft zum Kochen bringen und unter häufigem Rühren 7 Minuten kochen lassen. Die Konfitüre in heiß ausgespülte Gläser füllen und diese sofort verschließen.

Rosen-Brombeer-Konfitüre

Zutaten:

Blütenblätter von 20 duftenden Rosen

125 g Zucker

750 g Brombeeren

500 g Honig

2 Päckchen (20 g) gemahlene Gelatine

Zubereitung:

Von den Blütenblättern die hellen Spitzen

Schnell und einfach zubereitet: belebender Rosentee.

abschneiden (könnten bitter sein). Mit dem Zucker vermischen und durch einen Fleischwolf drehen. Die Brombeeren zerdrücken, mit dem »Rosenmus« und dem Honig zusammen aufkochen. Die Gelatine nach Anweisung auflösen, dazugeben und alles unter Rühren 2-3 Minuten kochen lassen. Die Konfitüre in heiß ausgespülte Gläser füllen und diese sofort verschließen.

Rosen-Apfel-Konfitüre

Zutaten:

500 g frische Blütenblätter von duftenden Rosen

2 kg Äpfel

500 g Zucker

Saft und Schale einer unbehandelten Zitrone

¼ l Wasser

Zubereitung:

Von den Blütenblättern die hellen Spitzen abschneiden (könnten bitter sein). Die Äpfel schälen und in kleine Stücke schneiden. Äpfel, Blütenblätter, Zucker, Zitronensaft und -schale zusammen mit dem Wasser in einen Topf geben und zugedeckt eine halbe Stunde stehen lassen. Dann das Ganze zum Kochen bringen und so lange kochen lassen, bis die Äpfel weich sind. Alles durch ein Sieb streichen oder mit dem Pürierstab des Handmixers pürieren und unter ständigem Rühren nochmals aufkochen und eindicken lassen. Die Konfitüre in heiß ausgespülte Gläser füllen und diese sofort verschließen.

Rosen-Champagner-Konfitüre

Zutaten:

Blütenblätter von 40 duftenden Rosen

250 g Zucker

1 kg Gelierzucker

1 Päckchen Vanillezucker

⅜ l Sekt (möglichst Rosé)

⅛ l Weißherbst oder Roséwein

Zubereitung:

Von den Blütenblättern die hellen Spitzen abschneiden (könnten bitter sein). Mit dem Zucker vermischen und durch einen Fleischwolf drehen. Dieses »Rosenmus« zusammen mit Gelierzucker, Vanillezucker, Sekt und Wein zum Kochen bringen und unter häufigem Rühren 5 Minuten kochen lassen. Die Konfitüre in heiß ausgespülte Gläser füllen und diese sofort verschließen.

Rosencreme I

Zutaten:

½ Tasse Rosengelee (siehe Rezept links oben)

350 g Himbeeren, Erdbeeren, Johannisbeeren

200 g Sahne

1 Päckchen Sahnesteif

Zubereitung:

Das leicht erwärmte Rosengelee unter die Beeren rühren und die steif geschlagene Sahne unterheben.

Rosencreme II

Zutaten:

1 Hand voll duftende Rosenblütenblätter

500 g Sahne

50 g Zucker

4 Eigelb

3 Eiweiß

1 Päckchen (10 g) gemahlene Gelatine

Zubereitung:

Von den Blütenblättern die hellen Spitzen abschneiden (könnten bitter sein). Von der Sahne eine halbe Tasse abnehmen und zur Seite stellen. Die restliche Sahne mit den Blütenblättern und dem Zucker aufkochen, eine Viertelstunde ziehen lassen, abseihen und etwas abkühlen lassen. Die Eigelb mit der aufbewahrten Sahne verquirlen und in die gekochte Sahne geben. Das Ganze unter Rühren noch einmal aufkochen, von der Kochstelle nehmen, die nach Anweisung gelöste Gelatine und das steif geschlagene Eiweiß unterheben. Die Creme in eine mit kaltem Wasser ausgespülte Schüssel geben und erstarren lassen.

Tip: Frisches Obst und Biskuits zu den Cremes reichen. Mit kandierten Rosenblättern dekorieren.

Rosentorte

Zutaten:

1 Biskuit- oder Rührteigboden (gekauft oder selbstgebacken)

frische Erdbeeren, Himbeeren, Brombeeren o. a.

Rosengelee oder -konfitüre

Sahne

kandierte Rosenblätter

Zubereitung:

Früchte und Gelee vorsichtig mischen. Die Sahne steif schlagen und unterheben. Das Ganze auf den Tortenboden streichen und mit kandierten Rosenblättern oder einigen schönen Beeren dekorieren.

Ausgebackene Rosenblätter

Zutaten:

25 Blütenblätter von duftenden Rosen

75 g Mehl

1 Ei

4 Eßl. Weißwein

1 Eßl. Milch

1 Prise Salz

1 Teel. Zucker

Öl zum Ausbacken

⅛ l Rosensirup (siehe Seite 131)

4 Eßl. Crème fraîche

Puderzucker

Zubereitung:

Von den Blütenblättern die hellen Spitzen abschneiden (könnten bitter sein). Aus Mehl, Ei, Wein und Milch einen glatten Teig rühren und mit Salz und Zucker abschmecken. Das Öl erhitzen (die Temperatur ist richtig, wenn an einem eingetauchten Holzstäbchen kleine Bläschen aufsteigen). Insgesamt 20 Blütenblätter zuerst im Rosensirup und dann im Ausbackteig wenden und nacheinander im heißen Öl hellbraun backen. Auf Küchenkrepp abtropfen lassen. Die restlichen 5 Blütenblätter in kleine Stücke schneiden und zusammen mit dem Rosensirup erhitzen. Die ausgebackenen Blütenblätter auf Tellern mit jeweils einem Löffel Crème fraîche und Rosensirup anrichten und mit Puderzucker bestäuben.

Tip: Mit einigen frischen Blütenblättern dekorieren.

Rosensorbet I

Zutaten:

¼ l Rosensirup (siehe Seite 131)

¼ l Roséwein

Zubereitung:

Sirup und Wein mischen und einige Stunden ins Gefrierfach des Eisschranks stellen. Das Sorbet vor dem Servieren mit einer Gabel etwas lockern.

Rosensorbet II

Zutaten:

1-2 Hand voll duftende Rosenblütenblätter

120 g Puderzucker

350 ml Wasser

Schale und Saft von 2 unbehandelten Zitronen

2 Teel. Rosenwasser (siehe Seite 130)

1 Eiweiß

Zubereitung:

Von den Blütenblättern die hellen Spitzen abschneiden (könnten bitter sein). Puderzucker im Wasser auflösen und zusammen mit der Zitronenschale zum Kochen bringen. 5 Minuten köcheln lassen, von der Kochstelle nehmen, die Blütenblätter dazugeben und alles abkühlen lassen. Dann abseihen und den Zitronensaft unterrühren. Mit Rosenwasser abschmecken. Das Ganze im Gefrierfach des Eisschranks halb gefrieren lassen, das Eiweiß steif schlagen und unterheben. Nun das Sorbet ganz gefrieren lassen und vor dem Servieren mit einer Gabel etwas lockern.

Tip: Frisches, mit Rosensirup oder Rosenzucker beträufeltes Obst und Biskuits zu den Sorbets reichen. Mit kandierten Rosenblättern dekorieren.

Österreichische Rosentorte

Zutaten:

200 g Rosenblütenblätter

20 g gemahlene Mandeln

6 Eigelb

6 Eiweiß

125 g Zucker

200 g Sahne

1 Prise Zimt

1 Prise Salz

Butter

60 g fein zerkleinerte Biskuits

Zubereitung:

Von den Blütenblättern die hellen Spitzen abschneiden (könnten bitter sein). Das Eigelb mit den Blütenblättern, den Mandeln, dem Zucker, der Sahne, Zimt und Salz schaumig schlagen (gut 10 Minuten). Das Eiweiß sehr steif schlagen und vorsichtig unterheben. Eine (Pudding-)Form mit Butter ausstreichen und mit den Biskuitbröseln bestreuen. Den Teig einfüllen und etwa eineinhalb Stunden im Wasserbad kochen. Herausnehmen und vorsichtig stürzen. Abkühlen lassen.

Tip: Mit Rosencreme servieren.

Hähnchenfilet mit Rosen

Zutaten:

Blütenblätter von 4 Rosen

400 g Hähnchenfilet

⅛ l Gemüsebrühe

2 Eßl. helle Sojasauce

2 Eßl. Sakewein

1-2 Eßl. Rosenessig (siehe Seite 131)

1 Eßl. rosa Pfeffer

250 g Champignons

Öl

Salz

schwarzer Pfeffer

Zubereitung:

Von den Blütenblättern die hellen Spitzen abschneiden (könnten bitter sein). Das Hähnchenfilet in schmale Streifen schneiden, die Champignons putzen und blättrig schneiden. Das Öl in einem Wok erhitzen und die Hähnchenfiletstreifen unter Rühren scharf anbraten. Champignons hinzufügen und 1-2 Minuten weiterbraten. Blütenblätter, Brühe, Sojasauce, Wein, Essig und den grob zerstoßenen rosa Pfeffer dazugeben, mit Salz und frisch gemahlenem Pfeffer würzen und sofort servieren.

Tip: Als Beilage Glasnudeln oder Naturreis reichen.

Rosen geniessen

■ Vitamin-Rosen

»Ein Männlein steht im Walde, ganz still und stumm. Es hat von lauter Purpur ein Mäntlein um...« Dieses Kinderlied kennt jeder, daß es die Hagebutte verewigt hat, wissen jedoch nur wenige. Wortgeschichtlich leitet sich der erste Teil des Begriffs Hagebutte vom altdeutschen »Hagan« bzw. mittelhochdeutschen »Hagen« her. Beides bezeichnet ein Dorngesträuch. Der zweite Teil geht auf den »Butzen«, eine Bezeichnung für das Kerngehäuse des Apfels, zurück.

Seit vielen Jahrhunderten wird die Frucht der Rosen als Speise genutzt. Ohne daß unsere Vorfahren es ahnten, waren Hagebutten für sie – vor allem während der Wintermonate, in denen frisches Obst und Gemüse fehlte – eine wichtige, äußerst ergiebige Vitamin C-Quelle. Hagebuttenrosen kann man deshalb ohne Scheu als Vitaminrosen bezeichnen.

Neben dem Vitamin C finden sich in Hagebutten auch die Vitamine K, P und das Provitamin A. Zahlreiche Mineralstoffe wie Kalzium, Kalium, Natrium, Magnesium, Eisen und Phosphor lassen sich ebenfalls nachweisen.

Der Vitamin-C-Gehalt der Hagebutten schwankt sehr stark und hängt unmittelbar von ihrem Reifezustand ab. Zum richtigen Zeitpunkt gepflückt, lassen Hagebutten in dieser Hinsicht sogar die Zitronen hinter sich. Am besten erntet man Hagebutten, wenn die Früchte voll ausgefärbt, aber noch hart und knackig sind. Zu früh geerntete Hagebutten besitzen noch keine ansprechende geschmackliche Reife. Bei zu spät gepflückten, überreifen, weichen Hagebutten beginnt durch die fortlaufende Sauerstoffzusetzung bereits der Abbau der inhaltsreichen Stoffe. Die Hagebutten sollten unmittelbar nach der Ernte verarbeitet werden, da sich während der Lagerung der innere Abbau ebenfalls weiter fortsetzt. Auch zu langes Einkochen sorgt für einen Vitaminverlust. Man kann, wenn man die Früchte zuvor gründlich zerkleinert, die Kochzeit entscheidend verkürzen und die Inhaltsstoffe dadurch schonen. So wird die Konfitüre aus Hagebutten zur vitaminreichsten, die wir kennen.

Hagebutten müssen vor der Verarbeitung grundsätzlich entkernt werden. Die Kerne

Hagebutten eignen sich – wie Zieräpfel und Eßkastanien – für die Zubereitung vieler leckerer Rezepte.

schmecken scharf und pelzig und sind nicht gerade eine Gaumenfreude.

Viele Rosenarten und -sorten setzen Hagebutten an. Die Tabelle auf Seite 135 zeigt nur eine Auswahl, die sich leicht erweitern ließe. Besonders inhaltsreich sind die Hagebutten der Apfel-Rose *(Rosa villosa)* – so genannt wegen ihrer apfelförmigen Hagebutten – und der folgenden Vitaminrosen:

Rosa-Rugosa-Hybriden: Die Rugosa-Hybriden sind Auslesen bzw. Züchtungen aus der Kartoffel-Rose, *Rosa rugosa*. Diese Art stammt aus China und ist vor allem in Ostasien sehr verbreitet. Heute gilt sie bei uns als eingebürgerte Wildrose. Sie blüht rosa bis hellrot. Der zunehmende Bedarf an Rosen mit widerstandsfähigem Laub ließ die Nachfrage nach *Rosa rugosa* und ihren Abkömmlingen ständig steigen. Im luftfeuchten nordeuropäischen Küstenraum bringen sie mit ihren geringen Standortansprüchen deutliche Vorteile in der Verwendung. Ungewöhnlich ist die hohe Toleranz wurzelecht vermehrter Rugosa-Hybriden gegenüber Bodenversalzung. Lediglich zu alkalische Böden mit hohen pH-Werten schränken ihren Einsatz ein.

Die Hagebutten der Rugosen erreichen eine ungewöhnliche Größe und liefern viel verwertbares Fruchtfleisch. Schwebfliegen benutzen die Blüten der Rugosa-Hybriden als beliebte Anflugstationen. Ihren Larven kommt als natürlichen Feinden der Blattläuse im Rahmen biologischer Schädlingsbekämpfungsmaßnahmen große Bedeutung zu. Rugosa-Hybriden sind sehr frosthart und robust, als nachteilig erweist sich jedoch die Empfindlichkeit der Blüten verschiedener Sorten bei Regen. Die Blütenblätter verkleben und bilden häßliche, braune Mumien, die sich nicht selbst reinigen. Um zu verhindern, daß die Rugosen vorzeitig verkahlen, schneidet man die Sorten jedes Frühjahr um etwa ein Drittel bis zur Hälfte zurück.

Kinder und solche, die ihre Kindheit nicht – wie Erich Kästner sagt – wie einen alten

Hut abgelegt und dann vergessen haben, ernten die Hagebutten der Rugosen, entkernen sie und piesacken mit den pelzigen Samen ihre Freunde und Verwandten – sie eignen sich nämlich hervorragend als **Juckpulver**!

Pillnitzer Vitaminrose 'Pi-Ro 3': Nicht alle Hagebutten haben einen gleich hohen Vitamin C-Gehalt. Auch muß eine hohe Menge an verwertbarem Fruchtfleisch nicht zwangsläufig mit einem großen Vitamingehalt einhergehen. Deshalb hat man u.a. in Rußland und Ostdeutschland in vielen Jahren mühevoller Auslese nach Formen von Vitaminrosen gesucht, die beides, Quantität und Qualität, miteinander verbinden. Gefunden hat man die Gruppe der Pillnitzer Vitaminrosen, aus der besonders die Selektion 'Pi-Ro 3' dem angestrebten Ideal sehr nahe kommt. In freiwachsenden, zierenden Hecken zeigt diese Strauchrose, die aus der einheimischen Art *Rosa pendulina* hervorgegangen ist, neben einem reichen Blütenflor im Frühjahr einen üppigen Hagebuttenansatz im Herbst. Wer im großen Stil Hagebutten mit höchsten inneren Werten anbauen möchte – der innerhalb dreier Anbaujahre ermittelte durchschnittliche Vitamin-C-Gehalt beträgt bei 100 g entkernter Frischsubstanz 1150 mg –, den werden die schwach bestachelten Triebe zusätzlich erfreuen, da sie die Erntearbeit erleichtern.

Rosa jundziliii: Die Rauhblättrige Rose (Synonym: *Rosa marginata*) ist ein Geheimtip unter den Hagebuttenfreunden. Sie bildet wunderschöne, leuchtend rote, kugelförmige und sehr inhaltsreiche Hagebutten aus. Wer sich über die exakten Inhaltsstoffgehalte der Hagebutten vieler Wildrosen informieren möchte, dem sei das Buch »Wild- und Gartenrosen« von S.G. Saakov empfohlen. Die Angaben des russischen Vitamin-C-Professors sind in ihrer Fülle einmalig und gehen auf die intensive Erforschung der Wildrosenarten in der ehemaligen UdSSR ab 1930 zurück.

Frischverzehr: Hagebutte entkernen und reinbeißen. Guten Appetit!

Vitaminrosen

Klasse	Sorte	Farbe	Wuchshöhe (cm)
Beetrose	Bonica '82®	rosa	60–80
Beetrose	Escapade®	lila/weiß	80–100
Beetrose	Heidepark®	rosa	60–80
Beetrose	La Sevillana®	rot	60–80
Beetrose	Märchenland	rosa	60–80
Beetrose	Matilda®	rosa	40–60
Beetrose	Play Rose®	rosa	60–80
Beetrose	Ricarda®	rosa	60–80
Beetrose	The Queen Elizabeth Rose®	rosa	80–100
Flächenrose	Apfelblüte®	weiß	80–100
Flächenrose	Ballerina	rosa/weiß	60–80
Flächenrose	Pink Meidiland®	pink/weiß	60–80
Flächenrose	Red Meidiland®	rot	60–80
Flächenrose	Royal Bassino®	rot	40–60
Heimische Wildrose	*Rosa arvensis*	weiß	80–100
Heimische Wildrose	*Rosa gallica*	rosa	80–100
Heimische Wildrose	*Rosa rubiginosa*	rosa	200–300
Heimische Wildrose	*Rosa villosa*	rosa	150–200
Kletterrose	Dortmund®	rot	200–300
Kletterrose	New Dawn	perlmutt	200–300
Rugosa-Hybride	Dagmar Hastrup	rosa	60–80
Rugosa-Hybride	Foxi®	rosa	60–80
Rugosa-Hybride	Polareis®	rosa	60–80
Rugosa-Hybride	Polarsonne®	rot	60–80
Rugosa-Hybride	Schnee-Eule®	weiß	40–60
Strauchrose	Bourgogne®	rosa	150–200
Strauchrose	IGA '83 München®	rosa	80–100
Strauchrose	Pi-Ro 3	rosa	150–200
Strauchrose	*Rosa hugonis*	gelb	200–300
Strauchrose	*Rosa moyesii* (Veredlung)	rot	200–300
Strauchrose	*Rosa sericea* f. *pteracantha*	weiß	200–300
Strauchrose	*Rosa sweginzowii* 'Macrocarpa'	rosa	200–300
Strauchrose	Scharlachglut	rot	150–200
Strauchrose	Schneewittchen®	weiß	200–300

Hagebutten-Rezepte

Der hohe Vitamin-C-Gehalt der Hagebutten macht die Frucht als Speise interessant. Der Körper braucht regelmäßig Vitamin C, kann es aber nicht speichern und muß es deshalb ständig zugeführt bekommen. Vitamin C baut fiebrigen Erkältungen vor, beeinflußt die Funktion der Nebenniere und steuert unmittelbar die Produktion wichtiger Hormone. Zu guter Letzt ist es für die Wundheilung beim Menschen unverzichtbar.

An dieser Stelle sollen die kulinarischen Genüsse, die die Hagebutte zu bieten hat, im Mittelpunkt stehen. Natürlich wurden und werden die reichhaltigen Inhaltsstoffe der Hagebutte seit Jahrhunderten auch als Heilmittel, z.B. als Tee, eingesetzt. Mehr darüber im Kapitel »Heilpflanze Rose« (siehe Seite 138).

Die Geschichte der Zubereitung von Hagebutten für den menschlichen Verzehr reicht einige tausend Jahre zurück: In der Schweiz fanden Wissenschaftler Hagebuttenkerne in großen Mengen neben anderen Nahrungsmittelresten in den Wohnhöhlen steinzeitlicher Ureinwohner.

Hagebutten Frischverzehr

Hagebutten waschen und entkernen. Die Früchte gründlich durchkauen, denn dadurch werden die Wirkstoffe gelöst. Besonders bekömmliche Hagebutten für den Frischverzehr sind beispielsweise diejenigen der Stacheldraht-Rose (*Rosa sericea* f. *pteracantha)* mit süßsäuerlichem Geschmack.

ROSEN GENIESSEN

Hagebuttenmark (Grundsubstanz für weitere Rezepte)

Zutaten:

Hagebutten

1 Glas Weißwein oder Wasser

Zubereitung I:
Die geputzten, gewaschenen und entkernten Hagebutten mit dem Wein oder Wasser übergießen und vier bis sechs Tage kühl und dunkel stellen. Ab und zu umrühren. Wenn die Hagebutten weich sind, werden sie durch ein Sieb gestrichen.

Zubereitung II:
Die geputzten, gewaschenen und entkernten Hagebutten im Mixer der Küchenmaschine zerkleinern und mit dem Wein oder Wasser zusammen zwanzig bis dreißig Minuten unter mehrmaligem Rühren aufkochen. Die Hagebutten durch ein Sieb streichen.

Hagebuttensirup

Zutaten:

500 g Hagebutten

500 g Zucker

1 l Wasser

Zubereitung:
Die geputzten, gewaschenen und entkernten Hagebutten gut zerkleinern, zusammen mit dem Wasser aufkochen und zwanzig Minuten köcheln lassen. Durch ein sehr feines Sieb oder Baumwolltuch abseihen. Den Saft mit dem Zucker zusammen langsam unter Rühren wieder erwärmen. Den Sirup heiß in Gläser abfüllen und diese sofort verschließen.

Tip: Wie Rosensirup zum Aromatisieren von Fruchtsalat, Eis u.a. verwenden. Mit gekühltem Sekt aufgefüllt ein sommerlicher Aperitif. Der Sirup läßt sich einfrieren.

Das Fruchtfleisch gewinnt man, indem man die vorgekochten Hagebutten durch ein Sieb streicht.

Deutlich sind die unterschiedlichen Fruchtfleisch-Anteile sichtbar: ergiebig bei *Rosa rugosa* (oben), spärlich bei *Rosa canina*.

Hagebuttenlikör

Zutaten:

500 g Hagebutten (geerntet nach dem ersten Frost)

150 g Kandiszucker

1 Flasche Kirschwasser

Zubereitung:
Die geputzten, gewaschenen und entkernten Hagebutten zerstampfen (oder im Mixer der Küchenmaschine zerkleinern) und mit Kandiszucker und Kirschwasser in ein Gefäß füllen. Gut verschließen und mehrere Wochen durchziehen lassen. Dann den Likör durch ein feines Sieb gießen und in Flaschen abfüllen. Nach vier Monaten Lagerzeit ist der Hagebuttenlikör genußreif.

Hagebuttenwein

Zutaten:

4 kg Hagebutten

2 kg Zucker

5 l Wasser

Zubereitung:
Die geputzten, gewaschenen, entkernten und halbierten Hagebutten in einen Glasballon oder eine große Flasche füllen. Zucker im Wasser auflösen und über die Hagebutten gießen. Den Behälter verschließen (Vorsicht, durch die Gärung entsteht Druck!) und an einen warmen Ort stellen. Sechs Monate gären lassen, ab und zu schütteln. Dann den Wein durch ein Tuch filtern und in Flaschen füllen. Im Keller noch einige Wochen ruhen lassen.

Hagebuttenkonfitüre

Zutaten:

500 g Hagebutten

½ l Wasser

Zucker

Schale einer unbehandelten Zitrone

Zubereitung:
Die geputzten, gewaschenen und entkernten Hagebutten mit dem Wasser übergießen und einen Tag stehen lassen. Die mürbe gewordenen Früchte mit dem Einweichwasser erhitzen, so lange kochen lassen, bis sie weich sind und dann durch ein feines Sieb streichen. Das Fruchtmark abwiegen, die gleiche Menge Zucker und die Zitronenschale hinzufügen, das Ganze nochmals erhitzen und unter Rühren zehn Minuten kochen. Die Konfitüre in heiß ausgespülte Gläser füllen und diese sofort verschließen.

Hagebuttenhonig

Zutaten:

Hagebutten in gewünschter Menge

Wasser

Zucker

Zubereitung:
Die geputzten, gewaschenen und entkernten Hagebutten mit Wasser bedecken, zum Kochen bringen und weichkochen. Durch ein feines Sieb streichen. Das Fruchtmark mit dem Kochwasser mischen, abmessen und für jeden Liter Flüssigkeit 1 kg Zucker zugeben. Die Mischung erhitzen und so lange einkochen, bis sie die Sämigkeit von Honig erreicht hat. In heiß ausgespülte Gläser füllen und diese sofort verschließen.

Hagebutten-Chutney

Zutaten:

200 g Hagebutten

200 g Äpfel

200 g Zucchini

200 g Tomaten

200 g Zwiebeln

100 g Sultaninen

3 Knoblauchzehen

400 g brauner Zucker

¼ l Weinessig

gemahlener Zimt

gemahlenes Piment

Cayennepfeffer

Zubereitung:
Die Hagebutten putzen, waschen und entkernen, Äpfel, Zwiebel und Knoblauchzehen schälen, die Tomaten heiß überbrühen und häuten, die Zucchini putzen und waschen. Alle Zutaten kleinschneiden, die Knoblauchzehen zerdrücken. Mit den übrigen Zutaten in einem großen Topf unter ständigem Rühren langsam erhitzen. Auf kleiner Flamme köcheln lassen, bis das Chutney eine sämige Konsistenz angenommen hat. Heiß in Gläser füllen und diese sofort verschließen. Kühl aufbewahren und noch einige Wochen durchziehen lassen.

HAGEBUTTEN-REZEPTE

Hagebuttenbaisers

Zutaten:

2 Eßl Hagebuttenmark (siehe Seite 136)

500 g Zucker

Schale einer halben, unbehandelten Zitrone

1 Eiweiß

Zubereitung:
Das Hagebuttenmark mit 250 g Zucker und der fein gehackten Zitronenschale schaumig rühren. Das Eiweiß sehr steif schlagen und zusammen mit dem restlichen Zucker unterheben. Mit zwei Löffeln kleine Häufchen auf ein Backblech setzen und diese im Backofen bei sehr schwacher Hitze (ca. 125° C) trocknen lassen.

Hagebuttenmakronen

Zutaten:

2 Eßl. Hagebuttenmark (siehe Seite 136)

4 Eiweiß

250 g Puderzucker

375 g gemahlene Mandeln

evtl. Backoblaten

Zubereitung:
Das Eiweiß sehr steif schlagen und vorsichtig den gesiebten Puderzucker unterrühren. Hagebuttenmark, Mandeln und zwei Eßlöffel des Eischnees zu einem Teig kneten. Mit zwei Teelöffeln jeweils ein kleines Häufchen auf eine Oblate oder direkt auf ein mit Backpapier ausgelegtes Blech setzen, in die Mitte eine Vertiefung drücken und mit Eischnee füllen. Die Makronen etwa 35 Min. bei leichter Hitze (125-150° C) hellbraun backen.

Hagebuttenkompott

Zutaten:

500 g Hagebutten

500 g Zucker

Zimt

Schale einer unbehandelten Zitrone

Wasser

Zubereitung:
Die geputzten, gewaschenen und entkernten Hagebutten zusammen mit Zucker, Zimt, der in feine Streifen geschnittenen Zitronenschale und wenig Wasser aufkochen und köcheln lassen, bis die Früchte weich sind. Mit einem Schaumlöffel herausheben und in Gläser füllen, den Sirup so lange weiter einkochen, bis er dickflüssig geworden ist. Über die Hagebutten gießen und Gläser verschließen.

Tip: Als leichtes Gericht zu Hefeklößchen oder gebackenen Nudeln. Als Dessert mit Sahne oder Vanilleeis servieren.

Hagebuttensauce

Zutaten:

6 Eßl. Hagebuttenmark (siehe Seite 136)

½ l Wasser

1 Eßl. Speisestärke

Rotwein

Zitronensaft

Zucker

Salz

Senf

Zubereitung:
Das Hagebuttenmark zusammen mit dem Wasser zum Kochen bringen und mit der in wenig Wasser angerührten Speisestärke binden. Die Sauce mit Wein, Zitronensaft und den Gewürzen pikant abschmecken.

Tip: Zu Fondue, gegrilltem Fleisch oder Braten reichen.

Hagebuttensalat

Zutaten:

250 g getrocknete Hagebutten

½ l Wasser

125 g Zucker

5 Eßl. Zitronensaft

3 Eßl. Johannisbeersaft

einige Senfkörner

Zubereitung:
Die Hagebutten in dem Wasser über Nacht einweichen. Dann beides zum Kochen bringen und so lange köcheln lassen, bis von der Flüssigkeit nur noch drei bis vier Eßlöffel übrig sind. Nun den Zucker untermischen und mit dem Zitronen- und Johannisbeersaft beträufeln. Mit den zerstoßenen Senfkörnern bestreuen und abkühlen lassen.

Tip: Zu dunklem Bratenfleisch reichen, ähnlich wie Preiselbeeren verwenden.

Hagebuttenkonfitüre ist ein erlesener, inhaltsreicher Brotaufstrich für Kenner und Gourmets.

Rosen geniessen

Rosen ohne Hagebutten: Bisweilen sucht man Rosensorten, die keine Hagebutten ansetzen und somit auch keine Vögel anlocken. Sie werden für Standorte gebraucht, an denen durch Vögel akute Gefahren hervorgerufen werden können, etwa für Flugplätze, oder für Standorte, an denen für die Tiere selbst Gefahr besteht, z.B. durch andere Tiere (u.a. Katzen), sowie für technische Bauten. Fruchtlose Rosensorten sind beispielsweise 'Alba Meidiland'®, 'Ferdy'®, 'Heidekönigin'®, 'Magic Meidiland'®, 'Palmengarten Frankfurt'®, 'The Fairy'.

■ Heilpflanze Rose

Seit dem Altertum werden Wildrosen für medizinische Zwecke genutzt. Plinius der Ältere berichtet 77 n.Chr. von 32 Krankheiten, die durch die Kraft der Rosen zu heilen seien. Aus Wurzeln, Blüten, Früchten, Blättern bereitete man die verschiedensten Heilmittel, die die frühe Medizin von den Jahreszeiten unabhängig machte. Nicht nur im Frühjahr und Sommer, wenn die Rosen blühten und Blätter trugen, konnte man ihre Kraft nutzen – durch die aus ihren Bestandteilen hergestellten Medikamente standen sie das ganze Jahr über zur Verfügung.

Zahlreiche medizinische Rezepturen, in denen die Ingredienz »Rose« zu finden ist – allein oder gemischt mit bis zu zwanzig Kräuterarten – belegen die Funktion der Rose als wichtige Stütze der frühen Medizin. Man versuchte mit ihr Magen-, Kopf-, Zahn- und Wundschmerzen zu kurieren, Schlaflosigkeit zu lindern, gar den Geist bei Geisteskrankheiten zu »reinigen«. Frische Rosenblätter legte man zwecks Kühlung auf geschwollene Augen und Brandwunden. Im Orient schrieben arabische Ärzte den Rosen in erster Linie eine stopfende Wirkung zu. Die Mönche in Europa verfeinerten die Methoden zur Herstellung von Säften, Sirup, Honig, Tinkturen und Salben immer mehr; zahlreiche Kapitel in alten Klosterbüchern legen hiervon Zeugnis ab. Die christliche Symbolik der Rose erhöhte zusätzlich den Wert dieser Pflanze.

Ein Ausschnitt aus der Abhandlung »Herbolario vulgare«, 1522 in Venedig erschienen, dokumentiert eindrucksvoll die Allgegenwärtigkeit des Heilmittels Rose: »Rosenzucker ... hilft, wenn der Darm geschunden ist, ... ebenfalls gegen Erbrechen. Rosensirup wird Melancholikern und geschwächten Cholerikern verschrieben. Bei entzündeter Leber reibe die Leber und bei Kopfweh Stirne und Schläfen mit Rosenöl ein. Bei Geschwüren im Mund hilft Rosenhonig mit Rosenwasser vermischt. Bei Herzbeklemmung und Herzleiden trinke man Rosenwasser, und dasselbe benütze man auch, um das Gesicht zu waschen.«

Pierre Joseph Buchoz (1731–1807) – ein französischer Allround-Vielschreiber, der weniger durch profunde Kenntnisse als durch spektakuläre Medizinprosa auffiel –, empfahl später sogar: »Die Damen der Provence trinken bei hysterischen Anfällen ein Getränk aus drei Unzen Rosenwasser und gleichviel Orangenblütenwasser, in dem über kleinem Feuer ein Zuckerwürfel aufgelöst wurde.« Apropos Rosenwasser: Als Aqua Rosarum kam es oft als Geschmacks- und Geruchsverbesserer unangenehm schmeckender oder übel riechender Medizin zum Einsatz.

Offenbar gab es kaum ein Gebrechen, das nicht mit der Heilkraft der Rose zu kurieren gewesen wäre. Das erklärt auch, warum vor gut 600 Jahren in Provins, einem Ort in der Nähe von Paris, damit begonnen wurde, großflächig die halbgefüllte Apotheker-Rose, *Rosa gallica* 'Officinalis', anzubauen. Der Sortenname leitet sich von der Bezeichnung für die mittelalterlichen Apotheken, den »Officinen«, ab. Anfangs wurden die dort gewonnenen Rosenblüten hauptsächlich als Medizin verwendet. Nach und nach gewann jedoch die Herstellung erstklassigen Rosenöls an Bedeutung. Links und rechts der Hauptstraße standen in Provins eine beachtliche Anzahl von Drogerien und Apotheken, die ihre Produkte in alle Welt verschickten. Und zwar noch bis in die Mitte des letzten Jahrhunderts – 1860 wurden u.a. 36 Tonnen Rosenblüten nach Amerika exportiert.

Von den vielen alten Rezepturen haben sich vor allem diejenigen rund um die Hagebutte bis in unsere Tage erhalten. Auf den vorhergehenden Seiten wurden bereits zahlreiche Hagebuttenrezepte vorgestellt. Nachgereicht werden soll nun die Zubereitung einiger Tees.

Hagebuttentee: Die Hagebutten für den Tee werden im Herbst gesammelt, halbiert und entkernt, dann getrocknet und trocken gelagert. Zur Zubereitung des Tees setzt man sie mit Wasser kalt an. Man läßt sie etwa 10 Minuten kochen und dann 15 Minuten ziehen. Auf eine Tasse Wasser kommt etwa ein gehäufter Teelöffel Hagebutten.

In getrocknetem Zustand enthalten die Hagebutten zwar nur noch wenig Vitamin C, dafür aber eine große Palette anderer wichtiger Inhaltsstoffe. Wie schon Heilpfarrer Kneipp lobend erwähnte, wirken diese heilend bei Blasen- und Nierenleiden, Rheuma und Gicht. Vorzüglich eignet sich der Tee auch als wohlschmeckende Vorbeugungsmaßnahme während der winterlichen Erkältungszeit. Um den Vitamin-C-Gehalt zu erhöhen, kann man einen Schuß Zitronensaft unterrühren. Das Beimischen von Lindenblüten – zu gleichen Teilen wie die Hagebutten – verstärkt die erkältungslindernde Wirkung dieses Haustees.

Kernlestee: Auch aus den Kernen der Hagebutten läßt sich ein wirkungsvoller, wohltuend nach Vanille schmeckender Tee brühen. Für den Kernlestee werden die haarigen Kerne im Backofen bei geringer Hitze so lange getrocknet, bis die Härchen abfallen. Man gibt zwei Teelöffel zerstoßene Kerne auf eine Tasse Wasser. Wie bei den getrockneten Hagebutten wird etwa

Die durch die Rosengallwespe verursachten Wucherungen an den Rosentrieben werden als »Schlafäpfel« bezeichnet.

Mit Rosen heilen und pflegen

10 Minuten aufgekocht. Versüßen läßt sich der Tee mit einem Schuß Honig.
Der Kernlestee gilt in der Volksmedizin als besonderer Gesundheitstee. Man nimmt ihn bei Husten und Erkältungskrankheiten ein. Nebenwirkungen der Hagebuttentees sind zwar sehr selten, eine Quelle berichtet jedoch nach Dauergebrauch von Allergien, die bei einem Patienten auftraten.

Schlafäpfel: Die Rosengallwespe verursacht an Rosentrieben moosähnliche, deutlich sichtbare Wucherungen, die sogenannten Schlafäpfel, die durch ihre haarartigen Auswüchse auffallen (siehe Bild links unten). Die bis zu fünf Zentimeter großen Schlafäpfel, im Mittelalter als *Fungus Rosae* bezeichnet, legte man früher Kindern als Schlafmittel unter das Kopfkissen.

■ Rosen für die Körperpflege

Rosen als Schönheitsmittel haben eine sehr lange Tradition. Besonders wegen ihres verlockenden Duftes wurden Rosen bereits vor Jahrtausenden als Kosmetika geschätzt. Mit Rosenwasser verfeinerte man allerlei Dinge, besprenkelte Türschwellen, Kleidungsstücke oder auch die Haare. Heute veredelt die Zugabe von wertvollem Rosenöl Salben, Cremes, Lotionen oder Shampoos.

Kosmetisches Rosenwasser: Man kann es kaufen, aber auch selbst herstellen. Frische Blütenblätter von besonders duftenden, ungespritzten Rosenblüten kommen in eine Schale und werden mit kochendem Mineralwasser übergossen. Anschließend fügt man reinen oder hochprozentigen Alkohol hinzu. Man rechnet etwa einen Teil Alkohol auf zehn Teile Wasser. Das Ganze läßt man ziehen und seiht es dann in sterilisierte Flaschen ab. Bevor die Flaschen verschlossen werden, gibt man noch einige frische Blütenblätter zum Rosenwasser.

Rosen-Gesichtswasser: Ein besonders feines und edles Rezept für ein spezielles Rosen-Gesichtswasser lautet wie folgt: Man mischt zu gleichen Teilen Rosen-, Orangenblüten- und Hamameliswasser mit reinem Alkohol. Die Zutaten sind in der Apotheke erhältlich oder werden – wie das Rosenwasser – selbst gemacht.

Rosenwasser für die Körperpflege.

Rosen-Schönheitswasser: Gerste wird in Wasser weichgekocht, anschließend der Gerstensaft abgeseiht. Mit gleichen Teilen Rosenwasser vermischt, kommen auf 100 g Wasser etwa 25 g reiner Alkohol. Das Schönheitswasser bewahrt man in gut verkorkten Flaschen auf.

Rosen-Handcreme: Diese Handcreme macht strapazierte Hände wieder geschmeidig. Man braucht 2 Eßlöffel frische Rosenblütenblätter, 4 Eßlöffel Mandelöl, 8 Eßlöffel Lanolin, 4 Eßlöffel Glyzerin und mehrere Tropfen Rosenöl. Alle Zutaten gibt es zu kaufen, die Herstellung von Rosenöl ist im Kapitel »Duftrosen« beschrieben (siehe Seite 115 ff.). Die Feuchtigkeitscreme wird folgendermaßen hergestellt: Die Blütenblätter mit heißem Mineralwasser übergießen; das Ganze läßt man etwas ziehen und anschließend abkühlen. Glyzerin, Lanolin und Mandelöl bringt man vorsichtig in einem Glas, das im Wasserbad steht, zum Schmelzen. Nun wird die Masse gründlich und gleichmäßig mit den trocken getupften, kleingehackten Blütenblättern unter Zugabe des Rosenöls verrührt.

Rosen-Badeöl: Es gibt sehr viele Badeöle mit Rosenaroma zu kaufen, jedoch befriedigt deren Wirkung und Duft nicht immer. Wer ein mit Sicherheit luxuriöses und entspannendes Bad in duftenden Rosen nehmen möchte, nutzt folgende Rezeptur: Drei Teile Glyzerin werden mit einem Teil Rosenöl gemischt. Die Mischung füllt man in eine dekorative Flasche ab, die man verkorkt im Bad lagert. Für die Zubereitung des Bades entnimmt man einen Löffel der wertvollen Essenz und hält ihn unter das einlaufende, heiße Wasser. Nach dem Bad benetzt man den Körper mit kühlendem Rosenwasser. Schon Kleopatra soll auf diese Art und Weise königliche Bäder genossen haben.

Rosen-Badesäckchen: Die Römer höchster gesellschaftlicher Schichten schätzten Duftsäckchen, die sie, gefüllt mit Rosenblütenblättern, in ihrer Kleidung mittrugen. Man kann diese Säckchen aus Baumwolle oder Musselin auch zur Aromatisierung ins Badewasser werfen. Die Blütenblätter werden, wie im Kapitel »Floristikrosen« unter dem Stichwort »Duftpotpourris« beschrieben (siehe Seite 128), getrocknet und präpariert. Zusätzlich erhöht die Beigabe anderer Kräuter wie Lavendel oder Rosmarin die duftende Wirkung.

Rosen-Dampfbad: Einfach und effektiv ist die entspannende Behandlung der Gesichtshaut mit Rosendampf. Menschen mit normaler oder fettiger Haut können die wohltuenden, duftenden Gesichtssaunen nutzen, wer empfindliche Haut hat, sollte besser darauf verzichten.
Man gibt einfach eine oder zwei Hand voll duftende, unbehandelte Blütenblätter in eine Schüssel mit heißem Wasser, läßt sie kurz ziehen und hält anschließend das Gesicht über die aufsteigenden, nicht zu heißen Dämpfe. Wenn man dabei ein Handtuch über Kopf und Schüssel legt, wirken die rosigen Dämpfe noch intensiver auf die Gesichtshaut. Die Poren öffnen sich, die Haut wird gereinigt und erfrischt. Durch Zugabe von einigen Tropfen Rosenöl läßt sich die wohltuende Wirkung des Rosen-Dampfbads noch steigern.
Abschließend wird die Gesichtshaut zur Abkühlung mit Rosen-Gesichtswasser betupft.

DIE PRAXIS

Beim Kauf ist die Rose zunächst nur ein Stück Holz, an das große Erwartungen geknüpft werden. Damit diese sich erfüllen und das Supergehölz Rose seinem Namen alle Ehre machen kann, gilt es, einiges rund um das Pflanzen und Pflegen zu beachten.

Die Praxis

Der rosige Standort – ein Platz an der Sonne

Rosen sind Sonnenkinder, die einen luftigen Standort lieben. Niemals Rosen unter die Kronentraufe großer Bäume pflanzen. Reflexionsstrahlen vor Südwänden können zu Laubverbrennungen führen.

Rosen brauchen Sonne und Luft. Wer diese Formel beherzigt, hat den ersten Schritt zur Erfüllung seiner rosigen Gartenträume getan. Die Wahl des passenden Standortes für die gewünschte Rosensorte – oder, besser gesagt, die Wahl der passenden Rosensorte für den vorhandenen Standort – entscheidet maßgeblich über den Erfolg mit dem Gestaltungsstoff Rose.

Einfach gesagt, denkt sich der Gartenfreund – aber wie kann ich beurteilen, ob der in meinem Garten vorgesehene Standort für eine Rosenpflanzung geeignet ist, die mir über Jahre hinweg viel Freude und wenig Ärger machen soll? Worauf muß ich achten? Welche Regeln soll ich beherzigen? Wie so oft, gibt es keine Patentrezepte. Dies liegt daran, das sich die **Standort-Gleichung** aus mehreren Faktoren zusammensetzt, die sich gegenseitig bedingen. In der Erfolgsformel für problemlose Rosenpflanzungen sind dies insbesondere die Faktoren Licht, Boden, Klima und Sortenrobustheit. Ändert sich einer dieser Werte, beeinflußt dies die Summe, es sei denn, ein anderer Wert wirkt ausgleichend entgegen.

■ Licht

Rosen lieben Sonne. Zwar variieren der Sonnenbedarf und die Hitzeverträglichkeit der einzelnen Arten und Sorten, aber Rosen bleiben trotz aller artspezifischen Unterschiede Sonnenkinder. Ihre jeweiligen Ansprüche hängen u. a. von der Genetik, der Blattgröße und den allgemeinen Standortbedingungen ab.

Genetik: Betrachtet man das ausgedehnte Verbreitungsgebiet der Gattung *Rosa* und ihrer vielen Arten, wird klar, daß durch die eingekreuzten Wildarten sehr unterschiedliche Lichtansprüche in die Genetik einer Kultursorte gelangt sein können. Beispielsweise sind Wildrosenformen aus polnaher Heimat auf eine kurze Sommerperiode mit langen Tagen eingestellt. Rosenzüchter berücksichtigen bei ihrer Kreuzungsarbeit diese Gegebenheiten und prüfen während langjähriger Selektionsprozesse, ob eine neue Sorte dem hiesigen Klima entspricht. Alle in diesem Buch beschriebenen Rosensorten wurden daraufhin ausgewählt und haben sich in unserem Klima bewährt.

Blattgröße: Rosen sind Sonnenanbeter, aber nicht alle Sorten vertragen »hundstägliche« Hitze gleichermaßen. Im allgemeinen zeigen kleinlaubige Sorten, wie sie beispielsweise in der Gruppe der Flächenrosen zu finden sind, eine größere Hitzetoleranz und gedeihen auch in exponierten Südlagen.

Standortbedingungen: Sonnige Standorte bieten den wichtigen Blatt- und Blütentreibstoff Licht in großzügigen Mengen. Zudem trocknen nasse Blätter schneller ab, was wiederum den Befallsdruck durch Pilzkrankheiten erheblich mindert. Vorsicht ist aber beim Pflanzen von Rosen vor **heißen Südwänden** geboten. Normalerweise treffen die Strahlen der Sonne nur die Oberseiten der Pflanzenblätter. Hitzespeichernde Mauern und gepflasterter oder betonierter Boden ringsum reflektieren aber die Sonnenstrahlen, so daß eine hohe Strahlendosis indirekt auch die Blattunterseiten trifft – trotz guter Sonnenverträglichkeit können die Blätter in der Folge regelrecht verbrennen, vor allem, da die kühlende, strahlenbindende Erdoberfläche fehlt. Problematisch sind solche Standorte auch aufgrund ihrer hohen Lufttrockenheit. Diese bildet eine ideale Voraussetzung für die Ausbreitung von Spinnmilben, auch als Rote Spinne bezeichnet, die den hitzegeplagten Pflanzen zusätzlich zusetzen.

■ Boden

Rosen lieben tiefgründigen, sandig-lehmigen Boden mit ausreichendem Humusanteil. Viele Bücher beschreiben beim Thema Boden die Eigenschaften der reinen Sand-, Ton- und Humusböden. Diese reinen Böden trifft man jedoch nur sehr selten im Garten an. Vielmehr ist das Wissen um Boden-Mischformen und ihre Komponenten von großer Bedeutung für die Bewertung der physikalischen Eigenschaften des Bodens.

Ein guter Rosenboden ist immer ein gelungenes Teamwork von Humus, Lehm und Sand, in dem keine Komponente eine extreme Vorrangstellung einnimmt. In welche Richtung der Boden des eigenen Gartens tendiert, zeigt die Spatenprobe. Läßt sich der Boden mühelos umgraben, handelt es sich um einen eher leichten, sandigen Boden. Wird das Umgraben schnell zur schweißtreibenden Sportübung, liegt ein schwerer Boden mit höheren Ton- bzw. Lehmanteilen vor.

Die Kultur von Rosen auf ausgesprochenen Sandböden mit schlechter Wasser- und Nährstoffspeicherung erfordert einen hohen Bewässerungs- und Pflegeaufwand und ist nur nach einer gründlichen Bodenverbesserung sinnvoll.

DER ROSIGE STANDORT

Humus: Humus hat eine dunkle Farbe und besteht aus organischem Material. Entstanden aus abgestorbenen Organismen, besitzt er die Fähigkeit, zusammen mit den Tonanteilen des Bodens als Partnern wichtige Nährstoffe für die Rosen festzuhalten und nach und nach abzugeben. In humusreichen Böden herrscht ein aktives Bodenleben, sie sind gute Feuchtigkeitsspeicher und erwärmen sich leicht. Der Humusgehalt sollte bei eher sandbetonten Böden bei etwa acht Prozent liegen, schwere Lehmböden kommen dagegen bereits mit einem Gehalt von drei Prozent aus. Mit dem Einarbeiten von Gartenkompost vor der Pflanzung kann der Humusgehalt erhöht werden.

Lehm: Ein hoher Lehmanteil sorgt mit seinen Tonteilchen für eine große innere Oberfläche des Bodens, die viele Nährstoffe binden kann – eine Grundvoraussetzung für wüchsige Rosen. Ein zu hoher Lehmanteil verringert jedoch die Wasserdurchlässigkeit und Durchlüftung des Bodens. Er wird zu einem naßkalten, nur mühsam zu bearbeitenden Klumpen, der in Trockenzeiten verkrustet und hart wie Beton wird.

Sand: Sand lockert mit seiner Grobkörnigkeit lehmige und tonige Böden auf, sorgt für bessere Durchlüftung und erleichtert den Wasserabfluß.

Tiefgründigkeit: Rosen sind Tiefwurzler. Das heißt, sie verankern sich im Boden mit Hilfe einer tief nach unten wachsenden, teilweise einige Meter langen Pfahlwurzel. Trifft diese Wurzel bereits in den oberen Bodenschichten auf eine unüberwindliche Sperre, leidet die Pflanze und zeigt einen nur kümmerlichen Wuchs. Vor allem in Neubaugärten sollte die Tiefgründigkeit überprüft werden, da dort bisweilen Mutterboden auf verdichteten Bauschutt aufgeschüttet wurde. Eine durchwurzelbare Bodenschicht von mindestens 60 bis 80 cm ist für eine erfolgreiche Rosenpflanzung unbedingt notwendig. Bevor der Garten endgültig angelegt wird, unterstützt eine Gründüngung die Aktivierung des Bodenlebens.

■ Groß-, Lokal- und Kleinklima

Das Klima, der für ein bestimmtes Gebiet charakteristische Verlauf der Witterung innerhalb des Jahres, setzt sich aus Temperatur, Niederschlagsmenge, Luftfeuchtigkeit, Luftreinheit, Tageslänge, Dauer der Sommerperiode, Luftbewegung und Intensität der Sonnenstrahlen zusammen. Großflächig läßt es sich nicht beeinflussen.

Großklima: Denkt man an die »mediterrane« Pfalz mit ihren milden Wintern um Freinsheim und vergleicht diese »deutsche Toskana« mit der »arktischen Kälte« eines Winters in Sachsen, dann muß man konstatieren, daß ein einheitliches, bundesrepublikanisches Großklima mit Blick auf die Rosen eigentlich nicht existiert. Deshalb sind bundesweite Sortenempfehlungen immer relativ und Mißgriffe nicht ausgeschlossen.

Lokalklima: Ziel der Sortenvorgabe sollte es deshalb sein, möglichst vielen Lokalklimaten, die sich auf eine Region beziehen, in ihrem Durchschnitt gerecht zu werden. Durch landschaftsprägende Eigenarten, etwa Seen oder Gebirgszüge, entstehen aber auch regional z.T. gewaltige Standortdifferenzen. So liegen beispielsweise im Schwarzwald die Hochlagen des Feldberges und die wärmeverwöhnten Tallagen um Freiburg nur wenige Luftkilometer auseinander. Trotzdem sind beide vollkommen unterschiedliche Standorte, für die verschiedene Rosensorten zu empfehlen sind. Rat bei der Sortenauswahl geben in solchen Fällen die am Ort ansässigen Gärtnereien oder Baumschulen.

Kleinklima: Dieser Begriff bezeichnet das Klima auf engstem Gartenraum. Während sich Groß- und Lokalklima nicht durch Menschenhand steuern lassen, kann der Gartenfreund im eigenen grünen Refugium sehr viel zu einem rosigen Kleinklima beitragen – besonders, wenn er weiß, welche Kleinklimate Rosenpflanzen nicht sehr behagen.
Ein solches Kleinklima mit negativer Auswirkung auf Rosen wurde bereits beim Thema Licht, unter dem Stichwort »**Heiße Südwand**« dargestellt (siehe Seite 143). Ungewöhnlich hohe Temperaturen können auch auf südlichen Hanglagen erreicht werden. Nur hitzeunempfindliche Rosensorten sind für diesen Standort geeignet.
Ein weiteres, für Rosenpflanzungen mit Risiken behaftetes Kleinklima findet sich in beengten, **luftstillen Ecken**, in denen kein ausreichender Luftaustausch stattfindet. Diese Nischen sind beliebte Aufenthaltsorte für Pilze, insbesondere Echter Mehltau, aber auch für Schädlinge wie die Blattläuse, die sich dort als anhängliche Rosenliebhaber zeigen.
Unter der **Kronentraufe** alter, großkroniger Laubbäume existiert ein anderes Kleinklima mit Folgen für die Rose. Im Tropfbereich der Baumkronen kann das Laub der Rosenpflanzen durch die erhöhte Luftfeuchtigkeit nicht rasch genug abtrocknen und bietet einen idealen Nährboden für Mehltau- und Sternrußtaupilze. Nebellagen fördern durch ihre extrem hohe Luftfeuchtigkeit ebenfalls den Pilzdruck. Jedoch sind diese Lagen nicht mit Standorten in niederschlagsrei-

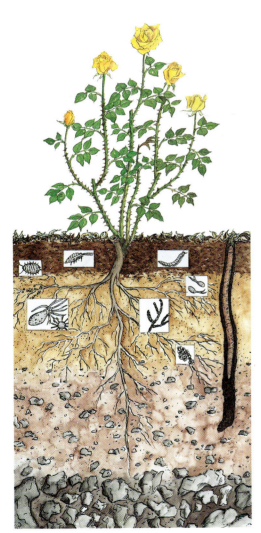

Rosen als Tiefwurzler bevorzugen einen tiefgründigen, aktiven Boden.

Die Praxis

chen Gebieten in einen Topf zu werfen und grundsätzlich als rosenungeeignet einzustufen. Es lassen sich durchaus geeignete »Regenrosen« finden (siehe Seite 104), vorausgesetzt jedoch, der ausgewählte Standort ist zugleich windumspielt, so daß das Blattwerk rechtzeitig abtrocknen kann.

Auch das Kleinklima halbschattiger Standorte gilt in der Regel als der Rose nicht besonders zuträglich. Eine überlegte Sortenwahl robuster Züchtungen macht es dennoch möglich, auch hier Rosen zu pflanzen (siehe Seite 104).

Zu guter Letzt bergen Senken, in denen sich Kaltluft sammelt, erstens ein erhöhtes Überwinterungsrisiko und zweitens eine hohe Spätfrostgefahr für die Neuaustriebe von Rosen. Die jungen, weichen Triebe vertragen nur kurzfristig wenige Minusgrade. Dies gilt auch für die Austriebe von an sich besonders frostharten Rosen wie den Rugosa-Hybriden.

Diese Zusammenstellung zeigt, daß Rosen keine klimatischen Extreme favorisieren. Hinweise auf Sorten, die derartigen Sonderstandorten dennoch trotzen, finden sich im Kapitel »Die Rose für besondere Standorte« (Seite 99 ff.).

■ »Bodenmüdigkeit« (Nachbaukrankheit)

Die Bodenmüdigkeit bei Rosen ist ein komplexes, bisher nicht völlig geklärtes Phänomen. Sie kann auftreten bei Nachpflanzungen von Rosen auf einer Fläche, auf der bereits Rosen, aber auch andere Vertreter der großen Familie der Rosengewächse (Rosaceae) – beispielsweise Äpfel und Birnen – gestanden haben. Dabei ist nicht der Boden »müde« – im englischsprachigen Raum benennt man das Problem treffender mit *re-plant-disease* (Nachbaukrankheit) –, sondern es kommen vielfache Wechselwirkungen von Bakterien, Nematoden und Substanzen, die die Wurzeln der Vorgänger-Rosaceaen ausgeschieden haben, beim erneuten Pflanzen von Rosen an derselben Stelle derart zum Tragen, daß die frisch gepflanzten Rosen einen Minderwuchs zeigen. Vereinfachend könnte man sagen, daß sich Rosen im »Abfall« ihrer Vorgänger nicht besonders wohl fühlen.

Daß alte, eingewurzelte Rosen viele Jahrzehnte am gleichen Standort bestens wachsen können, ohne daß »Bodenmüdigkeit« auftritt – man denke nur an die über 600 Jahre alte Rose am Hildesheimer Dom –, erklärt sich dadurch, daß die tiefgehenden Wurzeln alter Pflanzen den Nährstoffen hinterher wachsen, und zwar in immer abgelegenere Schichten, die noch »rosenfrisch« sind. In der Natur wachsen Rosen in der Regel nicht in bereits von den Wurzeln früherer Rosenpflanzen durchdrungene Bereiche hinein; »Nachpflanzungen« menschlicher Prägung sind in der Entwicklungsgeschichte der Rosen nicht vorgesehen.

Kümmernde Rosen auf »rosenmüdem« Boden.

Was ist bei Bodenmüdigkeit zu tun? Zunächst gilt es, das Phänomen nicht zu dramatisieren, denn auch auf müden Böden ist mit Hilfe eines Erdaustausches eine Rosenneupflanzung erfolgreich möglich. Dafür wird die Erde bis zu 50 cm tief ausgehoben und durch neuen, rosenfrischen Boden ersetzt. Eine mühevolle Prozedur, die aber den Gartenfreund auf der sicheren Seite stehen läßt.

Neuere Versuche aus dem Deutschen Rosarium in Dortmund nennen eine weniger schweißtreibende Alternative, mit der Bodenmüdigkeit fertigzuwerden – falls die Möglichkeit besteht, an die notwendigen Zutaten zu kommen: Nach dem Roden des alten Rosenbestandes wurden alle erreichbaren Rosenwurzeln peinlich genau mit den Stöcken herausgezogen oder so weit wie möglich abgesammelt. Danach verbesserte man den Boden mit einjährig abgelagertem Pferdemist (eine Schubkarre für vier Quadratmeter), der als Einstreu ungespritztes Stroh enthielt. (Vorsicht: Rückstände von Wirkstoffen zur Halmverkürzung können Rosen empfindlich zusetzen!) Gepflanzt wurden einige Monate später wüchsige, robuste Sorten wie 'Sommerwind'® und 'Lavender Dream'®. Dabei kam noch einmal eine kleine Menge gut verrotteter Mist mit in das Pflanzloch. Der Erfolg: In den nachfolgenden Jahren wurde keine Wuchsminderung infolge Bodenmüdigkeit beobachtet.

Ob überhaupt Bodenmüdigkeit vorliegt, läßt sich über einen Test abschätzen. Schnittrosen-Gärtner verfahren dabei wie folgt: Sie stecken Stecklinge irgendeiner Topfrosensorte, die grundsätzlich leicht bewurzeln, einmal in eine unbehandelte Bodenprobe des alten Rosenbeetes und parallel dazu in eine Probe des fragliches Beetes, die bei 100° C gedämpft wurde. Ist das Wachstum der Stecklinge in der gedämpften Erde deutlich besser, muß man mit Bodenmüdigkeit bei einer Neupflanzung rechnen.

> **Hinweis**
> Nicht auf allen Böden tritt das Phänomen der Bodenmüdigkeit gleich stark auf. Besondere Vorsicht ist insbesondere auf *leichten, humusarmen Böden* geboten. An humusreichen Standorten macht sich das Problem, wenn überhaupt, nur in wesentlich abgeschwächterer Form bemerkbar.

Rund um das Pflanzen

Die Rosenanbieter leben vom Verkauf ihrer Ware. Jeder preist seine Rosen verständlicherweise, so gut er kann, zeigt in den bunten Katalogen die Sorten von ihrer jeweils schönsten Seite. Diese Fotos verfehlen erfahrungsgemäß nicht ihre Wirkung und verleiten zum spontanen Rosenkauf. Viele Roseneinsteiger erwerben auf diese Art und Weise ihre ersten Rosen – und sind enttäuscht, wenn die Sorte ihren Erwartungen nicht entspricht, wenn sie beispielsweise in Farbe und Wuchsform mit anderen Gartenpflanzen nicht harmoniert oder gar krank wird. Schuld daran ist dann natürlich die Rosensorte.

■ Rosenkauf

Dabei gibt es eigentlich keine »falschen« Rosen – es passen nur häufig vorhandener Standort und ausgewählte Rose nicht zueinander. Und da es leichter ist, die Rosenauswahl dem gegebenen Standort anzupassen als umgekehrt, ist die Frage nach

Rosen kaufen und pflanzen

den Standortverhältnissen die wichtigste überhaupt: Welche Lichtverhältnisse herrschen? Müssen robustere Sorten gewählt werden, weil der Standort nicht optimal ist? Ist auf Fernwirkung zu achten oder werden die Pflanzen in unmittelbarer Nähe des Betrachters stehen? Welche Farbe haben die Blüten der umgebenden Pflanzen? Wie groß darf die Rose werden?

Nachdem geklärt ist, welcher Rosentyp und welche Blütenfarbe in Frage kommen, kann man sich wieder in die Kataloge und/oder Bücher vertiefen. Dazu eignen sich lange Winterabende besonders gut, wenn es draußen noch unwirtlich kalt, dunkel und trist ist. Eine durchdachte Auswahl lohnt die Mühe.

Bezugsquellen: Ist die Sortenwahl klar oder zumindest eingegrenzt, stellt sich die Frage nach den Bezugsquellen. Grundsätzlich lassen sich zwei Einkaufswege unterscheiden: entweder die Bestellung per Post oder der Einkauf direkt vor Ort.

Postversand: Die Rosenschulen bieten in Katalogen und Listen ihr Sortiment an. Die bekannten Anbieter sind traditionsreiche Firmen, die in der Regel nur Qualitätsware versenden und zuverlässig liefern. Obwohl Angebote und Farbkataloge ganzjährig verschickt werden, beschränkt sich die Auslieferung der Ware auf die üblichen Pflanzzeiten im Herbst und Frühjahr. Wer sich für bestimmte Neuheiten interessiert, sollte schon frühzeitig seine Wünsche anmelden und eine Reservierung vornehmen lassen, da neue Sorten – wie auch spezielle Raritäten – erfahrungsgemäß nicht in großen Stückzahlen vorliegen und schnell vergriffen sind. Und wer die Telefongebühren nicht scheut, kann sich mit sortenspezifischen Fragen auch direkt an die Anbieter wenden.

Sauber verpackte Versandlieferung von Rosen.

Noch ein Hinweis: Bisweilen kommen mit der Post versandte Pflanzen terminlich unpassend beim Empfänger an. Eine **kurzfristige Lagerung** der ungeöffneten Verpackung an einem kühlen, aber frostfreien Ort – etwa in einer Garage – ist problemlos möglich. Falls bestellte Rosen während einer Dauerfrostperiode eintreffen, sollte man die Sendung ebenfalls an einem frostfreien Ort langsam auftauen lassen.

Vorort-Einkauf: Ist die Sortenauswahl noch nicht ganz geklärt und intensivere Beratung erwünscht, empfiehlt sich der Gang in eine Baum- bzw. Rosenschule, ein Garten-Center oder ein Gartenfachgeschäft. Auch Baumärkte mit angeschlossener, gut sortierter Rosenabteilung sind eine Einkaufsmöglichkeit. Kritisch zu prüfen sind vermeintlich billige Angebote von namenlosen Rosen in Supermärkten, die auf Wühltischen wenig würdevoll und informationslos feilgeboten werden. Ohne das Wissen um die exakte Sorte wird die Pflanzung solcher Rosen zum Lotteriespiel, zahlreiche Nieten inbegriffen.

Direkt vom Erzeuger: Ein zusätzlicher Vorteil des Einkaufs bei Baumschulen, die selbst ihre Rosen anziehen, liegt darin, daß man sich während des Sommers, im Juli/August, die Wunschsorte *in natura* auf den Feldern anschauen kann. Ein Spaß für die ganze Familie, der sich mit einem Ausflug ins Grüne verbinden läßt. Der Eindruck, den die Pflanze auf dem Feld macht, sagt oft mehr als viele Bilder und zeigt auch die Blüten in ihrer natürlichen Farbe. Regional gezogene Pflanzware ist zudem auf die vorherrschenden Klima- und Bodenbedingungen abgestimmt, außerdem ist das Sortimentsangebot bewährt und in der Regel auf die lokalen Besonderheiten zugeschnitten.

■ Angebotsformen

Der Handel bietet Rosen in einer ganzen Reihe von Angebotsformen an. Dabei ist es unerheblich, um welche Art von Rose es sich handelt, ob sie als Busch oder als Stamm verkauft wird.

Grundsätzlich werden alle angebotenen Rosen im Herbst geerntet. Je nach der Form des Angebotes kommen diese Pflanzen jedoch zu recht unterschiedlichen Zeitpunkten in den Handel. Zur besten Pflanzzeit für die verschiedenen Angebotsformen siehe Seite 147.

Wurzelnackte Pflanzen: Der Verkauf von Rosen als wurzelnackte Ware ist die ursprünglichste und traditionsreichste Angebotsform der Baumschulen. Wurzelnackte Rosen sind »schlafende Schönheiten«, die sich im Zustand absoluter Winterruhe befinden. Der Kunde erkennt bei dieser verpackungsfreien Angebotsweise auf einen Blick die Qualität einer Pflanze. Man sollte aber unbedingt darauf achten, während und nach dem Einkauf im Herbst (ab Mitte Oktober) bzw. im zeitigen Frühjahr die ungeschützte Pflanzware – vor allem aber die feinen Wurzeln, die keine Rinde haben – vor direkter Sonnenbestrahlung und Trockenheit zu schützen. Bereits ein kurzes, offenes Liegen der Wurzeln in greller Sonne oder starkem Zugwind (z.B. im Einkaufswagen der Baumschule) kann zu irreversiblen Trockenschäden führen und das Anwachsen der Pflanzen ernsthaft in Frage stellen.

Verpackungsfrei: wurzelnackte Rose.

Vorverpackte Rosen: Bei dieser Verpackungsform sind die Wurzeln in ein feuchtigkeitsspendendes Naturmaterial, beispielsweise Moos oder Pflanzerde, eingepackt, wodurch ein Austrocknen verhindert werden soll. Die so präparierte Rose kommt in einen Folienbeutel bzw. eine Kunststoffbox mit einem großen Farbbild, dessen Rückseite zahlreiche Pflanzinformationen für den Kunden enthält. Diese Angebotsform findet sich häufig in Garten-Centern oder Baumarkt-Gartenabteilungen. Solange es sich um frische Ware handelt, eine saubere Sache für den Selbst-

Vorverpackte Rosen (auch als beutelverpackte Rosen bezeichnet); beim Kauf sollten sie noch nicht ausgetrieben haben.

Die Praxis

bedienungsverkauf. Die oberirdischen Triebe der Pflanzen sind bisweilen gewachst, um eine übermäßige Verdunstung zu verhindern. Nach dem Auspflanzen treiben die Rosenknospen durch das Wachs, deshalb braucht man es nicht zu entfernen. Man sollte das auch niemals mit Gewalt versuchen: die Beschädigungsgefahr ist einfach zu groß. Auch beim Öffnen der Wurzelverpackung muß man sorgsam zuwege gehen, da die Wurzel unter Umständen schon junge, zerbrechliche Feinwurzeln getrieben hat.

Wurzelballierte Rosen dürfen beim Kauf bereits belaubt sein.

Wurzelballierte Rosen: Eine noch relativ neue Angebotsform, die für den Handel und den Gartenfreund etliche Vorteile birgt. Wurzelballiert heißt, daß die Wurzeln der Rose in einem Erdballen stecken, der von einem Karton oder einem Netz zusammengehalten wird. Das Netz ist zusätzlich mit einem feuchthaltenden Folienbeutel überzogen, der vor dem Pflanzen entfernt wird. Netz und Karton zersetzen sich im Boden und werden deshalb mitgepflanzt, so daß die bereits aktive Wurzel beim Pflanzvorgang nicht gestört und in ihrer Entwicklung zurückgeworfen wird. Die wurzelballierte Rose wächst ohne Unterbrechung weiter, auch wenn sie bereits belaubt ist und austreibt. Eine Angebotsform, die transportextensiv, abfallmindernd und ressourcenschonend ist und gleichzeitig den Umgang mit einer wachsenden Pflanze bis weit ins Frühjahr hinein ermöglicht.

Containerrosen: Diese Angebotsform bietet den unschlagbaren Vorteil, daß man die ausgewählte Sorte blühend und in ihrer

Containerrosen für die Sommerpflanzung.

wirklichen Farbe und Form vor dem Kauf sehen und sie außerdem das ganze Jahr über – außer bei Frost – pflanzen kann. Die Hauptangebotszeit mit der größten Sortimentsbreite liegt allerdings in den Monaten Mai, Juni und Juli, wenn die Pflanzzeit der wurzelnackten Rosen vorbei ist. Der impulsiven sommerlichen Gestaltung des Gartens und der Terrasse steht seit der Einführung der Rosen im Container nichts mehr im Wege.

Das Volumen der Kunststoff-Container liegt in der Regel zwischen zwei und fünf Litern. Wegen des höheren Kultur- und Transportaufwandes sind Containerrosen teurer als Rosen mit nackter Wurzel.

■ Qualität

Die Qualität einer Rosenpflanze läßt sich nicht von der Angebotsform ableiten und ist in jedem Einzelfall neu zu beurteilen. Die nachfolgend beschriebenen Qualitätskriterien gelten für alle Gartenrosen, gleich, ob sie wurzelnackt, vorverpackt oder getopft angeboten werden.

Bildetiketten informieren beim Kauf über Sorte und Pflanzung.

Die äußere Qualität: Pflanzen lassen sich nur schwer normen. Die Festlegung von Richtlinien, an denen sich die äußere Qualität einer Pflanze messen lassen soll, ist deshalb immer die Vorgabe einer Idealvorstellung, die sich bemüht, in der Praxis eine Hilfestellung zum Unterscheiden von guter und schlechter Ware zu leisten. Der Bund deutscher Baumschulen – der Berufsverband der Baumschulen mit Sitz in Pinneberg bei Hamburg – formuliert für seine Mitgliedsbetriebe Gütebestimmungen für alle Baumschulpflanzen, so auch für Rosen. Diese Bestimmungen werden europaweit von anderen Berufsverbänden anerkannt und bis in alle Handelsstufen akzeptiert.

Güteklassen A und B (oben Busch, unten Stamm).

Veredelte Rosen werden in zwei Güteklassen getrennt:

Buschrosen der **Güteklasse A** müssen neben einem gut verzweigten Wurzelwerk mindestens drei kräftige Triebe aufweisen, davon mindestens zwei aus der Veredlungsstelle entspringen müssen. Der dritte Trieb darf bis zu fünf Zentimeter über der Veredlungsstelle ansetzen.

Buschrosen der **Güteklasse B** müssen ebenfalls mit gut verzweigtem Wurzelwerk angeboten werden und mindestens zwei der Veredlungsstelle entspringende Triebe besitzen.

Die Anzahl der Triebe sagt nichts über die innere Qualität und Wüchsigkeit einer Rose aus. In Jahren mit schlechteren Ernteergebnissen können durchaus überdurchschnittlich viele Rosen der Güteklasse B angeboten werden. Im guten Fachhandel sollte die Beachtung der Gütebestimmungen für Rosen und das Angebot ausschließlich unbeschädigter und sachgemäß behandelter Ware selbstverständlich sein.

Für **Stammrosen** gelten ebenfalls Gütebestimmungen, die neben der Triebzahl auch die Anzahl der vorhandenen Veredlungsstellen berücksichtigen. Der erfahrene Rosenkäufer achtet darauf, daß die Krone sich aus kräftigen Trieben zusammensetzt, die aus mindestens zwei Veredlungsstellen entspringen (Güteklasse A). Kronen mit lediglich einer Veredlungsstelle neigen zu einseitigem Wuchs, der sich später nur schwer korrigieren läßt.

Die innere Qualität: Die innere Qualität einer Rose läßt sich nicht messen und baut auf der umweltgerechten Kultur des Erzeugers und der sachgemäßen Behandlung der Ware im Handel auf. Vernünftig kultivierte Rosen zeigen festes Holz und glatte, pralle Triebe. Die Wurzeln sind nicht glasig und nach leichtem Ankratzen mit dem Fingernagel innen weiß. Vom Kauf von Rosen, die an ihren Trieben Rindenflecken zeigen, sollte man Abstand nehmen. Trockenschäden, ausgelöst durch unsachgemäße Behandlung auf den Handelswegen, signalisieren die Rosen durch eine eingeschrumpelte Rinde.

Spezielle Prüfungskriterien ...

... für vorverpackte Rosen: Die sogenannte Supermarkt-Rose muß nicht grundsätzlich schlechter sein als wurzelnackte Ware. Vorausgesetzt, es handelt sich um frische, ausgereifte Pflanzen, die rasch verkauft und gepflanzt werden. Bei einem längeren, sich über Wochen hinziehenden Verbleib in der Folie leiden sie jedoch stark, vor allem wenn sie in geheizten, sehr warmen Räumen präsentiert werden. Die Folge ist ein vorzeitiges Austreiben der Knospen; innerhalb der Verpackung entwickelt die Rose helle, sehr lange Triebe. Solche stark vorgetriebenen Pflanzen reagieren im Garten empfindlich auf Frost und eine unsachgemäße Wurzelbehandlung. Ein Kauf dieser überständigen Tütenrosen ist daher nicht ratsam.

... für Containerrosen: Eine gute Containerrose hat einen Topf mit einem Mindestvolumen von zwei Litern und zeichnet sich durch eine gute Durchwurzelung ihres Bal-

Der mitgepflanzte Wurzelballen ist nach einem Jahr problemlos durchwurzelt.

Schutzwachs nicht gewaltsam entfernen!

lens aus. Rosen, die nicht im Topf gewachsen und erst kurz vor dem Verkauf in die Container getopft wurden (man erkennt sie an den ungenügend durchwurzelten, wenig kompakten Ballen), rechtfertigen nicht den höheren Preis einer Containerrose und wachsen nach dem Pflanzen in der Regel nur zögerlich weiter.

■ Pflanzzeit

Rosen können, von Frostperioden mit Bodenfrost abgesehen, rund ums Jahr gepflanzt werden, da sie in irgendeiner der genannten Angebotsformen immer auf dem Markt zu finden sind. Jede Angebotsform hat jedoch ihre jeweils beste Pflanzzeit. Nachfolgend sind diese wichtigen Unterschiede aufgeführt. Zusätzlich können auch andere Aspekte, wie die Lage des Standortes oder die Bodenart, Einfluß auf die Pflanzzeiten haben. Noch ein Hinweis: Bisweilen erinnert eine wurzelnackte Rose im unbelaubten Zustand an ein lebloses Stück Holz mit Stacheln und läßt vergessen, daß es sich um eine lebende Pflanze handelt, die es schonend zu behandeln gilt. Man sollte wissen, daß jedes Verpflanzen eine einschneidende Zäsur im Leben einer Rose darstellt. Je mehr man den Bedürfnissen der Rose bereits von Anfang an entspricht, um so seltener wird sie später enttäuschen.

Herbstpflanzung: Die beste Pflanzzeit für wurzelnackte und vorverpackte Rosen liegt zwischen Mitte Oktober und Mitte November. In dieser Zeit ist der Gartenboden noch warm genug und die frisch gepflanzten Rosen setzen frühzeitig mit neuem Wurzelwachstum ein. So kann die sommerliche Restwärme des Bodens genutzt werden, um den Rosen die ideale Startposition zu sichern.

Vor Mitte Oktober – oder gar bereits im September – ist es wenig ratsam, wurzelnackte oder vorverpackte Rosen zu pflanzen, denn die dazu verwendete Pflanzware muß früh geerntet werden; ihre Triebe sind daher meist nur ungenügend ausgereift. Unausgereifte Rosen werden rasch zum Raub des Frostes im folgenden Winter.

Frühjahrspflanzung: Wurzelnackte und vorverpackte Rosen können auch im zeitigen Frühjahr gepflanzt werden, sobald der Frost aus dem Boden gewichen ist. Wenn in besonders kalten Lagen bzw. auf extrem schweren Böden Rosen gepflanzt werden sollen, ist generell die Frühjahrspflanzung der Herbstpflanzung vorzuziehen.

Die meisten Baumschulen überwintern die Pflanzware in teilweise riesigen Klimakammern, die an Kühlräume erinnern und ein vorzeitiges Austreiben der Rosenstöcke verhindern. Die Luftfeuchtigkeit innerhalb dieser Kammern läßt sich optimal steuern. Dies verhindert, daß die Triebe und Wurzeln austrocknen. Derart zurückgehaltene Rosen lassen sich bis in den Mai hinein pflanzen. Unbedingt notwendig ist jedoch ihre optimale Behandlung danach (Anhäu-

Die Praxis

feln), vor allem, wenn die Tagestemperaturen bereits sommerliche Werte erreichen. Als Regel kann gelten: Wurzelnackte und vorverpackte Rosen haben umso mehr Anwachsschwierigkeiten, je später im Frühjahr sie gepflanzt werden.

Wer sich Reinfälle ersparen möchte, sollte bei späten Pflanzterminen im Frühjahr auf wurzelballierte Rosen (Netzballierung oder Karton) zurückgreifen.

Sommerpflanzung: Mit dem Einzug der Containerrosen in die Verkaufsflächen von Garten-Centern und Baumschulen hat sich dem Rosenfreund eine vollkommen neue Pflanzzeit für Rosen eröffnet: der Sommer. Containerrosen wachsen bei sachgemäßer Pflanzung und fortlaufender Bewässerung auch bei sommerlichen Außentemperaturen im Garten risikolos an. Verankert im festen Wurzelballen bleiben die feinen, lebensnotwendigen Faserwurzeln beim Pflanzen unversehrt und ungestört.

■ Bodenvorbereitung

Der Boden ist ein komplexer Organismus mit zahlreichen, ihm innewohnenden Lebensformen (siehe Grafik Seite 143). Ohne dieses Bodenleben wäre das Leben von Pflanzen und in der Folge auch von Menschen und Tieren nicht möglich. Also sollte man ihn optimal vorbereiten, insbesondere bei einer auf viele Jahre angelegten Rosenpflanzung.

Rosenfreund Regenwurm: Den unschätzbaren Wert des Regenwurms als dienlichen Mitarbeiter im Garten erkannte Charles Darwin vor über 100 Jahren. Durch seine aufsehenerregende Veröffentlichung »Über die Bildung der Ackererde durch Würmer« befreite er den Regenwurm von seinem da-

Je mehr Regenwürmer den Boden bevölkern, desto besser wachsen die Rosen.

Gründüngung für das spätere Rosenbeet: *Tagetes erecta* **(Studentenblume).**

mals vorherrschenden Image als schädlicher Wurzelnager. Zwar frißt der Regenwurm auch Pflanzenteile, aber nur, wenn sie bereits abgestorben sind. Mit Hilfe seiner Verdauung macht er daraus in Verbindung mit Tonmineralien besten Humus. Schätzungsweise zweihundert Regenwürmer durchackern einen Quadratmeter Fläche. Es gibt tief- und flachgrabende Arten und auch Gartenkompostwürmer. Ein Regenwurm sorgt nicht nur für mehr Humus im Boden, sondern er lockert ihn durch seine unterirdische Tunnelarbeit auch auf. Das fördert die Durchlüftung und Wasserführung des Bodens entscheidend und ist dem Gedeihen der Rosen höchst förderlich. Die Anzahl der Regenwurmgänge gibt Auskunft über die Dichte der »Bevölkerung«. Tausend Gänge pro Quadratmeter gelten bei Gartenböden als ideal. Wer will, kann den Bestand durch das Abschürfen einer Fläche von 50 x 50 x 5 cm Boden ermitteln. Die Zahl gefundener Gänge mit vier multipliziert, ergibt die Regenwurm-Summe pro Quadratmeter.

Gründüngung mit Tagetes erecta: Eine Aussaat von Gründüngungspflanzen ab April, vor der Rosenpflanzung im Herbst, verbessert die Bodenstruktur und – durch Mehrung des Humus – die Bodenfruchtbarkeit. Zudem sind Gründüngungspflanzen wichtige Futterpflanzen für Bienen und andere Nutzinsekten. Als Begrünungspflanze für die Vorkultur von Rosen eignet sich be-

sonders *Tagetes erecta* (Studentenblume). Diese, und nur diese *Tagetes*-Art vertreibt nach neuen Forschungsergebnissen, die auf norddeutschen sandig-humosen Böden erzielt wurden, rosenfeindliche Nematoden, insbesondere der gefährlichen Gattung *Pratylenchus*. Voraussetzung für diese umweltfreundliche und grundwasserschonende Nematodenvertreibung ist jedoch, daß die Fläche vor der Einsaat absolut unkrautfrei gemacht wird. Das ist deshalb so wichtig, weil die Nematoden sonst an den Wurzeln der Unkräuter Unterschlupf fänden. Von einer Aussaat von *Phacelia* – wie oft in neuer Literatur empfohlen – raten die norddeutschen Ergebnisse betont ab, da *Phacelia tanacetifolia* (Bienenfreund) ebenfalls als Wirtspflanze für Nematoden eingestuft wird. Dies gilt besonders für Flächen, auf denen vor der Gründüngung auch andere Vertreter der Familie der Rosengewächse – z.B. Äpfel, Birnen, Feuerdorn und viele mehr – gestanden haben.

Gartenkompost: Ein bevorzugtes und erschwingliches Bodenverbesserungsmittel ist Gartenkompost. Durch seine Verwendung werden organische Materialien in den Bio-Kreislauf zurückgeführt. Außerdem fördert Gartenkompost ein organisiertes, kontrolliertes Wachstum der Rosen, da die in ihm enthaltenen Stickstoffkomponenten sehr langsam in Abhängigkeit von der Bodentemperatur und damit in Harmonie mit dem Pflanzenwachstum fließen. Bei

Rosen kaufen und pflanzen

der Rosenpflanzung kann etwa dreißig Prozent Gartenkompost unter die Füllerde gemischt werden. Die Bedeutung des Gartenkompostes als Nährstofflieferant in bereits bestehenden Rosenpflanzungen wird unter dem Abschnitt »Düngung« (siehe Seite 161) angesprochen. Nicht zuletzt macht die Kompostverwendung den Einsatz des wertvollen Naturrohstoffes Torf – der sowieso nichts bei Rosen zu suchen hat – überflüssig.

Unkrautfreiheit: Vor dem eigentlichen Pflanzen der Rosen müssen alle Wurzelunkräuter aus dem Beet entfernt werden. Mit einer Grabegabel lassen sich die Wurzeln aus dem feuchten Boden herauslösen. Diese Arbeit ist recht ermüdend und reizt zum Schludern. Mit Sicherheit sind die verbleibenden Unkräuter im späteren Rosenbeet aber eine ungleich größere Plage als ihre rechtzeitige, peinlich genaue Entfernung.

■ Pflanzung

Vor dem Pflanzen werden die oberirdischen Triebe von wurzelnackten und vorverpackten veredelten Rosen auf etwa 20 cm (Scherenlänge) zurückgeschnitten. Wenn dickere Wurzeln beschädigt oder geknickt sind, kann man sie bis zu dieser Stelle abschneiden. Auf keinen Fall dürfen aber die feinen Faserwurzeln beschnitten werden, weil die Pflanze allein durch sie Nährstoffe aufnimmt. Je mehr intakte Faserwurzeln eine Rose besitzt, desto leichter und rascher wächst sie an und desto kräftiger treibt sie aus. Danach kommen die Rosen grundsätzlich zwei bis drei Stunden mit allen Trieb- und Wurzelteilen in ein Wasserbad, unabhängig davon, ob im Herbst oder im Frühjahr gepflanzt wird.

Das **Pflanzloch** sollte in Höhe, Tiefe und Breite etwa eine Handbreit größer als der Ballen- bzw. Wurzelumfang sein. Die Pflanzlocherde wird an die Seite gepackt. Sie kann mit Gartenkompost gemischt werden. Torf sowie mineralischer Dünger haben bei einer Rosenpflanzung nichts verloren; lediglich eine Hand voll Hornspäne (etwa 50 g) bzw. einige Körner Langzeitdünger, die ihre Nährstoffe langsam und ausgewogen abgeben, kommen mit in die Erde. Die Sohle des Pflanzlochs lockert man mit der Grabegabel gründlich auf.

Rosen richtig pflanzen

Zweistündiges Wasserbad.

Triebe viel, Wurzeln wenig schneiden.

Pflanzlochsohle mit Grabegabel lockern.

Veredlungsstelle 5 cm tief setzen, die Wurzeln sollen frei hängen können.

Falsch: Veredlungsstelle über der Erdoberfläche, die Wurzeln liegen gebogen im Pflanzloch.

Durch leichtes Rütteln des Rosenstockes werden Hohlräume gefüllt.

Maßvolles Antreten mit dem Absatz.

Tüchtig mit Schlauch oder Kanne einschlämmen.

Immer mit Erde anhäufeln!

149

Die Praxis

Links: Pianissimo: Nur überlange und verletzte Wurzeln schneiden!

Rechts: Ein quergelegter Stab über dem Pflanzloch hilft beim richtigen Abschätzen der Pflanztiefe.

Dann stellt – oder, wenn ein weiterer Helfer zur Hand ist, hält – man die Rose senkrecht ins Pflanzloch. Die Wurzeln sollten dabei frei in der Luft hängen können, ohne daß sie gebogen werden müssen. Zu berücksichtigen ist, daß nach dem Pflanzen die **Veredlungsstelle** 5 cm (auf ausgesprochen lehmigen, bindigen Böden nur 3 cm) tief in der Erde sein muß, damit die Neigung der Veredlungsunterlage zur Wildtriebbildung unterdrückt und der Frostschutz für den Rosenstock erhöht wird. Ein quer über das Pflanzloch gelegter Stab kann dafür eine Orientierungshilfe geben.

Das Loch wird nun mit der Pflanzlocherde aufgefüllt und um die Rose herum leicht mit dem Absatz angetreten. Mit Gießkanne ohne Tülle oder dem Gartenschlauch wird kräftig angewässert. Ein kleiner Erdwall um den Rosenstock verhindert, daß das Schlämmwasser wegläuft.

Zum Schluß häufelt man die Erde soweit an, daß nur noch die Triebspitzen der Setzlinge erkennbar sind. Es muß immer (!) angehäufelt werden, auch bei Frühjahrspflanzungen. Das **Anhäufeln** schützt die Rosen vor austrocknenden Winden, Sonne und Frost. Die Verdunstung der Triebe wird zudem so lange reduziert, bis die Eigenversorgung über neuverankerte Wurzeln gesichert ist. Erst acht Wochen nach der Frühjahrspflanzung – bei Herbstpflanzung ab Ende März – wird abgehäufelt.

Spezielle Pflanztips für

▶ **wurzelballierte Rosen:** Verpackungsfolien muß man vor dem Pflanzen entfernen, Netzballierungen bzw. ballenumgebende Kartons können in der Regel mitgepflanzt werden. Hinweise auf der Verpackung geben hierüber detailliert Aufschluß.

▶ **Containerrosen:** Die Pflanzen werden aus den Töpfen herausgenommen. Die Ballen taucht man vor dem Pflanzen so lange in einen Eimer Wasser, bis keine Blasen mehr aufsteigen. Ballen von Containerrosen bestehen aus einer lockeren, humosen und nährstoffreichen Pflanzerde. Damit die Wurzeln nach dem Auspflanzen aus diesem »Wuchsparadies« in den schwereren Gartenboden hineinwachsen können, muß dieser gut gelockert sein. Sonst gehen die Rosenwurzeln den Weg des geringsten Widerstandes und bleiben im Bereich des ursprünglichen Ballens, ohne sich wirklich im Garten zu verankern. Dem Aufbau einer selbständigen Wasser- und Nährstoffversorgung wäre dies natürlich abträglich. Stark verwurzelte Ballen sollte man vor dem Pflanzen im Sohlenbereich lockern und eventuellen Wurzelfilz aufbrechen.

▶ **Stammrosen:** Die Pflanzung erfolgt wie bei den veredelten Buschrosen, allerdings muß man nicht auf eine basale Veredlungsstelle achten. Dafür findet sich am Stammfuß die sogenannte **Zapfenschnittstelle**, die über der Erdoberfläche bleibt. Immer ist zusätzlich ein stützender, in der Höhe dem Stämmchen entsprechender Pfahl notwendig, der mit Hilfe von Kokos, Jute oder Bast mindestens zweimal, besser dreimal fixiert wird. Auf keinen Fall dürfen die Bindematerialien einschneiden und den Stamm abschnüren. Im Herbst sollte man die Fixierungen auf ihre Festigkeit überprüfen.

> **Hinweis**
> Zu bedenken ist der Platzbedarf für das Umbiegen über die Zapfenschnittstelle bei einer späteren Überwinterung. Die Ausrichtung der Zapfenstelle sollte man also schon beim Pflanzen berücksichtigen. Hierzu mehr beim Thema »Frostschutz« (siehe Seite 170).

Pflanzlöcher für Hochstammrosen können gut etwas größer als bei den Buschrosen ausfallen. Allerdings dürfen durch besonders tiefe Pflanzlöcher Hochstammrosen nicht »verkürzt« werden. Dies mag zwar ästhetischen Überlegungen in Einzelfällen entsprechen, der Rose schadet es aber.

Alle frischgepflanzten Rosen, ob Busch oder Stamm, ob im Container oder wurzelnackt, brauchen in den ersten Wochen nach dem Pflanzen ausreichend Wasser. Bei trockenem Wetter muß man dafür selbst sorgen – auch bei einer Herbstpflanzung.

Vor dem Pflanzen von Containerrosen die Töpfe behutsam entfernen.

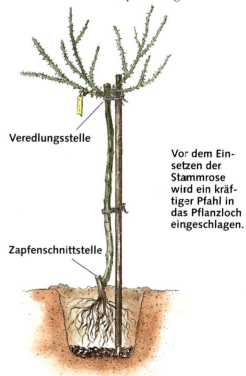

Vor dem Einsetzen der Stammrose wird ein kräftiger Pfahl in das Pflanzloch eingeschlagen.

PRAXISKALENDER

Die Pflege der Rose

Der Praxiskalender – die wichtigsten Arbeiten im monatlichen Überblick

Januar
- in Rosenliteratur schmökern
- Rosenkataloge studieren, Rosen bestellen
- große Schneemengen von Kletter- und Strauchrosen vorsichtig durch Abklopfen entfernen

Februar
- Gartenkompost umsetzen
- Pflanzpläne erarbeiten
- Rosen vor Winden und intensiver Wintersonne eventuell durch zusätzliche Reisiglagen schützen

März
- bei Schneeschmelze bzw. Tauwetter Reisigschutz entfernen
- ab Ende März abhäufeln, Häufelerde um die Rosen verteilen
- Bodenvorbereitung für Neupflanzungen
- Neu- und Umpflanzungen vornehmen
- bei bedecktem Himmel Kronen der Stammrosen aus dem Boden nehmen bzw. Reisig entfernen
- Stammrosen pfählen und anbinden
- wenn spezieller Rosendünger vorgesehen ist, jetzt ausbringen
- Vermehrung: Aussaaten vornehmen, Steckhölzer schneiden und stecken

April
- Rückschnitt der Rosen
- Schnittgut sauber entfernen
- Bodenlockerung, Unkraut entfernen
- nach Schnitt mulchen, z.B. mit Rindenmulch
- Vermehrung: Abhäufeln der eigenen Okulate, Abwerfen des Wildbusches
- eventuell Gründungspflanzen säen für Rosen-Herbstpflanzung

Mai – mit den Frühlingsrosen beginnt die Saison!
- nicht gemulchte Beete lockern, unkrautfrei halten
- eventuell wässern
- auf Schädlinge und Pilzbefall achten
- wenn Einsatz von Langzeitdünger, dann jetzt ausbringen
- Wildtriebe am Ansatz entfernen

Juni – Rosensommer auf vollen Touren
- neue Rosensorten bestellen
- Rosarien (bis September) besuchen
- Bodenlockerung, Unkraut entfernen
- Wildtriebe entfernen
- Schädlinge und Pilze nur bei übermäßigem Befall bekämpfen
- eventuell wässern und nachdüngen
- einmalblühende Rosen nicht schneiden, wenn Hagebutten gewünscht

Juli – Rosen, Rosen, Rosen...
- neue Rosensorten bestellen
- regelmäßig bei öfterblühenden Rosen Verblühtes entfernen, wässern
- keine Stickstoffdüngung mehr verabreichen
- lange Jungtriebe der Kletterrosen anbinden
- Bodenlockerung, durch Wässern entstandene Verkrustungen mit Grubber aufreißen
- Sommerschnitt bei einmalblühenden Strauchrosen
- Vermehrung: Okulation vornehmen, Stecklinge schneiden und stecken

August – in günstiger Lage zweite Blüte
- weiterhin Verblühtes entfernen, eventuell wässern
- Sommerschnitt bei einmalblühende Kletterrosen
- Vermehrung: weitere Okulationen vornehmen, Stecklinge stecken

September – jetzt überall Herbstblüte
- Pflanzstellen für Herbstpflanzungen vorbereiten, auf Entfernen der Wurzelunkräuter achten
- die Rosen bedrängende Begleitpflanzen im Zaum halten
- Kalidüngung mit Patentkali bei warmer Witterung und fortgesetztem Wachstum
- Bodenbearbeitung einstellen, damit keine weitere Stickstoff-Freisetzung erfolgt

Oktober – Rosen und kein Ende
- mit Pilzsporen befallene Blätter auflesen und verbrennen
- ab Mitte des Monats mit Neupflanzungen beginnen
- Vermehrung: ausgereifte Hagebutten ernten, stratifizieren, Herbstaussaat vornehmen

November – die letzten Rosen nimmt der Frost
- Reisig für Winterschutz besorgen
- Neupflanzungen fortsetzen
- Strauchrosen leicht einkürzen, um Schneebruch zu verhindern
- bei Buschrosen nur sehr lange Triebe einkürzen
- Umpflanzen alter Rosenstöcke
- Stammrosen umlegen
- Vermehrung: bewurzelte Stecklinge frostfrei und hell überwintern
- Ende des Monats mit dem Anhäufeln beginnen

Dezember
- Gartenpläne ergänzen
- wenn Gartenkompost, dann jetzt ausbringen
- wenn Hornspäne vorgesehen, dann jetzt ausstreuen

Die Praxis

■ Der rosige Schnittkurs

Der Schnitt der Rosen ist für viele Gartenfreunde ein Mysterium. In der Literatur und in Katalogen werden zu diesem Thema so zahlreiche Hinweise gegeben, daß im Laufe der Lektüre leicht der Überblick verloren geht. Dabei ist der Rosenschnitt keine Wissenschaft, obwohl manche Darstellungen diesen Eindruck vermitteln.

Viele der heute praktizierten Schnittmethoden haben ihren Ursprung im viktorianischen England. Glaubt man englischen Quellen, waren einige Methoden schon damals nicht in erster Linie am Wohle der Rosen orientiert, sondern wurden als »Arbeitsbeschaffungsmaßnahme« für die zahlreichen zu beschäftigenden Gärtner in der arbeitsarmen Nachsaisonzeit ersonnen.

Links: Starker Rückschnitt – wenige, aber starke Triebe.
Rechts: Schwacher Rückschnitt – viele, aber dünnere Triebe.

Schnittgründe: Daß bestimmte Rosengruppen einen regelmäßigen Schnitt verlangen, ist unstrittig. Nur so können sich beispielsweise Buschrosen verjüngen: Licht kann auf untere, ruhende Knospen fallen, so daß sich aus der Basis der Stöcke neue Triebe entwickeln. Ohne Schnitt würden sich die Pflanzen zudem zu regelrechten »Kleiderständern« aufbauen, mit nachlassender Blühwilligkeit und Blütengröße. **Für moderne, öfterblühende Sorten gilt: Je mehr junges Holz, desto mehr Blüten.** Auch die Wildrose – die Urmutter aller Kultursorten – ist an ihrem natürlichen Standort der südlichen Waldränder seit jeher an eine regelmäßige Verjüngung durch Äsung gewöhnt. Bei anderen Gruppen, etwa den Rugosa-Hybriden, sterben artbedingt unverhältnismäßig viele Triebe bereits nach dem dritten oder vierten Jahr ab. Wenn man sie nicht entfernt und damit die Bildung neuer Triebe anregt, würden viele dieser Sorten rasch vergreisen.

Ein überlegter Schnitt verbessert auch die Lichtverhältnisse innerhalb eines Rosenstrauches, wodurch mehr und besser entwickelte Blätter gebildet werden können. Oft wird die wichtige Funktion des Laubes als »Lunge« der Pflanze vergessen. In Verbindung mit einer maßvollen Düngung können über eine größere Laubfläche mehr Aufbaustoffe (Assimilate) für die Rose produziert und für die Pflanzenentwicklung zur Verfügung gestellt werden.

Schnittumfang: Streit entflammt immer wieder über das Ausmaß des Rosenschnittes. Dabei kann man interessanterweise beobachten, daß die Anhänger eines mäßigen Schnittes ihre Rosen häufig in einer Gegend mit Weinbauklima pflegen, während die »Starkschneider« oft mit Frostlagen zu kämpfen haben. Dort frieren die Triebe der Rosen regelmäßig so stark zurück, daß ein Schnitt unausweichlich ist. Davon bleiben die Rosenfreunde milder Klimata jedoch verschont. Das Bewußtsein für die sehr unterschiedlichen Klimazonen in Mitteleuropa bringt somit Licht in die kontrovers diskutierte Schnittproblematik.

Wachstumsgesetze: Eine generelle Aussage zum Schnittumfang läßt sich also nicht machen. Eindeutig sind jedoch die Auswirkungen der Schnitt-Tiefe: Wer Rosen stark zurückschneidet und nur wenige Knospen, sogenannte Augen, stehen läßt, wird weniger, dafür aber längere und starke Triebe erzielen. Umgekehrt bewirkt ein nur leichter Schnitt zahlreiche, dafür aber kürzere und eher schwache Neutriebe.

> **TIP** Kurz gesagt: Ein schwacher Rückschnitt verursacht einen schwachen, ein starker Rückschnitt bewirkt einen starken Austrieb.

Schnittführung: Wer Rosen schneidet, sollte auf die richtige Schnittführung achten. Rosen schneidet man etwa 5 mm über dem Auge schräg ab, und zwar so, daß das Auge auf dem obersten Punkt des eingekürzten Triebes sitzt. Der Schnitt darf nicht zu schräg angesetzt werden, um die Wundfläche so klein wie möglich zu halten. Auch dürfen keine größeren Zapfenstummel stehen bleiben. Die verwendete Rosenschere muß scharf sein, denn sie soll die Triebe nicht abquetschen, sondern eine glatte Schnittstelle zurücklassen.

Frühjahrsschnitt: Der richtige Zeitpunkt für den Rückschnitt der Rosen in unseren Breiten ist das Frühjahr. Der optimale Zeitpunkt schwankt innerhalb der einzelnen Regionen. Je milder das Klima, desto früher kann mit dem Schnitt begonnen werden. In ungünstigen Lagen sollte man lieber bis Ende April warten. Als zeitliche Orientierungshilfe für den Frühjahrsschnitt bietet sich die Blüte der Forsythien an.

Auf jeden Fall dürfen die Arbeiten im Rosengarten erst dann beginnen, wenn keine

Falscher Schnitt   **Richtiger Schnitt**

ROSENSCHNITT

stärkeren Fröste mehr drohen. Auch wenn Frühlingsgefühle die Ungeduld schüren, sollte bedacht werden, daß die Neuaustriebe der Rosen in Spätfrostlagen starken Schaden nehmen können, vor allem, wenn nach einer klaren, kalten Nacht die Morgensonne die Triebe intensiv bestrahlt.
Für den Frühjahrsschnitt der Rosen existieren **grundsätzliche Regeln**: Zuerst werden alle durch Krankheiten, Verletzungen oder Frost geschädigten, meist bräunlichen Triebe bis in das gesunde, innen noch grünlichweiße Holz zurückgeschnitten. Nicht ausgetriebene Triebstummeln des Vorjahres sind ebenfalls rigoros am Ansatz zu entfernen. Dies gilt auch für alle dünnen und schwachen Triebe. Dabei sollte man beim Gebrauch der Schere keine Ängstlichkeit oder Scheu zeigen, denn der Austrieb kräftiger und gesunder Neutriebe mit guter Blühwilligkeit ist nur aus entsprechend starkem, dickem Holz zu erwarten.

Frieren im Herbst geschnittene Rosen stark zurück, kann dieser Substanzverlust zum Tod der Pflanze führen. Nur das Frühjahr (Forsythienblüte) ist der richtige Zeitpunkt für den Rosenschnitt.

Der früher übliche **Herbstschnitt** wird heute kaum noch praktiziert. Im Herbst kürzt man lediglich stark wachsende, hohe Triebe ein, um Schäden durch Windbruch bzw. Schneelast vorzubeugen.
Es gibt keine einheitliche Schablone, die man allen Rosengruppen beim Schnitt anlegen könnte. Jede Gruppe hat andere Ansprüche. Außerdem kann jeder Rosenbesitzer mit den Schnittmaßnahmen Einfluß auf den Verwendungszweck seiner Pflanzen nehmen und entscheiden, ob sie beispielsweise Hagebutten tragen sollen oder eine höhere Blütenausbeute gewünscht ist.
Noch eine Anmerkung: Jede größere Schnittmaßnahme ist im wahrsten Sinne des Wortes ein einschneidender Vorgang im Leben einer Rose. Je nach Art und Stärke sollte sie von flankierenden Maßnahmen begleitet sein, z.B. von einer für die Produktion starker, widerstandsfähiger Neutriebe notwendigen, ausreichenden und ausgewogenen Ernährung der Pflanzen.

Schnittabfälle: Nach dem Schnitt der Rosen dürfen keine Schnittabfälle in den Beeten und Rabatten liegen bleiben, denn derartige Triebstücke sind der ideale Nährboden für Bakterien und Pilze, die Triebe und Wurzeln der lebenden Rosen befallen können. Den erfahrenen Rosengärtner erkennt man nicht zuletzt am sauber aufgeräumten Beet nach der Schnittarbeit. Rosenschnittgut ist unter Umständen mit Dauersporen gefürchteter Pilzkrankheiten wie Sternrußtau befallen und gehört deswegen nicht auf den Komposthaufen. Es muß vernichtet werden.

Etikettierung: Beim Schnitt der Strauch- und Kletterrosen muß man grundsätzlich zwischen einmal- und öfterblühenden Sorten unterscheiden. Mit der Einführung öfterblühender Rosen ist nicht nur ein großer, begierig aufgenommener Züchtungsfortschritt gelungen. Auch die Schnittregeln wurden komplexer. Roseneinsteiger sollten sich deshalb beim Kauf einer Sorte aufschreiben, welche Blührhythmik sie hat, ein entsprechendes Etikett an der Pflanze befestigen oder diese Information in einem Pflanzplan notieren. Sie ist auch für einen Gärtner wichtig, der private Anlagen regelmäßig pflegt und fachgerecht arbeiten will.

Schnitt der Zwerg-, Beet- und Edelrosen (Buschrosen)

Nach dem Abhäufeln erhalten Zwerg-, Beet- und Edelrosen im Frühjahr von allen Rosengruppen den jährlich stärksten Schnitt. Zuerst werden alle kränklichen

Beet-, Edel- und Zwergrosen schneidet man auf vier bis fünf Augen (Knospen) zurück.

»Der Sommerschnitt bei Rosen stimuliert den Neutrieb wie die aus dem Nest gestohlenen Eier ein neues Gelege«.
(Helmut Maethe)

Schnittstelle für Sommerschnitt

und abgestorbenen Triebe entfernt. So erhält man einen guten Überblick über die gesunden Teile der Pflanze. Die Höhe, auf der der Schnitt angesetzt wird, variiert dabei gemäß den Wachstumsgesetzen und dem gewünschten Aufbau zwischen einer Hand breit (etwa bei Zwergrosen) und zwanzig Zentimetern über dem Boden.
Manche Edelrosen neigen dazu, nur wenige neue Grundtriebe zu entfalten und sparrig locker zu wachsen. Das sogenannte **Pinzieren** (Halbieren der Neutriebe; siehe Seite 115) ab Mitte Mai regt Neutriebe zu einer weiteren Verzweigung an und fördert damit die Buschigkeit an sich staksig wachsender Sorten. Nach dem ersten Blütenflor können die Zwerg-, Beet- und Edelrosen bis unter die Blüte bzw. den Blütenstand zurückgeschnitten werden (Sommerschnitt). Dabei aber nicht zu tief schneiden: Richtschnur ist das erste, voll ausgebildete Laubblatt, über dem der Schnitt angesetzt wird. Ein zu tiefer Schnitt, mit dem »Bleiarm« in tief gebückter Haltung, kostet wertvolle Laub- und damit Assimilationsfläche und verzögert den Nachtrieb mit neuer Blütenfülle erheblich, vor allem bei heißer Wetterlage. Je mehr Blattwerk (»Rosenlunge«) erhalten bleibt, desto flotter treibt die Sorte nach. Zu bedenken ist auch, daß entsprechende Wurzelpartien einer Rose absterben, wenn im Sommer zuviel Blattmasse entfernt wird. Das wichtige Gleichgewicht zwischen Blatt und Wurzel wird dadurch während der Wachstumsphase gestört.

153

Die Praxis

Schnitt der einmalblühenden Kletterrosen

Noch zu Goethes Zeiten waren keine öfterblühenden Kletterrosen bekannt. Sein Gartenhaus in Weimar schmückten einmalblühende Sorten. Damit war für ihn Anfang Juli die Rosenblüte vorbei. Hätte er nun seine einmalblühenden Sorten im Frühjahr geschnitten, wäre die Blütenpracht für das betreffende Jahr verloren gewesen. Denn einmalblühende Kletterrosen blühen nicht an ihren diesjährigen Langtrieben. Erst die aus den diesjährigen Langtrieben entspringenden Seitentriebe tragen die üppige Blütenpracht im nächsten Jahr.

So mancher Baumschulverkäufer bzw. manche Fachkraft im Gartenmarkt mußte im Herbst erboste Kunden beruhigen, die sich beschweren, man habe ihnen eine »blinde« Rose verkauft, die nach der Pflanzung im Frühjahr keine einzige Blüte gebracht habe. Und noch Schlimmeres ist denkbar: Wird dieser Kunde nicht fachgerecht beraten und schneidet er die einjährigen Triebe im kommenden Frühjahr wiederum zurück, ist sein nächster Blütenfrust vorprogrammiert.

Junge, einmalblühende Kletterrosen schneidet man überhaupt nicht, sondern bindet sie nur fest. Sollen sie in lichte Bäume wachsen, legt man die Triebe behutsam in die gewünschte Richtung oder biegt sie um vorbereitete Gerüste und Spaliere. Etwas Geduld ist mitzubringen, denn bis zum Blütenrausch dauert es schon einige Jahre.

Ältere Pflanzen schneidet man nach der Blüte. Die verwelkten Blüten sitzen auf kurzen Seitentrieben, die man bis auf zwei bis drei Augen zurücknimmt. Dies spornt den Stock zur Bildung neuer Triebe an, die bis zum Herbst ausreifen können – eine wichtige Voraussetzung, damit sie unbeschadet über den Winter kommen.

Will man die Rosen als Futterpflanzen für die Vogelwelt in Szene setzen, sollen also Hagebutten im Herbst die Pflanze zieren, dürfen die Blüten nicht im Sommer abgeschnitten werden, da keine weiteren nachgebildet werden. Manch einer nimmt hierfür gerne die geringere Blütenfülle im nächsten Jahr in Kauf.

Die verwelkten Blüten der stark gefüllten Sorten neigen nach längeren Regenperioden zum Faulen, häßliche »Mumien« bilden sich. Aus ästhetischen Gründen sollte man sie entfernen.

Unabhängig davon, ob die Kletterrose nun fruchten soll oder nicht, bleiben neue, einjährige Triebe auf jeden Fall stehen. Sie sind das Gerüst für die Blüten des folgenden Jahres.

Ramblerschnitt: Ramblerrosen werden bei entsprechendem Raumangebot überhaupt nicht regelmäßig geschnitten, sondern – wenn überhaupt – nur ausgelichtet, d.h. man entfernt alte, mehrjährige Triebe an ihrer Basis. Im Rosarium Dortmund, wo man den jährliche Schnitt ebenfalls entfallen läßt, wurde für Ramblerrosen eine spezielle, arbeitsextensive Schnittmethode zur regelmäßigen Verjüngung entwickelt. Sie ist auch für den Hausgarten interessant, vor allem, wenn sich das Raumangebot für die starkwüchsigen Kletterkünstler in Grenzen hält. Im Turnus von vier Jahren werden die Stöcke nach der Blüte bis zum Boden zurückgeschnitten und nur die diesjährigen Jungtriebe verbleiben – quasi wie bei der Brombeerkultur.

Schnitt der öfterblühenden Kletterrosen

Öfterblühende Kletterrosen blühen sowohl am diesjährigen wie am ein- und mehrjährigen Holz. Im Frühjahr werden – ähnlich wie bei den Buschrosen – alle toten und beschädigten Triebe entfernt. Schwache Triebe schneidet man direkt an der Austriebsstelle, kräftige Seitentriebe kürzt man nach der Blüte bis auf drei bis fünf Augen ein. Man kann die ersten verblühten Triebe bis zu einem gut entwickelten Auge entfernen (Sommerschnitt), da die öfterblühenden Rosen im Sommer innerhalb von sechs bis sieben Wochen eine neue Blüte bilden und diese später – je nach Sorte – Hagebutten ansetzen können.

Überlange Seitentriebe und neue Langtriebe werden am Klettergerüst festgebunden. Sie sind die Grundlage für die nächstjährige Blütenfülle.

Zum Schneiden kann es unter Umständen notwendig sein, befestigte Triebe zu lösen und nach dem Schnitt neu festzubinden. Beim Anbinden der Triebe – mit nicht einschnürendem Material – sollte man deshalb immer darauf achten, daß die Verschnürung leicht wieder zu lösen ist.

Schnitt der einmalblühenden Strauchrosen

Einmalblühende Strauchrosen sind Park-, Moos- und Wildrosen, die am alten Holz, also an ein- und mehrjährigen Trieben, blühende Seitentriebe entwickeln.

Diese Gruppe wird nur sehr behutsam geschnitten; mancher Kenner verzichtet völlig auf einen Schnitt. Nur krankes, zurückgefrorenes und totes Holz ist zu entfernen, zu dicht stehende Triebe können ausgeglichen werden. Haben zu entfernende Triebe bereits Aststärke erreicht, empfiehlt sich der Einsatz einer Säge oder einer belastbaren Baumschere. Würde man die Triebe

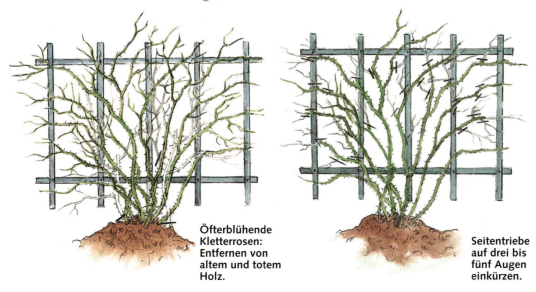

Öfterblühende Kletterrosen: Entfernen von altem und totem Holz.

Seitentriebe auf drei bis fünf Augen einkürzen.

ROSENSCHNITT

wie bei den Buschrosen jedes Jahr im Frühjahr zurücknehmen, bliebe im Juni/Juli die Blüte aus. Wenn überhaupt, werden die verblühten Seitentriebe im Sommer auf zwei bis drei Knospen zurückgeschnitten. Es bilden sich Kurztriebe, die im nächsten Jahr blühen. Dieser »**Sommerschnitt**« hält die Strauchriesen in Form und läßt ihre Kultur auch an beengteren Standorten zu.

Schnitt der öfterblühenden Strauchrosen

Im Gegensatz zu den einmalblühenden Strauchrosen bilden die öfterblühenden Sorten ihre Blütentriebe nicht nur als Seitenholz älterer Äste, sondern auch am diesjährigen Holz aus. Die modernen Sorten sind in der Regel ohne Schnitt so blüh- und wuchswillig, daß das Entfernen alter Triebe und zeitweiliges Auslichten genügen. Verblühtes des ersten Flors kann bis auf ein kräftiges Auge zurückgenommen werden (Sommerschnitt), die Nachblüte erscheint erfahrungsgemäß – wie bei den öfterblühenden Kletterrosen – nach sechs bis sieben Wochen. Der Sommerschnitt verhindert bei den fruchtenden Sorten den Hagebuttenansatz nicht, sondern verschiebt ihn lediglich.

Wenn aufgrund von Frostschäden oder nachlassender Blühfreude doch einmal Triebe zurückgenommen werden sollen, dann schneidet man die Haupttriebe nur leicht, die Seitentriebe dagegen kräftiger. Turnusgemäß entfernt man alle vier bis fünf Jahre alte, kräftige Grundtriebe der öfterblühenden Strauchrosen – übrigens wie bei vielen anderen Blütensträuchern auch – direkt am Basisansatz in Bodennähe.

Schnitt von Alten und Englischen Rosen

Die Alten Rosen aus Urgroßmutters Garten kehren zurück in unsere Gärten. Und zwar so zahlreich, daß sich die Frage nach dem richtigen Schnitt stellt. Schnitthinweise aus dem traditionsreichen Rosenland England, wie man sie oft in bunten Gartenzeitschriften nachlesen kann, sind dabei nicht immer hilfreich. Sie gelten für die englischen Klimaverhältnisse und lassen sich daher nicht zwangsläufig auf die Pflege mitteleuropäischer Rosenpflanzungen übertragen.

Der Großteil der **Alten Rosen** blüht erst am ein- und mehrjährigen Holz. Im Frühjahr werden nur alte, kranke und tote Triebe entfernt. Ein Verjüngungsschnitt bringt vergreiste Pflanzen wieder in Form.

Viele Alte Rosen blühen mit Vorliebe besonders an den langen Triebenden. Statt sie zu schneiden, erscheint es sinnvoller, diese Langtriebe nach unten zu biegen und am Boden zu verankern. Damit zwingt man die Pflanze, Seitenholz zu bilden und erhöht dadurch deutlich die Blütenfülle an Triebteilen, die sonst kahl wären.

Englische Rosen: Bei den einmalblühenden Englischen Rosen wird beim Schnitt wie bei den Alten Rosen verfahren. Die öfterblühenden Sorten werden wie moderne öfterblühende Strauchrosen geschnitten.

Seitentriebe öfterblühender Kletter- und Strauchrosen...

...werden nach der ersten Blüte im Sommer zurückgeschnitten...

...und bilden nach etwa sechs Wochen neue Blütentriebe.

Ein starker Schnitt ist hierbei durchaus möglich, jedoch sollte der sortentypische Habitus, sprich: die Strauchform, erhalten bleiben.

Schnitt der Flächenrosen

Flächenrosen bedecken unter Umständen größere Flächen. Ein radikaler Rückschnitt braucht nur alle drei bis vier Jahre vorgenommen zu werden. Pflegt man öfterblühende Sorten einzeln oder in kleinen Gruppen, schneidet man sie wie Beetrosen, allerdings etwas gemäßigter, etwa bis auf dreißig Zentimeter Höhe.

Handelt es sich nicht um Veredlungen, sondern um wurzelechte Flächenrosen, wie sie heutzutage in öffentlichen Anlagen zahlreich zum Einsatz kommen, können diese Pflanzen ebenso wie andere Flächensträucher rigoros und zeitsparend mit der Heckenschere oder gar einem Mähbalken einheitlich bis auf etwa dreißig Zentimeter zurückgeschnitten werden.

Öfterblühende Strauchrosen können über Jahre ohne Schnitt bleiben.

Wenn notwendig, kann ausgeglichtet und ein Teil der Grundtriebe eingekürzt werden.

Die Praxis

Schnitt der Stammrosen

Die Kronen der **Fuß-, Halb- und Hochstämme** schneidet man – wie die Beetrosen – auf etwa zwanzig Zentimeter zurück. Zu achten ist auf eine gleichmäßige, aber nicht symmetrisch kugelrund geschnittene Kronenform. Der äußere Umriß der Krone darf nach dem Schnitt ruhig locker und offen, eben natürlich, sein.

Die **Kaskadenrosen**, bei denen in der Regel starkwüchsige Kletterrosen auf die Stämme aufveredelt sind, werden nach den für diese Gruppen gültigen Schnittregeln zurückgenommen – je nachdem, ob einmal- oder öfterblühend. In der Regel läuft dies auf einen nur leichten Schnitt hinaus, der vergreiste Triebe entfernt, aber mehrjähriges Holz als Blütenbasis schont. Auch hier werden die einmalblühenden Sorten nicht im Frühjahr, sondern erst unmittelbar nach der Blüte geschnitten.

Ebenfalls bedenken sollte der Gartenfreund beim Schnitt der **Kaskadenrosen**, daß sich der Pflanzensaft durch einen relativ dünnen Stamm kämpfen muß und einem explosionsartigen Neuaustrieb als Folge eines überstarken Rückschnitts nur ein begrenzter Nachschub zur Verfügung steht.

Wildtriebe

Rosen sind auf Unterlagen, dem sogenannten Wildling, veredelt. Es kann immer vorkommen, daß aus der Unterlage – oder bei Stammrosen aus dem Stamm – Wildtriebe herauswachsen. Die Wildtriebe müssen direkt an der Ansatzstelle abgerissen oder mit einem scharfen Messer entfernt werden, denn es sollten keinesfalls Stummel mit

Wildtriebe (oben) überwachsen mit ihren kleinlaubigen Fiederblättern eine veredelte 'Dagmar Hastrup'-Rose.

Schnitt der Kronen von Stammrosen.

Wildtriebe müssen gründlich entfernt werden...

Zuerst legt man den wilden Trieb frei und...

...schneidet oder reißt ihn dann an seiner Ansatzstelle sauber ab.

schlafenden Augen stehenbleiben. Diese würden nur die nächsten Wildtriebe hervorbringen, die wiederum der Edelsorte die Energie rauben. Unter Umständen muß zum Erreichen der Ansatzstelle etwas Erde entfernt werden, die man dann nach dem Schnitt wieder anhäufelt.

■ Faktor Wasser

Kennzeichen moderner und zeitgemäßer Rosensorten sind üppiges, widerstandsfähiges Laub und Öfterblütigkeit. Beide positive Eigenschaften basieren auf der Wuchsfreudigkeit einer Sorte. Um sie zu fördern, muß den Pflanzen zwar in ausreichendem Maße, aber auch mit Augenmaß und Sachverstand, Wasser zur Verfügung gestellt werden. Mangelnde Wasserversorgung fördert beispielsweise die Anfälligkeit der Rosen für Pilzbefall. Stauende Nässe hingegen läßt Rosenwurzeln mangels ausreichender Bodendurchlüftung regelrecht ersticken. Die falsche Art zu wässern, schlimmstenfalls eine abendliche Beregnung über das Laub, zwingt auch die robustesten Sorten in die Knie und macht sie zu Pilz-Vergnügungszentren.

Umso jünger eine Rosenpflanzung ist, umso sorgfältiger muß auf eine rosengerechte Bewässerung geachtet werden. Gut eingewurzelte, ältere Pflanzen sind – wie andere Blütengehölze auch – unter normalen Bedingungen in der Lage, ihren Wasserhaushalt selbst zu regeln. Junge Rosenpflanzen bedürfen jedoch der Obhut des Gärtners, bis sie tiefergehende Wurzeln gebildet und entsprechend feuchte Bodenschichten erreicht haben. Die nachfolgenden Ausführungen gelten deshalb in erster Linie für noch im Wurzelaufbau befindliche Rosen.

Winterfeuchte: Ein guter Vorrat an Bodenfeuchtigkeit aus dem Winter ermöglicht den Rosen einen guten Start im Frühjahr. Nur in einem ausreichend feuchten Boden können Nährstoffe gelöst und so den Pflanzen verfügbar gemacht werden. Dabei sind die Wurzeln – je nach Witterungslage – bereits ab Februar aktiv, also lange, bevor sich an den oberirdischen Pflanzenteilen Austrieb und Wachstum beobachten lassen. Über die feinen Faserwurzeln der Rosen gelangen die Nährstoffe in die

Rosen wässern

Pflanze und werden in ihr über die Leitungsbahnen transportiert. Auch für diesen innerpflanzlichen Transportverkehr benötigt die Rose eine ausreichende Wasserversorgung.

Frühjahrstrockenheit: Eine witterungsbedingte Trockenheit während der Startphase im Frühjahr kann sich auf die Rosen negativ auswirken. Durch entsprechende Bodenbearbeitung und Bodenpflege lassen sich solche trockenen Phasen leichter überbrücken.

Rosen bevorzugen einen gelockerten Boden. Durch Sonne oder Regen verkrustete Bodenoberflächen werden am besten mit Hacke oder Grubber gelockert, wobei man flach arbeitet und nicht über zehn Zentimeter Tiefe hinausgeht. Keinesfalls darf zwischen Rosenstöcken tief gegraben werden. Bewährt hat sich zudem das Mulchen von Rosen (siehe Seite 158).

Sommertrockenheit: Zur Blütenbildung brauchen Rosen ausreichend Wasser und Nährstoffe. Vor allem öfterblühende Sorten müssen deshalb nach dem ersten Blütenflor im Sommer zur Bildung neuer Blüten gut mit Feuchtigkeit versorgt sein. Ob ausreichend Wasser im Boden ist, kann man feststellen, indem man mit den Fingern ein kleines Loch in den Boden gräbt. Ist die Erde bis in etwa zehn Zentimeter Tiefe trocken, ist eine gründliche Bewässerung notwendig.

> **TIP** Grundsätzlich gilt: Lieber seltener und ausgiebig als häufig und sparsam wässern.

Ausgiebig heißt, mit dem Schlauch je nach Witterungslage durchaus eine Stunde und mehr zu wässern. Eine zu kurze Bewässerung feuchtet in der Regel nur den Oberboden an und es gelangt kaum Feuchtigkeit in tiefere Schichten.

Bei schweren Böden können die Gießintervalle auch bei Hitze bis zu drei Wochen, bei leichteren sollten sie lediglich acht Tage auseinanderliegen.

Besonders trockenheitsgefährdet sind Strauch- und Kletterrosen, die vor einer Hauswand in südlicher Lage stehen. Der Regen gelangt nur spärlich an die Wurzeln, vor allem wenn Vordächer den natürlichen Wasserkreislauf behindern. An derartigen Standorten wird die Rose ohne ausgleichende Wassergaben geschwächt und es stellen sich rasch Schädlinge wie Spinnmilben (Rote Spinne) ein.

Ab September sind zusätzliche Wassergaben einzustellen. Das Holz der Rose soll vernünftig ausreifen und gut gerüstet in den Winter gehen können.

Wichtig: In diesem Buch wird mehrmals darauf hingewiesen, daß Rosen niemals über das Laub gewässert werden dürfen. Die Wiederholungen sind beabsichtigt, weil insbesondere diese Regel für gesunde Rosen sehr wichtig ist und immer wieder mißachtet wird. Die feucht-fröhliche Feierabend-Arbeit mit dem Gartenschlauch läßt bei einer Beregnung von oben den Garten für die Rosen zur »Pilzhölle« werden. Dies sollte man vor allem dann bedenken, wenn man beispielsweise den eventuell an die Rosen angrenzenden Rasen besprenkelt. Feuchtes Rosenlaub gilt als Nummer eins der Gründe für eine explosionsartige Ausbreitung von Pilzerkrankungen.

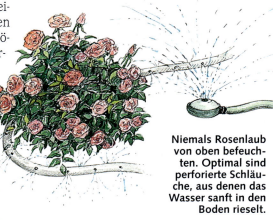

Niemals Rosenlaub von oben befeuchten. Optimal sind perforierte Schläuche, aus denen das Wasser sanft in den Boden rieselt.

Wann wässern? Gewässert wird idealerweise in den frühen Morgenstunden. Eventuell feucht gewordene Blätter können dann in der Tagessonne rasch abtrocknen. Man legt den Gartenschlauch in das Beet hinein und läßt das Wasser langsam – bei geringem Druck – laufen und versickern. Noch besser ist natürlich die Verwendung eines perforierten Schlauches. Aus seinen vielen Löchern läuft das Wasser gleichmäßig dorthin, wo es hingehört: nämlich ohne Umwege in den Boden. Auf keinen Fall darf durch zu starken Druck das Wasser aus den Schlauchlöchern hochspritzen und das Laub »abduschen«.

Bleibt bei anhaltender Trockenheit im Sommer die Wassersorgung aus, können unter Umständen große Teile der Düngergaben des Frühjahrs noch ungelöst im Boden deponiert sein. Setzen dann im September starke Niederschläge ein, gehen diese Nährstoffe innerhalb kurzer Zeit in Lösung. Die Folge: Die Rosen beginnen zu wachsen, und zwar bis in den späten Herbst hinein. Ihr Holz hat keine Zeit auszureifen und wird zur leichten Beute für winterliche Fröste, vor allem, wenn der Frosteinbruch plötzlich und unverhofft eintritt und auf eine aktive Pflanze trifft. In diesem Fall können die Stöcke sogar absterben.

Stehen die Rosen an ausgesprochen trockenen bzw. regenreichen Standorten, bieten sich für solche extremen Witterungslagen besonders geeignete Sorten zur Pflanzung an. Spezielle Sortimente werden im Kapitel »Die Rose für besondere Standorte« (Seite 99 ff.) vorgestellt.

Bodenabdeckung durch Mulchen: Der Begriff »Mulch« leitet sich von dem niederdeutschen Ausdruck »mölsch« ab, was so-

Wer seine Rosen sicher ruinieren möchte, sollte sie kontinuierlich über die Blätter wässern.

Die Praxis

viel wie »weich, am Anfang der Zersetzung befindlich« bedeutet und die Abdeckung des Bodens mit organischen Reststoffen bezeichnet. Das Mulchen wird bei uns seit vielen Jahrhunderten betrieben.

Mulchen verbessert nicht nur die Bodenqualität, sondern erspart dem Gärtner weitgehend auch die Unkrauthackerei. Wenn Unkraut trotzdem zum Problem wird, läßt es sich aufgrund der hohen Bodenfeuchtigkeit leicht auszupfen (jäten). Der Wasserspareffekt ist zudem bei Rosenpflanzungen nicht zu unterschätzen. Ein Versuch der Lehr- und Versuchsanstalt in Kassel belegt den positiven Einfluß von Mulch auf die Bodenfeuchtigkeit eindeutig. Alle fünfundsechzig Rosensorten zeigten im Versuch mit aufgebrachtem Mulch eine bessere Entwicklung als ohne, und dies bei geringerem Pflegeaufwand und ausgeglichenerer Bodenfeuchte. Die Bodenstruktur erwies sich als sehr gut und es erübrigte sich – sozusagen als zusätzlicher Nebeneffekt – der Einsatz von Herbiziden, also Unkrautvernichtungsmitteln.

Eine Vielzahl von **Mulchmaterialien** stehen dem Gartenfreund zur Auswahl: Stallmist, Roh-Kompost, Rasenschnitt, Stroh, Sägemehl, Ernterückstände, Schreddermaterial und Rindenprodukte.

Die Eignung der unterschiedlichen Mulchmaterialien für Rosenpflanzungen wird von den Fachleuten kontrovers diskutiert. Ob Gartenkompost aus eigener Produktion oder Rindenmulch vom Gartenfachmarkt – alle Mulchmaterialien nehmen starken Einfluß auf das Nährstoffgefüge im Boden. Die Auswirkungen sind recht unterschiedlich und teilweise sogar rosenschädlich. Insbesondere darf niemals mit frischem, gehäckseltem Gehölzschnitt gemulcht werden, da die bei dessen Zersetzung freiwerdenden toxischen Stoffe den Rosen böse zusetzen. Umfangreich untersucht sind Rindenprodukte. Aus den Ergebnissen läßt sich ableiten, daß aus dieser Gruppe Rindenmulch für den Rosenfreund von besonderem Interesse ist.

Rindenmulch: Mit dem Begriff »Rindenmulch« wird zerkleinerte Rinde bezeichnet, die ohne weitere Zusätze zur Bodenabdeckung dient. Im Fachhandel wird standardisiertes, gut abgelagertes Material als gütegesicherter Rindenmulch angeboten.

Der Einsatz dieses gütegesicherten Rindenmulchs hat sich bei anderen Ziergehölzen schon lange bewährt und so liegt es nahe, diese positiven Erfahrungen auch auf das Gehölz Rose zu übertragen.

Wichtig: Das Wachstum der Rosen bleibt nur dann von dem ausgebrachten Rindenmulch unbeeinflußt, wenn vorher ein Stickstoffdünger gestreut wird. Die stärkste Stickstoff-Fixierung durch das Mulchmaterial findet in den ersten beiden Monaten nach der Ausbringung statt. Ohne Ausgleichsdüngung für die Rosen führt dies vor allem bei frischen Rosenpflanzungen zu starken Mangelerscheinungen, am hellen, gelblichen Laub erkennbar. Um dem vorzubeugen, haben sich zusätzliche Düngergaben von Hornspänen bzw. Horngries mit etwa 130 g pro Quadratmeter bewährt. Eine nachträgliche Düngung auf die Mulchschicht führt zu deren schnellerer Zersetzung und ist daher nicht anzuraten.

Mulchausbringung: Vor dem Ausbringen des Mulchmaterials sollte der Boden peinlich genau von Unkräutern, insbesondere Wurzel- und Dauerunkräutern, befreit werden. Sie würden sonst unter der Mulchschicht durch die höhere Bodenwärme und -feuchtigkeit ideale Ausbreitungsbedingungen vorfinden. Je nach Material wird die Mulchschicht etwa vier Zentimeter hoch ausgebracht; idealerweise im Frühjahr nach Schnitt und sachgerechter Düngung. Eine übertrieben starke Mulchschicht lockt vor allem in der Nähe von Wäldern und Wiesen Wühlmäuse und verkehrt den positiven Mulcheffekt ins Gegenteil.

> **Hinweis:** Wer im Umgang mit Mulchmaterialien noch keine eigenen Erfahrungen sammeln konnte, sollte keine Experimente bei frischen Rosenpflanzungen im ersten Standjahr machen.

Insbesondere in sommertrockenen Gebieten bringt das Mulchen Vorteile.

Wie bereits angesprochen, sollte die Düngung auf das verwendete Mulchmaterial abgestimmt werden. Dies ist wichtig, um einerseits Nährstoffmängel auszugleichen und andererseits Nährstoffüberschüsse zu vermeiden.

■ Düngung

Düngung ist in unserer Gesellschaft in den letzten Jahren zu einem Reizwort geworden, obwohl nach wie vor der richtigen Ernährung der Pflanzen ebenso wie der der Menschen höchste Bedeutung zukommt. Aber trotz der sehr umfangreichen Kenntnisse über die Wirkungsweise der einzelnen Nährstoffe wird aufgrund der Komplexität der gegenseitigen Beeinflussung unser Wissen darüber niemals vollkommen sein. Die einseitige Nutzung der Nährstoffe in der Landwirtschaft hat zwar zu ständig steigenden Erträgen geführt, aber genauso einseitig auch einem Intensiv-Landbau Vorschub geleistet, der das Zusammenspiel von Pflanze und Umwelt zu wenig beachtet hat. Die Ergebnisse sind unstritten: Mit den Ernteerträgen stieg auch der Nährstoffgehalt im Grund- und Oberflächenwasser.

Mittlerweile hat ein Umdenken eingesetzt. Nicht nur im Landbau hat sich das Verantwortungsbewußtsein für die Umwelt deutlich gefestigt, auch Gartenfreunde und Hobbygärtner arbeiten bewußter mit der Natur und nicht gegen sie. Insbesondere bei der Düngung der Rosen bieten sich dafür zahlreiche vernünftige Ansatzpunkte. Das Verständnis grundlegender Zusammenhänge erleichtert den Umgang mit den verschiedenen Düngemitteln, wobei es nicht wissenschaftliche Details zu pauken, sondern die Auswirkungen des eigenen Handelns besser zu erkennen und in einen natürlichen Gesamtzusammenhang einzuordnen gilt. Die folgenden Erläuterungen sollen zu diesem Verständnis beitragen.

Nährstoffe: Für das Wachstum der Rosen sind Nährstoffe unentbehrlich. Deshalb müssen sie diesem »Schwerarbeiter« ausreichend zur Verfügung stehen. Nur gut und ausgewogen ernährte Rosenpflanzen bilden ausreichend Blüten und bewahren ihre Widerstandsfähigkeit.

Durch eine **Bodenprobe** läßt sich der Nährstoffbedarf ermitteln. Die im Fachhan-

ROSEN DÜNGEN

Je öfter Rosen geschnitten werden, desto mehr Nährstoffe brauchen sie.

del erhältlichen Untersuchungssets erlauben die Bestimmung des Gehalts an Stickstoff, Phosphor und Kali im Boden. Wer eine umfassende, sehr exakte Bodenanalyse und Düngeempfehlung wünscht, sollte sich mit seinen Proben an ein Bodenuntersuchungsinstitut wenden. Die Institute bieten in den bekannten Gartenfachzeitschriften ihre Dienste an.

Die **Hauptnährstoffe** Stickstoff, Phosphor, Kalium, Kalzium und Magnesium im einzelnen:

Stickstoff (N) brauchen die Rosen für ihr Längenwachstum. N-Mangel kündigt sich durch hellgrüne Blätter an. Die Rosen bleiben kleiner und bilden schwächere und dünnere Triebe aus, auf denen kleinere Blüten sitzen. Abhilfe schafft ein schnellfließender Stickstoffdünger, beispielsweise in Form eines Flüssigdüngers. N-Überschuß bewirkt die Bildung eines weichen, mastigen, stark wasserhaltigen Triebgewebes, das im Herbst nicht ausreift und stark frostgefährdet ist. Nach dem ersten Juli eines Jahres sollte man daher keine N-Gaben mehr verabreichen und ab September die Bodenbearbeitung einstellen, damit kein weiterer Stickstoff mobilisiert wird.

Phosphor (P) ist ein wesentlicher Bestandteil der Zellkerne. Deshalb ist er in starkem Maße an der Eiweißsynthese in den Pflanzen beteiligt und besonders für die Geschlechtszellen-, Blüten- und Fruchtbildung von großer Wichtigkeit. Der Phosphorbedarf der Rosen ist dennoch nicht groß und auf gut versorgten Gartenböden auch ohne zusätzliche Düngung ausreichend gedeckt. Im Gegenteil: Viele Böden sind durch jahrelange Phosphatgaben über Volldünger oder als Thomasmehl überdüngt. P-Mangel äußert sich durch kleinere, bläulichgrüne Blätter, die an den Blatträndern eine Purpurbronze-Färbung zeigen. Die Blütenknospen öffnen sich spät, das Laub fällt vorzeitig ab und auch die wenigen Früchte (Hagebutten) sind bronzerot gefärbt.

> **Hinweis:** Knochen- und Blutmehl sind organische Düngemittel mit erheblichen Gehalten an Phosphor.

Kalium (K), auch **Kali** genannt, reguliert den Wasserhaushalt und beeinflußt den Stoffwechsel der Rosen. Eine Düngung (50 g/m^2) mit Patentkali ab Ende August/Anfang September fördert die Holzreife und senkt damit die Frostanfälligkeit der Rosentriebe. Eine ausreichende Kali-Versorgung erhöht zudem die Widerstandsfähigkeit der Pflanzen gegenüber Sternrußtau. K-Mangel zeigt sich in Form einer unbefriedigenden Laubentwicklung, wobei am Blattrand dunkelgrüne oder braungraue Flecken auftreten. Überhaupt läßt eine extrem dunkelgrüne Laubfarbe häufig auf ein zu hohes Stickstoff-, aber zu geringes Kali-Angebot schließen. Kalk fördert die Aufnahme von Kalium.

Magnesium (Mg) ist ein Bestandteil des Blattgrüns und gleicht viele Vorgänge im Stoffwechsel der Rose aus. Mg-Mangel erkennt man an einer mosaikförmigen Gelbfärbung der Blätter, die später bräunlich werden und vorzeitig abfallen. Die gelben Flecken gehen vom Hauptnerv des Fiederblattes aus. Bei extremem Mangel hilft das leichte Einhacken von Bittersalz.

Kalzium (Ca), vereinfacht auch als **Kalk** bezeichnet, ist Baustoff und Triebkraft für das Gewebewachstum. Außerdem reguliert es den pH-Wert des Bodens. Andere lebensnotwendige Nährstoffe können von der Pflanze nur auf der Grundlage einer ausreichenden Kalkversorgung aufgenommen werden.

Der **pH-Wert** drückt die Konzentration der Bodensäure aus. Stark saure Böden weisen sehr niedrige pH-Werte um 4 bis 5 oder auch darunter auf. Für Rosen gilt ein Wert von 6,5 im neutralen bis alkalischen Bereich auf sandig-lehmigen Böden als optimal. Im Handel erhältliche Schnelltests geben Auskunft über die Höhe des pH-Wertes im eigenen Garten. Bei zu niedrigen pH-Werten, d.h. zu saurer Bodenreaktion, kann man den pH-Wert durch Kalkgaben erhöhen.

Eisen (Fe), ein Nebennährstoff, ist meistens ausreichend im Boden vorhanden, kann aber häufig aufgrund niedriger pH-Werte

Auf hohen Kalkgehalt (= hoher pH-Wert) reagieren *Rosa*-Rugosa-Sorten mit Chlorose.

(also saurer Bodenverhältnisse) oder Bodenverdichtungen der Rose nicht in einer pflanzengerechten Form zur Verfügung stehen. Auch ein zu hoher pH-Wert legt Eisen fest, so daß die Pflanzen es nicht aufnehmen können. Fe-Mangel macht sich durch **Chlorose**, eine Gelbfärbung der Blätter und Früchte bei gleichzeitiger dunkelgrüner Färbung der Blattnerven, bemerkbar. Vermeidung von Staunässe durch ausreichenden Wasserabzug und eine gute Bodendurchlüftung wirken Fe-Mangel entgegen. Die Gabe von Eisendüngern, beispielsweise »Sequestren« oder »Fetrilon«, überspielt einen akuten Fe-Mangel und läßt chlorotische Blätter rasch ergrünen. Jedoch bieten diese Dünger keine ursächliche Problemlösung.

Der pH-Wert des Bodens läßt sich mit Hilfe eines Schnelltests leicht ermitteln.

Dünger: Die Nährstoffe werden den Rosen als Dünger zur Verfügung gestellt. Diese Dünger können mineralischer oder organi-

Die Praxis

scher Natur sein oder eine Mischform aus beiden darstellen. Der Pflanze ist es gleich, in welcher Form sie die notwendigen Nährstoffe erhält. Dünger mit hohem organischen Anteil verbessern jedoch die Bodenstruktur.

Generell dürfen Dünger niemals über Blatt oder Blüte einer Pflanze gestreut werden.

Mineralische Dünger (Kurzzeitdünger): Bei ihnen handelt es sich um hochwirksame Nährstoffkonzentrate, die leicht wasserlöslich sind und bei entsprechender Bodenfeuchte umgehend aktiviert werden. Bietet man sie der Rose in überhöhter Menge an und werden sie daher nicht sofort aufgenommen, gelangen sie durch Auswaschung rasch in Bodenschichten, in denen sie für die Rose verloren sind und das Grundwasser belasten. Mineralische Dünger haben keine den Boden verbessernden Eigenschaften. Sie sind als »Nährstoff-Feuerwehr« anzusehen, wenn es gilt, rasch Mangelsymptome auszugleichen. Ein preiswerter, mineralischer Rosendünger ist z.B. »Blaukorn-Permanent«.

Der regelmäßige Einsatz empfiehlt sich – wenn überhaupt – aber nur bei bereits gut eingewachsenen Rosenstöcken, etwa Strauchrosen mit entsprechend weitläufigem Wurzelwerk. Dosierungen von 50 bis 80 Gramm pro Quadratmeter sind auf den meisten Gartenböden ausreichend. Der verantwortungsbewußte Gartenfreund beachtet dabei die Angaben der Hersteller auf der Verpackung. Mineralische Dünger sind so zu verteilen, daß die Harmonie des Bodenlebens nicht durch eine schockartige Steigerung des Bodensalzgehaltes gestört wird. Späte Gaben nach dem 1. Juli können die Holzreife negativ beeinflussen und Triebe frostanfälliger machen (siehe dazu auch Seite 169).

An frisch gepflanzte Rosen sollte man niemals mineralische Dünger geben. Auf gut vorbereiteten Beeten stehen den jungen Rosen ausreichend Nährstoffe zur Verfügung, so daß eine unnötige Salzgabe der Wurzeletablierung – und dem Bodenleben – nur schadet.

Langzeitdünger (Depotdünger): Unter den Begriffen Langzeit- bzw. Depotdünger sind mineralische Düngerarten zusammengefaßt, deren Düngerkörner von einer halbdurchlässigen Harzhülle umgeben sind. Dank dieser Hülle geben die Körner die in ihnen enthaltenen Nährstoffe temperaturabhängig ab. Dies bedeutet in der Praxis, daß bei höheren Bodentemperaturen mehr,

Für ältere und größere Strauch- und Kletterrosen empfehlen sich Depotdünger-Kegel.

bei niedrigen Temperaturen weniger bis keine Nährsalze freigesetzt werden. Da das Pflanzenwachstum ebenfalls temperaturabhängig ist, paßt sich die Menge der abgegebenen Nährstoffe ideal dem Wachstum der Gehölze an. Vor allem im Winter, wenn die Pflanzen keine Nährstoffe aufnehmen, verhindert diese Aufbereitung eine Auswaschung der Nährstoffe.

Die »mitdenkenden« Langzeitdünger haben allerdings ihren Preis und sind – aufgrund der aufwendigen Herstellungsprozesse – teurer als normale mineralische Dünger. Der höhere Preis sollte jedoch im Zusammenhang mit der Effektivität dieser Dünger betrachtet werden, denn ihre Wirkungsdauer geht in der Regel über eine Wachstumsperiode hinaus. Je nach Hersteller und Zusammensetzung wirken sie fünf,

Depotdünger sind mineralische Dünger, die ihre Nährstoffe »überlegt« abgeben.

Aus rohem Gartenkompost wird ein guter Rosendünger.

sechs, neun Monate und länger. Da sich die Zeitangaben auf den Packungen auf einen 21°C warmen Boden beziehen und im Freiland im allgemeinen über lange Zeitabschnitte deutlich niedrigere Bodentemperaturen herrschen, kann man die Herstellerangaben jedoch getrost mit zwei oder drei multiplizieren, um die tatsächliche Wirkungszeit der Langzeitdünger in einer Rosenpflanzung zu erhalten.

Die Hersteller empfehlen etwa 25 Gramm Dünger pro Rosenpflanze (Angaben der Hersteller beachten), der ab Mitte Mai in unmittelbarer Pflanzennähe ausgebracht wird. Ein leichtes Einhacken der Körner sorgt für einen engen Kontakt mit dem feuchten Boden und für den zügigen Beginn der Nährstoffabgabe. Eine ideale Angebotsform zur Nachdüngung von älteren Rosensolitären und größeren Strauch- und Kletterrosen sind zu Kegeln verklebte Düngerkörner. Die Erde rund um den Stock lockert man leicht und wurzelschonend mit der Grabegabel und drückt die Kegel in den Wurzelbereich hinein.

Organische Dünger: Organische Dünger geben ihre Nährstoffe langsam ab. Erst nach ihrem Abbau durch die Mikroorganismen im Boden stehen sie den Pflanzen zur Verfügung. Das bedeutet, daß ihr Einsatz einer Vorplanung bedarf, damit die Rosen termingerecht ausreichend mit Nährstoffen versorgt sind.

Hornspäne: Hornspäne sind ideale organische, pflanzen- und bodenschonende Stickstofflieferanten. Am besten streut man sie bereits im Spätherbst aus, etwa 80 (junge Pflanzung) bis 120 Gramm (ältere Pflan-

ROSEN DÜNGEN

zung) pro Quadratmeter. Im Frühjahr folgt die zweite, gleichstarke Gabe.

Stallmist, Trockenrinderdung: Der traditionsreichste organische Dünger ist gut verrotteter Stallmist. Früher war er Mulch, Dünger und Bodenverbesserer in einem und auch heute noch ist er mit dieser Multifunktionalität jedem chemisch-synthetischen Produkt weit überlegen. Trotzdem sollte man ihn wegen seiner hohen Nährstoffanteile in Rosenpflanzungen, die auf meist sowieso gut versorgten Gartenböden stehen, nicht einsetzen. Lediglich im professionellen Anbau stark nährstoffzehrender, Hochleistungen erbringender Gewächshaus- bzw. Freilandschnittrosen findet er noch Verwendung als naturnahe Ergänzung zur konventionellen Düngung. Zudem muß man realistischerweise festhalten, daß sich die Beschaffung von echtem Stallmist in weniger ländlichen Gebieten für den Gartenfreund nicht unproblematisch gestaltet. Wer trotz allem nicht auf Mist verzichten möchte, findet im Fachhandel Trockenrinderdung zahlreicher Hersteller im Angebot.

Gartenkompost: Rosen-Altmeister Wilhelm Kordes schrieb zum Thema Gartenkompost bereits vor vielen Jahrzehnten: »Ein Mittel, um viel Geld zu sparen und zugleich seinen Rosen den besten Dünger der Welt zu geben, ist ein gut gepflegter Komposthaufen.« Diese Aussage trifft heute noch zu und ist nur insofern zu relativieren, als die heutigen Haushaltskomposthaufen wegen der oft kleinen Größe der Gärten und der dadurch nicht sehr zahlreich anfallenden Gartenabfälle in der Regel für eine optimale Rosenernährung alleine nicht ausreichen. Aber der vorhandene Gartenkompost rechtfertigt seinen Einsatz durch seine positive Wirkung auf die Bodenaktivität und Bodenstruktur voll und ganz.

Zur Kompostherstellung werden die organischen Haus- und Gartenabfälle gesammelt. Rosenblätter und -zweige müssen außen vor bleiben, da ihre unverwüstlichen Dauersporen, insbesondere die des Sternrußtaus, die Kompostierung überleben und später weitere Infektionsherde im Rosenbeet fördern würden. Ansonsten folgt die übliche Gartenkompost-Wirtschaft mit Regenwurm und Mikroorganismen als wichtigen Helfern.

Gartenkompost kommt erst dann ins Rosenbeet, wenn er gut abgelagert und ausgereift ist, insbesondere bei der Rosenneupflanzung.

Lediglich bei der Verwendung **als Mulchmaterial** kann auch ungesiebter, halbreifer Gartenkompost genommen werden. Er wird etwa drei bis fünf Zentimeter stark aufgetragen und mit 100 Gramm Gesteinsmehl pro Quadratmeter bestreut. Fertiger Gartenkompost dient in Mengen von ein bis zwei Kilogramm pro Quadratmeter, verbunden mit einer Kalkgabe, als sinnvoller Rosendünger und Bodenverbesserer. Zu den Vorteilen der Beimischung von Gartenkompost zur Auffüllerde bei der Rosenpflanzung siehe Seite 149.

> **Hinweis** Gartenfreunde, die bereits bei der Rosenpflanzung wissen, daß sie zukünftig größere Mengen Gartenkompost auf die Beete ausbringen wollen, sollten an die bodenerhöhende Wirkung regelmäßiger Kompostgaben denken. Bereits nach wenigen Jahren kann die Erdschicht über der Veredlungsstelle von ehemals fünf Zentimetern bis auf das Doppelte angewachsen sein. Es bilden sich dann oberhalb der Veredlungsstelle Wurzeln, der Einfluß der Veredlungsunterlage nimmt ab. Die Folge: Schwachwüchsige Edelrosensorten, die auf die Wuchskraft ihrer Unterlage angewiesen sind, können Chlorose-Erscheinungen zeigen. Also setzt man die Veredlungsstellen bei der Pflanzung etwas höher als sonst, nämlich nur etwa zwei bis drei Zentimeter tief. Ganz besonders gilt das für lehmige, sehr bindige Böden.

Rosendünger: Mehrnährstoffdünger, die im Fachhandel als »Rosendünger« angeboten werden, enthalten die notwendigen organischen und mineralischen Nährstoffkomponenten im richtigen Mengenverhältnis und sind auf die Ansprüche der Pflanzen abgestimmt.

Selbst ein kleiner Komposthaufen produziert große Mengen an wertvollem Gartenkompost.

Die Praxis

■ Pflanzenschutz

Alles ist relativ. Albert Einstein, der Begründer der Relativitätstheorie und Revolutionär der Physik, dachte bei der Formulierung seines berühmten Satzes sicher nicht an Rosen. Dennoch trifft er auch in Bezug auf die Robustheit von Rosen voll zu. Ihre Robustheit ist relativ, weil sie von zahlreichen Faktoren abhängt, die sich nur zum Teil durch den Menschen beeinflussen lassen.

Jedes Jahr ist anders: Zahlreiche Untersuchungen belegen eindeutig, daß die Befallsstärke der häufigsten Pilzkrankheiten bei Rosen, Sternrußtau und Mehltau, jahrgangsweise erheblich schwankt. Es gibt Jahre, in denen ein wesentlich stärkerer Befall registriert wird als im vorangegangenen oder folgenden Jahr, und zwar bezogen auf eine Sorte am gleichen Standort unter gleichen Pflegebedingungen.
Ein wichtige Ursache hierfür liegt in der allgemeinen Großwetterlage, d.h. in den Einflüssen des Makroklimas. Bei feuchtwarmer Witterung beispielsweise finden Sporen beste Keimbedingungen, Fachleute sprechen dann von einem regelrechten Mehltauwetter. Betrachtet man die Entwicklung in dieser Hinsicht über einige Jahrzehnte, so zeigt sich, daß Rosen in besonders sonnenreichen Jahren weniger Probleme mit einem Pilzbefall haben als in Jahren mit einem verregneten Sommer. Dies hängt sicherlich auch mit der Stärkung der inneren Abwehrkräfte des Sonnenkindes Rose durch reichlich Sonnentreibstoff zusammen.

Sortenunterschiede: Für die moderne Rosenzüchtung ist die Robustheit ein wichtiges, wenn nicht das wichtigste Selektionskriterium geworden. Die Robustheitsskala der Sorten zeigt sich breit gefächert, wobei erfahrene Rosenzüchter wissen, daß eine Sorte über mehrere Jahre hinweg genau beobachtet werden muß, um eine Aussage zu ihrer Robustheit machen zu können.
Aber auch eine solche abschließende Bewertung bleibt immer relativ, sie ist unter anderem abhängig vom Sortenalter – manche Sorten zeigen sich in ihrer Jugendphase besonders robust, bauen aber ab dem dritten oder vierten Jahr stark ab und müssen dann als anfällig eingestuft werden –, vom Selektionsort – eine Sorte verhält sich in Südfrankreich unter Umständen vollkommen anders als in Norddeutschland – und vom Witterungsverlauf während der Selektionsphase: Aufeinanderfolgende Jahre ohne strenge Kälte lassen zum Beispiel keine Prüfung auf Frosthärte zu.

Sortenalter: Krankheiten und Schädlinge verändern und entwickeln sich fortwährend. Ständig selektieren sich durch einen Ausleseprozeß neue Stämme und Artformen, die noch ein wenig resistenter als ihre Vorgänger sind. Ein Vorgang, der sich aufgrund der hohen Vermehrungsgeschwindigkeit der Parasiten schon nach ein paar Jahren bemerkbar machen kann. Daraus erklärt sich das Phänomen heute krankheitsanfälliger, älterer Rosensorten, die zum Zeitpunkt ihrer Einführung vor Jahrzehnten als robust galten. Nicht die Sorte wurde anfälliger, sondern die sie umgebenden Rahmenbedingungen haben sich geändert.

Standortwahl: Das Verhalten einer Rosensorte wird entscheidend von den Standortbedingungen geprägt. Ist der Standort nicht rosengerecht und beispielsweise hitzig und windstill oder naß und schattig, geht auch eine robuste Sorte »in die Knie«. Der Gartenfreund kann also die Robustheit seiner Rosen durch die richtige Standortwahl deutlich fördern und den Befallsdruck spürbar minimieren.

Bestandsdichte: Je großflächiger man Rosen pflanzt, desto robuster müssen die Sorten sein. Je artenreicher eine Pflanzung angelegt wird, desto pflegeleichter ist sie. Wer aus seinem Garten einen reinen Rosengarten machen möchte, muß sich über den hohen Pflegebedarf einer solchen Rosensammlung im klaren sein. Jedwede Monokultur bietet artspezifischen Krankheiten und Schädlingen paradiesische Ausbreitungsmöglichkeiten.

Pflege: Auch eine an sich robuste Sorte braucht ausreichend Nährstoffe und Bodenfeuchtigkeit, insbesondere bei häufigem Schnitt. Hungernde und dürstende Pflanzen sind besonders anfällig für Angriffe durch Krankheiten und Schädlinge. Bleibt Rosenlaub mit den unverwüstlichen Dauersporen der Sternrußtaupilze in den Beeten liegen, bietet dies den idealen Start für einen üppigen Neubefall im nächsten Jahr.

Subjektivität der Begriffe: Was ist überhaupt ein Schädling? Wir bezeichnen Blattläuse als Parasiten, weil sie, auf den Rosenblättern sitzend, sich an unseren Lieblingen ungeniert laben und dabei ganz erheblich unser ästhetisches Empfinden stören. Der Marienkäfer andererseits braucht sie für seinen Speisezettel. Weil er uns und den Rosen auf diese Weise nützt und wir ihn sympathisch finden, bezeichnen wir den kleinen Käfer als Nützling. Ein Nützling allerdings, dessen Existenz vom Schädling Blattlaus abhängt.
Unsere Begrifflichkeiten sind subjektiv und werden dem geschlossenen Naturkreislauf, dem jedes Lebewesen unterworfen ist, nicht gerecht. Auch die Rose kann nicht nur nehmen, sondern sie muß auch etwas geben.
Zahlreiche Pilz- und Insektenarten sind in ihrer Existenz an das Vorhandensein der Rosen gebunden. Sie brauchen die Rose zum Überleben und dienen dann wieder anderen Lebewesen als Nahrungsgrundlage. Von diesem Blickwinkel aus betrachtet, sollten wir die Rose nicht als besonders anfällig, sondern als besonders ökologisch bezeichnen. Ihre starke Anziehungskraft auf viele Lebewesen, den Menschen eingeschlossen, unterstreicht ihren hohen **ökologischen Wert**.

Fazit: Resistenz ist immer eine Momentaufnahme, auf Dauer absolut robuste Rosen gibt es nicht. Es kann sie aus den genannten, die groß- und kleinklimatischen Bedingungen berücksichtigenden Gründen heraus nicht geben. Sie sind auch nicht wünschenswert, denn sie hätten den ökologischen Wert einer Plastikrose – nämlich keinen.
Sprechen wir deshalb besser von **relativ gesunden** Rosen, die zwar auch einmal eine kleine »Grippe« bekommen können, aufgrund ihrer Wüchsigkeit aber aus eigener Kraft heraus einen eventuellen Befall überstehen. Erst wenn der Befall ernsthafte Schäden zu verursachen droht, sollte man zu Bekämpfungsmaßnahmen greifen.

PFLANZENSCHUTZ

ADR-Prädikat

Das ADR-Prädikat ist eine Orientierungshilfe auf der Suche nach relativ robusten Rosensorten. Deshalb soll an dieser Stelle auch auf diese **härteste Rosenprüfung der Welt** eingegangen werden.

Die ADR-Rosenprüfung – die Buchstaben stehen für **A**llgemeine **D**eutsche **R**osenneuheitenprüfung – wurde zum erstenmal 1950 durchgeführt. Wilhelm Kordes initiierte sie und setzte damit die vor dem 2. Weltkrieg begonnenen Rosenprüfungen fort. Bereits damals war den Rosenzüchtern klar, daß nur gute, erprobte Sorten in den Handel kommen sollten.

Fast ein halbes Jahrhundert lang wurden seitdem innerhalb der ADR-Prüfung Rosenneuheiten bewertet. Natürlich veränderten sich in dieser Zeit die Züchtungsziele laufend. In den sechziger und siebziger Jahren war das Spritzen von Rosen mit chemischen Pflanzenschutzmitteln gang und gäbe; die Robustheit einer neuen Sorte rangierte bei der Züchtung und der ADR-Prüfung klar hinter Farbwirkung und Blütenaufbau. Erst seit Mitte der siebziger Jahre wird der Widerstandsfähigkeit einer Rosenpflanze in der ADR-Prüfung allerhöchste Priorität eingeräumt.

Die ADR-Prüfsorten wachsen an zehn verschiedenen Standorten in ganz Deutschland. Die Prüfung erstreckt sich über drei bis vier Jahre. Ein Arbeitskreis, der sich aus Mitgliedern des Bundes deutscher Baumschulen (BdB), Rosenzüchtern und Fachleuten unabhängiger Prüfgärten zusammensetzt, diskutiert einmal jährlich die Sichtungsergebnisse und erteilt den Sorten, die während der Prüfung die notwendige Punktzahl erreichten, das ADR-Prädikat.

Mittlerweile haben über 1500 Sorten die ADR-Prüfung durchlaufen. Nicht einmal hundert davon haben bisher das ADR-Zeichen erhalten – ein Indiz für die Strenge der Prüfung. Und: Das ADR-Prädikat wird von der ADR-Jury wieder aberkannt, wenn eine einmal prämierte Sorte nach Jahren nicht mehr den ADR-Qualitätskriterien entspricht.

Folgende, in diesem Buch genannte Sorten haben das ADR-Prädikat erhalten (geordnet nach dem Jahr der ADR-Vergabe):

'Magic Meidiland', ADR-Rose 1995.

'Elmshorn' (1950), 'Flammentanz'® (1952), 'Dortmund'® (1954), 'Dirigent'® (1958), 'Schneewittchen'® (1960), 'Duftwolke'® (1964), 'Sympathie' (1966), 'Carina'® (1966), 'Lichtkönigin Lucia'® (1968), 'Bischofsstadt Paderborn'® (1968), 'Erotika'® (1969), 'Edelweiß'® (1970), 'Fontaine'® (1971), 'Pußta'® (1972), 'Friesia'® (1973), 'Escapade'® (1973), 'Westerland'® (1974), 'Montana'® (1974), 'Happy Wanderer'® (1975), 'Morning Jewel'® (1975), 'Compassion'® (1976), 'Chorus'® (1977), 'Grandhotel'® (1977), 'Mildred Scheel'® (1978), 'La Sevillana'® (1979), 'Red Yesterday'® (1980), 'Robusta'® (1980), 'IGA '83 München'® (1982), 'Aachener Dom'® (1982), 'Bonica '82'® (1982), 'Rosenresli'® (1984), 'Banzai '83'® (1985), 'Goldener Sommer '83'® (1985), 'Romanze'® (1986), 'Repandia'® (1986), 'Pink Meidiland'® (1987), 'Sommerwind'® (1987), 'Lavender Dream'® (1987), 'Dolly'® (1987), 'Elina'® (1987), 'Rödinghausen'® (1988), 'Vogelpark Walsrode'® (1989), 'Play Rose'® (1989), 'Ricarda'® (1989), 'Marondo'® (1989), 'Heidetraum'® (1990), 'Apfelblüte'® (1991), 'Wildfang'® (1991), 'Super Excelsa'® (1991), 'Schneeflocke'® (1991), 'Pierette'® (1992), 'Palmengarten Frankfurt'® (1992), 'Schöne Dortmunderin'® (1992), 'Rugelda'® (1992), 'Mirato'® (1993), 'Foxi'® (1993), 'Armada'® (1993), 'Dortmunder Kaiserhain'® (1994), 'Bingo Meidiland'® (1994), 'Blühwunder'® (1994), 'Magic Meidiland'® (1995).

Wichtige Rosenkrankheiten

● Echter Mehltau

Schadbild: Vorwiegend auf der Blattoberseite junger Blätter, sowie auf den Blütenkelchen und insbesondere Triebspitzen findet sich ein mehlig-weißer, abwischbarer Belag. Die betroffenen Blätter kräuseln sich bei stärkerem Befall und laufen rötlich an.

Auftreten: Echter Mehltau tritt bereits ab Frühsommer an Neutrieben bei warmer Witterung mit Temperaturen über 20°C und über 90% Luftfeuchte auf, wie sie oft in Weinbauklimaten vorkommt. In Gegenden mit hoher Niederschlagsneigung wird durch die totale Benetzung der Blätter der Echte Mehltau zwar unterdrückt, jedoch der Sternrußtau gefördert.

Vorbeugung: Robuste Sorten wählen; Rosen optimal ernähren und rosengerecht wässern, Stickstoffüberdüngung vermeiden; schlecht durchlüftete Standorte meiden; befallene Blätter absammeln und vernichten, keinesfalls kompostieren.

Bekämpfung mit Handelspräparaten: Baymat, Saprol Neu, Neudo-Vital, Netzschwefel, Bioblatt-Mehltaumittel, Telmion (Rapsölpräparat), Niemöl, Milsana (vorbeugendes Knöterich-Präparat).

Hausmittel: Ackerschachtelhalm-Brühe, Brennessel-Jauche.

Echter Mehltau überzieht das Rosenlaub mit einem mehlartigen Belag.

● Falscher Mehltau

Schadbild: Weißgrauer Schimmelrasen auf der Blattunterseite – im Gegensatz zum Echten Mehltau. Auf der Blattoberseite sind dunkle Flecken sichtbar, befallene Blätter welken und fallen ab. Der Falsche Mehltau kann leicht mit Sternrußtau verwechselt werden, beginnt im Gegensatz zu diesem jedoch an den jungen Blättern und befällt die Rose von oben nach unten.

163

Die Praxis

Auftreten: Die Krankheit tritt vor allem während starker Temperaturschwankungen im Spätsommer und Herbst auf. Abends, nach rascher Luftabkühlung, bildet sich Kondenswasser auf den Blättern, das den idealen Nährboden für diesen Pilz abgibt.

Vorbeugung: Sonniger, nicht zu enger Stand der Pflanzen, der ein rasches Abtrocknen der Blätter ermöglicht; wüchsige und gesunde Rosen sind widerstandsfähiger; befallene Triebe herausschneiden, zusammen mit befallenen Blättern vernichten, keinesfalls kompostieren.

Bekämpfung mit Handelspräparaten: Wenn überhaupt, dann Spritzungen mit Polyram WG, Dithane Ultra. Blattunterseite beim Spritzen nicht vergessen.

● Sternrußtau

Schadbild: Auf den Blattoberflächen sind sternförmige, violettbraune bis schwarze Flecken sichtbar, die strahlenförmig auslaufen – daher die Bezeichnung Sternrußtau. Die Blätter werden gelb und fallen ab. Zum Teil zeigen sich auch auf den Trieben Flecken. Der Sternrußtau schwächt die Rose in vielerlei Beziehung nachhaltig, beeinträchtigt z.B. Blühfreude und Frosthärte.

Typisches Schadbild für den Sternrußtau, den gefürchtetsten Rosenpilz.

Dieser Umstand macht den Sternrußtau zu einer der heimtückischsten Pilzkrankheiten, die Rosen befallen können. Er wird leicht mit Falschem Mehltau verwechselt, beginnt im Gegensatz zu diesem jedoch an den Blättern der unteren Region und befällt die Rose von unten nach oben, so daß sie von unten her aufkahlt.

Auftreten: Sternrußtau tritt meist im Spätsommer und Herbst auf. In regenreichen Sommern ist er auch schon ab Juni zu be-

Rost erkennt man an seinen rostig-orangefarbenen Pusteln auf der Blattunterseite.

obachten, vor allem in an sich schon regenreichen Regionen.

Vorbeugung: Robuste Sorten pflanzen, obwohl kaum eine Rosensorte absolut gegen Sternrußtau resistent ist; licht- und luftumspielten Standort wählen; nicht zu eng pflanzen; nasse Blätter vermeiden und vor allem länger anhaltende Blattfeuchte verhindern, da die Pilzsporen zur Keimung etwa sieben Stunden lang eine ausreichende Feuchtigkeit brauchen; niemals Rosen in den Schatten bzw. an feuchte Standorte pflanzen; da Infektionsherde sich bodennah bilden, sollte man abgefallenes Laub peinlich genau aufsammeln und vernichten, keinesfalls kompostieren; vor allem nach längeren Regenfällen auf Befall achten. Auf ausreichende Kaliversorgung (am besten mit Patentkali) achten.

Bekämpfung mit Handelspräparaten: Baymat, Saprol Neu, Neudo-Vital.
Hausmittel: Ackerschachtelhalm-Brühe.

● Rosenrost

Schadbild: Nach dem Austrieb im Frühjahr finden sich orangefarbene, stark stäubende, etwa stecknadelkopfgroße Sporenlager an der Blattunterseite. Im Herbst sind die Pusteln schwarzbraun. Ein Befall tritt insbesondere auf stark lehmigen Standorten auf.

Auftreten: Rosenrost zeigt sich jahrgangsweise sehr unterschiedlich, teilweise setzt der Befall nach mehreren Seuchenjahren komplett aus.

Vorbeugung: Hohe Luftfeuchtigkeit begünstigt einen Befall, rosengerechten Standort wählen, an dem die Blätter rasch abtrocknen können; stark lehmige Standorte durch Sandgaben auflockern; bei ungenügender Kalk-Kali-Versorgung sind auf der Wildlingsunterlage *Rosa laxa* veredelte Rosen rostanfälliger als andere; befallenes Laub niemals kompostieren, sondern einsammeln und vernichten.

Bekämpfung mit Handelspräparaten: Dithane Ultra, Saprol Neu, Neudo-Vital. Wichtig: Blattunterseite beim Spritzen nicht vergessen, auch nicht befallene Rosen in unmittelbarer Nähe spritzen.

Hausmittel: Farnkraut-, Wermut- bzw. Ackerschachtelhalm-Brühe.

Weitere, allerdings weit seltener auftretende Pilzerkrankungen

● **Grauschimmel:** Der Pilz, der auch unter dem Namen *Botrytis* bekannt ist, verursacht Faulstellen auf Blütenblättern und Knospen. Befallenene Knospen frühzeitig entfernen

● **Rindenfleckenkrankheit:** Insbesondere auf nicht ausgereiften, weichen Trieben zeigen sich nach milden Wintern bräunlichrote Flecken, die leicht mit Frostschäden verwechselt werden können. Kranke Triebe entfernen, auf gute Holzreife der Rosen achten, im Winter für ausreichende Luftzirkulation sorgen, Winterabdeckung so früh wie möglich entfernen. Kupferspritzmittel.

● **Valsakrankheit:** Mit diesem Pilz befallene Triebe welken, teilweise stirbt sogar die gesamte Rosenpflanze ab – deshalb wird die Krankheiten auch **Triebsterben** genannt. Kranke Triebe entfernen, Zapfenbildung durch sachgemäßen, sorgfältigen Schnitt vermeiden. Stehengebliebene Zapfen nutzt der Pilz gerne als Einlaß in die Rosenpflanzen.

● **Rußtaupilze:** Es bildet sich ein schwarzer Pilzrasen auf den Blättern, der nicht mit Sternrußtau zu verwechseln ist. Die Pilze siedeln auf den zuckerhaltigen Ausscheidungen von Blatt- und Schildläusen, die von sich über den Rosen befindenden Trieben anderer Gehölze auf das Rosenlaub tropfen. Bei einem Befall reicht es aus, die Blätter mit Schmierseifen-Lösung abzuspritzen und so zu reinigen; besser ist es natürlich, derartige Standorte zu meiden.

Sehr selten können auch **Viren**- (z.B. Rosenmosaikvirus) und **Bakterienerkrankungen** (Krebswucherungen) an Rosen auftreten. In diesen Fällen ist eine Bekämpfung wenig erfolgversprechend, die ganze Pflanze sollte entfernt und vernichtet werden.

PFLANZENSCHUTZ

Wichtige Rosenschädlinge

● Rosenblattlaus

Blattläuse sind wohl die am meisten geschundenen Kreaturen im Garten. Sie werden von Bakterien, Viren, Räubern, Raubparasiten und dem Menschen derart ausgenutzt und verfolgt, daß sie nur mittels einer sehr hohen Vermehrungsrate überleben können. Dabei wenden sie mit der sogenannten teleskopischen Generationsfolge einen zeitsparenden Trick an. Er besteht darin, daß bereits in den Laus-Embryonen schon wieder die Embryonen der nächsten Generation sitzen.

Ameisen mehren ihre Blattlauskolonien, indem sie die natürlichen Gegenspieler der Blattläuse von ihnen fernhalten. Deshalb: Ameisen den Zutritt zu Rosen verwehren.

Es gibt über 3000 verschiedene Blattlausarten, die meisten davon hochgradig spezialisiert. Generell stechen Läuse die Siebröhren (=Saftleitungen) der Pflanze an. Bevor eine Laus aber ein »Saftfaß« aufmacht, wägt sie den Anstich genau ab. Erst nach mehreren Probestichen kommt es zum Hauptstich, der die Laus sehr viel Energie kostet und bis zu einem Tag dauern kann. Ist der Anstich erfolgreich, sprudelt der Pflanzensaft aufgrund des hohen Drucks in den Siebröhren reichlich.

Für die Blattlaus sind die in dem Saft enthaltenen Stickstoffverbindungen überlebenswichtig. Ihren großen Bedarf kann sie nur über entsprechende Saftmengen abdecken, den im Saft enthaltenen Zucker benötigt sie jedoch nicht. Sie scheidet ihn aus. Um ihre »Trinkkumpanen« dabei nicht mit einer Zuckerglasur zu überziehen, schleudert sie den Zuckersaft mit den Hinterbeinen von sich weg. Landet die Glasur auf in der Nähe befindlichem Rosenlaub, siedeln sich dort umgehend Rußtaupilze an.

> **Duldsam**
>
> Des Morgens früh, sobald ich mir
> Mein Pfeifchen angezündet,
> Geh ich hinaus zur Hintertür
> Die in den Garten mündet.
> Besonders gern betracht ich dann
> Die Rosen, die so niedlich;
> Die Blattlaus sitzt und saugt daran
> So grün, so still, so friedlich.
> Und doch wird sie, so still sie ist,
> Der Grausamkeit zur Beute;
> Der Schwebefliege Larve frißt
> Sie auf bis auf die Häute.
> Schlupfwespchen flink und klimperklein,
> so sehr die Laus sich sträube,
> Sie legen doch ihr Ei hinein
> Noch bei lebendgem Leibe.
> Sie aber sorgt nicht nur mit Fleiß
> Durch Eier für Vermehrung;
> Sie kriegt auch Junge Hundertweis
> Als weitere Bescherung.
> Sie nährt sich an dem jungen Schaft
> Der Rosen, eh sie welken;
> Ameisen kommen, ihr den Saft
> Sanft streichelnd abzumelken.
> So seh ich in Betriebsamkeit
> Das hübsche Ungeziefer
> Und rauche während dieser Zeit
> Mein Pfeifchen tief und tiefer.
> Daß keine Rose ohne Dorn,
> bringt mich nicht aus dem Häuschen.
> Auch sag ich ohne jeden Zorn:
> Kein Röslein ohne Läuschen.
>
> Wilhelm Busch

Schadbild: Grüne Läuse befallen junge, noch weiche Triebe, die sie mit geringem Energieaufwand leicht anstechen können.

Auftreten: Bei warmer, trockener Witterung vermehren sich die Läuse ab April massenhaft.

Vorbeugung: Keine Rose ist vor einem Befall gefeit, jedoch fordern ihn übertriebene Stickstoffdüngung und Wassermangel geradezu heraus. Beides verursacht weiches, schwammiges Gewebe, das sich leicht anstechen läßt. Die hohen inneren Stickstoffwerte im Saft der Rose fördern zudem die Fruchtbarkeit der Läuse. Besonders hohe Stickstoffkonzentrationen finden sich auch im Saft von Rosen, die unter Trockenstreß leiden. Deshalb: Heiße, lufttrockene Standorte meiden.

Bekämpfung mit Handelspräparaten: Neudosan, Pirimor G, Celaflor Rosen-Pflaster, Nützlingseinsatz.

Hausmittel: Kleinere Läusemengen mit scharfem Wasserstrahl abspritzen oder mit den Fingerspitzen wegschnippen. Versuche mit Zwiebel- und Knoblauchsäften als Spritzmittel zeigten eine akzeptable Wirksamkeit. Brennessel-Brühen werden sehr oft empfohlen, sind in ihrer Wirkung jedoch umstritten. In vergleichenden Versuchen mit klarem Wasser wiesen sie keine deutlich höhere Wirksamkeit auf.

Die Gemeine Spinnmilbe erkennt man an ihrem Gespinst.

● Rote Spinne

Schadbild: Winzig kleine, orangerote Tierchen, die sich an den Blattunterseiten befinden, dort an der Pflanze saugen und nur mit der Lupe zu erkennen sind. Die Blattoberseiten färben sich unregelmäßig braungelb, bis die Blätter abfallen. Im Gegensatz zur Gemeinen Spinnmilbe bildet sie kein Gespinst.

Auftreten: Bei trocken-heißer Witterung ab Mai massenhafter Befall.

Vorbeugung: Heiße, extrem lufttrockene Standorte meiden. Besonders gefährdet sind (Kletter-)Rosen vor heißen Südmauern durch von allen Seiten auf das Laub treffende Reflektionswärme.

Bekämpfung mit Handelspräparaten: Neudosan, Naturen, Raubmilben-Einsatz.

Hausmittel: Ackerschachtelhalm-Brühe.

● Rosenblattrollwespe

Schadbild: Typisch für den Befall der Rosen mit Blattrollwespen sind die eingerollten Blätter. Die Eiablage am Blattrand löst dieses Einrollen des Rosenlaubes aus, in den Blattröllchen entwickeln sich die Larven.

Auftreten: Ab Mai, die Larven verlassen im Juli die Blattröllchen, um sich im Boden zu verpuppen.

Vorbeugung: Schwierig, Blätter ab Anfang Mai beobachten. Letztendlich helfen nur vorbeugende Spritzungen mit systemischen Präparaten, die aber auch Nützlingen die Lebensgrundlage entziehen.

Die Praxis

Eingerollte Blätter: Rosenblattrollwespe.

Rosenzikaden finden sich oft an Kletterrosen.

Bekämpfung: Befallene Blätter sofort entfernen und vernichten, Absammeln der Larven mit der Hand. Spritzungen mit Spruzit nur bei Überhandnehmen des Befalls.

● Rosenzikade

Schadbild: Die Blätter sind auf der Oberseite weißlich gesprenkelt. Auf der Blattunterseite findet man grünlichweiße, blattlausähnliche Insekten, die sich hüpfend fortbewegen.

Auftreten: Da die Rosenzikaden mit Vorliebe in Mauerritzen überwintern, tritt der Befall häufig an dort wachsenden Kletterrosen auf.

Vorbeugung: Trockene, heiße Standorte meiden.

Bekämpfung mit Handelspräparaten: Winterspritzung mit Ölemulsion, Neudosan, Decis, Ambush bei Befall.

Hausmittel: Brennessel-Brühe.

● Thrips (Blasenfüße)

Schadbild: Thripse befallen vor allem blühreife Knospen. Die Blütenblätter verkrüppeln und zeigen am Rand braune Flecken. Durch Abklopfen der Blüten springen einige der winzig kleinen Insekten aus der befallenen Blüte auf die Handoberfläche und sind unter der Lupe erkennbar.

Auftreten: Ab Juni bei warmer Witterung.

Vorbeugung: Schwierig, hohe Wachsamkeit nach Vorjahresbefall während trockenheißer Witterungsphasen.

Bekämpfung mit Handelspräparaten: Neudosan, Ambush. Rechtzeitig Blütenknospen spritzen, befallene Blüten sofort entfernen und vernichten. Einsatz von Nützlingen nur bei Gewächshauskultur erfolgversprechend.

Weitere Schädlinge

● **Rosengallwespe:** Die Rosengallwespe tritt häufig, aber nicht nur, an Wildrosen auf. An den Trieben zeigen sich moosähnliche, deutlich sichtbare Wucherungen, die durch ihre haarartigen Auswüchse, die sogenannten **Schlafäpfel**, auffallen. Betroffene Triebe entfernen.
Die Schlafäpfel, die bis fünf Zentimeter groß werden, gelten in der Volksmedizin als Schlafmittel. Unter das Kopfkissen gelegt, sollen sie dem Schlaf förderlich sein. Siehe Abbildung Seite 138.

● **Dickmaulrüßler:** Etwa 10 mm langer, schwarzer Rüsselkäfer, der an den Knospen, Blättern und Trieben nagt und ausgebuchtete Fraßstellen hinterläßt. Nachts absammeln, Bekämpfung der Larven über Nematoden möglich.

● **Triebbohrer:** Die Triebe beginnen am oberen Ende zu welken. Spaltet man sie in Längsrichtung, entdeckt man einen Fraßgang, in dem eine kleine Raupe sitzt. Frißt sie sich im Trieb von oben nach unten, handelt es sich um den Abwärtssteigenden Rosentriebbohrer. Bei umgekehrter Fraßrichtung ist der Aufwärtssteigende Rosentriebbohrer am Werk.
Triebe bis ins gesunde Holz abschneiden, Raupen entfernen. Bei starkem, jährlich wiederkehrendem Befall helfen z. B. Ambush und Decis.

● **Schildläuse:** An verholzenden Trieben und Zweigen sitzen braune, durch einen harten Panzer geschützte Läuse, die einen klebrigen Saft ausscheiden. Bei trockener, windstiller Lage ist ein Massenbefall möglich; Kletterrosen an Hauswänden sind besonders gefährdet. Mineralölspritzung; Florfliegen als natürliche Feinde der Schildläuse schonen.

● **Wurzelnematoden:** Es existieren zahlreiche Arten dieser winzigen Fadenwürmer, darunter einige nützliche, die meisten jedoch schädlich, da sie an den Wurzeln der Rosenpflanzen saugen. Ihre Bekämpfung ist schwierig. Eine Gründüngung mit *Tagetes erecta* wirkt zumindest ihrer weiteren Verbreitung entgegen (siehe auch Seite 148).

● **Gartenlaubkäfer:** Ziemlich selten auftretend, nagt der etwa zehn Millimeter lange Käfer mit Vorliebe an Blättern und Blütenknospen. Wenn er nicht gerade in Massen auftritt, richtet er keinen Schaden an. Nicht zu verwechseln ist der Gartenlaubkäfer mit dem etwa doppelt so großen **Goldkäfer**. Der Goldkäfer liebt Gartenrosen, in deren Blüten er sich förmlich in die Pollen einwühlt und die Staubgefäße frißt.

Allgemeine Hinweise zur Bekämpfung von Krankheiten und Schädlingen

Unter verantwortungsbewußten Rosen- und Gartenfreunden sollte grundsätzlich die Devise »**Vorbeugen ist besser als spritzen**« gelten. Wer jede Laus verfolgt, kann nicht erwarten, daß sich eine nennenswerte Nützlingsfauna aufbauen kann. Erst wenn eine Schadensschwelle überschritten wird – d.h. der »Schaden« an den Pflanzen die zu erwartenden Bekämpfungskosten übersteigt –, ist der Einsatz von Spritzmitteln eine Überlegung wert. Bei ihrem Kauf unbedingt auf fachmännische Beratung achten.

Bei der Verwendung der Präparate gilt: Niemals in die offene Blüte und nur bei windstillem Wetter spritzen, bienenungefährliche und nützlingsschonende Mittel einsetzen, die Anweisungen auf den Packungsbeilagen grundsätzlich strikt beachten, Restbrühe als Sondermüll sachgerecht entsorgen, Arbeitsmittel nach Gebrauch sorgfältig reinigen.

Eine Bitte des Autors: Nicht mit Kanonen auf Spatzen schießen! Die Spritzmittel, die für Hobbygärtner im gärtnerischen Einzelhandel zu erwerben sind, reichen in ihrer

PFLANZENSCHUTZ

Wirksamkeit völlig aus. Erwerbsgärtner nutzen für den großflächigen Einsatz teilweise andere Präparate, von denen sich Laien oft wahre Wunder versprechen und an die zu gelangen sie deshalb nichts unversucht lassen. In der Regel sind diese Präparate hochwirksam und unterliegen strengster Ausbringungsvorschriften, die u.a. modernste, keine Abdrift zulassende Geräte und aufwendige Schutzkleidung erfordern. Wer diese Mittel ohne entsprechenden Schutz und Fachverstand im privaten Garten verwendet, gefährdet ohne Not sich und andere. Das kann kein Pflanzenfreund und Naturliebhaber wollen. Auch die Rosenproduktionsbetriebe begrenzen zunehmend ihren Einsatz, einige Betriebe verzichten sogar ganz darauf und produzieren ihre Rosenstöcke im Rahmen biologischer Anbaurichtlinien. Hinweis: Alle Mittelangaben sind vom Stand 1997.

Hausmittel

Vielfach haben sich alte Hausmittel bei der Schädlings- und Krankheitsbekämpfung bewährt. Sie werden zur Zeit verstärkt wiederentdeckt und können auch dem Rosenfreund bei ihrem regelmäßigen Einsatz gute Dienste leisten.

Vor übertriebenen Erwartungen sei allerdings gewarnt. Hausmittel bewirken – vor allem bei nur einmaligem Gebrauch – keine Wunder. Ihre Wirkung beruht in erster Linie auf der Stärkung der inneren Pflanzenkräfte zur Abwehr von Krankheiten. Die Schädlinge sollen auf eine tolerierbare Anzahl reduziert werden, so daß die für den Erhalt der Nützlinge wichtige Nahrung immer noch in ausreichendem Maße zur Verfügung steht.

Hier einige allgemeine Tips zur Herstellung:

● *Brühen:* Das einen Tag lang eingeweichte Pflanzenmaterial (frisch oder getrocknet) wird etwa ein halbe Stunde gekocht. Man läßt es im bedeckten Topf abkühlen. Nach dem Durchseihen wird die Brühe im Verhältnis 1:5 mit Wasser verdünnt und auf die befallenen Teile der Rosenpflanzen gespritzt.

● *Jauchen:* Im Gegensatz zur Brühe wird eine Jauche ausschließlich mit kaltem Wasser angesetzt und ist auch aufwendiger in der Zubereitung. Das Pflanzenmaterial (frisch oder getrocknet) kommt zerkleinert in einen großen Bottich aus Steingut, Holz oder Kunststoff (kein Metall), wird mit Wasser übergossen und in die Sonne gestellt. Nach mehreren Tagen, in denen regelmäßig umgerührt wird, beginnt es dadurch zu gären, Luftbläschen steigen auf. Die Zugabe von Baldrianblütenextrakt oder Steinmehl mindert die Geruchsbelästigung. Je nach Gärzeit erhält man entweder frische (»beißende«) oder gut vergorene Jauche. In der Regel wird vergorene Jauche im Verhältnis 1:20, beißende Jauche im Verhältnis 1:50 mit Wasser verdünnt und gespritzt. Vorsicht: Ein Zuviel kann den Rosen mehr schaden als nützen, deshalb sind eigene Erfahrungen Schritt für Schritt zu sammeln.

Umfangreiche Hinweise zur Herstellung dieser und weiterer Hausmittel finden sich in der Broschüre: »Pflanzensaft gibt Pflanzen Kraft«, herausgegeben von der Abtei Fulda.

> **Hinweis:** Von der Verwendung selbst hergestellter Schmierseifen-Lösungen ist abzuraten. Sie enthalten zum Teil Parfümstoffe und Tenside, die auf dem Rosenlaub zu Verbrennungen führen können.

● *Niemöl (Neemöl) gegen Insekten:* Die Samen des Niembaumes (*Antelaea azadirachta*, syn. *Azadirachta indica*) enthalten Inhaltsstoffe, die in Asien, Lateinamerika und Afrika seit vielen Generationen gegen Parasiten wie Zecken und Läuse eingesetzt werden. Aber auch in der Landwirtschaft und im Gartenbau kennt man die insektenvertreibende und -abwehrende Wirkung von Extrakten mit Niemöl. Niemöl ist ungiftig und wird als nützlingsschonend eingestuft. Die Schädlinge fressen zwar an den mit Niemöl behandelten Pflanzen und nehmen dessen Wirkstoffe auf, doch die Wirkstoffkonzentration in den Tieren bleibt so gering, daß dem Nützling kein Schaden entsteht, wenn er diese Schädlinge frißt.

Niemöl beeinflußt das Hormonsystem der Insekten und unterbindet ihre Häutung. Für Menschen ist es ungefährlich. Hergestellt wird der Extrakt wie folgt: Gemahlener Niemsamen wird mit Wasser vermischt, pro Liter Wasser werden 50 Gramm Niemsamen benötigt. Man läßt das Ganze fünf Stunden ziehen und rührt hin und wieder um. Danach sind die Wirkstoffe herausgelöst und der Extrakt wird durch einen Kaffeefilter abgegossen. Man kann ihn nun entweder mittels einem Pinsel auf die Rosenblätter auftragen oder mit einem Blumensprüher versprühen.

● *»Backpulver« gegen Echten Mehltau:* Eine dem Backpulver ähnliche chemische Verbindung, Natriumhydrogencarbonat, sagt man eine rosenstärkende und vorbeugende Wirkung gegen Echten Mehltau nach. In Konzentrationen von fünf bis zehn Gramm pro Liter Wasser wird es aufgelöst und auf die Pflanze appliziert. Mit Niemöl gemischt, verstärkt sich die Wirkung beider Präparate sogar.

● *Goethes Rat:* Wer Schwierigkeiten mit der Bestimmung auftretender Schädlinge bzw. Krankheiten hat, kann bei den Pflanzenschutzämtern Rat finden. Auch die regionale Baumschule hilft dem Gartenfreund mit sachkundigen Hinweisen gerne weiter. Ansonsten sei er mit Mephistos Spottvers getröstet: »Ihr studiert die große und die kleine Welt, um es am Ende geh'n zu lassen, wie's Gott gefällt.«

Rosennützlinge

Die naturnahe Bekämpfung von Schädlingen durch Nützlinge kann nur funktionieren, wenn sie langfristig angelegt und dem Kreislauf der Natur unterstellt ist. Es dauert einige Zeit, bis sich eine entsprechende Nützlingspopulation aufgebaut hat. Diese kann dann auch nur überleben, wenn sie in ausreichendem Maße Schädlinge vorfindet.

● *Marienkäfer:* Die Larven der Marienkäfer sind ungeheuer gefräßig. Jede vertilgt während ihrer etwa dreiwöchigen Entwicklungszeit insgesamt bis zu 600 Blatt- und Schildläuse. Marienkäferlarven sind von

Nützlinge bei der Arbeit: Siebenpunkt-Marienkäfer dezimieren Blattläuse.

Die Praxis

Gefiederter Nützling: Ein Rotkehlchen verfüttert im Nest eine Raupe.

braunschwarzer Farbe, bis zu einem Zentimeter lang und sechsbeinig. Nach ihrer Verpuppung sieht man ab Juli den Marienkäfer an den Rosen. Auch das erwachsene Insekt frißt mit Vorliebe Blattläuse und andere weichhäutige Insekten. Sein täglicher Bedarf liegt bei etwa hundert Blattläusen. Alle Lebensstadien dieses Nützlings sind schützenswert; Schutz gewährt man, indem man ihm z.B. die Überwinterung unter liegengebliebenem Laub ermöglicht.

● **Florfliegen:** Florfliegen werden auch als Blattlauslöwen bezeichnet. Ihre Larven sind denen der Marienkäfer ähnlich. Mit ihren Saugzangen greifen sie die Blattläuse an und saugen sie aus. Daneben bekämpfen sie auch Thripse und Milben. Das erwachsene Insekt erinnert an eine Libelle, der Flugstil wirkt etwas unbeholfen. Jedes Jahr werden mehrere Generationen Florfliegen produziert.

Die Larve der Florfliege beim Blattlausmenü.

● **Schwebfliegen:** Die Larven der Schwebfliegen sind grünlichgelbe bis graue Maden von etwa 2 cm Länge. Sie sind nicht sehr beweglich, deshalb legt die Mutterfliege sie direkt in den Blattlauskolonien ab. Die Larven spießen die Blattläuse mit ihren Mundwerkzeugen auf und saugen sie aus. Eine Larve vertilgt während ihrer kurzen, etwa zweiwöchigen Entwicklungszeit insgesamt 400 bis 800 Blattläuse. Die erwachsene Fliege wird etwa einen Zentimeter lang und fällt mit ihrem schwarz-gelb gezeichneten Hinterleib und ihr oft minutenlanges In-der-Luft-Schweben an einer Stelle auf. Manchmal werden die Tiere mit Wespen verwechselt und deshalb verfolgt. Jedes Jahr werden mehrere Generationen produziert. Schwebfliegen können Farben erkennen, wobei sie besonders Gelb anzieht. Rugosa-Hybriden sind beliebte Anflugziele, aber auch Petersilie, Kümmel und Koriander locken diesen Nützling in den Garten.

Gefräßiger Blattlausjäger: Eine Schwebfliegenlarve.

● **Raubmilben:** Raubmilben saugen die Eier der Roten Spinne (Spinnmilbe) oder die Tiere selbst aus. Die Raubmilbe, ein naher Verwandter, ist größer und kräftiger als die Rote Spinne und baut kein Gespinst auf. Vor allem ist sie wesentlich beweglicher und findet ihre Beute zielsicher. Als Faustzahl gilt, daß eine Raubmilbe etwa fünf erwachsene Spinnmilben bzw. zwanzig Eier pro Tag aussaugen kann. Das ist ziemlich viel und sorgt für eine spürbare Reduzierung der Roten Spinne, da die Raubmilben sich außerdem sehr schnell entwickeln. Aus diesem Grund werden Raubmilben im Erwerbsanbau systematisch und gezielt eingesetzt.

● **Ohrwürmer:** Diese etwa zwei Zentimeter langen, braunen Insekten sind an ihrer am Hinterleib befindlichen Zange leicht zu erkennen. Die Behauptung, daß sie ins menschliche Ohr krabbeln, ist eine Mär und gehört ins Reich der Fabel. Ohrwürmer jagen vor allem nachts Blattläuse. Wer ihnen ein nützliches wie ästhetisch anspruchsvolles Zuhause schaffen will, füllt **Rosenkugeln** mit Holzwolle. Die mundgeblasenen Kugeln in Grün, Gold, Rot, Blau oder Aubergine erwärmen sich im Inneren

Ohrwurm auf Blattlauspirsch.

und bilden so ideale Nistplätze und Ausgangspunkte für die Beutezüge dieser Blattlausvertilger. Es kann allerdings auch vorkommen, daß die Ohrwürmer die Blüten der Rosen anfressen.

Apropos Rosenkugeln: Die ihnen nachgesagte Wirkung als Vogelschreck kann wohl ins Reich der Legende verwiesen werden. Angeblich nehmen die Vögel beim Anblick des eigenen, verzerrten Ichs Reißaus.

● **Blattlaus-Schlupfwespen:** Diese Insekten legen ihre Eier in das Ei, die Larve oder Puppe eines anderen Insektes, zum Beispiel von Blattläusen. Selbst Ameisen gelingt es kaum, »ihre« Blattläuse zu schützen und die Eiablage der Schlupfwespen zu verhindern. Ein Schlupfwespen-Weibchen kann bis zu 1 000 Läuse anstechen und in ihnen Eier ablegen.

● **Vögel:** Insektenfressende Vogelarten wie Grasmücke, Meise und Haussperling füttern ihren Nachwuchs zum großen Teil mit Insekten. Meisen jagen zur Aufzucht ihrer Brut mit Vorliebe die gefräßigen Rau-

Zierde und Nutzen: Rosenkugeln bieten Ohrwürmern Nistgelegenheit.

ROSEN ÜBERWINTERN

pen. Sträucher und Stauden bieten den Vögeln schützenden Lebensraum. Besonders bewährt hat sich das Aufhängen von Meisenkästen. Ebenso lockt eine Tränke im Sommer und ein Futterplatz im Winter den nützlichen Besuch an. Allerdings: Streunen viele Katzen im Garten, wirken auch die attraktivsten Kästen und Tränken nicht verlockend auf insektenfressende Vögel.

■ Frostschutz

Der innere Frostschutz: Die im Handel angebotenen Rosensorten sind in der hiesigen Klimazone ausreichend frosthart, wenn man ihrer Pflanzenphysiologie gerecht wird. Es klingt paradox, aber **Frostschutz beginnt im Hochsommer**. Wer seinen Rosen nach dem ersten Juli wachstumsstimulierende Stickstoffgaben verabreicht, schmälert ihre Holzreife. Er fördert das Wachstum der Pflanzen bis in den Herbst hinein und damit die Bildung eines aufgeschwemmten, stark wasserhaltigen, sehr frostsensiblen Gewebes.

Ganz im Gegensatz zum Stickstoff fördert Kali – ab Ende August in Form von Patentkali verabreicht – die Entwässerung der Triebe und erhöht dadurch die Holzreife und Frosthärte.

Ein besonderes Augenmerk sollte man auf stark von Sternrußtau befallene Rosensorten haben: Werfen sie infolge des Pilzbefalls im August alle Blätter ab, reagiert die Rose mit einem »Notprogramm«, treibt neu durch und kommt mit Sicherheit nicht rechtzeitig vor der kalten Jahreszeit zur Ruhe. Eine derart spätaktive Pflanze ist im höchsten Maße frostgefährdet.

Der äußere Frostschutz: Der beste natürliche Frostschutz ist der Schnee. Nun sollte man aber seine Rosenstöcke nicht mit verfestigtem Naßschnee künstlich verpacken. Das ist nicht gemeint und auch nicht ratsam. Lockerer Pulverschnee jedoch isoliert bestens und schützt ideal vor Frost. Leider kann man sich auf ihn nicht verlassen, so daß die Rosen durch geeignete Maßnahmen zusätzlich vor gefährlichen Barfrösten – also Frösten ohne Schnee – geschützt werden müssen.

Der äußere Frostschutz beginnt mit dem Pflanzen der Rosen. Wurde die Veredlungsstelle fünf Zentimeter tief unter die Erdoberfläche gesetzt, ist dieser wichtige »Knotenpunkt« zwischen edler Sorte und Wildlingsunterlage ausreichend geschützt. Eine Gefährdung der Rosen besteht vor allem in extremen Frostlagen und bei langanhaltenden tiefen Temperaturen. Dies gilt besonders für die Zeit des Spätwinters, wenn die Rose bereits wieder im Saft steht und nach einer kalten Nacht von der Sonne beschienen wird.

Anhäufeln: An besonders frostgefährdeten Standorten, bei empfindlichen Sorten sowie in rauhen Lagen ab 500 m über NN sollte ab Dezember angehäufelt werden, so daß im Boden befindliche, ausgereifte Triebe optimal vor Frost geschützt sind. Angehäufelt wird etwa 15 bis 20 Zentimeter hoch mit lockerer Lauberde, Gartenkompost und Ähnlichem. Auf die jetzt noch herausschauenden Triebe wird zusätzlich Nadelholzreisig gelegt. Das sieht hübsch aus und schützt die Triebe vor austrocknenden Winden. Nicht ratsam ist es, zum

Guter Frostschutz: Strauchrosen mit Strohmatten umstellen, die Zwischenräume mit feinem Laub (Birke, Buche o. ä.) auffüllen.

Anhäufeln die gewachsene Erde rund um die Rose hochzuhacken, denn dies würde zuviele Wurzeln freilegen und beschädigen. Und: Niemals mit Torf anhäufeln. Einerseits aus umweltschonenden Überlegungen, andererseits, weil nasser Torf im gefrorenen Zustand zu einem eisigen »Schraubstock« wird, der die Rose erwürgt.

Strauch- und Kletterrosen: Strauch- und Kletterrosen, unter Umständen der komplette Rosenbogen, werden zum Schutz vor starker Sonneneinstrahlung mit Nadelreisig eingepackt. Schwere Frostschäden entstehen vor allem dann, wenn Rosen intensiv und direkt von der Wintersonne bestrahlt werden, die Wasserversorgung aber wegen des gefrorenen Bodens ausbleibt und die Triebe so regelrecht **vertrocknen**.

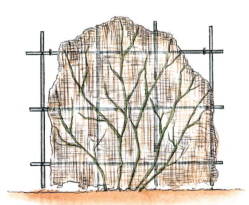

Anhäufeln: für Beetrosen ein ausreichender Winterschutz.

Kletterrosen schützt man durch Sackleinen oder...

...das Einbinden von Nadelreisig.

Die Praxis

In Nadelreisig eingewickelt werden Rosenbögen...

...und die Kronen von Stammrosen.

Rauhe Lagen: Abschließend noch einige allgemeine Tips für Rosenfreunde, die in Lagen ab 500 m über NN leben:
– keine für Sternrußtau besonders anfälligen Sorten pflanzen, der vorzeitige Blattverlust mindert die Holzreife der Rosen
– einmalblühende Strauch- und Kletterrosen bevorzugen
– gelbblühenden Beet- und Edelrosen besonderen Winterschutz gewähren
– nie auf das Anhäufeln und Abdecken mit Reisig bzw. Sackleinen verzichten, auch wenn mehrere milde Winter in Folge zur Nachlässigkeit verführen
– in schneereichen Gebieten Strauchrosen durch Aufbinden an einen Pfahl vor allzu großer Schneelast schützen.

■ Umpflanzen alter und junger Rosen

Wo das Naturmaterial Reisig nicht vorhanden oder teuer zu erstehen ist, greift man auf Sackleinen oder lockeres Jutegewebe zurück. In Baumschulen kann man preiswert sogenanntes Ballentuch erwerben, ein ideales Abhäng- bzw. Wickelmaterial für Spaliere und Rosenbögen.

Die genannten Materialien haben den Vorteil, daß sie austrocknende Winde abhalten, kühlende Luft aber durchlassen und damit einen Wärmestau, vor allem im Spätwinter, verhindern. Ein solcher Wärmestau würde einem vorzeitigen Austreiben der Rosen im Schutz ihrer Abdeckung Vorschub leisten und sie insbesondere während Witterungslagen, in denen sich sonnenreiche Tage mit klirrendkalten Nächten abwechseln, Schaden nehmen lassen. Deshalb die Triebe auch nicht zu dick einwickeln und das Material etwa gegen Ende März am einem trüben Tag entfernen.

Niemals sollte man Rosen, insbesondere die Kronen von Stammrosen, in Plastikfolien, auch nicht in perforierte, einpacken. Wärmestaus und Fäulnis im Innern dieser winterlichen »Treibhäuser« sind die sichere Folge, eine Schwächung der Pflanze und Schäden durch Nachtfröste sind vorprogrammiert.

Stammrosen: Wie Strauch- und Kletterrosen werden die Kronen alter Stammrosen, unabhängig von ihrer Stammhöhe, mit Sackleinen bzw. Nadelreisig eingepackt. Dies ist die einfachste, aber nicht die sicherste Methode.

Bei Stammrosen liegen die Veredlungsstellen nämlich weit über dem Boden; insbesondere junge Stammrosen sind im Winter deshalb besonders frostgefährdet. Ein bewährter Schutz ist – bei ausreichendem Platzangebot – das **Umlegen der Stämme**. Dabei wird der Stamm über die Zapfenstelle zum Boden gebogen und mit Haken befestigt. Vorsicht: Biegt man den Stamm weg von der Zapfenstelle, kann er an dieser Stelle brechen.

Die laubfreie Krone und die Veredlungsstellen liegen jetzt auf dem flachen Boden und werden locker mit Lauberde bzw. Gartenkompost bedeckt. Zusätzlich wird der Stamm mit Reisig oder Sackleinen umwickelt. Das Umlegen von Stammrosen ist in der Regel bis zu einem Pflanzenalter von zehn Jahren problemlos möglich und ein sicherer Frostschutz auch in rauhen Lagen. Die Stämme im Frühjahr nicht ruckartig, sondern behutsam wieder aufrichten.

Ältere Stämme, die sich nicht mehr biegen lassen, können auch – etwas aufwendiger – durch einen Drahtkäfig geschützt werden. Dieser wird um den Stamm aufgebaut und mit Stroh bzw. Laub bis über die Krone aufgefüllt.

Steht eine unausweichliche Baumaßnahme an oder ein Umzug bevor, stellt sich für den Rosenfreund manches Mal die Frage: Kann man alte, eingewachsene, mitunter liebgewonnene Rosen verpflanzen?

Ja, man kann, selbst wenn die Rose über zehn und mehr Jahre alt ist. Die ideale Zeit zum Umpflanzen ist der November bis zum Frosteinbruch. Zur Not kommt auch noch das zeitige Frühjahr in Frage. Grundprinzip der Umpflanzaktion sollte es sein, möglichst viele Feinwurzeln unbeschädigt aus dem Boden zu bekommen.

Bei Beet- und Edelrosen gräbt man die Pflanze vorsichtig frei und setzt den Spaten dabei möglichst tief an den Rosenwurzeln an. Dann wird die Rosenpflanze ohne Erdballen aus dem Loch gehebelt. Abgebrochene Wurzeln schneidet man vor dem Neupflanzen zurück und auch die oberirdischen Triebe werden bis auf eine Handbreit zurückgenommen. Gepflanzt und angehäufelt werden die alten Stöcke wie neue Rosen. Das Anhäufeln ist besonders bei der Pflanzung von alten

In besonders kalten Regionen ist das Umlegen der Rosenstämme üblich. Unabdingbar ist der Schutz des Stammes vor ungewohnter, direkter Sonneneinstrahlung – entweder durch Nadelreisig oder Erde.

Rosen vermehren

Rosenstöcke im Frühjahr wichtig, denn es schützt die Rose vor dem Austrocknen. Abgehäufelt wird nach etwa acht Wochen, also im Mai/Juni.

Bei Strauch-, Wild- und Kletterrosen nimmt man die oberirdischen Triebe ebenfalls sehr stark, etwa bis auf fünfzehn Zentimeter, zurück. Altes, totes Holz ist dabei gleich am Ansatz zu entfernen. Oft ist es beim Ausgraben dieser Rosenarten möglich, einen Erde-Wurzel-Ballen zu erhalten, den man kreisförmig mit senkrechten Spatenstichen absticht und mit hebelnden Bewegungen aus dem Boden löst. Ein solcher Naturballen ist ideal, aber nicht zwingend notwendig, um Rosen erfolgreich zu versetzen. Wie bei den Beet- und Edelrosen kommt es in erster Linie darauf an, möglichst viel Wurzel- und nicht Erdmasse zu erhalten. Sollte also die Erde beim Bewegen der Pflanzen abfallen, ist dies nicht weiter tragisch. Gepflanzt werden die alten Strauch-, Wild- und Kletterrosen wie neue Rosen.

Vermehrung

Seien wir ehrlich: Obwohl es meist viel billiger ist, Pflanzen beim Profi zu erwerben, reizt es einen gestandenen Hobbygärtner und Rosenfreund doch, selbst einmal eine Sorte zu vermehren. Auch wenn das gewünschte Ergebnis erst nach mancher Enttäuschung, etwa unerwarteten Winterschäden, erreicht wird, hat man zu einer selbst vermehrten Pflanze ein ganz persönliches Verhältnis. Die Vermehrung sehr seltener Rosensorten kann zudem einen recht profanen Grund haben, da sich ihre Beschaffung im Handel, vor allem ohne genaue Namensbezeichnung, oft schwierig, wenn nicht gar unmöglich gestaltet. Wer dann bei Freunden Zugriff auf Vermehrungsmaterial hat, kann sich besondere Rosenträume erfüllen.

Der Versuch lohnt also. Und damit aus der Rosenlust kein Rosenfrust wird, sind hier die erfolgsversprechendsten Methoden zusammengestellt.

Zwei Vermehrungsprinzipien lassen sich unterscheiden: die **ungeschlechtliche (vegetative) Vermehrung** durch Okulation, Steckholz, Steckling, Absenker, Ausläufer bzw. Meristemkultur und die **geschlechtliche (generative) Vermehrung** durch Aussaat.

Bei der ungeschlechtlichen Vermehrung vererben abgetrennte Pflanzenteile die Eigenschaften der Eltern identisch und sortenecht weiter. Ein Vorteil ist die relativ kurze Kulturdauer. Zudem setzen viele Edelsorten keinen oder nur unreifen Samen an und eignen sich schon aus diesem Grund nur für die ungeschlechtliche Vermehrung. Treten an einer Rose Veränderungen, sogenannte Mutationen auf, können diese explizit vermehrt und als neue Kulturform gesichert werden. Aus den vielen Vorteilen der ungeschlechtlichen Vermehrung erklärt sich deren große Bedeutung auch im Erwerbsanbau von Rosen.

Ausgesät – also geschlechtlich vermehrt – werden in der Regel nur die reinen Wildarten für Pflanzungen in der freien Natur – wofür die Sämlinge die notwendige genetische Variabilität und Wüchsigkeit mitbringen – und die Wildlingsunterlagen, auf die edle Rosensorten aufveredelt, im Fachjargon gesprochen: okuliert werden, damit sie von der Wuchskraft der Wildrose profitieren. Rosenzüchter nutzen zudem die Aussaat, um aus den Ergebnissen ihrer Kreuzungen neues Saatgut und in der Folge neue Rosensorten zu erzielen.

■ Okulation

Die Okulation ist die am häufigsten bei Rosen angewendete Vermehrungsart. Okulation meint das Einsetzen eines Auges, sprich: einer Triebknospe, einer edlen Rosensorte auf eine Unterlage und geht wortgeschichtlich auf das lateinische Wort für Auge, *oculus*, zurück. Mittels Okulation wird so aus einer Wildrose eine Beetrose, eine Kletterrose, eine Strauchrose oder irgendeine andere edle Rosenpflanze.

Wie funktioniert das Okulieren? Wer Rosen okulieren möchte, beschafft sich zunächst in einer Baumschule Wildlingsunterlagen. Diese sind jeweils zu fünfzig Stück gebündelt und werden auch nur in diesem Gebinde gehandelt. Mit etwas Glück verkaufen die Baumschulen dem Rosenfreund diesen Grundstock für die eigene Rosenanzucht. Die bekannteste und am häufigsten als Unterlage verwendete Wildart ist *Rosa laxa*.

Erhält man die Wildlinge, wie sie kurz genannt werden, im Herbst, werden sie zunächst leicht an Trieb und Wurzel zurück-

Ablauf der Okulation:

① Das Edelreis wird grob entblättert.

② Die Stacheln werden entfernt (abschneiden oder seitlich mit dem Daumen wegdrücken).

③ Die Stielenden werden nachgeschnitten.

④ Schnitt des Veredlungsauges in Wuchsrichtung.

⑤ Falsch: Schnitt gegen die Wuchsrichtung.

⑥ Herauslösen des inneren Holzspans.

⑦ Fertiges Veredlungsauge.

⑧ T-Schnitt am Wurzelhals des Wildlings (Fortsetzung: Seite 172).

Die Praxis

Bei der Stammrosen-Okulation werden zwei bis drei Veredlungen ausgeführt. Rechts: Neuaustrieb.

Okulation (Fortsetzung von Seite 171)

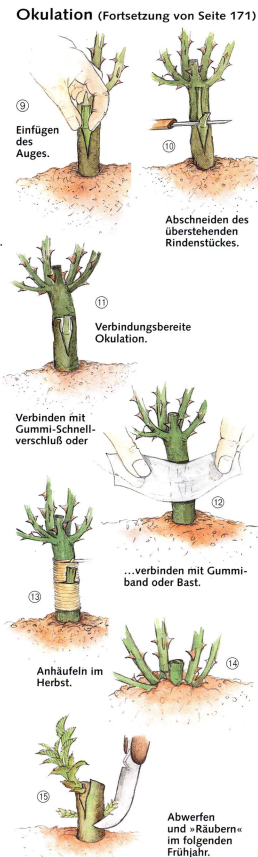

⑨ Einfügen des Auges.

⑩ Abschneiden des überstehenden Rindenstückes.

⑪ Verbindungsbereite Okulation.

⑫ Verbinden mit Gummi-Schnellverschluß oder

...verbinden mit Gummiband oder Bast.

⑬ Anhäufeln im Herbst.

⑭

⑮ Abwerfen und »Räubern« im folgenden Frühjahr.

geschnitten und bundweise in Sand eingeschlagen. Gepflanzt werden sie im Frühjahr.

Stehen keine Sämlingsunterlagen zur Verfügung, kann auch auf bewurzelte Stecklhölzer von Wildrosen, z.B. von *Rosa multiflora*, veredelt werden.

Die eigentliche Okulation findet an heißen Sommertagen im Juli statt. Die Profis verwenden zum Okulieren ein spezielles Okulationsmesser. Es kostet etwa 70,- DM und lohnt die Anschaffung nur, wenn eine nennenswerte Anzahl von Pflanzen vermehrt werden soll. Ansonsten kann man sich auch mit einem guten, scharfen und sauberen Messer behelfen.

Nun kann die Veredlung beginnen: Zunächst wird am gereinigten, blankpolierten und etwa fingerdicken Wurzelhals des Wildlings ein sogenannter T-Schnitt ausgeführt. Dann wird das Reis, also ein ausgereiftes, verblühtes Triebstück der zu veredelnden Sorte, geschnitten. Das Reis wird entblättert und entstachelt. Nur die etwa einen Zentimeter langen Blattstiele bleiben direkt an den Augen stehen. Mit einem ziehenden Schnitt, der etwa zwei Zentimeter unter dem Auge ansetzt, wird ein Rindenstück mit Auge entnommen. Man hält dabei das Reis so, daß das Auge zum Veredler zeigt. Hinter dem geschnittenen Auge sitzt ein Holzspan, der vorsichtig und behutsam entfernt wird.

Die Rinde um den T-Schnitt wird sorgsam gelockert und das Edelauge in den T-Schnitt eingeschoben. Nur bei heißem Wetter löst sich die Rinde gut, da die Unterlage aufgrund ihrer hohen physiologischen Aktivität voll im Saft steht. Nach dem Einschieben schneidet man das überstehende hintere Rindenteil des Auges auf Höhe des T-Balkens ab. Die Veredlungsstelle wird abschließend mit Bast, Gummi-Schnellverschluß oder einem Gummibändchen verbunden und schmutzfrei gehalten.

Im Herbst häufelt man die Veredlungsstelle gut an. So übersteht sie den Winter. Im Frühjahr wird sie wieder freigelegt und die Wildkrone über dem T-Balken oberhalb des angewachsenen Auges abgeschnitten. Diesen Vorgang nennen die Baumschuler »abwerfen«. Jetzt konzentriert sich der gesamte Saftstrom der Unterlage auf das edle, noch schlafende Auge und zwingt es zum Durchtreiben. Eine neue, edle Rose wächst heran.

Wildtriebe um die Veredlungsstelle muß man im Sommer immer wieder »räubern«, das heißt sauber an ihrer Ansatzstelle entfernen. Manche Rosensorten verzweigen sich nicht leicht, z.B. solche aus der Gruppe der Edelrosen. Um ihre Verzweigung zu fördern, pinziert man sie im Mai häufiger. Dazu werden überlange, einzelstehende Austriebe geköpft und ihre schlafenden Nebenaugen zum Austrieb gezwungen (siehe auch Seite 115).

Im Herbst, also gut fünfzehn Monate nach der Okulation, kann man die nun buschige Rose roden und an den Endstandort verpflanzen.

Stammrosen: Auch Stammrosen werden okuliert, und zwar in der gewünschten Kronenhöhe. Damit sich die Krone rund und voll entwickeln kann, bringt man zwei oder sogar drei Veredlungen rund um einen Stamm an. Voraussetzungen für die eigene Vermehrung von Stammrosen bilden Unterlagen in Form von kronentragenden Stämmchen. Diese Unterlagen sollen gerade und möglichst lang sein. In der Regel benutzen die Baumschulen spezielle Auslesen aus der Art *Rosa canina*. Natürlich kann man auch einen Wildbusch so zurechtschneiden, daß nur noch ein etwa 1,5 m langer Trieb als zukünftiger Stamm übrigbleibt. Wer eine alte Wildrose im Garten hat, kann von diesem Busch ebenfalls mit etwas Glück bewurzelte Wildstämme gewinnen. In früheren Zeiten wurden die Stammrosen ohnehin auf Wildstämme aus dem Wald veredelt.

ROSEN VERMEHREN

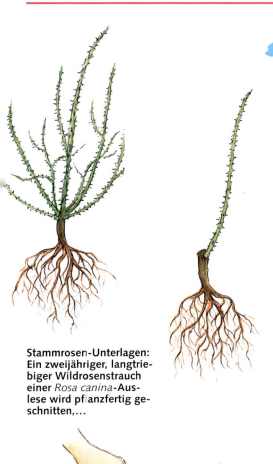

Stammrosen-Unterlagen: Ein zweijähriger, langtriebiger Wildrosenstrauch einer *Rosa canina*-Auslese wird pflanzfertig geschnitten,...

...der Wurzelhals geputzt...

...und die Unterlage für die sommerliche Okulation aufgepflanzt.

> **TIP** Ältere Stammrosen, die ihre Edelkrone durch Frost oder Bruch eingebüßt haben, lassen sich durch eine Okulation nachveredeln und somit erhalten.

■ Winterhandveredlung

Der Vollständigkeit halber sei an dieser Stelle die Möglichkeit einer Winterhandveredlung erwähnt. Sie ist nur interessant für Gartenfreunde, die ein kleines, beheizbares Treibhaus besitzen. Professionelle Gärtner nutzen diese Veredlungsmethode in großem Umfang zur Vermehrung von Gewächshausschnittrosen. Veredelt wird mit schräg angeschnittenen Edelreisern auf starke, fingerdicke Unterlagen der Sorte *Rosa canina* 'Inermis', und zwar in der Zeit von Dezember bis April.

■ Steckhölzer

Eine sehr erfolgversprechende Vermehrungsmethode vor allem für Strauch-, Flächen- und Kletterrosen ist der Schnitt von Steckhölzern.
Besonders bei Kletterrosen macht das Bewurzeln von Steckhölzern viel Freude. Sie bieten ausreichend Material für die etwa zwanzig Zentimeter langen, bleistiftstarken Steckhölzer, die aus den verholzten, keine Blätter mehr tragenden Zweigen und Trieben geschnitten werden. Diese Hölzer steckt man entweder im Spätherbst oder im zeitigen Frühjahr direkt nach dem Schnitt in die lockere Erde. Schwere Böden sind durch Sand etwas aufzulockern. Am besten steckt man gleich an den gewünschten Endstandort der Rose, wodurch sich ein entwicklungsstörendes Umpflanzen der bewurzelten Steckhölzer erübrigt.
Nach dem Stecken darf nur noch das oberste, das Holz abschließende Auge aus der Erde herausschauen. Werden die Hölzer zu

Fertig geschnittene Steckhölzer einer Kletterrose.

Mit Schere oder Messer werden die Steckhölzer im Winter geschnitten...

...und bis zum obersten Auge in den Boden gesteckt.

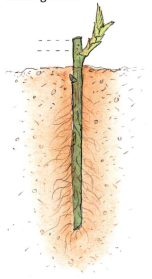

Im Laufe des Jahres entwickeln sich Triebe und Wurzeln.

hoch gesteckt, vertrocknen sie leicht. Geschnitten werden die Steckhölzer mit dem Messer, einfacher aber mit einer scharfen Schere.
Wie bei der Okulation müssen die Steckhölzer regelmäßig **pinziert** werden (siehe Seite 115). Sonst wird die neue Rose einbeinig und entwickelt sich wenig buschig. Ein **Düngen** der Steckhölzer ist im ersten Jahr nicht notwendig; es würde ihre Holzreife nur negativ beeinträchtigen. Auch damit sie üppige Wurzeln bildet, soll sich die junge Pflanze ihre Nährstoffe zunächst selbst suchen müssen. Ab dem zweiten Jahr werden die Rosen dann normal ernährt.

Die Praxis

Im Prinzip lassen sich auch Edelrosen durch Steckhölzer vermehren. Doch fehlt ihnen die genetische Veranlagung einer ausreichenden Wuchskraft, um als wurzelechte Pflanzen langfristig gedeihen zu können. Man sollte sie deshalb besser auf wüchsige Unterlagen veredeln.

■ Stecklingsvermehrung

Die Vermehrung von Rosen durch Stecklinge ist eine der ältesten Methoden der Rosenvermehrung. Die Gärtner, die zur »Jugendzeit« der heute als »Alte Rosen« bezeichneten Sorten tätig waren, kannten überhaupt keine andere Möglichkeit, Rosen sortenecht zu vermehren. So beschrieb 1845 etwa C. Nickels in seinem in Pressburg erschienenen Buch »Cultur, Benennung und Beschreibung der Rosen« ganz genau, welche Rosensorten für die Stecklingsvermehrung geeignet sind.

Es gibt verschiedene Gründe, weshalb die Stecklingsvermehrung bei Rosen fast das 20. Jahrhundert verschlafen hat und erst seit einigen Jahren eine wahre Renaissance feiert. Stecklingsvermehrten Rosen haftete lange das Image von wuchsschwachen, vorzeitig vergreisenden und frostsensiblen Pflanzen an. Entsprechende Erfahrungen mit der Stecklingsvermehrung von Edelrosen mögen hierzu beigetragen haben. Zudem hatte sich die Okulation seit Beginn dieses Jahrhunderts als maßgebliche Vermehrungsmethode etabliert. Sie konnte ohne Gewächshäuser vollkommen im Freien stattfinden und brachte kräftige, dicktriebige Verkaufsware hervor. Dieses Argumente zugunsten einer Okulation sind heute noch genauso aktuell wie vor Jahren, so daß für die meisten Rosensorten die Okulation Vermehrungsmethode Nr. 1 bleiben wird.

Die früheren Vorurteile gegenüber Stecklingsrosen können heute indes als überholt gelten. Interessant und sinnvoll erscheint die Vermehrung durch Stecklinge insbesondere für viele Zwerg-, Flächen- und Wildrosen. Warum? Wurzelechte Zwergrosensorten ohne starke Wildlingswurzel passen viel leichter in schmalere Gefäße wie Balkonkästen und Tröge. Wurzelechte Flächenrosensorten bestechen durch das Ausbleiben lästiger Wildtriebe. Das Entfernen von Wildtrieben, beispielsweise in dichtgeschlossenen öffentlichen Anlagen, ist nicht nur mühsam, sondern auch mit teurer, kaum mehr bezahlbarer Handarbeit verbunden. Bei der Anzucht gefährdeter einheimischer Wildrosen hilft die Stecklingsvermehrung, Engpässe bei fehlendem Saatgut zu überbrücken und trägt damit zum Erhalt dieser Rosenarten bei.

Natürlich lassen sich auch Sorten anderer Rosengruppen durch Stecklinge vermehren. Wie bei der Beschreibung der Vermehrung durch Steckhölzer erwähnt, ist die wurzelechte Vermehrung beispielsweise von Edelrosen jedoch wenig sinnvoll, da ihnen die Wuchskraft einer sie antreibenden Unterlage fehlt.

Schnittzeitpunkt: Prinzipiell schneidet man Rosenstecklinge genauso wie Stecklinge anderer Pflanzen. Wichtig ist ein früher Steckertermin, am besten schon ab Juni, spätestens jedoch Juli. So haben die jungen, grazilen Röslein eine reelle Chance, bis zum Winter entsprechendes Holz aufzubauen, das für die knifflige Überwinterung der Stecklinge eine wichtige Voraussetzung darstellt.

Ausführung: Geschnitten wird von reifen, aber nicht harten Trieben, deren Blütenknospen »Farbe« zeigen. Diese »krautigen« Stecklinge haben zwei bis drei Blattansätze und eine maximale Länge von zehn Zentimetern. Das unterste Blatt wird entfernt und der Steckling zwei bis drei Zentimeter tief – bis zum nächsten Blattansatz – in eine mit sandiger Pflanzerde (»Substrat«) gefüllte Schale gesteckt. Gartenkompost kann dem Substrat beigegeben werden, wenn das Material gut abgelagert und gesiebt ist. Stecklinge und Substrat werden nun mit der Brause befeuchtet. Über die Schale spannt man eine klare Folie. (Es eignen sich auch Hartplastikschalen mit durchsichtigen, gut schließenden Deckeln, wie man sie etwa an der Salatbar im Supermarkt erhält.) In diesem Mini-Treibhaus entsteht bei warmer Witterung die sogenannte »gespannte Luft«. Über ihre hohe Luftfeuchtigkeit versorgt sich der Steckling bis zur eigenen Wurzelbildung mit Wasser.

Den Stecklingen geeigneter Sorten braucht man nicht mit Bewurzelungshormonen nachzuhelfen. Bei ausreichender, nicht stauender Feuchte bilden sich im Laufe der nächsten drei bis vier Wochen zügig neue Wurzeln. Dann werden die Rosenneulinge in kleine Töpfe umgesetzt, sprich »pikiert«, und im Freien, jedoch zunächst vor greller Sonne geschützt, weiterkultiviert. Wer gleich im ersten Jahr buschige Pflanzen haben möchte – etwa als persönliches Geschenk für gute Freunde –, setzt gleich drei bis vier Stecklinge in einen Topf.

Im ersten Winter müssen die Stecklinge frostfrei überwintert werden, um dann im April als Rosen »Marke Eigenbau« an ihren endgültigen Standort umziehen zu können.

■ Absenker

Alle Rosensorten mit langen und biegsamen Trieben – also Strauch- und Kletterrosen, insbesondere Rambler – lassen sich durch Absenker vermehren. (Wie im übrigen auch viele Weinreben- und Rhododendron-Sorten.)

Im Herbst oder zeitigen Frühjahr wählt man einen längeren, gut ausgereiften und verholzten Trieb aus und entfernt etwa in der Triebmitte behutsam das Laub. An diesem laublosen Triebteil müssen sich mindestens drei Augen befinden. Vorsichtig wird nun dieser Trieb zur Erde gebogen, an der entblätterten Krümmung leicht eingeschnitten, in die gelockerte Erde gelegt und mit einem Haken festgesteckt. Darüber kommt nun ebenfalls lockere Gartenkomposterde oder Rindenhumus.

Schneiden und Stecken eines Rosenstecklings.

ROSEN VERMEHREN

Solche Plastikschalen eignen sich hervorragend als Minigewächshäuser. Vor der Schale liegt ein fertig geschnittener Steckling.

Im Laufe des Sommers bilden sich unter dem ständig feucht, aber nicht naß zu haltenden Erdhügel an der bedeckten, »verletzten« Triebkrümmung neue Wurzeln, eine neue Rose entsteht. Im nächsten Frühjahr wird das bewurzelte Triebstück mit der Schere von der Mutterpflanze getrennt und an neuer Stelle eingepflanzt.
Apropos bewurzeln: Manche bodendeckender Flächenrosen wie 'Heidekönigin'® oder 'Immensee'® bilden bei einem Erdkontakt ihrer Triebe ohne Zutun neue Wurzeln und »vermehren« sich auf diese Weise.

■ Ausläufer, Teilung

Andere Rosenarten bilden – ähnlich wie Brombeeren und Himbeeren – sogenannte **Wurzelausläufer**, die man im zeitigen Frühjahr leicht mit einem scharfen Spaten abtrennen und an neuer Stelle pflanzen kann. Vor dem Neupflanzen sollten die Trieblinge bis auf zwanzig Zentimeter Länge zurückgeschnitten werden, damit sie sich buschig verzweigen. Dann werden sie sofort gepflanzt und gut angegossen. Solche »laufenden« Rosen können – wie Stauden – auch regelrecht geteilt werden.
Vor allem Wildrosenarten wie *Rosa nitida*, *Rosa rugosa* und deren wurzelechte Hybriden, *Rosa rubiginosa*, *Rosa moyesii*, *Rosa spinosissima* und auch *Rosa gallica*-Sorten auf eigener Wurzel eignen sich bestens für diese spezielle Vermehrungsmethode.

■ Aussaat

Rosen werden nur ausnahmsweise aus Samen gezogen: zur Anzucht der Unterlagen für die Veredlung, zur Gewinnung von Wildrosen und zur Neuheitenanzucht innerhalb der Rosenzüchtung.
Prinzipiell lassen sich alle Rosen, die Hagebutten ansetzen, auch durch Aussaat vermehren. Die Sache hat nur einen Haken: Bei den Kultursorten fällt die Saat nicht sortenecht aus, die Nachkommenschaft ist im Aussehen mehr als uneinheitlich und ähnelt den Elternsorten, wenn überhaupt, nur in Teilen. Der Grund liegt unter anderem darin, daß die Rosen während der Blütezeit eine starke Anziehungskraft auf Bienen, Hummeln und andere Insekten ausüben und mit allerlei Pollenstaub zahlreicher anderer Rosensorten bzw. -arten bestäubt werden. Die kommende Saat wird dadurch erheblich genetisch durchmischt.

> **Hinweis**
> Ausläufertreibende Arten und Sorten werden durchaus auch lästig, z. B. wenn sie mehrere Meter von der Mutterpflanze entfernt unvermittelt und unkontrolliert im Staudenbeet auftauchen. Wer keinen Wert auf Ausläufer legt, sollte deshalb entweder auf veredelte Pflanzware zurückgreifen oder eine Ausläufersperre um die Pflanze legen. Eine Ausläufersperre ist eine sehr dicke Teichfolie (oder ein Betonring), die bzw. der kreisförmig um die Pflanze eingegraben wird und von den flachwandernden Ausläufern nicht überwunden werden kann. Mit dieser Methode hat man bei ausläuferbildenden Bambussorten beste Erfahrungen gesammelt.

Im Grunde basiert auf diesem Mischphänomen die Entstehung einer Vielzahl neuer Rosensorten in der Rosenzüchtung. Wer nämlich weiß, mit welcher Wahrscheinlichkeit bestimmte Eigenschaften von welchen Elternsorten weitervererbt werden, hat gute Chancen, neue, verbesserte Sorten zu erhalten. Dazu mehr im Kapitel »Rosenzüchtung« (siehe Seite 178 ff).
In den Baumschulen löst man das Problem der Fremdbefruchtung dadurch, daß man die Mutterpflanzen, von denen das Saatgut gewonnen werden soll, so weit wie möglich abgeschirmt in Gruppen oder Hecken aufpflanzt.

Stratifizieren: Der Samen wird im Herbst geerntet und vom Fruchtfleisch der reifen Hagebutten getrennt. Leider ist er nicht gleich »startklar«. Die Saat der Wildrosenarten »liegt über«, das heißt, bevor der Samen keimen kann, müssen bestimmte natürliche Temperaturschwankungen, die in der Regel zwei Winterperioden entsprechen, vorübergegangen sein. Erst nach etwa achtzehn Monaten in der Erde hat

Vermehrung von Rosen durch Absenken (links)...
...oder Abstechen von Ausläufern (rechts).

der größte Teil der Saat eine ausreichende Keimfähigkeit erreicht. Mit einem Trick simulieren die Baumschuler dieses Temperaturbedürfnis der Rosensaat: Sie schichten die Saat in feuchten, kühlen Sand ein. Man nennt diesen Vorgang **Stratifikation**. Mit dieser Methode einer beschleunigten Verrottung wird die gleichmäßige Keimfähigkeit des Saatgutes erheblich erhöht; die Stratifikation ist quasi eine Art »Saat-Kompostierung«. Baumschulen stratifizieren in großen, tiefliegenden Betonkästen im Freien.

Natürlich kann der Gartenfreund Rosensamen im eigenen Garten auch ohne das Stratifizieren zum Keimen bringen. Dazu ist jedoch Geduld und die Lust an Naturexperimenten mitzubringen. Für den rosigen Hobbyzüchter sollte nicht das Keimergebnis im Vordergrund stehen, sondern der Spaß an der Beschäftigung mit den Geheimnissen der Natur.

Aussaat praktisch: Zunächst öffnet man die rote, reife Hagebutte mit einem scharfen und sauberen Messer und holt den Samen vorsichtig heraus. Er kommt in einen Beutel mit feuchtem Gartenkompost, der wiederum einige Tage bei Zimmertemperatur gelagert wird. Dann verschwindet er für sechs Wochen dichtverschlossen im Kühlschrank. Auf die Bildung von Schimmel sollte man während dieser Zeit achten und ihn gegebenenfalls entfernen.

Die so vorbereitete Saat wird in einer mit sandiger Erde gefüllten Schale ausgelegt und hauchdünn mit Sand oder sehr feinem Kies abgedeckt. Keinesfalls darf die Saat gedüngt werden. Die Schale ist kühl und vor allem mäusesicher aufzustellen. Handelt es sich um Saatgut einer edelblumigen Rose aus eigenen Kreuzungsversuchen, empfiehlt es sich, das Gefäß frostfrei, etwa in einer Garage, zu deponieren. Wildrosensaat wünscht hingegen eine Frostphase.

Keimbeginn: Nun liegt alles in der Hand der Natur. Die Keimung kann bei eigenem Züchtungssaatgut nach einigen Monaten, bei Wildrosen manchmal auch erst nach einem Jahr einsetzen. Oft liegen die Keimergebnisse von unstratifiziertem Saatmaterial unter fünfzehn Prozent. Nach erfolgter Keimung bilden sich zunächst ovale Keimblätter. Voraussetzungen für eine weitere Entwicklung der Keimlinge sind Tagestemperaturen um 20 °C und ausreichendes Tageslicht. In dieser Phase darf der Rosengärtner nicht mit Kompost oder ähnlichem organischen Material düngen. Deren Zugabe erhöht die Luftfeuchtigkeit des Kleinklimas um die Rosensämlinge und kann rasch zu Schimmelbefall führen. Erst wenn die typischen Rosenblätter erkennbar sind, setzt man die Sämlinge einzeln in kleinere Töpfe um. Sind die Jungpflanzen nach einigen Wochen gefestigt und akklimatisiert, stellt man sie bei Frühjahrstemperaturen ins Freie.

Topfrosen aus Saat: Im Fachhandel werden Samen von Topfrosen neben anderen Sämereien angeboten. Dabei handelt es sich um Abkömmlinge der Art *Rosa multiflora*, die bereits nach einigen Wochen keimen und relativ sortenecht ausfallen. Einen Versuch sind diese Samentütchen in jedem Fall wert. Während der Kultur auf der Fensterbank können vor allem Kinder Naturvorgänge hautnah und »live« beobachten.

■ Meristemvermehrung

Die Meristemvermehrung ist eine noch junge Methode zur Vermehrung von Rosen. Das dahinterstehende Prinzip ist, aus einer einzigen isolierten Pflanzenzelle eine lebensfähige, mit der Muttersorte identische Rose zu erhalten.

Dazu werden der Rose bestimmte Gewebepartien (Meristeme) aus den Achselknospen junger Sprosse entnommen, die – desinfiziert und präpariert – im Labor auf einer Nährlösung zu sortenechten Rosen heranwachsen. Innerhalb von zwölf Wochen nach der Gewebeentnahme ist der Rosenwinzling in der Regel pikierfähig. Nach einer Abhärtungszeit verläßt er die Speziallabors und wird in den Baumschulen wie eine normale, bewurzelte Stecklingspflanze weiterkultiviert. Diese Vermehrung »im Reagenzglas« (in vitro-Kultur) kommt vor allem für Flächen- und Topfrosen in Betracht und zwar vorwiegend für den kommerziellen Gartenbau, für den massenhafte Vermehrungen sinnvoll sind und die hohen Laborkosten rechtfertigen.

Der große Vorteil von in vitro-Pflanzen liegt in ihrer absoluten Krankheitsfreiheit und raschen Entwicklung. Vor allem Neuheiten können dadurch auf dem Rosenmarkt sehr schnell in größeren Stückzahlen angeboten werden.

'Scarlet Meidiland'® aus Meristemvermehrung.

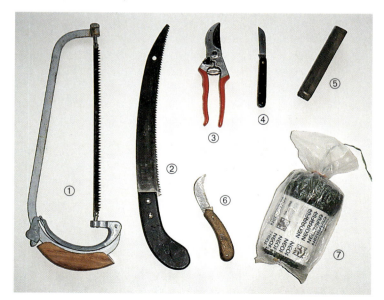

Nützliche Hilfsmittel:
① Baumsäge
② Handsäge
③ Schere
④ Okulationsmesser
⑤ Abziehstein (Belgischer Brocken)
⑥ Hippe
⑦ Bindedraht

WERKZEUGE

Werkzeug-Einmaleins

Der Umgang mit der Rose, ihre Pflege und Vermehrung, wird durch eine Reihe von Gartengeräten und Werkzeugen spürbar erleichtert. Dabei müssen es nicht immer die teuersten und buntesten Geräte sein; wichtig ist in erster Linie, daß sie die gewünschten Funktionen einwandfrei erfüllen.

Ein Teil der in diesem Abschnitt vorgestellten Geräte gehört ohnehin zur Grundausstattung des Hobbygärtners. Diese Geräte sollten handlich und in einem brauchbaren, gepflegten Zustand sein, damit die Arbeit mit ihnen nicht zur Plage wird. Schneidewerkzeuge sollen scharf sein. Hacke und Spaten hilft das Einreiben mit ein paar Tropfen Öl, längere Winterpausen schadlos zu überstehen.

Wer sich spezielles Rosenwerkzeug anschafft, sollte vorher prüfen, ob sich der finanzielle Einsatz für ihn lohnt. Dies gilt vor allem für spezielle Messer und Scheren zum Veredeln oder Schneiden der Rosen.

Praktische Arbeitshilfe für Vasenrosen: der Rosenabdorner.

Die Anschaffung eines Okulationsmessers lohnt sich bei häufiger Veredelung.

Abdorner (Entdorner): Der Abdorner ist ein sehr nützliches Gerät für alle Freunde von Schnittrosen. Mit ihm lassen sich die Stacheln am unteren Ende des Rosenstieles mit einem Handgriff leicht abstreifen. Mit einer ebenfalls angebrachten, scharfen Klinge werden die Enden im nächsten Arbeitsgang schräg angeschnitten. Fertig ist der Rosenstiel für Vasen und Gestecke.

Abziehstein: Das beste Schneidewerkzeug taugt nichts, wenn es nicht scharf ist. Zum Abziehen der Klinge eignet sich ein Abziehstein, zur endgültigen Feinbearbeitung ein sogenannter Belgischer Brocken. Wer im Schleifen von Messern und Scheren ungeübt ist, sollte dies von einem Fachmann vor Beginn der Saison vornehmen lassen.

Astschere: Wer viele ältere Strauch- und Kletterrosen im Garten hat, nimmt wahrscheinlich gern die Dienste einer Astschere in Anspruch. Mit ihr lassen sich bis zu vier Zentimeter dicke Triebe leicht, sauber und glatt entfernen.

Baumsäge: Sie eignet sich z.B. zum Verjüngen sehr alter und vergreister Strauchrosen. Dürre Äste lassen sich zudem mit der Schere nur schlecht schneiden. Die Zähne des Sägeblattes sollten so fein sägen, daß keine ausgefransten Sägeschnittstellen zurückbleiben. Besonders handlich sind fuchsschwanzähnliche **Handsägen** mit einem schmalen, auswechselbaren, teilweise sogar einklappbaren Sägeblatt.

Gießkanne: Manchmal, beispielsweise nach dem Pflanzen, lassen sich Rosen besser mit der Gießkanne anwässern als mit dem Gartenschlauch. Bestens bewährt hat sich die ovale Gärtnerkanne mit einem griffigen Längsbügel. Kannen in runder Form oder mit Querbügeln sind im Dauereinsatz unhandlich. Wenn die Kanne aus Metall ist, sollte man auf verzinkte Qualitäten achten (u.a. von Schneider). Kannen aus Kunststoff sind nicht schlechter, solange ihre Form ein angenehmes Arbeiten ermöglicht.

Handschuhe: Rosen haben Stacheln, die ziemlich pieksig sein können. Richtig gemein sind die feinen Borsten von Rugosa-Hybriden. Gute Gartenhandschuhe schützen die Hände beim Arbeiten.

Hippe: Die Hippe ist ein gebogenes Gartenmesser, das sich ausgezeichnet zum Entfernen der Wildtriebe an Rosen eignet. Mit einem ziehenden Schnitt entfernt die scharfe Hippe sie sauber direkt am Triebansatz.

Kralle: Dieses Werkzeug eignet sich hervorragend zum Abhäufeln der Rosen im Frühjahr. Danach dient es zur Bodenlockerung.

Laubsauger: In allen Rosenbüchern wird dazu geraten, im Herbst das Rosenlaub peinlich genau aus den Beeten zu entfernen. Dieser Rat ist gut, denn die Dauersporen von Sternrußtau & Co. haften an den Blättern. Blieben sie liegen, wäre der Neubefall der Rosen vorprogrammiert. Ob es jedoch unbedingt notwendig ist, das Herbstlaub mit einem Laubsauger zu entfernen oder ob es nicht doch der gute, alte Laubrechen tut, muß jeder Gartenfreund für sich entscheiden. Ein Laubsauger saugt jedenfalls nicht selektiv, so daß allerlei nützliche Kriech- und Krabbeltiere mit im Auffangsack landen. Deshalb sollte nach einem solchen Saugvorgang das Rosenlaub herausgesucht und vernichtet werden. Den nützlichen Rest sollte man dem Garten wieder zuführen.

Okulationsmesser: Für diejenigen, die viele Rosen selbst veredeln möchten, lohnt sich die Anschaffung eines Veredlungsmessers. Wie noch andere Spezialwerkzeuge, sind diese Messer auf die Okulationsarbeit abgestimmt und lassen sich auf Rasierklingenschärfe bringen.

Man unterscheidet zwischen Okuliermessern mit Löser an der Klinge und solchen mit gesondertem Löser aus Kunststoff am Messerende. Die Löser erleichtern das Ablösen der Rinde am Wurzelhals des Wildlings vor dem Einschieben des Auges in den T-Schnitt. Da man ein Okulationsmesser nur wenige Wochen im Jahr benutzt, wird es nach dem Gebrauch und vor der erneuten Einlagerung gesäubert, mit Öl eingerieben und in Stoff eingewickelt. Der Fachhandel bietet vorzügliche Messer der Marke Tina an.

Präsentierschere: Die Präsentierschere ist eine segensreiche Erfindung für alle Freun-

Die Praxis

Wer viele Vasenrosen schneidet, dem erleichtert eine Präsentierschere die Arbeit erheblich (oben und rechts).

größere Wunden an ihnen leicht wiederfinden. Die Schweizer Firma Felco gilt als bewährter Anbieter guter Scheren.

Spaten: Ohne diesen Geräteklassiker ist die Pflanzung von Rosen und die gründliche Bodenvorbereitung nicht denkbar. Er gehört zur Grundausstattung jedes Gartenfreundes, der deshalb de von Schnittrosen. Mit ihr läßt sich ein Stiel an der gewünschten Stelle abschneiden, während er gleichzeitig von einem an der Scherenklinge angebrachten Wulst festgehalten wird. Profigärtner schneiden mit einer Hand die Rose, ohne sie direkt anzufassen und legen dann den in der Schere festgeklemmten Stiel in den freien Arm. So lassen sich bequem ganze Schnittbunde sammeln.

Rosengrabegabel: Ein echtes Spezialwerkzeug für den Rosenkenner und sein am häufigsten benutztes Arbeitsgerät ist die zweizinkige Rosengrabegabel. Mit ihr läßt sich der Boden auflockern, ohne die Rosenwurzeln über Gebühr zu strapazieren.

Schere: Wichtig ist nicht der Preis, sondern die Schärfe und Schnittfähigkeit der Schere. Sie soll schneiden und nicht quetschen. Rosen haben ein sehr druckempfindliches, da relativ weiches Holz. Die Gefahr, daß durch den Gebrauch schlechter Scheren größere, nur schwer heilende Wunden an den Pflanzen entstehen, ist groß und bei der Rose besonders fatal, denn die Wundheilung der Rinde geht bei Rosen nur langsam voran. Noch Jahre später kann man auf kräftige Qualität achten sollte. Bewährt hat sich z. B. der Ideal-Spaten.

Spritzen: Gute Spritzgeräte benötigt man zum effektiven Ausbringen sowohl biologischer und bienenschonender Präparate als auch alter Hausmittel. Für jeden, der viele Rosen im Garten hat, lohnt sich die Anschaffung. Beim Kauf sollte man auf Handlichkeit und vor allem auf das Gerätegewicht achten.

Ausgesprochenes Spezialwerkzeug für Rosenfans: die zweizinkige Rosengrabegabel.

Rosenzüchtung

Die Rosenherrlichkeit, wie wir sie heute kennen, ist noch keine zweihundert Jahre alt. Bis zum Einsetzen der systematischen Rosenzüchtung in der Mitte des letzten Jahrhunderts kannten Gärtner und Hobbygärtner so gut wie keine öfterblühenden Rosen, Gartenrosen in den Farben Orange, Kupfer, Gelb oder Feuerrot waren ihnen fremd, glänzendes, robustes Laub unbekannt und eine einzelne, geöffnete Blüte, die sich zehn Tage und länger hielt, erschien ihnen rekordverdächtig.

Für den Rosenfreund unserer Zeit sind die vielen besonderen Eigenschaften der Rosen selbstverständlich und scheinen ihm häufig schon keiner Erwähnung mehr wert. Für einen vergleichsweise geringen Betrag kann er Rosen erwerben und sich an ihnen erfreuen. Wer sich mit Rosen jedoch intensiver beschäftigt, wird rasch erfahren, daß die Rose, wie wir sie heute kennen, auf dem Fleiß vieler Züchter und ihrer Arbeit aufbaut.

■ Die genetischen Grundlagen

Die Besonderheiten jeder Rosensorte sind in Tausenden von Genen fixiert, dem Arbeitsmaterial des Züchters, der durch die Zusammenstellung neuer Genkombinationen neue Rosensorten zu finden versucht. Jedes Merkmal einer Rose ist in einem Gen oder auch in mehreren Genen fixiert. Ein Vergleich der Rose mit einer umfangreichen Bibliothek gibt eine Vorstellung von den gewaltigen Ausmaßen der Genwelt. Die Tausende von Genen einer Rose entsprechen der Anzahl der Bücher einer Bibliothek. Jedes Buch, sprich Gen, liegt in zweifacher Ausführung vor, es gibt jeweils einen Vater- und einen Mutterband. Die Bücher verteilen sich auf einige Dutzend Abteilungen, die Chromosomen, und ihre Seiten sind mit immer neuen Kombinationen einiger weniger Buchstaben, den Nukleotiden, eng bedruckt. Welches Buch nun mit welcher aufgeschlagenen Seite zu einem anderen gestellt wird, um einen neuen Zusammenhang herzustellen: Darin liegt die schwierige Aufgabe des Züchters. Wie zu erwarten, ergeben die Zusammenstellungen nicht immer einen Sinn – die

Neuzüchtung erfüllt nicht die an sie gestellten Erwartungen. Hin und wieder jedoch erwächst aus den alten Büchern eine neue literarische Perle, eine neue Rosensorte. Sie einigermaßen zielsicher zu finden, ist das Geheimnis der Rosenzüchtung.

Den Genen auf der Spur war der Augustinerpater Gregor Johann Mendel vor knapp 150 Jahren. Die von ihm 1866 aufgestellten Mendelschen Regeln der Vererbungslehre sind heute Allgemeinwissen. Mendel belegte in seinen Versuchen die Existenz dominanter und rezessiver Vererbungsmerkmale. Ein dominantes Merkmal kann ein rezessives, also schwächeres, eine Generation lang vollkommen unterdrücken. Das unterdrückte Merkmal ist jedoch nicht verloren, sondern taucht mit einer genau zu bestimmenden Wahrscheinlichkeit in der nächsten Generation wieder auf.

Viele Genetiker haben seither die Richtigkeit der Mendelschen Regeln immer wieder aufs Neue bestätigt. Sie gelten auch für die Rose, jedoch stellen sich die genetischen Verhältnisse bei der »Königin der Blumen« recht komplex dar. Die Dominanz der Merkmale liegt in zahlreichen Abstufungen vor, viele Merkmale werden durch mehrere Gene gesteuert. Um auf die Gen-Bibliothek als Vergleich zurückzukommen: Der Rosenzüchter ist der Bibliothekar, der bestimmte Titel in den riesigen Bücherwänden sucht. Dabei hilft ihm keine alphabetisch geordnete Datei oder Datenbank. Nur durch Abertausende von Bibliotheksbesuchen, die sogenannten Kreuzungen, kann er versuchen, zum Ziel zu kommen.

■ Die Kreuzung – Ladies first

Die Rosenzüchtung mit all ihren Facetten ist enorm aufwendig und mit einem hohen Einsatz an Geld, Zeit und Geduld verbunden. Dennoch suchen weltweit professionelle wie private Züchter immer wieder nach neuen Sorten – in der Hoffnung, die »perfekte« Rose zu finden. Wer einmal mit dem Rosenzüchten begonnen hat, wird rasch von diesem Fieber und der Rosenleidenschaft gepackt, wird viel Spaß, aber auch herbe Enttäuschungen erleben.

Wilhelm Kordes, »Vater« zahlreicher weltberühmter Sorten, beschreibt den eigentlichen Kreuzungsvorgang mit einem lapidaren Satz: »Wir brauchen also nur in den

Ergebnis hoher Züchtungskunst: die zweifarbige Tantau-Sorte 'Nostalgie'®.

Garten, noch besser in ein Gewächshaus zu gehen, die Rosen, von denen wir Samen haben wollen, zu entmannen, dann Pollen von einer anderen Sorte auf die Stempel zu übertragen und die Götter den Rest tun zu lassen.«

Jeder Züchter wählt zunächst Kreuzungspartner aus, von denen er sich die Vererbung bestimmter, gewünschter Eigenschaften erhofft. Profizüchter nutzen Gewächshäuser für die Kreuzungsarbeit. Für alle, die im Freiland kreuzen, empfiehlt sich die Auswahl von Kreuzungspartnern, die bereits ab September rote, ausgereifte Hagebutten ansetzen. Nur ausgereiftes Saatgut kann die Züchtungsarbeit mit Erfolg krönen.

Und so läuft der Kreuzungs-Countdown im Sommer ab: Zwei Tage vor der eigentlichen Kreuzung werden die gelben Staubgefäße der Vatersorte mit einer Schere abgeschnitten, auf einem Schälchen aufgefangen und darauf unter Lichtausschluß getrocknet. Zurück bleibt ein feiner, gelber Pollenstaub. Einen Tag vor dem vollständigen Öffnen der Blüte der Muttersorte entfernt man alle Blütenblätter und Staubgefäße in den frühen Morgenstunden mit der Hand. Damit wird eine Selbstbestäubung ausgeschlossen. Zurück bleibt die kastrierte Blüte.

Am Kreuzungstag taucht der Züchter die kastrierte Blüte der Muttersorte in den Pollen der Vatersorte. Sofort nach der Kreuzung wird über die Blüten ein Beutel aus Papier, Aluminium- oder Plastikfolie gestülpt, der sie vor Insekten und Fremdbestäubung schützt und nach einer Woche wieder entfernt wird. Die Elternsorten der Kreuzung notiert man sich zum einen in einem Notizbuch und zum anderen auf einem Etikett, daß man an der bestäubten Blüte anbringt. Die Schreibweise dieses Kreuzungsvermerks ist international festgelegt und sieht vor, daß an erster Stelle die Muttersorte, an zweiter Stelle die Vatersorte genannt wird – Ladies first. Ein solcher Eintrag sieht wie folgt aus: 'Birgits Beste' x 'Bonica'®.

Jetzt beginnt die Hagebuttenbildung. Sie liegt wirklich in der Hand der Götter, die aber bekanntlich vor den Erfolg den Schweiß gesetzt haben. Das heißt in der Praxis der Rosenzüchtung: Je mehr Kreuzungen vorgenommen werden, umso höher ist später die Trefferquote bei den Sämlingen. Europas größte Rosenschule W. Kordes' Söhne in Schleswig-Holstein führt beispielsweise jährlich mehr als 80 000 Kreuzungen durch.

Im Herbst werden die reifen Hagebutten mit ihren Samen eingesammelt und, wie im Abschnitt »Aussaat« des Kapitels »Vermehrung« (siehe Seite 175) beschrieben, behandelt und ausgesät.

Ein Jahr nach der Kreuzung blühen die ersten Sämlinge. Die Selektion läuft an, in deren Verlauf man sich unerbittlich – wenn auch oft schweren Herzens – von wenig erfolgversprechenden Sämlingen trennen sollte. Von tausenden ausgesäten Pflänzchen bleiben meistens nur einige wenige übrig, oft nur eines, manchmal gar keines.

In den großen Rosenschulen, die eine eigene Züchtungsabteilung besitzen, treffen erfahrene Spezialisten die Entscheidung darüber, welche Sämlinge weitervermehrt werden sollen. Geschult durch viele Jahre Selektionsarbeit, trennen sie die Spreu vom Weizen. Alle vielversprechenden Sämlinge werden bei den Züchtungsprofis im August auf Wildlingsunterlagen okuliert, der Rest verworfen. Für den Hobbyzüchter ist die Weiterkultur der interessanten Sämlinge per Steckling schnell, problemlos und weniger aufwendig als die Okulation.

Die Praxis

Der Werdegang einer neuen Sorte bei einem großen Rosenzüchter kann so aussehen:

Winter 1997/98: Planung von 50 000 Kreuzungen.

Sommer 1998: Ausführung der Bestäubung, Ernte von 30 000 Hagebutten.

Frühjahr 1999: Keimung der Saat.

Sommer 1999: Erste Selektion der Sämlinge im Hinblick auf Blütenform und Farbe, es bleiben 15 000 Sämlinge übrig.

Sommer 2000 bis 2004: Weitere, mehrjährige Selektionen im Hinblick auf Robustheit, Wuchs, Winterhärte usw. Es bleiben drei bis vier Sorten übrig.

Sommer 2004: Kommerzielle Vermehrung dieser Sorten in größeren Stückzahlen.

Herbst 2005: Vorstellung und Verkauf der Neuheiten mehr als sieben Jahre nach ihrer Kreuzung, Hoffen auf einen »Bestseller«, der die Züchtungskosten aufwiegt.

Mindestens acht Jahre vergehen also von der Planung bis zum Verkauf einer neuen Rosensorte, eine »Ewigkeit« in der schnelllebigen, modernen Welt.

Dieses Szenario sollte den Hobbyzüchter aber nicht abschrecken, denn für ihn ist die langjährige Selektion kein Muß. Im Verein deutscher Rosenfreunde existiert ein Arbeitskreis der Liebhaber-Rosenzüchter, dem man sich zwecks Erfahrungsaustausch anschließen kann. Viele Fehler lassen sich dadurch vermeiden. In Großbritannien existiert in St. Albans sogar ein Testgarten für Neuheiten von Liebhaber-Züchtern. Nach dreijähriger Prüfung erhalten die besten Sorten das »Trial Ground Certificate«, eine hohe Auszeichnung, die während der Jahreshauptversammlung der Britischen Rosen-Gesellschaft übergeben wird.

Selektionsfeld mit Tausenden von neuen Rosensorten, die auf ihre Marktentdeckung warten.

■ Sortenschutz, Warenzeichen

Jeder, der mit viel Aufwand und hohem Kosteneinsatz neue Rosen züchtet, möchte verständlicherweise auch in den Genuß der Früchte seiner Arbeit kommen. Der Sortenschutz verhilft ihm dazu.

Er läßt sich mit einem Patent für eine neue Erfindung vergleichen. Die neue Rosensorte ist die »Erfindung« des Züchters, die er beim Bundessortenamt in Hannover anmelden kann. Ist die Rosensorte unterscheidbar, homogen, beständig und neu, erteilt diese Behörde den **Sortenschutz**. Registriert wird die Rose dann unter einer Sortenschutz-Bezeichnung. Meist weisen die ersten drei Buchstaben dieser Bezeichnung auf den Züchter hin, z. B. 'Noatraum' auf den Züchter Noack oder 'Meidakir' auf die Firma Meilland.

Das erste Rosenpatent überhaupt wurde 1931 in den USA für die Sorte 'New Dawn' erteilt.

Das **Warenzeichen** ist ein Kennzeichenschutz auf Wort und Bild. Auf der Warenzeichenrolle des deutschen Patentamtes in München ist jedes gültige Warenzeichen eingetragen.

Ein Warenzeichen erkennt man an einem hochgestellten ®, das hinter dem geschützten Begriff steht.

Rosenzüchtung

Eintauchen der Blüte in den Pollen,...

Schutz der bestäubten Blüte vor äußeren Einflüssen,...

Eltern-Kennzeichnung eines Hagebuttenansatzes.

ROSENZÜCHTUNG

Es gibt also zwei Schutzebenen bei geschützten Rosensorten. Der Sortenschutz schützt in erster Linie das Produkt Rose, man könnte auch sagen, den »Produktinhalt«. Das Warenzeichen schützt den Namen, der die Pflanzen für den Verbraucher unterscheidbar macht und damit eine werbewirksame »Produktverpackung« der Rose darstellt.

Warenzeichen und Sortenschutz sind voneinander vollkommen unabhängig und austauschbar. Ein bekanntes Beispiel ist Persil®, ein seit vielen Jahrzehnten bestens bekanntes Waschmittel, geschützt durch das Warenzeichen Persil®. Obwohl sich nun die chemische Zusammensetzung des Waschmittelprodukts im Laufe der Zeit immer wieder verändert, bleibt der geschützte Name werbewirksam immer derselbe: Persil®.

Genauso kommt es auch vor, daß Warenzeichen von einer alten, überholten Rosensorte auf eine neue Sorte übertragen werden. Beispielsweise gab es in den fünfziger Jahren eine Rose mit dem Namen 'Eden Rose'®. Als diese Sorte aus dem Handel genommen wurde, übertrug man den geschützten Namen auf eine neue Sorte. Denn die alte Sorte verschwand zwar vom Markt, geblieben aber war ihr wertvolles Warenzeichen. So kommt es, daß die heutige Sorte 'Eden Rose '85'® mit der alten 'Eden Rose'® nichts zu tun hat, obwohl beide das gleiche Warenzeichen ziert. Man erkennt dieses Warenzeichen-Recycling in der Regel an einer angehängten Jahreszahl – bei der neuen 'Eden Rose '85'® ist dies die '85 für das Einführungsjahr der Sorte 1985. Wer einmal in alten Rosenkatalogen blättert, wird unter Umständen auf Sorten stoßen, die er kaum kennen kann, deren Namen ihm aber vertraut vorkommen – eben weil sie einst alte Sorten »verpackten« und nun moderne Rosen zieren.

Der Sortenschutz kann heute EU-weit beantragt werden. Eine Sorte hat in diesem Fall in jedem EU-Land die gleiche Sortenschutz-Bezeichnung. Sie kann aber, und dies kommt häufig vor, in einem anderen Land ein vollkommen anderes Warenzeichen haben. So heißt die Sorte 'Eden Rose '85'® in Frankreich beispielsweise 'Pierre de Ronsard'®.

Das Warenzeichen- und Sortenschutzrecht ist eine komplizierte Sache und eine Wissenschaft für sich. Es wird von spezialisierten Patentanwälten weltweit gewahrt und abgewickelt. Dennoch sollten Rosenfreunde davon einmal gehört haben. Man kann dann leichter ein Verständnis dafür entwickeln, daß Innovation im Rosensortiment seinen Preis hat und mit hohen Werbe-, Schutz- und Züchtungskosten verbunden ist; und daß neue Sorten nicht vom Himmel fallen.

Wenn Baumschulen eine sortenschutzrechtlich geschützte Rose gewerbsmäßig vermehren bzw. eine warenzeichenrechtlich geschützte Sorte anbieten wollen, müssen sie hierfür an den Eigentümer eine Lizenzgebühr bezahlen. Dies schlägt sich in den Verkaufspreisen nieder und erklärt den höheren Preis für geschützte Sorten im Handel. Eine gewerbsmäßige Vermehrung der Sorte und die Benutzung des Warenzeichens ohne Erlaubnis des jeweiligen Eigentümers ist aus gutem Grund verboten und wird strafrechtlich verfolgt. Der Verbraucher kann geschützte Rosen an den entsprechenden Schutzetiketten erkennen.

Fazit: Nur wenn Innovationen sich lohnen, wird es auch Innovationen geben. Wer die derzeit besten Rosensorten im Garten haben will, sollte auch dazu bereit sein, für diesen Fortschritt einen Beitrag zu leisten.

Ein großer Name für eine fast schwarze Duftrose: 'Mildred Scheel'®.

■ Blaue und schwarze Rosen

Obwohl die Rosenzüchtung in den letzten zweihundert Jahren sehr viele neue Wuchs- und Farbkombinationen hervorgebracht hat, sind ihr wirklich blaue bzw. schwarze Rosen bisher noch nicht vergönnt gewesen. Trotzdem oder richtiger: vor allem deswegen üben insbesondere Rosen mit diesen Blütenfarben immer wieder eine starke Faszination auf Rosenfreunde aus und tauchen regelmäßig als vermeintliche Sensationen in bunten Katalogen auf.

Blaue Rosen: Die Araber lösten das Problem der Nachfrage nach blauen Rosen auf besondere Weise. Alte, belegte Quellen berichten von einem Verfahren arabischer Gärtner, die blaue Blütenfarbe künstlich zu erzeugen. Man löste die Wurzelrinde der Rosen, ließ Indigo einlaufen, verband die Verletzungen sorgfältig und grub die Wurzel wieder ein. Die Rosenblüten färbten sich tatsächlich blau, leider aber nicht permanent und nur für kurze Dauer.

Daß diese Methode wirtschaftlich wenig praktibel ist, leuchtet ein. Wissenschaftliche Untersuchungen versuchen deshalb, dem Phänomen der Entstehung einer blauen Blütenfarbe gründlich nachzugehen, um einen züchterischen Ansatz für dauerhaft blaue Rosen zu finden. Die Blütenfar-

'Helmut Kohl-Rose' (eine Züchtung von Rosen Tantau): Ein bekannter Name ist ein wirksamer Vermarktungsmotor für eine neue Rosensorte.

181

Die Praxis

be Blau wird von inneren »Farbstoffen« der Rose, den sogenannten Anthocyanidinen, bewirkt. Diese werden streng genetisch gesteuert. Für das reine Blau in anderen Pflanzenarten zeichnet das Anthocyanidin Delphinidin verantwortlich. Bislang ist es der Züchtung nicht gelungen, Delphinidin in die Rose zu übertragen. Bis dies gelingt, sind wirklich blaue Rosen nur auf entsprechend gefärbten Prospektbildern Realität.

Schwarze Rosen: Auch wirklich schwarze Rosen gehören bisher ins Reich der Fantasie. Immer wieder in Katalogen beworben werden sehr dunkelrote Rosensorten, die sich mit viel gutem Willen als »schwarz« bezeichnen lassen. In der Regel sind diese Sorten wenig wüchsig und krankheitsanfällig.

Rosenmarkt

Die Römer hatten die Rose der Göttin Venus geweiht, die Griechen erkoren Aphrodite zum Rosensymbol, römische Weinfeste ohne schmückende Rosenkränze auf den Häuptern der Gäste galten als niveaulos. Dies sind nur einige Beispiele eines ausgedehnten frühzeitlichen Rosenkultes, der in der Folge einen immensen Bedarf an Rosenblüten und -pflanzen auslöste (siehe Seite 11). Der Anbau von Rosen in der Nähe großer Städte wurde zu einem lohnenden Geschäft, der kommerzielle Rosenmarkt nahm damit bereits in der Antike seinen Anfang.

Belege für einen regen Importhandel mit Schnittrosen, die wahrscheinlich als angetriebene Rosenstöcke in Töpfen von Ägypten nach Rom gelangten, finden sich in einigen Quellen. Daß dieser Import zu Lasten der römischen Handelsbilanz nicht nur Freunde hatte, belegt ein Zitat von Martial: »Oh Ägypter, schickt uns Getreide statt Rosen. Wir werden euch mit unseren Winterrosen bezahlen.« Mit Winterrosen waren Rosenstöcke gemeint, die durch Verfrühung, Winterschutz und Begießen mit lauwarmem Wasser außerhalb der regulären Blütezeit zum Blühen gebracht wurden. Auch damals schon fanden sich Kritiker dieser »unnatürlichen« Kulturmethode im eigenen Lager. In einer Schmährede wandte sich Seneca »contra eos qui naturam invertunt« – gegen jene, die die Natur umkehren.

Heute ist die Rose nicht nur ein bedeutendes Kultur-, sondern auch weltweites Handelsgut. Viele Tausende von Menschen arbeiten in der Produktion von Schnitt-, Topf- und Gartenrosen.

■ Woher kommen Rosenstöcke für den Garten?

Im Abschnitt »Vermehrung« wurde die Okulation der Rosen als die verbreitetste Vermehrungsmethode der Rosensorten beschrieben. In Deutschland werden jährlich etwa 20 Millionen Rosen okuliert (1994: 20,4 Millionen), bei denen es sich größtenteils um Gartenrosen, also Rosen für den privaten Gartenbereich, handelt.

Produziert werden diese Rosen zum Teil in großen Rosenschulen, beispielsweise den Firmen Rosen Tantau, W. Kordes' Söhne und Strobel & Co., die alle in Schleswig-Holstein, einem wichtigen Anbaugebiet für Rosenstöcke in Deutschland, ansässig sind. Der Löwenanteil der Gartenrosen wächst jedoch in vielen mittelständischen Baumschulen und Familienbetrieben heran. Teilweise haben sich diese Betriebe zu Genossenschaften zusammengeschlossen, um ihre Produkte in den notwendigen Großhandelsmengen anbieten zu können. Dies ist etwa bei der Rosen-Union im hessischen Steinfurth der Fall. Weitere geographische Schwerpunkte der Rosenproduktion in Deutschland liegen in Nordrhein-Westfalen und im Dresdner Raum.

Kultur und Pflege der Rosen bedeutet harte Handarbeit. Bei Wind und Wetter müssen die Wildlinge gesetzt und von Unkraut freigehalten werden. Das Okulieren im Hochsommer in glühender Hitze ist für das Anwachsen der Edelaugen ideal, für die professionellen Rosenanbauer aber, die diese Arbeit in gebückter Körperhaltung verrichten müssen, kräftezehrend.

Zunehmend wird es für die Rosenschulen schwieriger, motivierte und fachgeschulte Lohnkräfte zu finden. Deshalb müssen in vielen Betrieben auch die Familienmitglieder – vor allem während der Sommermonate, wenn andere Urlaub machen – mithelfen, um die anfallende Arbeit bewältigen zu können.

■ Woher kommen Schnittrosen für die Vase?

Der Bedeutung der Rose als der Blume schlechthin basiert auf ihrer allgegenwärtigen Präsenz als Schnittrose. Rund ums Jahr werden Schnittrosen angeboten und laut Marktanalyse von zwei Dritteln der Käufer als Geschenk gekauft. 38% der deutschen Bevölkerung nennen die Rose als ihre Lieblingsblume.

Interessant dürfte für den Rosenfreund die Information sein, daß nur 20% der in Deutschland verkauften Schnittrosen aus deutschem Anbau stammen. Die Einfuhren der Schnittrosen nach Deutschland laufen zu fast 90% über die Pflanzendrehscheibe Holland. Dort wird die eigene, niederländische Produktion, von der etwa die Hälfte allein nach Deutschland geht, zusammen mit eingeflogenen Importen – u.a. aus Kolumbien, Israel, Kenia und Ecuador – für den weiteren Export auf gigantischen Großhandelsversteigerungen verhandelt und vermarktet.

Die obigen Zahlen machen deutlich, wie wichtig die Rose als Schnittblume für die Rosenzüchter ist. Wer einen »Bestseller« landet, der dann unter vielen Hektar Gewächshausfläche angebaut werden wird, kann sich über einen warmen Regen an Lizenzgebühren freuen. Dieser ist auch notwendig, um die laufend anfallenden, immensen Züchtungskosten abzudecken. Die Züchtung neuer Schnittrosen verläuft völlig unabhängig von der Suche nach neuen Gartenrosen. Vor allem die mehrjährige Testung und Selektion einer neuen Schnittrose unter Gewächshausbedingungen erfordert große Treibhausflächen, auf denen nichts außer neuen Sorten produziert wird und die dennoch unterhalten werden müssen.

Die Ziele der modernen Schnittrosenzüchtung sind vor allem hohe Produktivität (viele Stiele pro m^2), höchste Mehltauresistenz, gute Haltbarkeit, gutes Treibverhalten und gute Transportfähigkeit der Rosen – und neuerdings auch wieder Duft.

Das aktuelle Angebot an Sorten für den kommerziellen Schnittrosenanbau ist selbst für Kenner der Szene unüberschaubar geworden. Die Zeiten der großen Sorten wie 'Baccara'®, 'Mercedes'® oder 'Sonia'® sind vorbei. Der Blumenhandel verlangt breite Sortimente in vielen Farbnuancen und Blü-

ROSENZÜCHTUNG

Schnittrosen-Versuche bei W. Kordes' Söhne in Norddeutschland.

tengrößen. Als wichtige und besonders erfolgreiche Schnittrosen gelten heute Sorten wie 'Europa'®, 'First Red'®, 'Frisco'®, 'Grand Gala'®, 'Ilseta'®, 'Jacaranda'® und 'Madelon'®.

Im Sommerverkauf von Schnittrosen spielen zunehmend und mit steigender Tendenz sogenannte »Freilandrosen« ein Rolle. Im Unterschied zu den Gewächshausrosen stammen sie größtenteils aus heimischer Produktion. Vor allem »Sprayrosen«, also besonders büschelblütige Sorten mit vielen Blüten pro Stiel, sind Verkaufsrenner. Mit ihnen verbindet der Kunde das Bild einer besonders rustikalen Schnittrose.

■ Woher kommen Topfrosen für das Zimmer?

Am stärksten »industrialisiert« ist gegenwärtig die Produktion von Topfrosen. Quasi am Fließband läuft die Produktion dieser kleinen Röslein für Zimmer und Balkonkasten. Vor allem im Frühjahr bis zum Muttertag bieten sie die Blumengeschäfte in Töpfen mit zehn bis zwölf Zentimeter Durchmesser an.

Das Hauptproduktionsland für stecklingsvermehrte Topfrosen in Europa ist Dänemark, das fast alle seine im Land produzierten Topfrosen exportiert. Ein Blick in dortige Betriebe mutet wie ein Ausflug in die hochtechnisierte Fabrikhalle eines Automobilherstellers an.

Zunächst füllen vollautomatisierte Topfmaschinen die leeren Töpfe mit Erde. Von dort gelangen sie – dicht an dicht auf mit Maschinenkraft bewegte Tische gestellt – in den Raum zum Stecken. Das Stecken der Topfrosenstecklinge erfolgt (noch) per Hand. Meist kommen drei oder vier Stecklinge in einen Topf, damit sofort eine buschige, »vieltriebige« Rose aufgebaut wird. Die beweglichen Tische rollen anschließend mit den Rosen in ein Treibhaus mit sehr hoher Luftfeuchte. Unter einem extrem feinen Nebel und Temperaturen um 27 °C bewurzeln sich die Stecklinge innerhalb von acht bis vierzehn Tagen. Nun bewegen sich die Tische weiter in das eigentliche Kulturgewächshaus, in dem die Rosen heranwachsen. Vollautomatisch werden die Töpfe nach einer gewissen Zeit auf einen weiteren Abstand gerückt, beim Durchlaufen der Rückmaschine bläst Preßluft welke Blätter weg. Während der gesamten Wachstumsperiode werden die neuen Rosen fortlaufend gestutzt, dreimal mit einer speziellen Maschine, zweimal mit Hemmstoffen. Dies ist notwendig, um in lichtarmer Zeit kompakte, buschige Ware zu erhalten.

Das beim Stutzen anfallende Pflanzenmaterial verwendet man wieder zum Stecken; der Kreislauf beginnt von neuem. Mutterpflanzen sind also nicht notwendig, die Stecklinge werden aus der laufenden Kultur gewonnen.

Bewässerung und Düngung der Rosen erfolgen über Anstauverfahren: Die Rolltische werden kurz mit Wasser geflutet, solange, bis die Töpfe sich mit Wasser und den darin gelösten Nährstoffen vollgesogen haben. Das restliche Wasser wird abgelassen und weiter verwendet.

Nach 12 bis 14 Wochen sind die Rosen verkaufsfertig. Die Produktion erfolgt ganzjährig. In Dänemark werden pro Jahr etwa 35 Millionen, in ganz Europa etwa 54 Millionen Topfrosen produziert (Zahlen für 1996).

Die Züchtung neuer Topfrosensorten verläuft – ähnlich wie bei den Schnittrosen – unabhängig von der Gartenrosenzüchtung. Dies leuchtet ein, wenn man bedenkt, daß auf die Topfrosen während ihres späteren Verbleibs in Wohnräumen Bedingungen zukommen, die im Freiland in der Regel keine Bedeutung haben. Vor allem sind es die schlechten Lichtverhältnisse und die trockene, warme Zimmerluft, mit denen die kleinen Rosen zurechtkommen müssen. Der Topfrosenfreund sollte deshalb seine Röschen nicht direkt in der Nähe von Heizkörpern plazieren und einen sonnigen Fensterplatz wählen. Während des Sommers gehören sie ins Freie, entweder auf den Balkon oder die Terrasse. Hinweis: Für ein späteres Auspflanzen im Garten sind die Topfrosen kaum geeignet. Ihre Selektion erfolgte nämlich in erster Linie in Hinblick auf ihre Eigenschaften als Topfpflanze.

Mehr als 35 Millionen Topfrosen werden in Dänemark jährlich gezogen.

DER ROSEN-ATLAS

Rosiger Irrgarten – während kreative Gartenfreunde unbekümmert die Vielfalt der Rosenwelt erforschen, schrecken insbesondere Roseneinsteiger angesichts der gewaltigen Sortenfülle zurück. Fakten und Erfahrungswerte erleichtern die Auswahl – bewährte Wege durch das Rosen-Labyrinth.

ROSENATLAS

200 Rosenarten und -sorten für jeden Garten

Dieses Kapitel ist mit dem Begriff Rosenatlas überschrieben. Das hat seinen Grund. Ein Atlas ist Führer und Orientierungshilfe in einer unbekannten Landschaft, in diesem Fall der weiten Landschaft der Rosensorten. Gleich einem geographischen Atlas soll er einen Überblick geben, wichtigste Punkte nennen und der Orientierung dienen.

Zweihundert Wegweiser im riesigen »Rosenland« – die Zahl der Sorten schätzt man auf weltweit über 30 000 – sollen für den richtigen Weg zur richtigen Sorte sorgen und dabei helfen, das wichtigste Ziel nicht aus den Augen zu verlieren: nämlich Spaß an Rosen zu haben.

Die im Atlas beschriebenen Sorten sind in erster Linie mit Blick auf ihre Robustheit zusammengestellt worden. Eine Robustheit, die oft mit der Wüchsigkeit einer Sorte korrespondiert. Dies bedeutet vereinfacht ausgedrückt, daß starkwachsende Rosen besser als schwachwachsende Sorten Krankheiten und Schädlingen trotzen können.

Verständlicherweise kann beim Aufbau eines zeitgemäßen Sortiments für die älteste Kulturpflanze der Menschheit kein reiner Darwinismus vorherrschen, in dem nur die Stärksten überleben. Wir müßten auf die meisten öfterblühenden Zwerg- und Duftrosen verzichten und das Sortiment bestünde vornehmlich aus rosablühenden Strauch- und Flächenrosen. Der rosige Garten würde von kraftstrotzenden Kämpfern dominiert werden, Zierlich-Feinsinnigem wäre der Boden entzogen: ein Rosensortiment ohne Vielfalt.

Daraus ergibt sich das entscheidende Fazit: Robustheit ja, aber der jeweiligen Rosengruppe angemessen.

■ Charakter und Nutzen

Jede Rosensorte ist ein Individuum mit eigenem Charakter, der einem umso vertrauter wird, je länger man die Sorte an unterschiedlichen Klimazonen und Standorten beobachtet hat. Was wirklich in einer Sorte steckt, zeigt sich am besten, wenn die Rahmenbedingungen nicht optimal gewesen sind. Ende September, nach einem verregneten Sommer, läßt sich mit etwas Erfahrung und geschultem Auge tief in die Seele einer Rosensorte schauen. Das ADR-Prädikat, das einer Rose erst nach langjährigen Prüfungen unter verschärften Bedingungen verliehen wird (siehe Seite 163), ist aus diesem Grunde eine gute Orientierungshilfe, auch in diesem Atlas.

Die subjektive Sorte: Jede Sortenbeschreibung beginnt mit solch einer Charakterisierung (»Der Charakter«), die versucht, den individuellen Eigenarten der Sorte gerecht zu werden. Eine subjektive Persönlichkeitsbeschreibung, die nicht meßbar ist und auf der Glaubwürdigkeit des Verfassers aufbaut.

Die objektive Sorte: Dieses Sortenprofil beschreibt wichtige, feststehende Eigenschaften. Es nennt Rosengruppe, Züchter bzw. Herkunft, Einführungsjahr, Blütenfarbe, Blütenfüllung, Blührhythmik, Wuchshöhe, Wuchsform, nennt den Pflanzenbedarf pro m² und schließt mit Verwendungstips und dem Hinweis, ob und wann dieser Rosensorte das ADR-Prädikat verliehen wurde.

■ Pflanzdichte

Zum Schluß noch ein Wort zur Pflanzdichte, sprich zu den genannten Zahlen, die angeben, wieviele Pflanzen einer Sorte bei einer reinen Rosenpflanzung pro Quadratmeter empfohlen werden: Die Angaben sind nur eine grobe Richtschnur, da der Pflanzenbedarf je nach Standort, Verwendungszweck und Klima deutlich differieren kann. So wachsen bestimmte Edelrosen im Süden wie Kletterrosen, werden aber im rauhen Norden kaum meterhoch.

Sortenübersicht (Höhe jeweils in cm)

	gelb	orange/aprikot	rosa	rot	violett	weiß/creme
Beetrosen	Friesia® (60-80, gefüllt, Duft) Goldener Sommer '83® (40-60, gefüllt) Goldmarie '82® (40-60, gefüllt) Mountbatten® (80-100, gefüllt) Polygold® (40-60, gefüllt) Rumba® (60-80, gefüllt)	Amber Queen® (40-60, gefüllt) Bernstein Rose® (60-80, gefüllt)	Ballade® (60-80, gefüllt) Bella Rosa® (60-80, gefüllt) Blühwunder® (60-80, halbgefüllt) Bonica '82® (60-80, gefüllt) Diadem® (80-100, gefüllt) Dolly® (80-100, halbgefüllt) Escapade® (80-100, halbgefüllt) Europas Rosengarten® (60-80, gefüllt) Frau Astrid Späth (40-60, gefüllt) Heidepark® (60-80, halbgefüllt) Leonardo da Vinci® (60-80, gefüllt) Make Up® (80-100, gefüllt) Manou Meilland® (60-80, gefüllt, Duft) Märchenland® (60-80, gefüllt) Matilda® (40-60, gefüllt) Play Rose® (60-80, gefüllt) Ricarda® (60-80, halbgefüllt) Rosali '83® (60-80, gefüllt) Royal Bonica® (60-80, gefüllt) Schleswig '87® (60-80, gefüllt) Schöne Dortmunderin® (60-80, gefüllt) Sommermorgen® (60-80, gefüllt) The Queen Elizabeth Rose® (80-100, gefüllt) Träumerei® (60-80, gefüllt, Duft)	Chorus® (60-80, gefüllt) Duftwolke® (60-80, gefüllt, Duft) Gartenzauber '84® (40-60, gefüllt) Happy Wanderer® (40-60, gefüllt) La Sevillana® (60-80, halbgefüllt) Mariandel® (40-60, gefüllt) Matthias Meilland® (60-80, gefüllt) Montana® (60-80, gefüllt) Nina Weibull (40-60, gefüllt) Pušta® (60-80, gefüllt) Rose de Resht (80-100, gefüllt, Duft) Sarabande® (40-60, halbgefüllt) Stadt Eltville® (60-80, gefüllt)		Gruß an Aachen (40-60, gefüllt) Edelweiß® (40-60, gefüllt) La Paloma '85® (60-80, gefüllt) Schneeflocke® (40-60, halbgefüllt)
Edelrosen	Banzai '83® (80-100, gefüllt, Duft) Duftgold® (60-80, gefüllt, Duft) Elina® (80-100, gefüllt, Duft) Gloria Dei (60-100, gefüllt) Golden Medaillon® (80-100, gefüllt) Landora® (60-80, gefüllt)	Christoph Columbus® (60-80, gefüllt) Paul Ricard® (60-80, gefüllt, Duft)	Aachener Dom® (60-80, gefüllt) Carina® (80-100, gefüllt) Pariser Charme® (60-80, gefüllt, Duft) Silver Jubilee® (60-80, gefüllt) The McCartney Rose® (60-80, gefüllt)	Barkarole® (80-100, gefüllt, Duft) Burgund '81® (60-80, gefüllt, Duft) Erotika® (60-100, gefüllt, Duft) Hidalgo® (80-100, gefüllt, Duft) Ingrid Bergmann® (60-80, gefüllt) Mildred Scheel® (80-100, gefüllt, Duft) Papa Meilland® (60-80, gefüllt, Duft) Senator Burda® (60-80, gefüllt)	Duftrausch® (80-100, gefüllt, Duft)	Karl Heinz Hanisch® (60-80, gefüllt, Duft) Polarstern® (80-100, gefüllt)
Heimische Wildrosen			Rosa gallica (80-100, einfach, Duft) Rosa majalis (150-200, einfach) Rosa rubiginosa (200-300, einfach) Rosa scabriuscula (150-200, einfach)			Rosa arvensis (80-100, einfach) Rosa pimpinellifolia (80-100, einfach, Duft)
Flächenrosen			Ballerina (60-80, einfach) Bingo Meidiland® (60-80, einfach) Dortmunder Kaiserhain® (80-100, einfach) Heidekönigin® (60-80, gefüllt) Heideröslein Nozomi® (40-60, einfach) Heidetraum® (60-80, halbgefüllt) Immensee® (30-40, einfach, Duft) Lovely Fairy® (60-80, gefüllt) Magic Meidiland® (40-60, gefüllt) Marondo® (60-80, halbgefüllt) Max Graf (60-80, einfach) Mirato® (40-60, gefüllt) Palmengarten Frankfurt® (60-80, gefüllt) Pink Meidiland® (60-80, einfach) Repandia® (40-60, einfach) Rosa nitida (60-80, einfach) Satina® (40-60, gefüllt) Sommermärchen® (40-60, halbgefüllt) Sommerwind® (40-60, halbgefüllt) The Fairy (60-80, gefüllt) Wildfang® (60-80, gefüllt) Mozart (80-100, einfach)	Fairy Dance (40-60, gefüllt) Red Meidiland® (60-80, einfach) Red Yesterday® (60-80, einfach) Royal Bassino® (40-60, halbgefüllt) Scarlet Meidiland® (60-80, gefüllt)	Lavender Dream® (60-80, halbgefüllt, Duft)	Alba Meidiland® (80-100, gefüllt) Apfelblüte® (60-80, gefüllt) Snow Ballet® (40-60, gefüllt) Swany® (40-60, gefüllt)
Kletterrosen	Golden Showers® (200-300, gefüllt)	Salita® (200-300, gefüllt)	Compassion® (200-300, gefüllt, Duft) Lawinia® (200-300, gefüllt, Duft) Maria Lisa (200-300, gefüllt) Morning Jewel® (200-300, halbgefüllt, Duft) New Dawn (200-300, gefüllt, Duft) Rosarium Uetersen® (200-300, gefüllt)	Dortmund® (200-300, einfach) Santana® (200-300, gefüllt) Sympathie (200-300, gefüllt)		Ilse Krohn Superior® (200-300, gefüllt)
Rambler			Paul Noël (300-500, gefüllt, Duft) Rosa x ruga (300-500, gefüllt, Duft) Super Dorothy® (300-500, gefüllt)	Flammentanz® (300-500, gefüllt) Super Excelsa® (300-500, gefüllt)		Albéric Barbier (300-500, gefüllt) Bobby James (300-500, einfach, Duft) Venusta Pendula (300-500, halbgefüllt)
Rugosa-Hybriden	Gelbe Dagmar Hastrup® (60-80, halbgefüllt, Duft)		Dagmar Hastrup (60-80, einfach, Duft) Foxi® (60-80, gefüllt, Duft) Pierette® (60-80, gefüllt, Duft) Pink Grootendorst (100-150, gefüllt) Polareis® (60-80, gefüllt)	Polarsonne® (60-80, gefüllt, Duft)		Repens Alba (30-40, einfach) Schnee-Eule® (40-60, gefüllt, Duft)
Strauchrosen	Frühlingsgold (150-200, einfach, Duft) Ghislaine de Feligonde (150-200, gefüllt) Lichtkönigin Lucia® (100-150, gefüllt) Maigold (150-200, gefüllt, Duft) Rosa hugonis (200-300, einfach, Duft) Rugelda® (150-200, gefüllt)	Freisinger Morgenröte® (100-150, gefüllt, Duft) Kordes' Brillant® (100-150, gefüllt) Polka 91 (100-150, gefüllt) Westerland® (150-200, halbgefüllt, Duft)	Armada® (100-150, gefüllt) Astrid Lindgren® (100-150, gefüllt) Bourgogne® (150-200, einfach) Centenaire de Lourdes (150-200, halbgefüllt, Duft) Dornröschenschloß Sababurg® (100-150, einfach, Duft) Eden Rose '85® (150-200, gefüllt) Ferdy® (100-150, gefüllt) IGA '83 München® (80-100, gefüllt, Duft) Ilse Haberland® (100-150, gefüllt, Duft) Louise Odier (100-150, gefüllt, Duft) Maiden's Blush (100-150, gefüllt) Marguerite Hilling (150-200, halbgefüllt) Rosa centifolia 'Muscosa' (80-100, gefüllt, Duft) Raubritter (200-300, gefüllt) Romanze® (100-150, gefüllt) Rosa sweginzowii 'Macrocarpa' (200-300, einfach) Rosendorf Sparrieshoop® (100-150, gefüllt) Rosenresli® (100-150, gefüllt, Duft) Rush® (100-150, einfach) Souvenir de la Malmaison (80-100, gefüllt, Duft) Trigintipetala (150-200, halbgefüllt, Duft) Versicolor (100-150, halbgefüllt, Duft) Vogelpark Walsrode® (100-150, gefüllt)	Bischofsstadt Paderborn® (100-150, einfach) Dirigent® (150-200, halbgefüllt) Elmshorn® (150-200, gefüllt) Grandhotel® (150-200, gefüllt) Gütersloh® (100-150, gefüllt) Robusta® (150-200, einfach, Duft) Rödinghausen® (100-150, gefüllt) Rosa moyesii (Veredlung) (200-300, einfach) Scharlachglut (150-200, einfach)		Rosa sericea f. pteracantha (200-300, einfach) Suaveolens (200-300, gefüllt) Schneewittchen® (100-150, gefüllt)
Zwergrosen	Guletta® (30-40, gefüllt) Sonnenkind® (30-40, gefüllt)	Peach Meillandina® (30-40, gefüllt)	Pink Symphonie® (30-40, gefüllt)	Orange Meillandina (30-40, gefüllt) Zwergkönig '78® (40-60, gefüllt)		
Englische Rosen	Graham Thomas® (100-150, gefüllt, Duft)	Abraham Darby (150-200, gefüllt, Duft)	Constance Spry (150-200, gefüllt, Duft) Heritage® (100-150, gefüllt, Duft) Warwick Castle (60-80, gefüllt, Duft) Wife of Bath (80-100, gefüllt, Duft)	Othello (100-150, gefüllt, Duft) The Squire (100-150, gefüllt, Duft)		

ROSENATLAS

Aachener Dom®

Der Charakter: Eine Edelrose mit ledrigem, sehr robustem Laub, auch für rauhe Lagen geeignet. Ein leichter, feiner Duft umgibt die bis 12 cm großen Blütenbälle. Eine problemlose und damit ideale rosafarbene Edelrose für Einsteiger.
Gruppe: Edelrose
Züchter/Herkunft: Meilland
Einführungsjahr: 1982
Blütenfarbe: lachsrosa
Blütenfüllung: stark gefüllt
Blührhythmik: öfterblühend

Alba Meidiland®

Aachener Dom®

Wuchshöhe: 60 bis 80 cm
Wuchsform: aufrecht
Pflanzen pro m²: 6 bis 7
Verwendung: Garten, in Gruppen, Frostlagen vertragend, Halbschatten ertragend, sehr regenfest, Kübel, Vasenschnitt, Stammrose mit 90 cm Höhe.
ADR-Rose: 1982

Abraham Darby®

Der Charakter: Die stark duftenden Blüten bezaubern durch ihr einzigartiges Farbenspiel von rosa bis aprikot. Das Laub ist robust und glänzend grün. Ein funkelnder Solitär für die passende Gartenfassung.

Albéric Barbier

Gruppe: Strauchrose mit Duft, Englische Rose
Züchter/Herkunft: Austin
Einführungsjahr: 1985
Blütenfarbe: aprikot-gelb, rosa überhaucht
Blütenfüllung: stark gefüllt
Blührhythmik: öfterblühend
Wuchshöhe: 150 bis 200 cm
Wuchsform: überhängend
Pflanzen pro m²: 1 bis 2
Verwendung: Garten, Park, einzeln oder in kleinen Gruppen, Kübel, Vasenrose, auch Rankrose.

Alba Meidiland®

Der Charakter: Ein Traum in weiß, robust und besonders wirkungsvoll auf Hanglagen mit anziehender Fernwirkung. Die Blüten sind klein, dicht gefüllt und zahlreich. Wenige Stiele reichen für zauberhafte Buketts und Gestecke.
Gruppe: Flächenrose
Züchter/Herkunft: Meilland
Einführungsjahr: 1987
Blütenfarbe: reinweiß
Blütenfüllung: stark gefüllt
Blührhythmik: öfterblühend
Wuchshöhe: 80 bis 100 cm
Wuchsform: buschig
Pflanzen pro m²: 3 bis 4
Verwendung: Garten, einzeln oder in Gruppen, Frostlagen vertragend, Trog, Ampel, sehr regenfest, Hitze vertragend, Vasenschnitt, gelbe Herbstfärbung der Blätter, Stammrose mit 60 und 90 cm Höhe.

Albéric Barbier

Der Charakter: Luftumspielte Standorte mindern den Befallsdruck durch Mehltau. Dann ziert der üppige Rambler an Pergolen oder locker in lichte Bäume wachsend durch einen opulenten Sommerflor.
Gruppe: Rambler
Züchter/Herkunft: Barbier
Einführungsjahr: 1900
Blütenfarbe: cremeweiß
Blütenfüllung: gefüllt
Blührhythmik: einmalblühend, schwach nachblühend
Wuchshöhe: 300 bis 500 cm
Wuchsform: ohne Rankhilfe flachwachsend
Pflanzen pro m²: 1 bis 2
Verwendung: Garten, einzeln, Halbschatten ertragend.

Amber Queen®

Der Charakter: Die Rose des Jahres 1984 in England gefällt durch ihr robustes Laub und die sich rundlich öffnenden, amber- bis orangefarbenen Blüten. Eine Beetrose mit blickanziehender Farbe.
Gruppe: Beetrose
Züchter/Herkunft: Harkness
Einführungsjahr: 1984
Blütenfarbe: ambergelb

ROSENATLAS

Amber Queen®

Ballade®

Blütenfüllung: gut gefüllt
Blührhythmik: öfterblühend
Wuchshöhe: 40 bis 60 cm
Wuchsform: aufrecht, buschig
Pflanzen pro m²: 6 bis 7
Verwendung: Garten, in Gruppen auf Beeten und Rabatten, Stammrose mit 90 cm Höhe.

Apfelblüte®

Der Charakter: Die Sorte ist für Mehltau und Sternrußtau nicht anfällig und trägt zu Recht das ADR-Prädikat. Die niederliegenden Triebe mit ihren imposanten Blütenbüscheln decken den Boden gut ab. Eine robuste Rosensorte mit reichlich Wildrosenflair für naturnahe Gestaltung.
Gruppe: Flächenrose
Züchter/Herkunft: Noack
Einführungsjahr: 1991
Blütenfarbe: weiß
Blütenfüllung: einfach
Blührhythmik: öfterblühend
Wuchshöhe: 80 bis 100 cm
Wuchsform: niedrig, buschig
Pflanzen pro m²: 3 bis 4
Verwendung: Garten, einzeln, in Gruppen, Halbschatten ertragend, sehr regenfest, Hitze vertragend, Pollenspender, Hagebutten.
ADR-Rose: 1991

Armada®

Der Charakter: Eine öfterblühende Strauchrose mit buschigem Wuchs. Die frisch-fröhlichen rosafarbenen Blüten erinnern in der Form an elegante Edelrosen.
Gruppe: Strauchrose
Züchter/Herkunft: Harkness
Einführungsjahr: 1989
Blütenfarbe: rosa
Blütenfüllung: gefüllt
Blührhythmik: öfterblühend
Wuchshöhe: 100 bis 150 cm
Wuchsform: buschig aufrecht
Pflanzen pro m²: 1 bis 2
Verwendung: Garten, einzeln oder in Gruppen.
ADR-Rose: 1993

Astrid Lindgren®

Der Charakter: Eine auffallend robuste Strauchrose zu Ehren der bekanntesten Kinderbuch-Autorin unserer Zeit. Eine wüchsige Sorte, die sich sicher auch im Garten der Villa Kunterbunt durchzusetzen wüßte.
Gruppe: Strauchrose
Züchter/Herkunft: Poulsen
Einführungsjahr: 1989
Blütenfarbe: rosa
Blütenfüllung: gefüllt
Blührhythmik: öfterblühend
Wuchshöhe: 100 bis 150 cm
Wuchsform: aufrecht
Pflanzen pro m²: 1 bis 2
Verwendung: Garten, einzeln oder in Gruppen, ideal für freiwachsende Hecken.

Ballade®

Der Charakter: Rosafarbenes Gegenstück zur Weltrose 'Montana'. Robust, reichblühend, mit einer Rosafarbe, die einem zarten Liebesbrief gleicht.
Gruppe: Beetrose
Züchter/Herkunft: Tantau
Einführungsjahr: 1991
Blütenfarbe: rosa
Blütenfüllung: gefüllt
Blührhythmik: öfterblühend
Wuchshöhe: 60 bis 80 cm
Wuchsform: aufrecht
Pflanzen pro m²: 6 bis 7
Verwendung: Garten, einzeln oder in Gruppen, auch flächig, gut Hitze vertragend.

Ballerina

Der Charakter: Die unzähligen, hellen und an Wildrosen erinnernden, einfachen Blüten wirken wie eine grazile Ballerina und lassen kaum die Robustheit und Wüchsigkeit vermuten, die sich in dieser

Astrid Lindgren®

ROSENATLAS

Sorte verbirgt. Ballerina bildet ungewöhnlich rasch Neutriebe.
Gruppe: Flächenrose
Züchter/Herkunft: Bentall
Einführungsjahr: 1937
Blütenfarbe: rosa/weiß
Blütenfüllung: einfach
Blührhythmik: öfterblühend
Wuchshöhe: 60 bis 80 cm
Wuchsform: überhängend
Pflanzen pro m²: 3 bis 4
Verwendung: Garten, einzeln oder in Gruppen, ideal für freiwachsende Hecken, Kübel, Trog, Halbschatten ertragend, Pollenspender, Hagebuttenansatz, Stammrose mit 60 cm und 90 cm Höhe.

Ballerina

Banzai '83®

Der Charakter: Die Robustheit dieser Sorte sucht im Bereich der gelb-roten Edelrosen ihresgleichen. Eine kunterbunte Vasenrose mit kräftigem Wuchs und vollen Blüten, die in den Farben des Feuers funkeln.
Gruppe: Edelrose mit Duft
Züchter/Herkunft: Meilland
Einführungsjahr: 1983
Blütenfarbe: gelb mit orangerotem Außenrand
Blütenfüllung: stark gefüllt
Blührhythmik: öfterblühend
Wuchshöhe: 80 bis 100 cm
Wuchsform: aufrecht
Pflanzen pro m²: 6 bis 7

Verwendung: Garten, in Gruppen, sehr regenfest, Vasenschnitt.
ADR-Rose: 1985

Barkarole®

Der Charakter: Die schwarzroten Blüten schimmern taubeladen in der Morgensonne wie edelster Samt. Ein einmaliger Anblick, den man sich auch gerne in die Vase holen darf. Betörender Duft.
Gruppe: Edelrose mit Duft
Züchter/Herkunft: Tantau
Einführungsjahr: 1988
Blütenfarbe: rot
Blütenfüllung: gefüllt
Blührhythmik: öfterblühend
Wuchshöhe: 80 bis 100 cm
Wuchsform: aufrecht
Pflanzen pro m²: 6 bis 7
Verwendung: Garten, in Gruppen, Vasenschnitt, Stammrose mit 90 cm Höhe.

Bella Rosa®

Der Charakter: Die Triebe tragen üppige Blütenbüschel, von denen bereits wenige ausreichen, eine Vase zu füllen. Ein bewährter Klassiker für unterschiedlichste Gartenszenarien, absolut wetterfest.

Bella Rosa®

Banzai '83®

Bernstein Rose®

Gruppe: Beetrose
Züchter/Herkunft: Kordes
Einführungsjahr: 1982
Blütenfarbe: rosa
Blütenfüllung: dicht gefüllt
Blührhythmik: öfterblühend, spätblühend
Wuchshöhe: 60 bis 80 cm
Wuchsform: buschig
Pflanzen pro m²: 6 bis 7
Verwendung: Garten, einzeln oder in Gruppen, Kübel, Trog, Hitze vertragend, Stammrose mit 60 und 90 cm Höhe.

Bernstein Rose®

Der Charakter: Eine nicht alltägliche Farbe gab dieser robusten Sorte ihren Namen. Dazu gesellt sich eine nostalgische Blütenform, die mit rosettenartigem Aufbau das Flair Englischer Rosen mit kompaktem Beetrosenwuchs verbindet.
Gruppe: Beetrose
Züchter/Herkunft: Tantau
Einführungsjahr: 1987
Blütenfarbe: bernsteingelb
Blütenfüllung: gut gefüllt
Blührhythmik: öfterblühend, frühblühend
Wuchshöhe: 60 bis 80 cm
Wuchsform: buschig
Pflanzen pro m²: 6 bis 7
Verwendung: Garten, in Gruppen, Stammrose mit 90 cm Höhe.

ROSENATLAS

Bingo Meidiland®

Der Charakter: Eine zivilisierte Wildrose mit gezähmter Wuchskraft und großer Zukunft. Wie eine Zwergausgabe von 'Pink Meidiland®' wirkend, verleiht dieser ergiebige, flächendeckende Pollenspender auch kleineren Gartenbereichen eine naturnahe Ausstrahlung.
Gruppe: Flächenrose
Züchter/Herkunft: Meilland
Einführungsjahr: 1991
Blütenfarbe: zartrosa
Blütenfüllung: einfach
Blührhythmik: öfterblühend
Wuchshöhe: 40 bis 60 cm
Wuchsform: buschig
Pflanzen pro m²: 3 bis 4
Verwendung: Garten, einzeln oder in Gruppen, Frostlagen vertragend, Hitze vertragend, Pollenspender, ideal für Kombinationen mit niedrigen Stauden.
ADR-Rose: 1994

Bischofsstadt Paderborn®

Der Charakter: Nach über 30 Jahren noch immer ein Klassiker unter den roten Strauchrosen. Ein Fanal in jedem Garten, mit unübertroffener Leuchtkraft und Fernwirkung.
Gruppe: Strauchrose
Züchter/Herkunft: Kordes
Einführungsjahr: 1964
Blütenfarbe: zinnoberrot
Blütenfüllung: einfach

Bischofsstadt Paderborn®

Blührhythmik: öfterblühend
Wuchshöhe: 100 bis 150 cm
Wuchsform: aufrecht
Pflanzen pro m²: 1 bis 2
Verwendung: Garten, einzeln oder in Gruppen, freiwachsende Hecken, Pollenspender.
ADR-Rose: 1968

Blühwunder®

Der Charakter: Der Name ist Programm – während des ersten Blütenflors zeigt sich der Busch übersät mit Blüten. Ein aussichtsreicher Anwärter für das Buch der Rekorde: Die Blütendolden zählen zum Teil bis zu 50 Einzelblüten.
Gruppe: Beetrose
Züchter/Herkunft: Kordes
Einführungsjahr: 1995
Blütenfarbe: rosa
Blütenfüllung: halbgefüllt
Blührhythmik: öfterblühend
Wuchshöhe: 60 bis 80 cm
Wuchsform: aufrecht
Pflanzen pro m²: 5 bis 6
Verwendung: Garten, einzeln oder in Gruppen, Kübel.
ADR-Rose: 1994

Bobby James

Der Charakter: Ein »dufter« Klettermaxe, der leidenschaftlich gerne in lichte Bäume aufsteigt. Dort wirken die großen, cremigweißen Blütendolden wie Sahnehäubchen. Der richtige Augenschmaus für fruchtige Sommertage.
Gruppe: Rambler mit Duft
Züchter/Herkunft: Sunningdale Nurseries
Einführungsjahr: 1961
Blütenfarbe: weiß
Blütenfüllung: einfach
Blührhythmik: einmalblühend
Wuchshöhe: 300 bis 500 cm
Wuchsform: ohne Rankhilfe flachwachsend
Pflanzen pro m²: 1 bis 2
Verwendung: Garten, einzeln oder in Gruppen, Halbschatten ertragend, rötliche Herbstfärbung der Blätter.

Bonica '82®

Der Charakter: Eine sommerlang blühende Beetrose mit ausgeprägter Frosthärte. Multifunktionell als Flächendecker und Freilandschnittrose verwendbar. Problemlose Sorte für Roseneinsteiger.
Gruppe: Beetrose
Züchter/Herkunft: Meilland
Einführungsjahr: 1982

Burgund '81®

Blütenfarbe: rosa, in heißen Lagen aufhellend
Blütenfüllung: gefüllt
Blührhythmik: öfterblühend
Wuchshöhe: 60 bis 80 cm
Wuchsform: buschig
Pflanzen pro m²: 5 bis 6
Verwendung: Garten, einzeln oder in Gruppen, Frostlagen gut vertragend, Kübel, Trog, Halbschatten ertragend, sehr regenfest, Pollenspender, Vasenschnitt, in heißen Sommern guter Hagebuttenansatz, Stammrose mit 60 cm und 90 cm Höhe.
ADR-Rose: 1982

Bourgogne®

Der Charakter: Die Hagebutten dieser Sorte gelten als die schönsten unter den Rosenfrüchten. Die leuchtendroten Vitaminspender zieren die malerisch überhängenden Triebe dieses Pendulina-Abkömmlings und sind ein herbstliches Highlight für größere Gärten.
Gruppe: Strauchrose
Züchter/Herkunft: Interplant
Einführungsjahr: 1983
Blütenfarbe: zartrosa
Blütenfüllung: einfach
Blührhythmik: einmalblühend
Wuchshöhe: 150 bis 200 cm
Wuchsform: überhängend
Pflanzen pro m²: 1 bis 2
Verwendung: Garten, einzeln oder in Gruppen, Pollenspender, Hagebuttenrose par excellence.

Burgund '81®

Der Charakter: Unter den roten Edelrosen ein robuster Klassiker. Die absolut edlen Blüten sind wetterfest, das Laub für eine Sorte dieser Rosengruppe überdurchschnittlich robust, die Pflanze wuchsfreudig und frosthart.
Gruppe: Edelrose mit Duft
Züchter/Herkunft: Kordes
Einführungsjahr: 1981
Blütenfarbe: blutrot
Blütenfüllung: gut gefüllt
Blührhythmik: öfterblühend

ROSENATLAS

Wuchshöhe: 60 bis 80 cm
Wuchsform: aufrecht
Pflanzen pro m²: 6 bis 7
Verwendung: Garten, in Gruppen, Kübel, Vasenschnitt, Stammrose mit 90 cm Höhe.

Carina®

Der Charakter: Ein samtrosafarbenes Blütenkleid schmückt diese Edelrose. Seit Jahrzehnten eine bewährte Freilandschnittrose, die unermüdlich den ganzen Sommer lange, kräftige Stiele schiebt – entsprechende Pflege vorausgesetzt.
Gruppe: Edelrose
Züchter/Herkunft: Meilland
Einführungsjahr: 1963
Blütenfarbe: rosarot
Blütenfüllung: gefüllt
Blührhythmik: öfterblühend
Wuchshöhe: 80 bis 100 cm
Wuchsform: aufrecht
Pflanzen pro m²: 6 bis 7
Verwendung: Garten, in Gruppen, ausgezeichnet für den Vasenschnitt, Stammrose mit 90 cm Höhe.
ADR-Rose: 1966

Centenaire de Lourdes

Der Charakter: Warum diese fantastische, problemlose Strauchrose eher zu den rosigen Geheimtips zählt, mag mit an ihrem französischen Namen liegen, der sich erst nach mehrmaligem Hören einprägt. Überreiches Blütenfeuerwerk, auch für weniger optimale Standorte.
Gruppe: Strauchrose mit Wildrosenduft
Züchter/Herkunft: Delbard-Chabert
Einführungsjahr: 1958
Blütenfarbe: rosa
Blütenfüllung: halbgefüllt
Blührhythmik: öfterblühend
Wuchshöhe: 150 bis 200 cm
Wuchsform: überhängend
Pflanzen pro m²: 1 bis 2
Verwendung: Garten, einzeln oder in Gruppen, freiwachsende

Centenaire de Lourdes

Hecken, Kübel, Halbschatten ertragend, sehr regenfest, Hitze vertragend, Pollenspender, kurzum: multifunktioneller Garten-Solitär.

Chorus®

Der Charakter: Nach wie vor unter den kompaktwachsenden, rotblühenden Beetrosen eine Spitzensorte mit großer Robustheit. Braucht reichlich Sonnentreibstoff für üppige Blütenfülle, also sonnig pflanzen.
Gruppe: Beetrose
Züchter/Herkunft: Meilland
Einführungsjahr: 1975
Blütenfarbe: scharlachrot
Blütenfüllung: gefüllt
Blührhythmik: öfterblühend
Wuchshöhe: 60 bis 80 cm
Wuchsform: aufrecht
Pflanzen pro m²: 6 bis 7
Verwendung: Garten, einzeln oder in (auch größeren) Gruppen, Hitze vertragend.
ADR-Rose: 1977

Christoph Columbus®

Der Charakter: Im Farb-/Typbereich kupferorangefarbener Edelrosen mit vorbildlicher Robustheit gesegnet und eine rosige »Entdeckung« im Columbus-Jahr 1992. Die dankbare Vasenrose duftet nicht – eine perfekte Rose wäre auch langweilig und der Anfang vom Ende aller Rosenzüchtung.
Gruppe: Edelrose
Züchter/Herkunft: Meilland
Einführungsjahr: 1992
Blütenfarbe: kupferorange
Blütenfüllung: stark gefüllt
Blührhythmik: öfterblühend
Wuchshöhe: 60 bis 80 cm
Wuchsform: aufrecht
Pflanzen pro m²: 6 bis 7
Verwendung: Garten, in Gruppen, Kübel, Halbschatten ertragend, sehr regenfest, Vasenschnitt für den Hausgarten.

Compassion®

Der Charakter: Robuste, frostharte und gleichzeitig traumhaft duftende Kletterrosen gehören zu den Sternstunden der Rosenzüchtung. Mit 'Compassion'® leuchtet ein solcher Stern herrlich rosa am Rosenhimmel.
Gruppe: Kletterrose mit Duft
Züchter/Herkunft: Harkness
Einführungsjahr: 1974
Blütenfarbe: lachsrosa
Blütenfüllung: stark gefüllt
Blührhythmik: öfterblühend
Wuchshöhe: 200 bis 300 cm
Wuchsform: überhängend
Pflanzen pro m²: 1 bis 2
Verwendung: Garten, einzeln oder in Gruppen, Pergola, Wandbegrünung, Rosenbögen, Blütenpyramiden.
ADR-Rose: 1976

Constance Spry

Der Charakter: Die erste Englische Rose, die in den Handel kam. Wo sie genügend Platz vorfindet, bildet sie einen ausladenden Strauch, übersät mit paeonienartigen Blütenbällen und vielen Stacheln. Ein piekiger Blütenberg mit besonderer Duftnote. Der Name ehrt die berühmte englische Starfloristin, die in den 30er Jahren durch ausgefallenene Obst – und Gemüse-Arrangements Aufsehen erregte.
Gruppe: Strauchrose mit Duft, Englische Rose
Züchter/Herkunft: Austin
Einführungsjahr: 1960
Blütenfarbe: rosa
Blütenfüllung: dicht gefüllt
Blührhythmik: einmalblühend

Compassion®

ROSENATLAS

Wuchshöhe: 150 bis 200 cm
Wuchsform: überhängend
Pflanzen pro m²: 1 bis 2
Verwendung: Garten, einzeln oder in Gruppen, Vasenrose, starke Bestachelung, freiwachsende Hecken, auch als Kletterrose geeignet.

Dagmar Hastrup

Der Charakter: Als Rugosa-Abkömmling eine borstige Gesellin mit robustem Charme. Die alte Dame unter den Rugosa-Hybriden vergreist nicht, wenn sie jährlich kräftig geschnitten wird.
Gruppe: Rugosa-Hybride mit Duft
Züchter/Herkunft: Hastrup
Einführungsjahr: 1914
Blütenfarbe: pastellrosa
Blütenfüllung: einfach
Blührhythmik: nachblühend
Wuchshöhe: 60 bis 80 cm
Wuchsform: aufrecht
Pflanzen pro m²: 4 bis 5
Verwendung: Garten, in Gruppen als Flächendecker, Frostlagen vertragend, Halbschatten ertragend, sehr regenfest, Pollenspender, gelbe Herbstfärbung der Blätter, gelblichrote Hagebutten.

Diadem®

Der Charakter: Reinrosafarbenes Vasenwunder für den Hausgarten wie den Profianbau. Jeder Stiel ein Rosenbukett für sich, aufgrund der ausgeprägten Doldenblüte als »Sprayrose« bezeichnet.
Gruppe: Beetrose
Züchter/Herkunft: Tantau
Einführungsjahr: 1986
Blütenfarbe: rosa
Blütenfüllung: gefüllt
Blührhythmik: öfterblühend, spätblühend
Wuchshöhe: 80 bis 100 cm
Wuchsform: aufrecht
Pflanzen pro m²: 5 bis 6
Verwendung: Garten, einzeln oder in Gruppen, Kübel, Vasenschnitt, Stammrose mit 90 cm Höhe.

Dirigent®

Der Charakter: In dieser Sorte ist Musik – und dies schon seit über vier Jahrzehnten. Dauerblühende Symphonie in Blutrot. Für einen angemessen Auftritt braucht der dichte Busch Platz, dann wird der sommerliche Garten zum rosigen Konzertsaal.
Gruppe: Strauchrose
Züchter/Herkunft: Tantau
Einführungsjahr: 1956
Blütenfarbe: rot
Blütenfüllung: halbgefüllt
Blührhythmik: öfterblühend
Wuchshöhe: 150 bis 200 cm
Wuchsform: buschig
Pflanzen pro m²: 1 bis 2
Verwendung: Garten, einzeln oder in Gruppen, freiwachsende, dichte Heckenrose par excellence, Pollenspender.
ADR-Rose: 1958

Dolly®

Der Charakter: Robuste Blütenwolke, die auch an weniger günstigen Standorten gedeiht. Ihr leichter Wildrosenduft schmeichelt Beeten und Rabatten.
Gruppe: Beetrose
Züchter/Herkunft: Poulsen
Einführungsjahr: 1975
Blütenfarbe: dunkelrosa
Blütenfüllung: halbgefüllt
Blührhythmik: öfterblühend
Wuchshöhe: 60 bis 80 cm
Wuchsform: buschig
Pflanzen pro m²: 6 bis 7
Verwendung: Garten, einzeln oder in Gruppen, Halbschatten und Höhenlagen vertragend.
ADR-Rose: 1987

Dornröschenschloß Sababurg®

Der Charakter: Eine wertvolle Neuheit, die typischen Rosenduft mit robustem Laub vereint. Dem schlafenden Dornröschen hätte sie gewiß einen würdigen Rahmen gegeben. Eine Rose, unter der man gerne wachgeküßt werden möchte.
Gruppe: Strauchrose
Züchter/Herkunft: Kordes
Einführungsjahr: 1993
Blütenfarbe: rosa
Blütenfüllung: gut gefüllt
Blührhythmik: öfterblühend
Wuchshöhe: 100 bis 150 cm
Wuchsform: überhängend
Pflanzen pro m²: 1 bis 2
Verwendung: Garten, einzeln oder in Gruppen, freiwachsende Hecken.

Dortmund®

Der Charakter: Der nüchterne Name paßt zu diesem robusten, frostharten und starkwüchsigen Wandbegrüner. Ein anspruchsloser Schwerarbeiter, auf den immer Verlaß ist.
Gruppe: Kletterrose
Züchter/Herkunft: Kordes
Einführungsjahr: 1955
Blütenfarbe: rot mit weißem Auge
Blütenfüllung: einfach
Blührhythmik: öfterblühend
Wuchshöhe: 200 bis 300 cm
Wuchsform: überhängend
Pflanzen pro m²: 2 bis 3
Verwendung: Garten, einzeln oder in Gruppen, Frostlagen vertragend, Halbschatten ertragend, sehr regenfest, Hitze vertragend, Pollenspender, Hagebutten.
ADR-Rose: 1954

Dortmunder Kaiserhain®

Der Charakter: Einer der vielen robusten Dauerblüher aus der Züchterwerkstatt von Werner Noack. Deckt Flächen dicht ab und hat sich das ADR-Prädikat redlich verdient. Eine Sorte mit Zukunft, vor allem für pflegeextensive Rosenpflanzungen.
Gruppe: Flächenrose
Züchter/Herkunft: Noack
Einführungsjahr: 1994
Blütenfarbe: rosa
Blütenfüllung: gefüllt
Blührhythmik: öfterblühend
Wuchshöhe: 80 bis 100 cm
Wuchsform: buschig
Pflanzen pro m²: 3 bis 4
Verwendung: Garten, einzeln oder in Gruppen, Halbschatten ertragend.
ADR-Rose: 1994

Dortmund®

Duftgold®

Duftgold®

Der Charakter: Die buttergelben Blüten erfreuen im Sommer die Nase mit ihrer erfrischenden Parfümnote. Eine Duftrose der Extraklasse, relativ witterungsunempfindlich.
Gruppe: Edelrose mit Duft
Züchter/Herkunft: Tantau
Einführungsjahr: 1981
Blütenfarbe: gelb
Blütenfüllung: gefüllt
Blührhythmik: öfterblühend
Wuchshöhe: 60 bis 80 cm

193

ROSENATLAS

Wuchsform: aufrecht
Pflanzen pro m²: 6 bis 7
Verwendung: Garten, in Gruppen, Blüten für Rosenrezepte und Buketts ideal.

Duftrausch®

Der Charakter: Nomen est omen – ein wahrer Duftrausch, der Erinnerungen an sonnendurchflutete Landschaften weckt. Dieser Quell betörenden Rosenparfüms verlockt dazu, immer wieder die Nase hineinzuhalten. Für Kenner.

wurden, schwebt der Duft dieses Klassikers gleich einer zarten Wolke immer noch über zahllosen Gartenbeeten. Beetrose, die duftige Freude bereitet.
Gruppe: Beetrose mit Duft
Züchter/Herkunft: Tantau
Einführungsjahr: 1963
Blütenfarbe: rot
Blütenfüllung: gefüllt
Blührhythmik: öfterblühend
Wuchshöhe: 60 bis 80 cm
Wuchsform: buschig
Pflanzen pro m²: 6 bis 7
Verwendung: Garten, einzeln

Pflanzen pro m²: 6 bis 7
Verwendung: Garten, einzeln oder in Gruppen, sehr regenfest, ideal in Kombination mit niedrigen Stauden.
ADR-Rose: 1970

Eden Rose '85®

Der Charakter: Eine moderne Züchtung mit dem Flair 'Alter Rosen'. Traumhafte Romantik versprühend, ist jede einzelne Blüte Nostalgie pur. Das Laub ist äußerst robust und widerstandsfähig.

blühende Edelrose suchen. Pflegeleicht und widerstandsfähig, eine der interessantesten Sorten dieser Typgruppe. Lohnt jeden Versuch.
Gruppe: Edelrose mit Duft
Züchter/Herkunft: Dickson/Pekmez
Einführungsjahr: 1983
Blütenfarbe: rahmgelb
Blütenfüllung: gut gefüllt
Blührhythmik: öfterblühend
Wuchshöhe: 80 bis 100
Wuchsform: aufrecht
Pflanzen pro m²: 6 bis 7
Verwendung: Garten, in Grup-

Duftwolke®

Edelweiß®   **Eden Rose '85®**

Gruppe: Edelrose mit überragendem Duft
Züchter/Herkunft: Tantau
Einführungsjahr: 1986
Blütenfarbe: violett-lila
Blütenfüllung: gefüllt
Blührhythmik: öfterblühend
Wuchshöhe: 80 bis 100 cm
Wuchsform: aufrecht
Pflanzen pro m²: 6 bis 7
Verwendung: Garten, in Gruppen, Stammrose mit 90 cm, Blüten für Rosenrezepte und Gestecke.

Duftwolke®

Der Charakter: Einmalige Duftrose mit Weltgeltung. Obwohl in den letzten drei Jahrzehnten zahlreiche neue Duftrosen vorgestellt

oder in Gruppen, Kübel, Vasenschnitt, Stammrose mit 60 cm und 90 cm, Blüten für Rosenrezepte.
ADR-Rose: 1964

Edelweiß®

Der Charakter: Eine der robustesten weißen Beetrosen, häufig gepflanzt. Die Sorte wächst buschig-kompakt und bleibt niedrig. Ideale farbliche Ergänzung von rotblühenden Rosen und Stauden.
Gruppe: Beetrose
Züchter/Herkunft: Poulsen
Einführungsjahr: 1969
Blütenfarbe: cremeweiß
Blütenfüllung: gefüllt
Blührhythmik: öfterblühend
Wuchshöhe: 40 bis 60 cm
Wuchsform: aufrecht

Benötigt einen 'Platz an der Sonne' für optimalen Blütenreichtum.
Gruppe: Strauchrose
Züchter/Herkunft: Meilland
Einführungsjahr: 1985
Blütenfarbe: rosa
Blütenfüllung: gefüllt
Blührhythmik: öfterblühend, spätblühend
Wuchshöhe: 150 bis 200 cm
Wuchsform: aufrecht
Pflanzen pro m²: 1 bis 2
Verwendung: Garten, einzeln oder in Gruppen, Kübel, Hitze vertragend, Vasenschnitt, Stammrose mit 90 cm Höhe.

Elina®

Der Charakter: Geheimtip für alle Kenner, die eine robuste, gelb-

pen, Vasenschnitt, Stammrose mit 90 cm Höhe.
ADR-Rose: 1987

Elmshorn

Der Charakter: Bewährte Strauchrose, die den Sommer mit einem ungewöhnlich üppigen Herbstflor verabschiedet. Ein Solitär für größere Gartenplätze oder als rotfunkelnde Hecke zur Einfassung von Grundstücken.
Gruppe: Strauchrose
Züchter/Herkunft: Kordes
Einführungsjahr: 1951
Blütenfarbe: rosarot
Blütenfüllung: gefüllt
Blührhythmik: öfterblühend
Wuchshöhe: 150 bis 200 cm
Wuchsform: aufrecht

Pflanzen pro m²: 1 bis 2
Verwendung: Garten, einzeln oder in Gruppen, freiwachsende Hecken, Frostlagen vertragend, Halbschatten ertragend.
ADR-Rose: 1950

Erotika®

Der Charakter: Die samtroten Blüten wirken wie schwerer Brokat, ihr Duft ist berückend. Für Liebhaber intensiver Rosendüfte. Dabei wächst die Pflanze kräftig und betont aufrecht.

siegt diese Pollenquelle nicht, da sie den Sommer über ohne Unterlaß blüht. Für Liebhaber eines rustikalen Rosenambientes.
Gruppe: Beetrose
Züchter/Herkunft: Harkness
Einführungsjahr: 1967
Blütenfarbe: lila/weiß
Blütenfüllung: halbgefüllt
Blührhythmik: öfterblühend
Wuchshöhe: 80 bis 100 cm
Wuchsform: buschig
Pflanzen pro m²: 5 bis 6
Verwendung: Garten, einzeln, in Gruppen, freiwachsende niedrige

Wuchshöhe: 60 bis 80 cm
Wuchsform: buschig
Pflanzen pro m²: 6 bis 7
Verwendung: Garten, einzeln oder in Gruppen, Vasenschnitt.

Fairy Dance®

Der Charakter: Bildet farbenprächtige Blütenpolster, die den Boden gut abdecken und Krautbewuchs unterdrücken. Pflegeleichte Sorte, auch für größere Flächen. Nicht in Hitzestau pflanzen.
Gruppe: Flächenrose

wenn überhaupt – nur zum Auslichten bzw. Verjüngen, braucht Freiraum zur vollen Entfaltung. Kenner schätzen die auffallende Bestachelung, die den Garten in tristen Wintermonaten schmückt und von einem warmen Fensterplatz aus zu sehen sein sollte.
Gruppe: Strauchrose
Züchter/Herkunft: Keisei
Einführungsjahr: 1984
Blütenfarbe: rosa
Blütenfüllung: gefüllt
Blührhythmik: einmalblühend
Wuchshöhe: 80 bis 100 cm

Elina®

Escapade®

Ferdy®

Gruppe: Edelrose mit Duft
Züchter/Herkunft: Tantau
Einführungsjahr: 1969
Blütenfarbe: rot
Blütenfüllung: gefüllt
Blührhythmik: öfterblühend
Wuchshöhe: 80 bis 100 cm
Wuchsform: aufrecht
Pflanzen pro m²: 6 bis 7
Verwendung: Garten, in Gruppen, Stammrose mit 90 cm, Blüten für Rosenrezepte, Buketts und Gestecke.
ADR-Rose: 1969

Escapade®

Der Charakter: Empfehlung für klein angelegte Hecken, die stark von Bienen und Hummeln angeflogen werden sollen. Dabei ver-

Hecken, Kübel, Trog, Halbschatten ertragend, sehr regenfest, Pollenspender, Hagebutten.
ADR-Rose: 1973

Europas Rosengarten®

Der Charakter: Eine rosafarbene Beetrose, die mehr Beachtung verdient hätte. Blüht den ganzen Sommer lang und zeigt sich dabei robust und zäh im Laub. Ein Meisterstück aus der Züchterwerkstatt von Karl Hetzel. Dankbare Vasenrose.
Gruppe: Beetrose
Züchter/Herkunft: Hetzel
Einführungsjahr: 1989
Blütenfarbe: rosa
Blütenfüllung: gefüllt
Blührhythmik: öfterblühend

Züchter/Herkunft: Harkness
Einführungsjahr: 1979
Blütenfarbe: rot
Blütenfüllung: stark gefüllt
Blührhythmik: öfterblühend, spätblühend
Wuchshöhe: 40 bis 60 cm
Wuchsform: niedrig, buschig
Pflanzen pro m²: 3 bis 4
Verwendung: Garten, einzeln oder in Gruppen, Flächenbegrünung, Hang, Böschungen.

Ferdy®

Der Charakter: Durch ungewöhnlich Blührhythmik auffallende Strauchrose. An den langen, überhängenden, mehrjährigen Trieben reihen sich unzählige Blüten wie Perlen auf einer Schnur. Schnitt –

Wuchsform: überhängend
Pflanzen pro m²: 1 bis 2
Verwendung: Garten, einzeln oder in Gruppen, starke Bestachelung, freiwachsende Hecken, Frostlagen vertragend, Halbschatten ertragend, an Mauern überhängend.

Flammentanz®

Der Charakter: Mit die robusteste und frosthärteste rote Kletterrose im Sortiment. Einmalblühend, aber in einer berauschenden Intensität. Für Höhenlagen geeignet.
Gruppe: Rambler
Züchter/Herkunft: Kordes
Einführungsjahr: 1955
Blütenfarbe: rot
Blütenfüllung: gefüllt

Rosenatlas

Frau Astrid Späth

Freisinger Morgenröte®

Blührhythmik: einmalblühend
Wuchshöhe: 300 bis 500 cm
Wuchsform: ohne Rankhilfe flachwachsend
Pflanzen pro m²: 1 bis 2
Verwendung: Garten, einzeln oder in Gruppen, Frostlagen vertragend, große Ampeln, Halbschatten ertragend, Stammrose mit 140 cm, an Mauern überhängend.
ADR-Rose: 1952

Foxi®

Der Charakter: Leitsorte einer neuen Generation von niedrig wachsenden Rugosa-Hybriden. Jährlicher Schnitt sorgt für ständige Verjüngung und sommerlangen Blütenreichtum. Herrlich duftend, die Hagebutten werden von Vögeln gut angenommen.
Gruppe: Rugosa-Hybride mit Duft
Züchter/Herkunft: Uhl
Einführungsjahr: 1989
Blütenfarbe: rosa
Blütenfüllung: gefüllt
Blührhythmik: öfterblühend
Wuchshöhe: 60 bis 80 cm
Wuchsform: buschig
Pflanzen pro m²: 3 bis 4
Verwendung: Garten, in Gruppen, freiwachsende Hecken, Frostlagen vertragend, sehr regenfest, Pollenspender, gelbe Herbstfärbung der Blätter, Hagebutten.
ADR-Rose: 1993

Frau Astrid Späth

Der Charakter: Eine wiederentdeckte Beetrose mit bewährter Robustheit und üppiger Blütenfülle bis weit in den Herbst hinein. Problemlos und pflegeleicht.
Gruppe: Beetrose
Züchter/Herkunft: Späth
Einführungsjahr: 1930
Blütenfarbe: rosa
Blütenfüllung: gefüllt
Blührhythmik: öfterblühend, frühblühend
Wuchshöhe: 40 bis 60 cm
Wuchsform: buschig
Pflanzen pro m²: 6 bis 7
Verwendung: Garten, einzeln oder in Gruppen, ideal für die Kombination mit Stauden und Gehölzen.

Freisinger Morgenröte®

Der Charakter: Eine Strauchrose, deren Blütenfarbe »unbeschreiblich« ist. Zwischen orange, gelb und rosa changieren die Nuancen und verwöhnen mit immer neuen Farbeffekten das Auge. Robust und widerstandsfähig.
Gruppe: Strauchrose mit Duft
Züchter/Herkunft: Kordes
Einführungsjahr: 1988
Blütenfarbe: orangefarben auf gelbem Grund
Blütenfüllung: gefüllt
Blührhythmik: öfterblühend

Friesia®

Frühlingsgold

Wuchshöhe: 100 bis 150 cm
Wuchsform: buschig
Pflanzen pro m²: 1 bis 2
Verwendung: Garten, einzeln oder in Gruppen, freiwachsende Hecken, Kübel.

Friesia®

Der Charakter: Der Klassiker unter den gelben Beetrosen. Vereint Robustheit, kompakten Wuchs, Dauerblüte und Duft auf ästhetisch ansprechende Weise. Beliebtes Farbwunder, gelbe Symphonie für viele Gartensituationen.
Gruppe: Beetrose mit Duft
Züchter/Herkunft: Kordes
Einführungsjahr: 1973
Blütenfarbe: gelb
Blütenfüllung: gefüllt
Blührhythmik: öfterblühend, frühblühend
Wuchshöhe: 60 bis 80 cm
Wuchsform: aufrecht
Pflanzen pro m²: 6 bis 7
Verwendung: Garten, einzeln oder in Gruppen, niedrige Hecken, Kübel, Trog, Hitze vertragend, Stammrose mit 90 cm Höhe.
ADR-Rose: 1973

Frühlingsgold

Der Charakter: Eine Frühlingsrose für exponierte Lagen in grö-

ßeren Gärten. Bereits im Mai mit einer gelben Blütenfülle brillierend, läutet sie für die öfterblühenden Sorten den Rosensommer ein. Enorm frosthart, auch für Höhenlagen geeignet.
Gruppe: Strauchrose mit Duft
Züchter/Herkunft: Kordes
Einführungsjahr: 1937
Blütenfarbe: gelb
Blütenfüllung: einfach
Blührhythmik: einmalblühend, sehr frühblühend
Wuchshöhe: 150 bis 200 cm
Wuchsform: überhängend
Pflanzen pro m²: 1 bis 2
Verwendung: Garten, einzeln oder in Gruppen, Halbschatten ertragend, Frostlagen vertragend, Pollenspender.

Gartenzauber '84®

Der Charakter: Bleibt niedrig kompakt und erfreut durch leuchtendrote Blütenschönheit. Eine empfehlenswerte Beetrose, auch bei geringem Platzangebot.
Gruppe: Beetrose
Züchter/Herkunft: Kordes
Einführungsjahr: 1984
Blütenfarbe: rot
Blütenfüllung: gefüllt
Blührhythmik: öfterblühend
Wuchshöhe: 40 bis 60 cm
Wuchsform: buschig
Pflanzen pro m²: 6 bis 7
Verwendung: Garten, einzeln oder in Gruppen, idealer Kontrast zu Stauden und Gehölzen, Sommerblumen und Gräsern.

Gelbe Dagmar Hastrup®

Der Charakter: Wichtige gelbe (!) Rugosa-Sorte für Beete und Flächen. Starker Duft. Wünscht jährliche Verjüngung durch Schnitt. Tolle Farbsorte für Gehölzvorpflanzungen.
Gruppe: Rugosa-Hybride mit Duft
Züchter/Herkunft: Moore
Einführungsjahr: 1989
Blütenfarbe: gelb
Blütenfüllung: halbgefüllt
Blührhythmik: öfterblühend
Wuchshöhe: 60 bis 80 cm
Wuchsform: aufrecht
Pflanzen pro m²: 3 bis 4
Verwendung: Garten, einzeln oder in Gruppen, Frostlagen vertragend, Halbschatten ertragend, Pollenspender, gelbe Herbstfärbung der Blätter.

Ghislaine de Feligonde

Ghislaine de Feligonde

Der Charakter: Eine der bemerkenswertesten Wiederentdeckungen in den 90er Jahren. Eine alte Sorte des französischen Rosenzüchters Turbat, die besonders im naturnahen Gartenambiente ihre Wirkung nicht verfehlt und durch ihre fast stachellosen Triebe als kinderfreundliche Rose gelten kann. Als Hochstammrose (noch) ein Geheimtip für Kenner und Liebhaber.
Gruppe: Strauchrose mit Duft
Züchter/Herkunft: Turbat
Einführungsjahr: 1916
Blütenfarbe: lachsrosa bis gelb
Blütenfüllung: gefüllt
Blührhythmik: öfterblühend
Wuchshöhe: 150 bis 200 cm
Wuchsform: überhängend
Pflanzen pro m²: 1 bis 2
Verwendung: Garten, einzeln oder in Gruppen, wenig bestachelt, freiwachsende Hecken, Kübel, Halbschatten ertragend, sehr regenfest, Stammrose mit 90 cm Höhe.

Gloria Dei

Der Charakter: Mit über 100 Millionen Pflanzen die meistverkaufte Gartenrose aller Zeiten. Für Neuheiten im Bereich Edelrose noch immer ein Maßstab für Robustheit, Blühwilligkeit und Wuchskraft.
Gruppe: Edelrose
Züchter/Herkunft: Meilland
Einführungsjahr: 1945
Blütenfarbe: gelb mit rotem Rand
Blütenfüllung: gefüllt
Blührhythmik: öfterblühend
Wuchshöhe: 80 bis 100 cm
Wuchsform: aufrecht
Pflanzen pro m²: 6 bis 7
Verwendung: Garten, in Gruppen, Halbschatten ertragend, Vasenschnitt, Stammrose mit 90 cm Höhe.

Golden Medaillon®

Der Charakter: Ein noch junger Sproß aus der Züchterwerkstatt Kordes. Leuchtend goldgelb blühend, dabei mit dem dunklen Laub herrlich kontrastierend. Eine preisgekrönte Edelrose mit Zukunft.
Gruppe: Edelrose
Züchter/Herkunft: Kordes
Einführungsjahr: 1991
Blütenfarbe: gelb
Blütenfüllung: gefüllt
Blührhythmik: öfterblühend
Wuchshöhe: 80 bis 100 cm
Wuchsform: aufrecht
Pflanzen pro m²: 6 bis 7
Verwendung: Garten, in Gruppen, Vasenschnitt, Stammrose mit 90 cm Höhe.

Golden Showers®

Der Charakter: Diese Kletterrose blüht als eine der ersten unter den Rankrosen. Das dichte, sattgrüne Laub schützt an Spalieren und Pergolen vor unerwünschten Blicken. Bewährte gelbe Sorte, mit der der Rosenfreund nicht viel falsch machen kann.

ROSENATLAS

Gruppe: Kletterrose
Züchter/Herkunft: Lammerts
Einführungsjahr: 1956
Blütenfarbe: gelb
Blütenfüllung: gefüllt
Blührhythmik: öfterblühend, frühblühend
Wuchshöhe: 200 bis 300 cm
Wuchsform: aufrecht
Pflanzen pro m²: 2 bis 3
Verwendung: Garten, einzeln oder in Gruppen, Halbschatten ertragend, guter Sichtschutz, Stammrose mit 140 cm Höhe.

Goldener Sommer '83®

Der Charakter: Ansprechender gelber Kontrast vor dunkler Gehölzkulisse. Das Laub ist zäh und widerstandsfähig, nicht umsonst trägt die Sorte das ADR-Prädikat. Die Blüten mit der Farbedes Goldes für einen goldenen Sommer.
Gruppe: Beetrose
Züchter/Herkunft: Noack
Einführungsjahr: 1983
Blütenfarbe: gelb
Blütenfüllung: gefüllt
Blührhythmik: öfterblühend
Wuchshöhe: 40 bis 60 cm
Wuchsform: buschig
Pflanzen pro m²: 6 bis 7
Verwendung: Garten, einzeln oder in Gruppen, vor dunklem Hintergrund.
ADR-Rose: 1985

Goldmarie '82®

Der Charakter: Wetterfeste Blüten, frosthart Pflanze – wer eine robuste gelbe Beetrose sucht, wird rasch mit »Goldmarie« liebäugeln.
Gruppe: Beetrose
Züchter/Herkunft: Kordes
Einführungsjahr: 1984
Blütenfarbe: gelb
Blütenfüllung: gefüllt
Blührhythmik: öfterblühend
Wuchshöhe: 40 bis 60 cm
Wuchsform: buschig
Pflanzen pro m²: 6 bis 7
Verwendung: Garten, einzeln oder in Gruppen, Stammrose mit 90 cm Höhe.

Golden Showers®

Goldmarie '82®

Grandhotel®

Graham Thomas®

Der Charakter: Eine der besten bisher eingeführten Englischen Rosen. Ungewöhnlich das dunkle, satte Gelb, betont aufrecht der Wuchs. Ideale Schnupperrose für Roseneinsteiger. Benannt nach Graham Stuart Thomas, dem berühmten englischen Gartenkenner.
Gruppe: Strauchrose mit Duft, Englische Rose
Züchter/Herkunft: Austin
Einführungsjahr: 1983
Blütenfarbe: gelb
Blütenfüllung: gefüllt
Blührhythmik: öfterblühend
Wuchshöhe: 100 bis 150 cm
Wuchsform: überhängend
Pflanzen pro m²: 1 bis 2
Verwendung: Garten, einzeln oder in Gruppen, Vasenrose, Kübel, Hitze vertragend.

Grandhotel®

Der Charakter: Die Blüten dieses imposanten Busches gleichen denen von Edelrosen. Ihre blutrote Farbe leuchtet weithin, das Laub ist dicht und frischgrün glänzend.
Gruppe: Strauchrose
Züchter/Herkunft: McGredy
Einführungsjahr: 1975
Blütenfarbe: rot
Blütenfüllung: stark gefüllt
Blührhythmik: öfterblühend
Wuchshöhe: 150 bis 200 cm
Wuchsform: aufrecht
Pflanzen pro m²: 1 bis 2
Verwendung: Garten, einzeln oder in Gruppen, Kübel, sehr regenfest.
ADR-Rose: 1977

Gruß an Aachen

Der Charakter: Mit ihrem Sortenalter von 80 Jahren zwar noch keine 'Alte Rose', aber deren Charme in nichts nachstehend. Die dicht gefüllten, rosettenartigen Blüten entspringen der Blütenmitte mit einem gelblichen Ton, der, rosa überhaucht, am äußeren Rand zu einem Rahmweiß changiert. Für alle Rosenfreunde, die auch in kleinen Gärten nicht auf den Flair von Großmutters Garten verzichten möchten.
Gruppe: Beetrose
Züchter/Herkunft: Geduldig
Einführungsjahr: 1909
Blütenfarbe: creme
Blütenfüllung: gefüllt
Blührhythmik: öfterblühend
Wuchshöhe: 40 bis 60 cm
Wuchsform: buschig
Pflanzen pro m²: 6 bis 7
Verwendung: Garten, einzeln oder in Gruppen.

Guletta®

Der Charakter: Eine bewährte gelbe Zwergrose, ausgestattet mit einer – für diesen Rosentyp – akzeptablen Robustheit. Ein zitro-

Gruß an Aachen

Happy Wanderer®

nengelber Däumling, der besonders hübsch in Tröge und Kästen paßt.
Gruppe: Zwergrose
Züchter/Herkunft: de Ruiter
Einführungsjahr: 1976
Blütenfarbe: gelb
Blütenfüllung: gefüllt
Blührhythmik: öfterblühend
Wuchshöhe: 30 bis 40 cm
Wuchsform: aufrecht
Pflanzen pro m²: 8 bis 9
Verwendung: Garten, in Gruppen, Kübel, Trog, Kasten, Stammrose mit 40 cm Höhe.

Gütersloh®

Der Charakter: Diese Sorte hat nie eine große Verbreitung erfahren, zählt aber dennoch zu den Bestleistungen der modernen Rosenzüchtung. Eine problemlose Strauchrose, die einen buschigen, runden Habitus entwickelt.
Gruppe: Strauchrose
Züchter/Herkunft: Noack
Einführungsjahr: 1969
Blütenfarbe: rot
Blütenfüllung: gefüllt
Blührhythmik: öfterblühend
Wuchshöhe: 100 bis 150 cm
Wuchsform: aufrecht
Pflanzen pro m²: 1 bis 2
Verwendung: Garten, einzeln oder in Gruppen.

Happy Wanderer®

Der Charakter: Ein »fröhlicher Wanderer«, der wirklich kompakt niedrig bleibt. Gute Selbstreinigung der Blüten, die sich – verglichen mit anderen roten Beetrosensorten – spät entwickeln. Diese verzögerte Blührhythmik läßt sich in der privaten Gartengestaltung geschickt für eine Kombination mit anderen, frühblühenden Sorten ausnutzen.
Gruppe: Beetrose
Züchter/Herkunft: McGredy
Einführungsjahr: 1974
Blütenfarbe: rot
Blütenfüllung: gefüllt
Blührhythmik: öfterblühend, spätblühend
Wuchshöhe: 40 bis 60 cm
Wuchsform: sehr buschig
Pflanzen pro m²: 6 bis 7
Verwendung: Garten, einzeln oder in Gruppen, an der Terrasse mit frühblühenden Sorten.
ADR-Rose: 1975

Heidekönigin®

Der Charakter: Vorsicht, die Angabe der Wuchshöhe läßt nicht zwangsläufig auf die über zwei Meter langen Triebe schließen, mit denen diese Sorte den Boden abdeckt. Für undurchdringliche Gartenbereiche, die kein ungebetener Gast passieren soll. Geheimtip: Als hohe Kaskadenrose ein robustes Blütenwunder.
Gruppe: Flächenrose
Züchter/Herkunft: Kordes
Einführungsjahr: 1985
Blütenfarbe: rosa
Blütenfüllung: gefüllt
Blührhythmik: öfterblühend, spätblühend
Wuchshöhe: 60 bis 80 cm
Wuchsform: flach, starkwachsend
Pflanzen pro m²: 1 bis 2
Verwendung: Garten, einzeln oder in Gruppen, Ampel, Halbschatten ertragend, sehr regenfest, Stammrose mit 140 cm Höhe.

Heidepark®

Der Charakter: Wer einmal in den Heidepark Soltau kommen sollte, kann dort diese Sorte in großflächigen Pflanzungen bewundern. Eine robustes, dauerblühendes Farbenspiel in pinkrosa, das selbst in den weitläufigen Anlagen des Freizeitparks bereits von weitem leuchtet. Auch im Privatgarten ein Freizeit-Erlebnis.
Gruppe: Beetrose
Züchter/Herkunft: Meilland
Einführungsjahr: 1988
Blütenfarbe: rosa
Blütenfüllung: halbgefüllt
Blührhythmik: öfterblühend, spätblühend
Wuchshöhe: 60 bis 80 cm
Wuchsform: buschig
Pflanzen pro m²: 6 bis 7
Verwendung: Garten, einzeln oder in Gruppen, Kübel, Trog, sehr regenfest, Hagebutten, ideal für die Kombination mit Stauden und Sommerblumen.

Heideröslein Nozomi®

Der Charakter: Ein dankbarer Flächendecker für alle Gartenbereiche, denen ein romantisches Porzellanrosa steht. Die Sorte blüht wochenlang und ziert Böschungen und Hänge. Robuste, naturnahe Kübelrose.
Gruppe: Flächenrose
Züchter/Herkunft: Onodera
Einführungsjahr: 1968
Blütenfarbe: perlmuttrosa
Blütenfüllung: einfach
Blührhythmik: einmalblühend
Wuchshöhe: 40 bis 60 cm
Wuchsform: flach, schwachwüchsig
Pflanzen pro m²: 3 bis 4
Verwendung: Garten, einzeln oder in Gruppen, Kübel, Trog, Steingärten, Halbschatten ertragend, Hitze vertragend, Pollenspender, Stammrose mit 140 cm Höhe.

Heidetraum®

Der Charakter: Eine spektakuläre Neuzüchtung, die weltweit für Furore gesorgt hat und heute symbolgleich für einen neuen robusten und pflegeleichten Rosentyp steht. Die Blüte beginnt spät, hält dann aber ohne Unterlaß bis in die Frostperiode hinein an. Das Laub ist besonders widerstandsfähig

Heidetraum®

ROSENATLAS

und ziert als »Wintergrün«. Ein wichtiger Züchtungserfolg in Richtung »umweltfreundliche Rose«.
Gruppe: Flächenrose
Züchter/Herkunft: Noack
Einführungsjahr: 1988
Blütenfarbe: rosa
Blütenfüllung: halbgefüllt
Blührhythmik: öfterblühend, spätblühend
Wuchshöhe: 60 bis 80 cm
Wuchsform: buschig
Pflanzen pro m²: 2 bis 3
Verwendung: Garten, einzeln oder in Gruppen, Frostlagen vertragend, Kübel, Trog, Ampel, Halbschatten ertragend, sehr regenfest, Hitze vertragend, Pollenspender, Stammhöhe 60 cm und 90 cm Höhe.
ADR-Rose: 1990

Heritage®

Der Charakter: Die perfekte Englische Rose, die zugleich einen vorzüglichen runden Strauch bildet. David Austin selbst bezeichnet sie als eine seiner schönsten Züchtungen. Dem kann man sich nur anschließen. Die äußeren, großen Blütenblätter sind weißlich-rosé und lieblich durchscheinend und umfassen die innere Blütenrosette.
Gruppe: Strauchrose mit Duft, Englische Rose
Züchter/Herkunft: Austin
Einführungsjahr: 1984
Blütenfarbe: seidig rosa
Blütenfüllung: stark gefüllt
Blührhythmik: öfterblühend
Wuchshöhe: 100 bis 150 cm
Wuchsform: überhängend
Pflanzen pro m²: 2 bis 3
Verwendung: Garten, einzeln oder in Gruppen, Vasenrose, Kübel.

Hidalgo®

Der Charakter: Der Sortenname kommt aus dem Spanischen und bedeutet »adelig«. Das trifft die Klasse dieser robusten Duftrose.

IGA '83 München®

Lediglich Dauerregen setzt ihr etwas zu. Eine rote und langstielige Duft- und Vasenrose ersten Ranges.
Gruppe: Edelrose mit Duft
Züchter/Herkunft: Meilland
Einführungsjahr: 1979
Blütenfarbe: rot
Blütenfüllung: stark gefüllt
Blührhythmik: öfterblühend
Wuchshöhe: 80 bis 100 cm
Wuchsform: aufrecht
Pflanzen pro m²: 6 bis 7
Verwendung: Garten, in Gruppen, Vasenrose.

IGA '83 München®

Der Charakter: Eine der widerstandsfähigsten Rosen im Sortiment. Setzt nach dem ersten Blütenflor reichlich Hagebutten – und damit Vogelfutter – an. Wird der Fruchtansatz jedoch mittels Schere entfernt, erfreut ein schöner Herbstflor das Auge. Die Entscheidung liegt also beim Gartenfreund.
Gruppe: Strauchrose
Züchter/Herkunft: Meilland
Einführungsjahr: 1982
Blütenfarbe: rosa
Blütenfüllung: locker gefüllt
Blührhythmik: öfter- bzw. nachblühend
Wuchshöhe: 80 bis 100 cm
Wuchsform: buschig
Pflanzen pro m²: 2 bis 3
Verwendung: Garten, einzeln oder in Gruppen, freiwachsende Hecken, Frostlagen vertragend, Kübel, Halbschatten ertragend, sehr regenfest, Hagebutten.
ADR-Rose: 1982

Ilse Haberland®

Der Charakter: Mannshohes Duft-Eldorado. Die karminrosafarbenen Blüten schillern in vielen Schattierungen.
Gruppe: Strauchrose mit Duft
Züchter/Herkunft: Kordes
Einführungsjahr: 1956
Blütenfarbe: rosa
Blütenfüllung: gefüllt
Blührhythmik: öfterblühend
Wuchshöhe: 100 bis 150 cm
Wuchsform: überhängend
Pflanzen pro m²: 1 bis 2
Verwendung: Garten, einzeln oder in Gruppen, freiwachsende Hecken.

Ilse Krohn Superior®

Der Charakter: Bis zum heutigen Tag eine der interessantesten Kletterrosen in weiß. Herrlicher, intensiver Duft, flotter Wuchs, dennoch frosthart und robust – wer einen dekorativen Schmuck für Wand oder Pergola sucht, sollte einen Versuch wagen.
Gruppe: Kletterrose mit Duft
Züchter/Herkunft: Kordes
Einführungsjahr: 1964
Blütenfarbe: weiß
Blütenfüllung: gut gefüllt
Blührhythmik: öfterblühend
Wuchshöhe: 200 bis 300 cm
Wuchsform: überhängend
Pflanzen pro m²: 2 bis 3
Verwendung: Garten, einzeln oder in Gruppen, Kübel, Herbstfärbung der Blätter, Stammrose mit 140 cm Höhe.

Immensee®

Der Charakter: Megawüchsiger Bodendecker für größere Flächen und Hänge. Robuster Schwerarbeiter, eine undurchdringliche Bodenabdeckung bildend. Die einfachen, zartrosafarbenen Blüten laden mit ihrem starken Duft Bienen zur wochenlangen »Blüten-Mahlzeit« ein.
Gruppe: Flächenrose mit Duft
Züchter/Herkunft: Kordes
Einführungsjahr: 1982
Blütenfarbe: rosa
Blütenfüllung: einfach
Blührhythmik: einmalblühend
Wuchshöhe: 30 bis 40 cm
Wuchsform: flach, starkwachsend
Pflanzen pro m²: 1 bis 2
Verwendung: größere Gärten, einzeln oder in Gruppen, braucht Platz, Halbschatten ertragend, Pollenspender, Stammrose mit 90 cm Höhe.

Ingrid Bergmann®

Der Charakter: Äußerst robuste Edelrose. Wer bereit ist, beim Duft Abstriche zu machen, wird dafür mit einer pflegeleichten, enorm widerstandsfähigen Pflanze belohnt. Eine Edelrose auch für Lagen, auf denen andere »Gruppen-Kollegen« versagen.
Gruppe: Edelrose mit leichtem Duft
Züchter/Herkunft: Poulsen
Einführungsjahr: 1984
Blütenfarbe: rot

Blütenfüllung: gut gefüllt
Blührhythmik: öfterblühend
Wuchshöhe: 60 bis 80 cm
Wuchsform: aufrecht
Pflanzen pro m²: 6 bis 7
Verwendung: Garten, in Gruppen, Vasenschnitt, Stammrose mit 60 cm und 90 cm Höhe.

Karl Heinz Hanisch®

Der Charakter: Eine außergewöhnliche Duftrose für einen außergewöhnlichen Namenspatron. Karl Heinz Hanisch war einer der bekanntesten und zugleich einfallsreichsten Gartenschriftsteller in Deutschland. Als großer Rosenfreund und Experte hatte er sich diese Rose für sonnenwarme Standorte persönlich ausgesucht.
Gruppe: Edelrose mit Duft
Züchter/Herkunft: Meilland
Einführungsjahr: 1986
Blütenfarbe: cremeweiß
Blütenfüllung: stark gefüllt
Blührhythmik: öfterblühend, frühblühend
Wuchshöhe: 60 bis 80 cm
Wuchsform: aufrecht
Pflanzen pro m²: 6 bis 7
Verwendung: Garten, in Gruppen, Vasenrose, ideal mit halbhohen Stauden.

Kordes' Brillant®

Der Charakter: Orangefarbenes Pendant zur weißen 'Schneewittchen'®. Vital, robust und von ungewöhnlicher Blütenfarbe. Tolle Herbstrose.
Gruppe: Strauchrose
Züchter/Herkunft: Kordes
Einführungsjahr: 1983
Blütenfarbe: orange bis hummerrot
Blütenfüllung: gefüllt
Blührhythmik: öfterblühend
Wuchshöhe: 100 bis 150 cm
Wuchsform: aufrecht
Pflanzen pro m²: 1 bis 2
Verwendung: Garten, einzeln oder in Gruppen, freiwachsende Hecken.

La Paloma '85®

La Paloma '85®

Der Charakter: Diese Sorte zählt zu den Floribundarosen. Das bedeutet, daß ihre reinweißen Blüten edelrosengleich geformt, aber in großen Dolden angeordnet sind. Die Blütenfarbe bildet einen hübschen Kontrast zum ledrigen, dunkelgrünen Laub.
Gruppe: Beetrose
Züchter/Herkunft: Tantau
Einführungsjahr: 1985
Blütenfarbe: weiß
Blütenfüllung: gefüllt
Blührhythmik: öfterblühend
Wuchshöhe: 60 bis 80 cm
Wuchsform: buschig
Pflanzen pro m²: 6 bis 7
Verwendung: Garten, einzeln oder in Gruppen, Stammrose mit 90 cm Höhe.

La Sevillana®

Der Charakter: »Wer Sevilla nicht kennt, weiß nicht, was ein Wunder ist«, so ein spanisches Sprichwort. Ohne Zweifel gilt dies auch für diese Rosensorte, die zu den gesündesten roten Beetrosen überhaupt gezählt werden darf. Mit ihrem lockeren Wuchs und den halbgefüllten Blüten kommt sie dem Habitus von Wildrosen sehr nahe. Ideale, da problemlose Einsteigersorte.
Gruppe: Beetrose
Züchter/Herkunft: Meilland
Einführungsjahr: 1978
Blütenfarbe: rot
Blütenfüllung: halbgefüllt
Blührhythmik: öfterblühend
Wuchshöhe: 60 bis 80 cm
Wuchsform: buschig
Pflanzen pro m²: 6 bis 7
Verwendung: Garten, einzeln oder in Gruppen, freiwachsende Hecken, Frostlagen vertragend, Kübel, Trog, Halbschatten ertragend, sehr regenfest, Pollenspender, Hagebutten.
ADR-Rose: 1979

Landora®

Der Charakter: Sehr bewährte und lohnende Edelrose in gelb. Erwähnenswert ist ihre Frosthärte, die für diesen Farb- und Rosentyp als sehr gut bezeichnet werden kann. Reingelber Vasenschmuck mit vollkommener Eleganz.
Gruppe: Edelrose
Züchter/Herkunft: Tantau
Einführungsjahr: 1970
Blütenfarbe: gelb
Blütenfüllung: stark gefüllt
Blührhythmik: öfterblühend
Wuchshöhe: 60 bis 80 cm
Wuchsform: aufrecht
Pflanzen pro m²: 6 bis 7
Verwendung: Garten, in Gruppen, Vasenschnitt, Stammrose mit 90 cm Höhe.

Lavender Dream®

Der Charakter: Wer eine lavendelfarbene, mit ihrem überhängenden Wuchs den Boden gut abdeckende Duftrose sucht, ist mit dieser Sorte bestens bedient. Wirklich ein Traum in einem seltenen, an das Blau des Lavendels erinnernden Farbton.
Gruppe: Flächenrose mit Duft
Züchter/Herkunft: Interplant
Einführungsjahr: 1985
Blütenfarbe: lavendel
Blütenfüllung: halbgefüllt
Blührhythmik: öfterblühend, frühblühend
Wuchshöhe: 60 bis 80 cm
Wuchsform: niedrig, buschig
Pflanzen pro m²: 2 bis 3
Verwendung: Garten, einzeln oder in Gruppen, Hitze vertragend, ideal mit niedrigen Stauden.
ADR-Rose: 1987

Lawinia®

Der Charakter: Gute Kletterrosen-Sorten lassen sich an zwei Händen abzählen – 'Lawinia'® gehört mit Sicherheit zu diesen Top-Ten der bunten Ranker. Zu einem robusten Laub gesellen sich

Landora®

Lawinia®

Leonardo da Vinci®

edelgeformte Blüten, die einen überragenden Duft verströmen.
Gruppe: Kletterrose mit Duft
Züchter/Herkunft: Tantau
Einführungsjahr: 1980
Blütenfarbe: reinrosa
Blütenfüllung: gefüllt
Blührhythmik: öfterblühend
Wuchshöhe: 200 bis 300 cm
Wuchsform: überhängend
Pflanzen pro m²: 2 bis 3
Verwendung: Garten, einzeln oder in Gruppen, Kübel, Stammrose mit 140 cm Höhe.

Leonardo da Vinci®

Der Charakter: Eine Sorte, die an die Genialität ihres Namensgebers heranreicht. Eine der interessantesten 'Romantica'-Rosen des Züchters Meilland. Die geviertelten Blütenrosetten sind farbstabil und zieren eine kompaktwachsende Pflanze. Wermutstropfen ist der nur leichte Duft, doch auch da Vinci wußte um die vergebliche Suche nach der perfekten Schöpfung.
Gruppe: Beetrose
Züchter/Herkunft: Meilland
Einführungsjahr: 1993
Blütenfarbe: rosa
Blütenfüllung: gefüllt
Blührhythmik: öfterblühend
Wuchshöhe: 60 bis 80 cm
Wuchsform: buschig
Pflanzen pro m²: 6 bis 7
Verwendung: Garten, einzeln oder in Gruppen, ideal für Kübel, Trog, Vasenschnitt, Stammrose mit 60 cm Höhe.

Lichtkönigin Lucia®

Der Charakter: Der Klassiker unter den gelben Strauchrosen. Robust, frosthart und einen runden, dichtbelaubten Busch bildend. Bereits eine einzelne, freigewachsene Pflanze ist ein Solitär ersten Ranges.
Gruppe: Strauchrose mit Duft
Züchter/Herkunft: Kordes
Einführungsjahr: 1966
Blütenfarbe: gelb
Blütenfüllung: gefüllt
Blührhythmik: öfterblühend, frühblühend
Wuchshöhe: 100 bis 150 cm
Wuchsform: aufrecht
Pflanzen pro m²: 1 bis 2
Verwendung: Garten, einzeln oder in Gruppen, freiwachsende Hecken, Kübel, sehr regenfest.
ADR-Rose: 1968

Louise Odier

Der Charakter: Eine Alte Rose, der man freien Lauf lassen und einen herausragenden Platz im Garten gewähren sollte. Wundervolle Duftblüten krönen eine überhängend-buschig wachsende Strauchrose. Das Laub wirkt mit seiner hellgrünen Farbe fragil, trotzt aber überraschend gut Krankheiten.

Lichtkönigin Lucia®

Gruppe: Strauchrose mit Duft
Züchter/Herkunft: Margottin
Einführungsjahr: 1851
Blütenfarbe: rosa
Blütenfüllung: gefüllt
Blührhythmik: öfterblühend
Wuchshöhe: 150 bis 200 cm
Wuchsform: überhängend
Pflanzen pro m²: 1 bis 2
Verwendung: Garten, einzeln oder in Gruppen, Kübel, Trog, Halbschatten ertragend.

Lovely Fairy®

Der Charakter: Ein »Sport«, also ein Abkömmling der erprobten Sorte 'The Fairy'. Unterscheidet sich von dieser durch das wesentlich kräftigere Rosa, fast Pink, der stark gefüllten Blüten. Ideal für niedrige Hecken oder pflegeleichte Gartenbereiche.
Gruppe: Flächenrose
Züchter/Herkunft: Vurens/Spek
Einführungsjahr: 1992
Blütenfarbe: kräftig rosa
Blütenfüllung: dicht gefüllt
Blührhythmik: öfterblühend
Wuchshöhe: 60 bis 80 cm
Wuchsform: buschig

ROSENATLAS

Pflanzen pro m²: 3 bis 4
Verwendung: Garten, einzeln oder in Gruppen, Kübel, Trog, Vasenschnitt, Stammrose mit 40 cm, 60 cm und 90 cm, niedrige bis halbhohe Hecken.

Magic Meidiland®

Der Charakter: Ein echter Bodendecker, der mit seinem gesunden Laub zuverlässig den Boden begrünt. Außerordentlich robust und frosthart, auch für weniger »rosige« Standorte geeignet. Braucht entsprechenden Raum für den ausgeprägten Breitenwuchs, deshalb genügen zwei Pflanzen pro Quadratmeter.
Gruppe: Flächenrose
Züchter/Herkunft: Meilland
Einführungsjahr: 1992
Blütenfarbe: rosa
Blütenfüllung: gefüllt
Blührhythmik: öfterblühend
Wuchshöhe: 40 bis 60 cm
Wuchsform: flach, starkwachsend
Pflanzen pro m²: 1 bis 2
Verwendung: Garten, einzeln oder in Gruppen, Frostlagen vertragend, Trog, Ampel, sehr regenfest, Hitze vertragend, Stammrose mit 60 cm, 90 cm und 140 cm Höhe.
ADR-Rose: 1995

Maiden's Blush

Der Charakter: »Malerrose« alter holländischer Meister, zahlreiche Stilleben zierend. Mit ihren zartrosafarbenen, prallgefüllten Blütenpompons eine empfehlenswerte und problemlose Alte Rose. Heißer Tip für Freunde von Bauerngärten.
Gruppe: Strauchrose mit süßem Duft
Züchter/Herkunft: unbekannt
Einführungsjahr: vor 1500
Blütenfarbe: rosa
Blütenfüllung: gefüllt
Blührhythmik: einmalblühend
Wuchshöhe: 100 bis 150 cm
Wuchsform: überhängend

Pflanzen pro m²: 2 bis 3
Verwendung: Garten, einzeln oder in Gruppen, Frostlagen vertragend, Bauerngarten.

Maigold

Der Charakter: Bereits Ende Mai blüht diese frühlingshafte Strauchrose goldgelb und verströmt einen starken Duft, der die Lust auf einen kunterbunten Rosensommer weckt. Enorm frosthart, deshalb auch in Hochlagen einsetzbar. Blüht im Herbst etwas nach.
Gruppe: Strauchrose mit Duft
Züchter/Herkunft: Kordes
Einführungsjahr: 1953
Blütenfarbe: gelb
Blütenfüllung: gefüllt
Blührhythmik: sehr frühblühend, nachblühend
Wuchshöhe: 150 bis 200 cm
Wuchsform: aufrecht
Pflanzen pro m²: 1 bis 2
Verwendung: Garten, einzeln oder in Gruppen, Halbschatten ertragend, sehr regenfest und frosthart.

Make Up®

Der Charakter: Die richtige »Schminke« für Rabatten- und Gruppenpflanzungen. Flache, prachtvoll gefüllte Blütenschalen bilden lachsrosafarbene Rosetten, die einen straff aufrecht wachsenden Busch zieren. Aufgrund der Langstieligkeit bestens für den Vasenschnitt geeignet. Schon wenige Stiele ergeben üppige Gestecke.
Gruppe: Beetrose
Züchter/Herkunft: Meilland
Einführungsjahr: 1987
Blütenfarbe: rosa
Blütenfüllung: gefüllt
Blührhythmik: öfterblühend
Wuchshöhe: 80 bis 100 cm
Wuchsform: buschig
Pflanzen pro m²: 5 bis 6
Verwendung: Garten, einzeln oder in Gruppen, Vasenrose, sehr regenfest.

Manou Meilland®

Der Charakter: Duftende Beetrose mit buschigem Wuchs. Bildet mit der frischen Fliederfarbe ihrer Blüten und dem dunklen Laub herrliche Kontraste zu Stauden.
Gruppe: Beetrose mit Duft
Züchter/Herkunft: Meilland
Einführungsjahr: 1977
Blütenfarbe: rosa
Blütenfüllung: gefüllt
Blührhythmik: öfterblühend

Manou Meilland®

Wuchshöhe: 60 bis 80 cm
Wuchsform: buschig
Pflanzen pro m²: 6 bis 7
Verwendung: Garten, einzeln oder in Gruppen.

Märchenland

Der Charakter: Ein vitaler »Oldie«, der auf ein halbes Jahrhundert Gartenerfahrung zurückblicken kann. Die Blüte erreicht im Juli einen ersten Höhepunkt, um nach einer Pause im August für einen rosafarbenen Herbstvorspann zu sorgen. Bewährte Beetrose für Rabatten.
Gruppe: Beetrose

Züchter/Herkunft: Tantau
Einführungsjahr: 1946
Blütenfarbe: rosa
Blütenfüllung: halbgefüllt
Blührhythmik: öfterblühend
Wuchshöhe: 60 bis 80 cm
Wuchsform: aufrecht
Pflanzen pro m²: 6 bis 7
Verwendung: Garten, einzeln oder in Gruppen, Frostlagen vertragend, Kübel, Halbschatten ertragend, sehr regenfest, Pollenspender, Hagebutten ansetzend.

Marguerite Hilling

Der Charakter: Eine Moyesii-Sorte, die im ersten Blütenansatz ihre üppigen, schalenförmigen Blüten ausbildet. Im Herbst folgt der zweite, wenn auch etwas schwächere Blütenstreich. Apart und fein wirkt das stark gefiederte Laub des stattlichen Strauches.
Gruppe: Strauchrose
Züchter/Herkunft: Hilling
Einführungsjahr: 1959
Blütenfarbe: rosa mit heller Mitte
Blütenfüllung: halbgefüllt
Blührhythmik: öfterblühend, nachblühend
Wuchshöhe: 150 bis 200 cm

Wuchsform: buschig
Pflanzen pro m²: 1 bis 2
Verwendung: Garten, einzeln oder in Gruppen, freiwachsende Hecken, Frostlagen vertragend, Pollenspender.

Maria Lisa

Der Charakter: Der Name läßt ein zierliches Persönchen vermuten, doch weit gefehlt. Die robuste, kernige Sorte blüht einmal überreich und ist betont wuchsstark. Vielleicht bezieht sich der zarte Name auf die fast stachellosen Triebe – eine Rose für Kinderhände.
Gruppe: Kletterrose
Züchter/Herkunft: Liebau
Einführungsjahr: 1936
Blütenfarbe: rosa
Blütenfüllung: einfach
Blührhythmik: einmalblühend
Wuchshöhe: 200 bis 300 cm
Wuchsform: überhängend
Pflanzen pro m²: 2 bis 3
Verwendung: Garten, einzeln oder in Gruppen, wenig bestachelt, ideal für Pergolen, Torbögen.

Mariandel®

Der Charakter: Rote Beetrosen gibt es viele. Diese Sorte verdient ihren Platz im Sortiment wegen ihrer intensiven Farbe, die in sommerlicher Hitze weder verblaßt noch verblaut. Auch Regen kann den wetterfesten Blüten wenig anhaben. Das dunkle Laub ist sehr widerstandsfähig gegen Echten Mehltau.
Gruppe: Beetrose
Züchter/Herkunft: Kordes
Einführungsjahr: 1984
Blütenfarbe: rot
Blütenfüllung: gefüllt
Blührhythmik: öfterblühend
Wuchshöhe: 40 bis 60 cm
Wuchsform: buschig
Pflanzen pro m²: 6 bis 7
Verwendung: Garten, einzeln oder in Gruppen, Stammrose mit 90 cm Höhe.

Marguerite Hilling

Marondo®

Matilda®

Marondo®

Der Charakter: Ein Flächenbegrüner der robustesten Art. Die langen, bis 1,5 Meter langen Triebe liegen dicht auf dem Boden auf. An ihnen reihen sich rosafarbene Blüten mit bienenlockenden goldgelben Staubgefäßen aneinander. Ideale Böschungsrose.
Gruppe: Flächenrose
Züchter/Herkunft: Kordes
Einführungsjahr: 1991
Blütenfarbe: rosa
Blütenfüllung: halbgefüllt
Blührhythmik: einmalblühend
Wuchshöhe: 60 bis 80 cm
Wuchsform: flach, starkwachsend
Pflanzen pro m²: 2 bis 3
Verwendung: Garten, einzeln oder in Gruppen, Ampeln, Pollenspender, Stammrose mit 140 cm, Böschungen, Hänge.
ADR-Rose: 1989

Matilda®

Der Charakter: Die Blüten sind zartrosa und wirken feminin. Eine liebliche Beetrose für sonnige Standorte. Sehr früh blühend, ideal für die Kombination mit Stauden.
Gruppe: Beetrose
Züchter/Herkunft: Meilland
Einführungsjahr: 1988
Blütenfarbe: zartrosa
Blütenfüllung: gut gefüllt
Blührhythmik: öfterblühend, frühblühend
Wuchshöhe: 40 bis 60 cm
Wuchsform: buschig
Pflanzen pro m²: 6 bis 7
Verwendung: Garten, einzeln oder in Gruppen, Kübel, Trog, Hagebutten, mit Stauden.

Matthias Meilland®

Der Charakter: Der Züchter Alain Meilland fühlte sich in besonderer Weise als »Vater« dieser Sorte, benannte er sie doch nach seinem Sohn. Eine Verpflichtung, der diese Sorte mit ihren orangeroten,

leuchtenden Blüten und ihrer Robustheit gut gerecht wird. Ideal für den Hausgarten, beispielsweise neben Lavendel.
Gruppe: Beetrose
Züchter/Herkunft: Meilland
Einführungsjahr: 1988
Blütenfarbe: rot
Blütenfüllung: gefüllt
Blührhythmik: öfterblühend
Wuchshöhe: 60 bis 80 cm
Wuchsform: aufrecht
Pflanzen pro m²: 6 bis 7
Verwendung: Garten, einzeln oder in Gruppen, Kübel, Trog.

Mildred Scheel®

Der Charakter: Nachdem die fast schwarzen Knospen sich geöffnet haben, entfalten sich samtig leuchtende, elegant geformte Blütenträume. Einzigartig und überragend das Blütenparfum dieser Sorte. Auf sonnigen Standorten eine vitale Sorte für Duftliebhaber, die das Besondere suchen.
Gruppe: Edelrose mit intensivem Duft
Züchter/Herkunft: Tantau
Einführungsjahr: 1976
Gruppe: Flächenrose
Züchter/Herkunft: Tantau
Einführungsjahr: 1990
Blütenfarbe: rosa
Blütenfüllung: gefüllt
Blührhythmik: öfterblühend
Wuchshöhe: 40 bis 60 cm
Wuchsform: buschig
Pflanzen pro m²: 3 bis 4
Verwendung: Garten, einzeln oder in Gruppen, Kübel, Trog, Ampel, Halbschatten ertragend, Stammrose mit 60 cm und 90 cm Höhe.
ADR-Rose: 1993

Morning Jewel®

Der Charakter: Die »Morgenjuwelen« funkeln in einem geheimnisvollen Rosa, umgeben von einem lieblichen Duft. Reich- und öfterblühend, diese ADR-Rose ist immer einen Versuch an Wand oder Pergola wert.
Gruppe: Kletterrose mit Duft
Züchter/Herkunft: Cocker
Einführungsjahr: 1968
Blütenfarbe: rosa
Blütenfüllung: halbgefüllt
Blührhythmik: öfterblühend

Matthias Meilland®

Max Graf

Mirato®

Max Graf

Der Charakter: Eine stark in die Breite wachsende Sorte, die sich in vielen Polarwintern als absolut frosthart erwiesen hat. Die Triebe zeigen eine ausgeprägte Bestachelung, die einfachen Blüten locken als Bienenweide zahlreiche Insekten an. Ideal für flächige, undurchdringliche Pflanzungen.
Gruppe: Flächenrose
Züchter/Herkunft: Bowditch
Einführungsjahr: 1919
Blütenfarbe: rosa
Blütenfüllung: einfach
Blührhythmik: einmalblühend
Wuchshöhe: 60 bis 80 cm
Wuchsform: flach, starkwachsend
Pflanzen pro m²: 1 bis 2
Verwendung: Garten, einzeln oder in Gruppen, Pollenspender.

Blütenfarbe: rot
Blütenfüllung: stark gefüllt
Blührhythmik: öfterblühend
Wuchshöhe: 80 bis 100 cm
Wuchsform: aufrecht
Pflanzen pro m²: 6 bis 7
Verwendung: Garten, einzeln oder in Gruppen, Stammrose mit 90 cm Höhe.
ADR-Rose: 1978

Mirato®

Der Charakter: Eine bemerkenswerte Sorte aus der Züchterwerkstatt von Rosen-Tantau. Sicher eine der interessantesten »Bodendeckerrosen«, dauerblühend und von korniger Robustheit. Auch auf der Terrasse in ansprechenden Gefäßen ein Augenschmaus, der keine Arbeit macht.

Montana®

Der Charakter: Eine vielseitig einsetzbare Beetrose mit Fernwirkung – schon von weitem leuchten die straff aufrechten Blütendolden. Zähes und robustes Laub, eine Beetrose auch für rauhere Lagen. Sichere Einsteigersorte.
Gruppe: Beetrose
Züchter/Herkunft: Tantau
Einführungsjahr: 1974
Blütenfarbe: rot
Blütenfüllung: gefüllt
Blührhythmik: öfterblühend
Wuchshöhe: 80 bis 100 cm
Wuchsform: aufrecht
Pflanzen pro m²: 5 bis 6
Verwendung: Garten, einzeln oder in Gruppen, verträgt Hitze, Stammrose mit 90 cm Höhe.
ADR-Rose: 1974

Wuchshöhe: 200 bis 300 cm
Wuchsform: überhängend
Pflanzen pro m²: 2 bis 3
Verwendung: Garten, einzeln oder in Gruppen, Pollenspender, Stammrose mit 140 cm Höhe.
ADR-Rose: 1975

Mountbatten®

Der Charakter: Sowohl Beet- als auch Zierstrauchrose – die Rose des Jahres 1982 in England spielt mit ihren ungewöhnlich großen gelben Blüten beide Rollen bravourös. Das lederartige, robuste Laub ist problemlos. Die Sorte ehrt – mit Genehmigung der königlichen Familie – den britischen Lord Mountbatten.
Gruppe: Beetrose/Strauchrose
Züchter/Herkunft: Harkness

ROSENATLAS

Einführungsjahr: 1982
Blütenfarbe: mimosengelb
Blütenfüllung: gefüllt
Blührhythmik: öfterblühend
Wuchshöhe: 80 bis 100 cm
Wuchsform: buschig
Pflanzen pro m²: 4 bis 5
Verwendung: Garten, einzeln oder in Gruppen, starke Bestachelung, freiwachsende Hecken, Kübel, Trog, Halbschatten ertragend.

Wuchsform: überhängend
Pflanzen pro m²: 3 bis 4
Verwendung: Garten, einzeln oder in Gruppen, Pollenspender, ideal mit Stauden.

New Dawn

Der Charakter: Beste Kletterrose in porzellanrosa. Ein Evergreen mit wintergrünem, enorm robustem Laub, den Sommer über mit butten, Stammrose mit 140 cm Höhe, Wand, Pergola, als Spalier, Sichtschutz.

Nina Weibull

Der Charakter: Die blutroten, nicht verblassenden Blüten erscheinen überreich, fortdauernd und zieren eine kompakte Pflanze. Unverwüstliche Beetrose, ein Rabatten-Klassiker. Sehr winterhart.

und Kasten jedoch ist der Befallsdruck durch überwinternde Pilzsporen sehr viel geringer als auf dem Beet und der Pflegeaufwand vertretbar. Einmalige Leuchtkraft in dieser Rosengruppe, auch als Stämmchen ein Hit.
Gruppe: Zwergrose
Züchter/Herkunft: Meilland
Einführungsjahr: 1980
Blütenfarbe: orangerot
Blütenfüllung: gefüllt

Mozart

New Dawn

Nina Weibull

Mozart

Der Charakter: Niedrige Strauchrose, für viele Kombinationen mit Stauden und Gehölzen geeignet. »Eine kleine Gartenmusik« mit naturnahem Charme. Und: Ideale Blütenform für das Einfrieren in Eiswürfeln. Sie paßt genau in die entsprechenden Formen.
Gruppe: Flächenrose
Züchter/Herkunft: Lambert
Einführungsjahr: 1937
Blütenfarbe: rosa mit weißem Auge
Blütenfüllung: einfach
Blührhythmik: öfterblühend
Wuchshöhe: 80 bis 100 cm

unzähligen, edelrosengleichen Blüten brillierend. Eine sichere Kletterrose für den Rosen-Neuling, Garant für rosige Wände und Bögen.
Gruppe: Kletterrose mit Duft, wintergrün
Züchter/Herkunft: Somerset
Einführungsjahr: 1930
Blütenfarbe: perlmutt
Blütenfüllung: gefüllt
Blührhythmik: öfterblühend
Wuchshöhe: 200 bis 300 cm
Wuchsform: überhängend
Pflanzen pro m²: 2 bis 3
Verwendung: Garten, einzeln oder in Gruppen, Frostlagen vertragend, Kübel, Halbschatten ertragend, Hitze vertragend, Hage-

Gruppe: Beetrose
Züchter/Herkunft: Poulsen
Einführungsjahr: 1962
Blütenfarbe: rot
Blütenfüllung: gefüllt
Blührhythmik: öfterblühend
Wuchshöhe: 40 bis 60 cm
Wuchsform: buschig
Pflanzen pro m²: 5 bis 6
Verwendung: Garten, einzeln oder in Gruppen, mit Stauden, für niedrige Hecken.

Orange Meillandina®

Der Charakter: Ein orangeroter Dauerblüher en miniature. Im Garten pflegeaufwendig, in Trog

Blührhythmik: öfterblühend
Wuchshöhe: 30 bis 40 cm
Wuchsform: aufrecht
Pflanzen pro m²: 8 bis 9
Verwendung: Einzeln oder in Gruppen in Kübel, Trog und Kasten, Stammrose mit 40 und 60 cm Höhe.

Othello®

Der Charakter: Eine Englische Rose mit megagroßen Blütenbällen – noch größer als bei vielen anderen Sorten dieser Gruppe. Die schillernde Farbe ist kaum zu beschreiben – eben noch meint man ein dunkles Karmesinrot vor

Augen zu haben, um dann eher ein helleres Karmesinpurpur zu erkennen. Auf Mehltau ist zu achten, die Anfälligkeit bleibt aber in einem vertretbaren Rahmen. Kräftiger Duft, der alle Mühe lohnt.
Gruppe: Strauchrose mit Duft, Englische Rose
Züchter/Herkunft: Austin
Einführungsjahr: 1986
Blütenfarbe: karmesinrot

den. Gute Einsteigersorte für Neulinge oder für weniger günstige Lagen, die die Auswahl auf ein robustes Sortiment begrenzen.
Gruppe: Flächenrose
Züchter/Herkunft: Kordes
Einführungsjahr: 1988
Blütenfarbe: kräftig rosa
Blütenfüllung: gefüllt
Blührhythmik: öfterblühend
Wuchshöhe: 60 bis 80 cm
Wuchsform: buschig

das Meiden von Standorten vor sonnenbestrahlten, hellen und glutheißen Südwänden ohne Luftbewegung. Benötigt mehrere Spritzungen während des Sommers. Nur für absolute Liebhaber, die keine Pflege scheuen!
Gruppe: Edelrose mit überragendem Duft
Züchter/Herkunft: Meilland
Einführungsjahr: 1963
Blütenfarbe: rot

erstrahlt in gefälligem Reinrosa (siehe Titelbild) und krönt eine winterharte Pflanze.
Gruppe: Edelrose mit Duft
Züchter/Herkunft: Tantau
Einführungsjahr: 1965
Blütenfarbe: rosa
Blütenfüllung: gefüllt
Blührhythmik: öfterblühend
Wuchshöhe: 60 bis 80 cm
Wuchsform: aufrecht
Pflanzen pro m²: 6 bis 7

Palmengarten Frankfurt®

Papa Meilland®

Paul Noël

Blütenfüllung: enorm gefüllt
Blührhythmik: öfterblühend, spätblühend
Wuchshöhe: 100 bis 150 cm
Wuchsform: aufrecht
Pflanzen pro m²: 1 bis 2
Verwendung: Garten, einzeln oder in Gruppen, Vasenrose, Kübel.

Palmengarten Frankfurt®

Der Charakter: Dekorativer Flächenfärber, der kahle Erde in ein kräftiges Rosa taucht. Außergewöhnlich robust, eine pflegeleichte Rose besonders für die gemeinsame Verwendung mit Stau-

Pflanzen pro m²: 3 bis 4
Verwendung: Garten, einzeln oder in Gruppen, Frostlagen vertragend, Halbschatten ertragend, Kübel, Trog, mit Stauden, Hitze vertragend, Stammrose mit 90 cm Höhe.
ADR-Rose: 1992

Papa Meilland®

Der Charakter: Eine besondere Vasenrose mit überragendem, einmaligem Duft. Doch dieses Nasenwunder ist fragil, die Sorte ist anfällig für Pilzkrankheiten, Mehltau im Besonderen. Mindern läßt sich der Befallsdruck durch

Blütenfüllung: gefüllt
Blührhythmik: öfterblühend
Wuchshöhe: 60 bis 80 cm
Wuchsform: aufrecht
Pflanzen pro m²: 6 bis 7
Verwendung: Garten, einzeln oder in kleinen Gruppen, Vasenschnitt.

Pariser Charme

Der Charakter: Eine Schwester der bekannten 'Duftwolke'®, einer Duftrose von Weltgeltung. Wertvolle Sorte, die Duft mit akzeptabler Laubrobustheit in Einklang bringt – eine seltene Harmonie im Bereich der Edelrosen. Die Blüte

Verwendung: Garten, in Gruppen, Stammrose mit 90 cm Höhe.

Paul Noël

Der Charakter: Mit etwas Geduld ziert dieser Rambler Wände und Mauern mit einem sagenhaften, duftenden Blütenteppich – sowohl von unten in die Höhe wachsend als auch von oben überhängend. Sind die Standorte luftig und windumspielt, bewegt sich die Mehltauanfälligkeit in akzeptablen Grenzen. Auch als Bodendecker zu verwenden, jedoch keine exponierten Südlagen bzw. Wärmestaus duldend.

Rosenatlas

Peach Meillandina®

Pink Meidiland®

Pink Grootendorst

Gruppe: Rambler mit Duft
Züchter/Herkunft: Tanne
Einführungsjahr: 1913
Blütenfarbe: aprikot-rosa
Blütenfüllung: gefüllt
Blührhythmik: einmalblühend, etwas nachblühend
Wuchshöhe: 300 bis 500 cm
Wuchsform: ohne Rankhilfe flachwachsend
Pflanzen pro m²: 1 bis 2
Verwendung: Garten, einzeln oder in Gruppen, Halbschatten ertragend, Stammrose mit 90 cm und 140 cm, Wandbegrüner, an Mauern überhängend, auch Bodendecker.

Paul Ricard®

Der Charakter: Das Einzigartige an dieser Duft- und Vasenrose ist der frische, sehr angenehme Duft nach Anis – eine Duftnote ohne Parallele im Rosenbereich. Eine »Duftrose der Provence« für Freunde französischer Lebenskunst.
Gruppe: Edelrose mit Anisduft
Züchter/Herkunft: Meilland
Einführungsjahr: 1991
Blütenfarbe: bernstein
Blütenfüllung: gefüllt
Blührhythmik: öfterblühend
Wuchshöhe: 60 bis 80 cm
Wuchsform: aufrecht
Pflanzen pro m²: 6 bis 7
Verwendung: Garten, in Gruppen, Kübel, Halbschatten ertragend, Vasenschnitt.

Peach Meillandina®

Der Charakter: Interessante Trog- und Kastenrose mit seltener, schicker Aprikot-Farbe. In Gefäßen bleibt der Pflegeaufwand im Rahmen, der Befallsdruck durch bodenbürtige Pilze ist – im Vergleich zur Beetkultur – sehr viel geringer.
Gruppe: Zwergrose
Züchter/Herkunft: Meilland
Einführungsjahr: 1991
Blütenfarbe: aprikot
Blütenfüllung: gefüllt
Blührhythmik: öfterblühend
Wuchshöhe: 30 bis 40 cm
Wuchsform: aufrecht
Pflanzen pro m²: 8 bis 9
Verwendung: Einzeln oder in Gruppen für Kübel, Trog und Kasten, Stammrose mit 40 cm Höhe.

Pierette®

Der Charakter: Ein Highlight der neuen Generation innerhalb der Rugosa-Gruppe. Robust, duftend (auch das Laub), niedrig, kompakt wachsend – eine problemlose Sorte für viele Gestaltungsvarianten. Bienenweide und Hagebuttenspender.
Gruppe: Rugosa-Hybride mit Duft
Züchter/Herkunft: Uhl
Einführungsjahr: 1989
Blütenfarbe: rosa
Blütenfüllung: gefüllt
Blührhythmik: öfterblühend
Wuchshöhe: 60 bis 80 cm
Wuchsform: buschig
Pflanzen pro m²: 3 bis 4
Verwendung: Garten, einzeln oder in Gruppen, Frostlagen vertragend, sehr regenfest, Pollenspender, Hagebutten, gelbe Herbstfärbung der Blätter.
ADR-Rose: 1992

Pink Grootendorst

Der Charakter: Die einzigartigen, nelkenförmigen Blüten gaben dieser robusten Sorte ihren deutschen Namen – Nelkenrose. Tatsächlich sind die rosafarbenen Blütenblätter am Rand wie die einer Nelke gefranst. Die Triebe sind üppig bestachelt, für undurchdringliche, niedrige Hecken prädestiniert.
Gruppe: Rugosa-Hybride
Züchter/Herkunft: Grootendorst
Einführungsjahr: 1923
Blütenfarbe: rosa
Blütenfüllung: gefüllt
Blührhythmik: einmalblühend
Wuchshöhe: 100 bis 150 cm
Wuchsform: aufrecht
Pflanzen pro m²: 1 bis 2
Verwendung: Garten, einzeln oder in Gruppen, starke Bestachelung, freiwachsende, niedrige Hecken, Frostlagen vertragend, Kübel, Halbschatten ertragend, sehr regenfest, gelbe Herbstfärbung der Blätter, Hagebutten.

Pink Meidiland®

Der Charakter: Eine zivilisierte Wildrose für den Garten, vor allem in Verbindung mit anderen Gehölzen und Stauden. Dank Dauerblüte liefern die lachsrosafarbenen Blüten mit den goldgelben Staubgefäßen den ganzen Sommer über Pollen für Bienen und Hummeln – eine enorm ergiebige Bienenweide, die reine Wildarten an Produktivität weit übertrifft.
Gruppe: Flächenrose
Züchter/Herkunft: Meilland
Einführungsjahr: 1984

Pink Symphonie®

Polarstern®

Blütenfarbe: pink mit weißem Auge
Blütenfüllung: einfach
Blührhythmik: öfterblühend
Wuchshöhe: 60 bis 80 cm
Wuchsform: überhängend
Pflanzen pro m²: 2 bis 3
Verwendung: Garten, einzeln oder in Gruppen, freiwachsende Hecken, Frostlagen vertragend, sehr regenfest, Hitze vertragend, Pollenspender, Hagebutten.
ADR-Rose: 1987

Pink Symphonie®

Der Charakter: Eine Zwergrose der neuen, robusten Generation. Eine Zierde für Tröge und Kästen, ein Däumling, der rauhere Lagen duldet. Die porzellanrosafarbenen Blüten schmücken aber auch im Garten oder auf sonnigen Grabstellen. Terrassen-Tip: 'Pink Symphonie'®-Stämmchen in edler Terracotta-Aufmachung.
Gruppe: Zwergrose
Züchter/Herkunft: Meilland
Einführungsjahr: 1987
Blütenfarbe: rosa
Blütenfüllung: gefüllt
Blührhythmik: öfterblühend
Wuchshöhe: 30 bis 40 cm
Wuchsform: aufrecht
Pflanzen pro m²: 8 bis 9
Verwendung: Garten, einzeln oder in Gruppen, Grabstellen, Kübel, Trog, Kasten, Hitze vertragend, Stammrose mit 40 cm und 60 cm Höhe.

Play Rose®

Der Charakter: Ein Stehaufmännchen mit widerstandsfähiger Belaubung, das auch auf ungünstigen Standorten wächst. Eine kräftige rosa Farbe und der Ansatz von Hagebutten sind weitere Merkmale dieser pflegeextensiven Sorte.
Gruppe: Beetrose
Züchter/Herkunft: Meilland
Einführungsjahr: 1989
Blütenfarbe: rosa
Blütenfüllung: gefüllt
Blührhythmik: öfterblühend, frühblühend
Wuchshöhe: 60 bis 80 cm
Wuchsform: buschig
Pflanzen pro m²: 4 bis 5
Verwendung: Garten, einzeln oder in Gruppen, Frostlagen vertragend, Kübel, Trog, sehr regenfest, Pollenspender, Hagebutten, Stammrose mit 90 cm Höhe.
ADR-Rose: 1989

Polareis®

Der Charakter: Bei dieser Rugosa-Hybride aus Rußland ist der Name Programm, obwohl die zartrosafarbenen Blüten nichts von der enormen Frosthärte dieser Sorte ahnen lassen. Für Höhenlagen, Gehölzvorpflanzungen, überhaupt für flächige Anordnung, besonders in exponierten Lagen. Ein jährlicher Schnitt verhindert die Vergreisung des Stockes.
Gruppe: Rugosa-Hybride mit Duft
Züchter/Herkunft: Strobel
Einführungsjahr: 1991
Blütenfarbe: porzellanrosa
Blütenfüllung: gefüllt
Blührhythmik: öfterblühend
Wuchshöhe: 60 bis 80 cm
Wuchsform: buschig
Pflanzen pro m²: 3 bis 4
Verwendung: Garten, einzeln oder in Gruppen, Frostlagen bestens vertragend, sehr regenfest, Pollenspender, gelbe Herbstfärbung der Blätter, Hagebutten.

Polarsonne®

Der Charakter: Rugosa-Selektion aus Rußland, die in puncto Frosthärte keine Wünsche offenläßt. Wer in exponierten Höhen- bzw. Frostlagen nicht auf Rosen verzichten möchte, liegt mit 'Polarsonne' richtig. Ideal für Vorpflanzung vor Gehölzgruppen.
Gruppe: Rugosa-Hybride mit Duft
Züchter/Herkunft: Strobel
Einführungsjahr: 1991
Blütenfarbe: rot
Blütenfüllung: gefüllt
Blührhythmik: öfterblühend
Wuchshöhe: 60 bis 80 cm
Wuchsform: buschig
Pflanzen pro m²: 3 bis 4
Verwendung: Garten, einzeln oder in Gruppen, Frostlagen bestens vertragend, sehr regenfest, Pollenspender, gelbe Herbstfärbung der Blätter, Hagebutten.

Polarstern®

Der Charakter: Bereits wenige Stiele, in einer hübschen Vase arrangiert, vermitteln an heißen Sommertagen ein Gefühl erfrischender Kühle. Aber auch auf Beeten und Rabatten bewährt sich die Sorte dank ihrer Frosthärte und Laubrobustheit. »Ganz in weiß« – für alle Gelegenheiten, die nach Kontrasten rufen.
Gruppe: Edelrose mit Duft

ROSENATLAS

Züchter/Herkunft: Tantau
Einführungsjahr: 1982
Blütenfarbe: weiß
Blütenfüllung: gefüllt
Blührhythmik: öfterblühend
Wuchshöhe: 80 bis 100 cm
Wuchsform: aufrecht
Pflanzen pro m²: 6 bis 7
Verwendung: Garten, in Gruppen, Vasenrose, Stammrose mit 90 cm Höhe.

Polka '91®

Der Charakter: Eine besondere Variante im Formenreichtum der Rosenblüten – stark gefüllte bernsteinfarbene Blüten mit zerfransten Blütenblättern lenken die Blicke auf sich. Für »dufte« Blütenhecken oder als edler Solitär auf der Gartenbühne. Robust, vital und ein idealer Partner für Stauden.
Gruppe: Strauchrose mit Duft
Züchter/Herkunft: Meilland
Einführungsjahr: 1991
Blütenfarbe: bernstein
Blütenfüllung: gefüllt
Blührhythmik: öfterblühend
Wuchshöhe: 100 bis 150 cm
Wuchsform: aufrecht bis überhängend
Pflanzen pro m²: 1 bis 2
Verwendung: Garten, einzeln oder in Gruppen, freiwachsende Hecken, sehr regenfest, Vasenschnitt.

Pußta®

Der Charakter: Dunkelrote Beetrose mit Pfiff. Eine Sorte, die gut selbstreinigt und hübsch neben niedrigen Stauden wirkt. Sehr reichblühend.
Gruppe: Beetrose
Züchter/Herkunft: Tantau
Einführungsjahr: 1972
Blütenfarbe: rot
Blütenfüllung: gefüllt
Blührhythmik: öfterblühend
Wuchshöhe: 60 bis 80 cm
Wuchsform: buschig
Pflanzen pro m²: 6 bis 7
Verwendung: im Garten,

Polka '91®

Pußta®

einzeln oder in Gruppen.
ADR-Rose: 1972

Raubritter

Der Charakter: Faszinierend durch Blütenform und überreichen Blütenflor. Die fontänenartig überhängenden Triebe krönen Rosenstämmchen der Extraklasse. Mehltauempfindlich, heiße Südlagen mit geringer Luftbewegung meiden.
Gruppe: Strauchrose
Züchter/Herkunft: Kordes
Einführungsjahr: 1936
Blütenfarbe: rosa
Blütenfüllung: gefüllt
Blührhythmik: einmalblühend, spätblühend
Wuchshöhe: 200 bis 300 cm
Wuchsform: überhängend
Pflanzen pro m²: 1 bis 2
Verwendung: Garten, einzeln oder in Gruppen, Kübel, Stammrose mit 90 cm und 140 cm Höhe.

Raubritter

Red Meidiland®

Der Charakter: Ein niedriges Strauchpolster bildend, das dank dichter Belaubung den Boden rasch und pflegeextensiv abdeckt und zudem als Bienenweide ein ständiges Anflugziel für Bienen und Hummeln darstellt. In öffentlichen Anlagen bereits seit Jahren bewährt, verdient dieser robuste Wachser auch im (naturnahen) Hausgarten mehr Aufmerksamkeit.
Gruppe: Flächenrose
Züchter/Herkunft: Meilland
Einführungsjahr: 1988
Blütenfarbe: rot mit weißer Mitte
Blütenfüllung: einfach
Blührhythmik: öfterblühend
Wuchshöhe: 60 bis 80 cm
Wuchsform: niedrig, buschig
Pflanzen pro m²: 2 bis 3
Verwendung: Garten, einzeln oder in Gruppen, Kübel, Halbschatten ertragend, sehr regenfest, Pollenspender, Hagebutten.

Red Yesterday®

Der Charakter: Eine Harkness-Sorte mit internationaler Verbreitung. Vielfältig einsetzbar, ob als niedrige Hecke, für Einfassungen, als roter Flächenbegrüner. Die Blüten erscheinen in großen Dolden, die Einzelblüte ist weinrot mit weißem Auge und zwinkert dem Betrachter förmlich zu.
Gruppe: Flächenrose
Züchter/Herkunft: Harkness
Einführungsjahr: 1978
Blütenfarbe: rot mit weißem Auge
Blütenfüllung: einfach
Blührhythmik: öfterblühend
Wuchshöhe: 60 bis 80 cm
Wuchsform: überhängend
Pflanzen pro m²: 2 bis 3
Verwendung: Garten, einzeln

oder in Gruppen, freiwachsende Hecken, Kübel, sehr regenfest, Pollenspender.
ADR-Rose: 1980

Repandia®

Der Charakter: Robuster Flächenarbeiter, der sich mit seinen bis zu 3 Meter langen Trieben überall dort durchzusetzen weiß, wo schnell eine größere Fläche ohne nachfolgende Pflege rosig begrünt werden soll.
Gruppe: Flächenrose
Züchter/Herkunft: Kordes
Einführungsjahr: 1982
Blütenfarbe: rosa
Blütenfüllung: einfach
Blührhythmik: einmalblühend
Wuchshöhe: 40 bis 60 cm
Wuchsform: flach, starkwachsend
Pflanzen pro m²: 1 bis 2
Verwendung: größere Gärten, einzeln oder in Gruppen, Halbschatten ertragend, absolut regenfest und widerstandsfähig, Pollenspender.
ADR-Rose: 1986

Repens Alba (Rosa x paulii)

Der Charakter: Wo sich diese Sorte etabliert hat, läuft mit Sicherheit kein Unbefugter schadenlos hinweg. Eine Sorte aus der Abteilung »Rosiger Wachdienst«, ideal zur Begrünung extensiv genutzter Flächen und ungeliebter Trampelpfade. Mit bis zu 6 Metern langen, stark bestachelten Trieben nicht für kleinere Gärten geeignet, typische Böschungsrose.
Gruppe: Rugosa-Hybride
Züchter/Herkunft: G. Paul
Einführungsjahr: vor 1903
Blütenfarbe: weiß
Blütenfüllung: einfach
Blührhythmik: einmalblühend
Wuchshöhe: 30 bis 40 cm
Wuchsform: flach, starkwachsend
Pflanzen pro m²: 1 bis 2
Verwendung: Böschungen, starke Bestachelung, erträgt Frostlagen und Halbschatten, Hagebutten.

Red Yesterday®

Romanze®

Ricarda®

Der Charakter: Eine liebreizende Beetrose von Werner Noack. Die lachsrosafarbenen Blüten setzen sich vor dunkler Gehölzkulisse gekonnt in Szene. Bei ungünstigen Witterungsverhältnissen etwas mehltauanfällig, sonst gesund.
Gruppe: Beetrose
Züchter/Herkunft: Noack
Einführungsjahr: 1989
Blütenfarbe: rosa
Blütenfüllung: halbgefüllt
Blührhythmik: öfterblühend
Wuchshöhe: 60 bis 80 cm
Wuchsform: buschig
Pflanzen pro m²: 6 bis 7
Verwendung: Garten, einzeln oder in Gruppen, Hagebutten.
ADR-Rose: 1989

Robusta®

Der Charakter: Eine aufrecht wachsende Rugosa-Hybride, deren Name für diese äußerst robuste Pflanze treffend gewählt ist. Wird mannshoch, braucht also entsprechenden Freiraum. Idealer Grenzschutz, vorzüglich für Hecken. Wünscht – wie alle Rugosa – einen regelmäßigen Frühjahrsschnitt zum Vitalitätserhalt.
Gruppe: Rugosa-Hybride mit Duft
Züchter/Herkunft: Kordes
Einführungsjahr: 1979
Blütenfarbe: rot
Blütenfüllung: einfach
Blührhythmik: öfterblühend
Wuchshöhe: 150 bis 200 cm
Wuchsform: aufrecht
Pflanzen pro m²: 1 bis 2
Verwendung: Garten, einzeln oder in Gruppen, starke Bestachelung, freiwachsende Hecken, Pollenspender.
ADR-Rose: 1980

Rödinghausen®

Der Charakter: Eine harte Strauchrose, die selbst in ungünstigen Lagen nicht versagt. Bildet leuchtendrote Blütenhecken. Der Wuchs bleibt »im Rahmen« und ist mittelstark.
Gruppe: Strauchrose
Züchter/Herkunft: Noack
Einführungsjahr: 1987
Blütenfarbe: rot
Blütenfüllung: gefüllt
Blührhythmik: öfterblühend
Wuchshöhe: 100 bis 150 cm
Wuchsform: aufrecht
Pflanzen pro m²: 1 bis 2
Verwendung: Garten, einzeln oder in Gruppen, lockere Blütenhecken.
ADR-Rose: 1988

Romanze®

Der Charakter: Die neonpinkfarbenen Blüten leuchten bereits von weitem und schmücken einen kompakt wachsenden Strauch. Für lockere Gruppen, aber auch auf größeren Rabatten einsetzbar. Eine der interessantesten Strauchrosen mit buschigem, geschlossenem Wuchsbild.
Gruppe: Strauchrose
Züchter/Herkunft: Tantau
Einführungsjahr: 1984
Blütenfarbe: pinkrosa
Blütenfüllung: gefüllt
Blührhythmik: öfterblühend
Wuchshöhe: 100 bis 150 cm
Wuchsform: aufrecht
Pflanzen pro m²: 1 bis 2
Verwendung: Garten, einzeln oder in Gruppen, Kübel, Halb-

ROSENATLAS

schatten ertragend, sehr regenfest, Hitze vertragend, auch für größere Beete und Rabatten.
ADR-Rose: 1986

Rosa arvensis, Kriech-Rose

Der Charakter: Der deutsche Name dieser einheimischen Wildrose beschreibt den Wuchscharakter treffend – Kriech-Rose. Bedeckt mit ihren langen Triebtentakeln willig Böschungen und Hänge, gerne auch in halbschattiger Lage. Heiße Lagen meidet sie lieber, obwohl sie Wärme verträgt. Blüte im Juli, Hagebutten ab September.
Gruppe: Heimische Wildrose
Züchter/Herkunft: Europa
Einführungsjahr: unbekannt
Blütenfarbe: weiß
Blütenfüllung: einfach
Blührhythmik: einmalblühend
Wuchshöhe: 80 bis 100 cm
Wuchsform: flach, starkwachsend
Pflanzen pro m²: 1 bis 2
Verwendung: Garten, einzeln oder in Gruppen, Halbschatten ertragend, Hagebutten.

Rosa centifolia 'Muscosa'

Der Charakter: Eine »Alte Rose« aus Großmutters Garten, die wegen ihrer moosig bepelzten Kelchblätter – eine Laune der Natur – als Moosrose bezeichnet wird. Daß diese Rose auch nach Jahrhunderten noch Einzug in moderne Gärten hält, liegt an ihrem einzigartigen Zentifolienduft, dem klassischen Rosenduft.

Rosa gallica **'Officinalis'**

Gruppe: Strauchrose mit Zentifolienduft, Moosrose
Züchter/Herkunft: Holland
Einführungsjahr: 1796
Blütenfarbe: rosa
Blütenfüllung: gefüllt
Blührhythmik: einmalblühend
Wuchshöhe: 80 bis 100 cm
Wuchsform: aufrecht bis überhängend
Pflanzen pro m²: 1 bis 2
Verwendung: Garten, einzeln oder in Gruppen, Duft- und Bauerngärten.

Rosa gallica, **Essig-Rose**

Rosa gallica, Essig-Rose

Der Charakter: Älteste Nutzrose der Menschheit. Der lateinische Name weist auf Gallien hin, obwohl diese Art in halb Europa heimisch ist. Der frühere Name 'Rosa rubra' war treffender, da die rosa Blüten rötlich schimmern. 'Essigrose' lautet der deutsche Name dieser Mutter und Urahnin berühmter Alter Rosen wie 'Officinalis' oder 'Versicolor', mit denen sie aber aufgrund der einfachen, bescheidenen Blüte nicht viel gemein hat. Ihre Bedeutung erhält sie heute als wichtige einheimische Wildrose. Vorsicht: Starke Ausläuferbildung bei wurzelechten Pflanzgut.
Gruppe: Heimische Wildrose mit Duft
Züchter/Herkunft: Europa
Einführungsjahr: unbekannt
Blütenfarbe: rosa
Blütenfüllung: einfach
Blührhythmik: einmalblühend
Wuchshöhe: 80 bis 100 cm
Wuchsform: aufrecht
Pflanzen pro m²: 1 bis 2
Verwendung: Garten, einzeln oder in Gruppen, starke Bestachelung, Frostlagen vertragend, Halbschatten ertragend, aber nicht im Schatten großer Bäume gedeihend, Böschungen, Hagebutten.

Rosa gallica 'Versicolor'

Der Charakter: Ein berühmter Gallica-Abkömmling mit hellrosafarbenen Blüten, die karminrot gestreift sind und durch ihre lockere Füllung den Blick auf goldgelbe Staubgefäße zulassen – ein wunderbares Farbenspiel. Der Duft ist von eigenartiger Dominanz, nicht jeder mag sich mit ihm anfreunden. Auch 'Rosa Mundi' genannt.
Gruppe: Strauchrose mit Duft
Züchter/Herkunft: *Rosa gallica*
Einführungsjahr: in Kultur vor 1581
Blütenfarbe: rosa mit karminroten Streifen
Blütenfüllung: halbgefüllt
Blührhythmik: einmalblühend
Wuchshöhe: 100 bis 150 cm

Rosa gallica **'Versicolor'**

Wuchsform: überhängend
Pflanzen pro m²: 1 bis 2
Verwendung: Garten, einzeln oder in Gruppen.

Rosa hugonis, Chinesische Gold-Rose, Seiden-Rose

Der Charakter: Die bereits Mitte Mai gelbblühende Frühlingsrose wird auch »Chinesische Gold-Rose« genannt. Toller Blickfang vor dunkler Gehölzkulisse, aber auch ein Solitär ersten Ranges. Wertvoll durch frühe, überreiche Blüte. Die gelbe Blütenfarbe hat unter den Wildrosen Seltenheitswert.

Rosa hugonis, **Chinesische Goldrose, Seiden-Rose**

Gruppe: Strauchrose
Züchter/Herkunft: China/Hemsley
Einführungsjahr: 1899
Blütenfarbe: gelb
Blütenfüllung: einfach
Blührhythmik: einmalblühend, sehr frühblühend
Wuchshöhe: 200 bis 300 cm
Wuchsform: überhängend
Pflanzen pro m²: 1 bis 2
Verwendung: Garten, einzeln oder in Gruppen, Pollenspender, Hagebutten, Maiblüher.

Rosa majalis, Mai-Rose, Zimt-Rose

Der Charakter: Eine relativ gut (Halb-)Schatten vertragende Rose, die in der freien Natur an Waldrändern und in Auenwäldern zu finden ist. Befestigt durch ihre Ausläufer Böschungen und Hänge. Ideal in der Nähe von Wasser und Teichufern.
Gruppe: Heimische Wildrose
Züchter/Herkunft: Nordost-Europa
Einführungsjahr: vor 1700
Blütenfarbe: rosa
Blütenfüllung: einfach
Blührhythmik: einmalblühend, sehr frühblühend
Wuchshöhe: 150 bis 200 cm
Wuchsform: buschig
Pflanzen pro m²: 1 bis 2
Verwendung: Böschungen, Hanglagen, Halbschatten gut tolerierend, in Verbindung mit Wasser.

Rosa moyesii (Veredlung)

Der Charakter: Eine locker wachsende Strauchrose, die durch große, flaschenförmige Borstenhagebutten ziert. Ein Vogelnährgehölz der Extraklasse. Braucht Raum zur vollen Entfaltung ihrer naturnahen Schönheit.
Gruppe: Strauchrose
Züchter/Herkunft: China
Einführungsjahr: 1890
Blütenfarbe: rot
Blütenfüllung: einfach
Blührhythmik: einmalblühend, sehr frühblühend
Wuchshöhe: 200 bis 300 cm
Wuchsform: aufrecht
Pflanzen pro m²: 1 bis 2
Verwendung: Garten, einzeln oder in Gruppen, Frostlagen vertragend, Halbschatten ertragend, Pollenspender, Hagebutten.

Rosa moyesii, **Veredlung**

Rosa nitida, **Glanz-Rose**

Rosa nitida, Glanz-Rose

Der Charakter: Eine Rose, die als Herbstfärber mit ihrem rötlich-braunen Fallaub für einen farbenfrohen Saisonschluß sorgt. Sie bildet zahlreiche Ausläufer, die in der Summe einen vieltriebigen, kniehohen Busch formen. Die Triebe sind borstig bestachelt.
Gruppe: Wildrose
Züchter/Herkunft: Nordamerika
Einführungsjahr: 1807
Blütenfarbe: rosa
Blütenfüllung: einfach
Blührhythmik: einmalblühend
Wuchshöhe: 60 bis 80 cm
Wuchsform: buschig
Pflanzen pro m²: 4 bis 5
Verwendung: Garten, einzeln oder in Gruppen, starke Bestachelung, freiwachsende Hecken, Halbschatten ertragend, Herbstfärbung der Blätter, Hagebutten.

Rosa pimpinellifolia (Syn.: Rosa spinosissima), Dünen-Rose

Der Charakter: Die Dünenrose des Nordens. Der Strauch ist relativ salzverträglich und befestigt entsprechende Lagen durch viele Ausläufer. Eine heimische Wildrose, in deren einfachen, nach Honig duftenden Blüten dem Betrachter die Urform aller Rosenblüten begegnet.
Gruppe: Heimische Wildrose mit Duft
Züchter/Herkunft: Europa
Einführungsjahr: vor 1600
Blütenfarbe: creme
Blütenfüllung: einfach
Blührhythmik: einmalblühend, sehr frühblühend
Wuchshöhe: 80 bis 100 cm
Wuchsform: buschig
Pflanzen pro m²: 1 bis 2
Verwendung: Garten, einzeln oder in Gruppen, starke Bestachelung, freiwachsende Hecken, Dünenbefestigung, Halbschatten ertragend, Pollenspender, Hagebutten.

Rosa repens x gallica (Syn.: Rosa x pollineanum)

Der Charakter: Ein flacher Bodendecker, der im Juni durch zahlreiche, zartrosa Blüten gefällt. Setzt wenig Hagebutten an.
Gruppe: Flächenrose
Züchter/Herkunft: unbekannt
Einführungsjahr: vor 1800
Blütenfarbe: rosa
Blütenfüllung: einfach
Blührhythmik: einmalblühend
Wuchshöhe: 30 bis 40 cm
Wuchsform: flach, schwachwüchsig
Pflanzen pro m²: 2 bis 3
Verwendung: Garten, einzeln oder in Gruppen.

Rosa rubiginosa, Schottische Zaun-Rose

Der Charakter: Die Schottische Zaun-Rose ist eine interessante Heckenrose und ein Vogelschutz- und -nährgehölz für naturnahe Gestaltungsideen. Braucht Platz, für kleine Gärten ungeeignet. Die Blätter duften nach zerriebenen Äpfeln.
Gruppe: Heimische Wildrose
Züchter/Herkunft: Europa
Einführungsjahr: unbekannt
Blütenfarbe: rosa
Blütenfüllung: einfach
Blührhythmik: einmalblühend
Wuchshöhe: 200 bis 300 cm
Wuchsform: überhängend
Pflanzen pro m²: 1 bis 2
Verwendung: Garten, einzeln oder in Gruppen, starke Bestachelung, freiwachsende Hecken, Pollenspender, Hagebutten.

Rosa x ruga

Der Charakter: Ein Rambler, wie er im Buche steht – wer einmal im Juni, Juli den gewaltigen Blütenflor dieses Kletterakrobaten erlebt hat, wird die duftende Sorte selbst im Garten haben wollen. Dort wird sie nicht enttäuschen und auch lichte Baumkronen zieren oder dem Goldregen zur zweiten Blüte verhelfen. In heißen Südlagen sollte man jedoch auf sie verzichten.
Gruppe: Rambler mit Duft
Züchter/Herkunft: Italien
Einführungsjahr: vor 1830
Blütenfarbe: rosa
Blütenfüllung: halbgefüllt
Blührhythmik: einmalblühend

ROSENATLAS

Wuchshöhe: 300 bis 500 cm
Wuchsform: ohne Rankhilfe flachwachsend
Pflanzen pro m²: 1 bis 2
Verwendung: Garten, einzeln oder in Gruppen, Halbschatten ertragend, Pergola, Spaliere, Säulen.

Rosa scabriuscula, Kratz-Rose

Der Charakter: Eine heimische Wildrose der sonnigen Waldränder und -säume. Ideal für absonnige Gartenstandorte, die dem natürlichen Standort entsprechen. Lockt im Juni und Juli zahlreiche Insekten zur Bestäubung an. Schöner Hagebuttenansatz.
Gruppe: Heimische Wildrose
Züchter/Herkunft: Europa
Einführungsjahr: unbekannt
Blütenfarbe: rosa
Blütenfüllung: einfach
Blührhythmik: einmalblühend
Wuchshöhe: 150 bis 200 cm
Wuchsform: buschig
Pflanzen pro m²: 1 bis 2
Verwendung: Garten, einzeln oder in Gruppen, Hagebutten.

Rosa sericea f. pteracantha, Stacheldraht-Rose

Der Charakter: Eine Strauchrose mit vielen Besonderheiten. Zum einen nur vier Blütenblätter ausbildend, zum anderen durch flügelartige, bis 3 cm große, durchscheinende Stacheln auffallend. Stacheldraht-Rose wird dieser pieksige Platzhirsch mit großem Raumbedarf genannt. Setzt kleine Hagebutten an.
Gruppe: Strauchrose
Züchter/Herkunft: China
Einführungsjahr: 1890
Blütenfarbe: weiß
Blütenfüllung: einfach
Blührhythmik: einmalblühend, sehr frühblühend
Wuchshöhe: 200 bis 300 cm
Wuchsform: aufrecht
Pflanzen pro m²: 1
Verwendung: Garten, einzeln

Rosa sweginzowii **'Macrocarpa'**

oder in Gruppen, starke Bestachelung, Frostlagen vertragend, Halbschatten ertragend, kleine Hagebutten.

Rosa sweginzowii 'Macrocarpa'

Der Charakter: Die ungewöhnlich großen Hagebutten schmücken diesen Strauch üppig. Die alte chinesische Gartenrose wächst hoch und höher – deshalb entsprechenden Platz einplanen.
Gruppe: Strauchrose
Züchter/Herkunft: Nordost-China
Einführungsjahr: unbekannt
Blütenfarbe: rosa
Blütenfüllung: einfach
Blührhythmik: einmalblühend
Wuchshöhe: 200 bis 300 cm
Wuchsform: aufrecht
Pflanzen pro m²: 1 bis 2
Verwendung: Garten, einzeln oder in Gruppen, starke Bestachelung, Frostlagen vertragend, Halbschatten ertragend, Herbstfärbung der Blätter, dekorative Hagebutten.

Rosali '83®

Der Charakter: Eine flottwachsende Beetrose, kaum mehr als kniehoch werdend und dabei viele, viele wetterfeste, rosettenähnliche Blüten ausbildend. Bewährte Beetrose mit dichter Belaubung.
Gruppe: Beetrose
Züchter/Herkunft: Tantau
Einführungsjahr: 1983

Blütenfarbe: rosa
Blütenfüllung: gefüllt
Blührhythmik: öfterblühend
Wuchshöhe: 60 bis 80 cm
Wuchsform: buschig
Pflanzen pro m²: 6 bis 7
Verwendung: Garten, einzeln, in Gruppen oder in Terrassennähe.

Rosarium Uetersen®

Der Charakter: Ein Kletterklassiker für Wand und Pergola, auf den kaum eine Rosenschule verzichten mag. Die stark gefüllten Blüten übersäen den durch seine dichte Belaubung idealen Sichtschutz gewährenden Ranker. Auch als freiwachsender Strauch oder als hochstämmige Kaskadenrose eine Pracht.
Gruppe: Kletterrose, auch Strauchrose

Rosarium Uetersen®

Züchter/Herkunft: Kordes
Einführungsjahr: 1977
Blütenfarbe: rosa
Blütenfüllung: gefüllt
Blührhythmik: öfterblühend
Wuchshöhe: 200 bis 300 cm
Wuchsform: überhängend
Pflanzen pro m²: 2 bis 3
Verwendung: Garten, einzeln oder in Gruppen, Frostlagen vertragend, Kübel, sehr regenfest, Hitze vertragend, Stammrose mit 90 cm und 140 cm, Wand, Pergola, freistehend.

Rose de Resht

Der Charakter: Ein Leckerbissen für Kenner. Die purpurkarmesinfarbenen Rosettenblüten kontrastieren mit einem Laub, das sich in puncto Robustheit nicht verstecken muß. Die Duftrose bildet

ROSENATLAS

einen runden Busch, der sich harmonisch in viele Gartenszenarien einfügt. Alte Rose für Einsteiger.
Gruppe: Beetrose mit Duft
Züchter/Herkunft: Persien
Einführungsjahr: unbekannt
Blütenfarbe: fuchsienrot
Blütenfüllung: gefüllt
Blührhythmik: öfterblühend
Wuchshöhe: 80 bis 100 cm
Wuchsform: aufrecht
Pflanzen pro m²: 3 bis 4
Verwendung: Garten, einzeln oder in Gruppen, freiwachsende Hecken, Kübel, Trog, Stammrose mit 60 cm Höhe.

Rosendorf Sparrieshoop®

Der Charakter: Diese Strauchrose ziert durch ihre welligen Blütenblätter in Altrosa und ihr robustes Laub. Der Strauch wächst aufrecht-breitbuschig.
Gruppe: Strauchrose
Züchter/Herkunft: Kordes
Einführungsjahr: 1988
Blütenfarbe: rosa
Blütenfüllung: gefüllt
Blührhythmik: öfterblühend
Wuchshöhe: 100 bis 150 cm
Wuchsform: aufrecht
Pflanzen pro m²: 1 bis 2
Verwendung: Garten, einzeln oder in Gruppen.

Rosenresli®

Der Charakter: Strauchrose mit stärkstem Duft, den klassischen Duftrosen in nichts nachstehend. Das zwischen orangerosa und rosacrange wechselnde Farbenspiel der Blüten fasziniert. Ein Duftsolitär, der auch kleinere Spaliere mit seinen robusten Trieben verziert.
Gruppe: Strauchrose mit Duft
Züchter/Herkunft: Kordes
Einführungsjahr: 1986
Blütenfarbe: orangerosa
Blütenfüllung: gefüllt
Blührhythmik: öfterblühend
Wuchshöhe: 150 bis 200
Wuchsform: überhängend

Royal Bassino®

Royal Bonica®

Pflanzen pro m²: 1 bis 2
Verwendung: Garten, einzeln oder in Gruppen.
ADR-Rose: 1984

Royal Bassino®

Der Charakter: Ein Leuchtfeuerwerk für Gartenflächen, die schon aus der Ferne die Blicke anziehen sollen. Die Robustheit der Sorte erlaubt Pflanzungen in großer Zahl, um auch größere Areale blutrot »brennen« zu lassen.
Gruppe: Flächenrose
Züchter/Herkunft: Kordes
Einführungsjahr: 1991
Blütenfarbe: rot
Blütenfüllung: halbgefüllt
Blührhythmik: öfterblühend
Wuchshöhe: 40 bis 60 cm
Wuchsform: buschig
Pflanzen pro m²: 3 bis 4
Verwendung: Garten, einzeln oder in Gruppen, Hänge, Böschungen, Pollenspender, Hagebutten.

Royal Bonica®

Der Charakter: Ein »königlicher« Abkömmling der rosafarbenen Sorte 'Bonica® 82'. Die Blütendolden sind sehr regenfest, und die legendäre Frosthärte der Mutter hat die Tochter übernommen. Eine hübsche, gefülltblühende, auch in großer Hitze farbbeständige Beetrose, die keine Probleme bereiten dürfte.
Gruppe: Beetrose
Züchter/Herkunft: Meilland/Martens
Einführungsjahr: 1992
Blütenfarbe: altrosa
Blütenfüllung: gefüllt
Blührhythmik: öfterblühend, spätblühend
Wuchshöhe: 60 bis 80 cm
Wuchsform: buschig
Pflanzen pro m²: 4 bis 5
Verwendung: Garten, einzeln oder in Gruppen, Kübel, Trog, Hitze vertragend, Vasenschnitt, Stammrose mit 60 cm und 90 cm Höhe.

Rugelda®

Der Charakter: Sehr robuste und kerngesunde Strauchrose in Gelb. Auf die Abstammung von *Rosa rugosa* weist die starke Bestachelung hin, das Blatt gleicht allerdings den modernen Strauchrosen. Baut sich als Strauch rund und dicht belaubt auf. Eine ästhetisch ansprechender, ökologisch wichtiger sicherer Brut- und Nestschutz für Vögel.
Gruppe: Strauchrose
Züchter/Herkunft: Kordes
Einführungsjahr: 1989
Blütenfarbe: gelb mit rötlichem Rand
Blütenfüllung: gefüllt
Blührhythmik: öfterblühend
Wuchshöhe: 150 bis 200 cm
Wuchsform: aufrecht
Pflanzen pro m²: 1 bis 2
Verwendung: Garten, einzeln oder in Gruppen, starke Bestachelung, freiwachsende Hecken.
ADR-Rose: 1992

Rumba®

Der Charakter: In dieser Sorte ist Rhythmus, die rot-gelben, papageienbunten Blüten strahlen Schwung und gute Laune aus.

ROSENATLAS

Rumba®

Salita®

Eine dankbare Schnittrose, vor allem, wenn nur kurze Stiele geerntet werden und ausreichend Laub für den Nachtrieb stehengelassen wird. Für gute Rosenstandorte.
Gruppe: Beetrose
Züchter/Herkunft: Poulsen
Einführungsjahr: 1960
Blütenfarbe: aprikot/gelb/kupfer
Blütenfüllung: gefüllt
Blührhythmik: öfterblühend
Wuchshöhe: 60 bis 80 cm
Wuchsform: buschig
Pflanzen pro m²: 6 bis 7
Verwendung: Garten, einzeln oder in Gruppen, Vasenschnitt.

Rush®

Der Charakter: Diese lieblich-zartrosa blühende Strauchrose hat zahlreiche internationale Preise erhalten. Und dies mit gutem Grund, zählt sie doch zu den am reichsten und längsten blühenden Strauchrosen unter den einfachblühenden Sorten, die wochenlang als Bienenweide viele Insekten mit Pollenfutter versorgen.
Gruppe: Strauchrose
Züchter/Herkunft: Lens
Einführungsjahr: 1983
Blütenfarbe: rosa/weiß
Blütenfüllung: einfach
Blührhythmik: öfterblühend
Wuchshöhe: 100 bis 150 cm
Wuchsform: überhängend
Pflanzen pro m²: 1 bis 2
Verwendung: Garten, einzeln oder in Gruppen, üppiger Pollenspender.

Salita®

Der Charakter: Einen neuen Farbton brachte dieser Ranker in den Kreis der empfehlenswerten »Hochstapler«. Ein klares, leuchtendes Orange bei der Gestaltung der Vertikalen mit Rosen fehlte bis zur Einführung dieser Sorte.
Gruppe: Kletterrose
Züchter/Herkunft: Kordes
Einführungsjahr: 1987
Blütenfarbe: orange
Blütenfüllung: gefüllt
Blührhythmik: öfterblühend
Wuchshöhe: 200 bis 300 cm
Wuchsform: überhängend
Pflanzen pro m²: 2 bis 3
Verwendung: Garten, einzeln oder in Gruppen, Wand, Pergola.

Santana®

Der Charakter: Taucht Wände und Pergolen in ein Blutrot voller Leuchtkraft. Das lederartige Laub ist hart und robust. Eine rote Kletterrose mit gutem Nachtrieb und reicher Blütenfülle.
Gruppe: Kletterrose
Züchter/Herkunft: Tantau
Einführungsjahr: 1984
Blütenfarbe: rot
Blütenfüllung: gefüllt
Blührhythmik: öfterblühend
Wuchshöhe: 200 bis 300 cm
Wuchsform: überhängend
Pflanzen pro m²: 2 bis 3
Verwendung: Garten, einzeln oder in Gruppen, Wand, Pergola, Stammrose mit 140 cm Höhe.

Sarabande®

Der Charakter: Als diese Beetrose vor vierzig Jahren in den Handel kam, war ihr Geraniumrot, das auch in heißen Lagen nichts von seiner Brillanz verliert, eine Sensation. Nach wie vor eine unentbehrliche Beetrose, ein idealer Partner für die harmonische Kombination mit Stauden.
Gruppe: Beetrose
Züchter/Herkunft: Meilland
Einführungsjahr: 1957
Blütenfarbe: rot mit goldgelben Staubgefäßen
Blütenfüllung: halbgefüllt
Blührhythmik: öfterblühend, frühblühend
Wuchshöhe: 40 bis 60 cm
Wuchsform: aufrecht
Pflanzen pro m²: 5 bis 6
Verwendung: Garten, einzeln oder in Gruppen, ideal mit Stauden, Pollenspender.

Satina®

Der Charakter: Eine niedrige Flächenrose, deren kräftigrosafarbene, dichtgefüllte Blüten das Beet

Rush®

Santana®

ROSENATLAS

Sarabande®

in dichten Wolken bedecken. Winterhart, gesund – ein Tip für kleine Gruppen und größere Flächen.
Gruppe: Flächenrose
Züchter/Herkunft: Tantau
Einführungsjahr: 1992
Blütenfarbe: rosa
Blütenfüllung: gefüllt
Blührhythmik: öfterblühend
Wuchshöhe: 40 bis 60 cm
Wuchsform: buschig
Pflanzen pro m²: 4 bis 5
Verwendung: Garten, einzeln oder in Gruppen, Flächen.

Scarlet Meidiland®

Der Charakter: Ein langanhaltendes Blütenfeuerwerk in orangerot. Lange, überhängende Triebe bildend, die sich mit ihren gefüllten Blütenständen gut für den Vasenschnitt eignen. Begrünt Böschungen und Hänge und verliert auch auf stark der Hitze ausgesetzten Flächen nichts an Farbintensität.
Gruppe: Flächenrose
Züchter/Herkunft: Meilland
Einführungsjahr: 1986
Blütenfarbe: orangerot
Blütenfüllung: gefüllt
Blührhythmik: öfterblühend, spätblühend
Wuchshöhe: 60 bis 80 cm
Wuchsform: überhängend
Pflanzen pro m²: 3 bis 4
Verwendung: Garten, einzeln oder in Gruppen, Ampel, Böschung, Hang, verträgt Hitze, für Vasenschnitt, Stammrose mit 60 cm, 90 cm und 140 cm Höhe.

Scharlachglut

Der Charakter: Eine Gallica-Hybride, die das Rosarot ihrer Mutter zu einem feurigen Scharlachrot steigert. Hinzu kommen die goldgelb leuchtenden, perfekt kontrastierenden Staubgefäße. Eine viel zu wenig beachtete Strauchrose, die sich zudem im Herbst mit großen Hagebutten schmückt. Enorm frosthart, auch für Höhenlagen.
Gruppe: Strauchrose
Züchter/Herkunft: Kordes
Einführungsjahr: 1952
Blütenfarbe: rot
Blütenfüllung: einfach
Blührhythmik: einmalblühend
Wuchshöhe: 150 bis 200 cm
Wuchsform: aufrecht
Pflanzen pro m²: 1 bis 2
Verwendung: Garten, einzeln oder in Gruppen, Frostlagen vertragend, Pollenspender, große Hagebutten ansetzend.

Schleswig '87®

Der Charakter: Ein Lachsrosa für Romantiker und zugleich eine unverwüstliche Beetrose für pflegeleichte Rosenbeete. Die halbgefüllten Blüten wirken sehr naturhaft, goldgelbe Staubgefäße schmücken die Blütenmitte. Wetterfest.
Gruppe: Beetrose
Züchter/Herkunft: Kordes
Einführungsjahr: 1987
Blütenfarbe: rosa
Blütenfüllung: halbgefüllt
Blührhythmik: öfterblühend
Wuchshöhe: 60 bis 80 cm
Wuchsform: aufrecht
Pflanzen pro m²: 6 bis 7
Verwendung: Garten, einzeln oder in Gruppen, Pollenspender.

Schnee-Eule®

Der Charakter: Reinweiße Blüten, stärkster Duft, ledrigrobuste Blätter, kompakter Wuchs – eine Sorte, die scheinbar spielend viele gute Eigenschaften unter einen Hut bringt. Eine Versuchung, die nicht nur auf öffentlichen Flächen, sondern auch im Privatgarten zum Pflanzen lockt.
Gruppe: Rugosa-Hybride mit Duft
Züchter/Herkunft: Uhl
Einführungsjahr: 1989
Blütenfarbe: weiß
Blütenfüllung: gefüllt
Blührhythmik: öfterblühend
Wuchshöhe: 40 bis 60 cm
Wuchsform: aufrecht
Pflanzen pro m²: 3 bis 4

Scharlachglut

Verwendung: Garten, einzeln oder in Gruppen, freiwachsende Hecken, Frostlagen vertragend, Halbschatten ertragend, sehr regenfest, Pollenspender, gelbe Herbstfärbung der Blätter, Hagebutten.

Schneeflocke®

Der Charakter: Eine Spitzensorte der 'Flowercarpet'-Serie von Werner Noack. Und tatsächlich, einem reinweißen Blütenteppich gleich, schmiegt sich die Flächen- und Beetrose an jeden Untergrund. Blüht bis weit in den Herbst hinein, sehr gesund. Ein Traum in weiß, der wenig Arbeit macht.

Schneeflocke®

Gruppe: Beetrose
Züchter/Herkunft: Noack
Einführungsjahr: 1991
Blütenfarbe: weiß
Blütenfüllung: halbgefüllt
Blührhythmik: öfterblühend, frühblühend
Wuchshöhe: 40 bis 60 cm
Wuchsform: buschig
Pflanzen pro m²: 4 bis 5
Verwendung: Garten, einzeln oder in Gruppen, Flächen, Pollenspender, Stammrose mit 60 cm und 90 cm Höhe.
ADR-Rose: 1991

Schneewittchen®

Der Charakter: Die bekannteste und bewährteste weiße Strauchrose der Welt. Scheinbar mühelos entwickelt sie eine edle Blüte

ROSENATLAS

nach der anderen, dabei über die Jahre einen herrlichen, selbsttragenden Strauch bildend. Ideale Einsteigersorte, harmoniert mit vielen Stauden und Gehölzen.
Gruppe: Strauchrose
Züchter/Herkunft: Kordes
Einführungsjahr: 1958
Blütenfarbe: weiß

Schneewittchen®

Blütenfüllung: gefüllt
Blührhythmik: öfterblühend, frühblühend
Wuchshöhe: 100 bis 150 cm
Wuchsform: buschig
Pflanzen pro m²: 1 bis 2
Verwendung: Garten, einzeln oder in Gruppen, freiwachsende Hecken, Frostlagen vertragend, Kübel, Halbschatten ertragend, sehr regenfest, Hitze vertragend, Pollenspender, Hagebutten ansetzend, Stammrose mit 90 cm und 140 cm Höhe.
ADR-Rose: 1960

Schöne Dortmunderin®

Der Charakter: Eine bis zum Spätherbst blühende Sorte, die zu Recht das ADR-Prädikat trägt. Trotz enormer Blütenfülle und flotter Wüchsigkeit ist die Rose nicht anfällig für Mehltau und Sternrußtau. Ideal zusammen mit Stauden und zur Flächenbegrünung.
Gruppe: Beetrose
Züchter/Herkunft: Noack
Einführungsjahr: 1991
Blütenfarbe: rosa
Blütenfüllung: gefüllt
Blührhythmik: öfterblühend
Wuchshöhe: 60 bis 80 cm
Wuchsform: buschig
Pflanzen pro m²: 4 bis 5
Verwendung: Garten, einzeln oder in Gruppen, sehr regenfest, Hitze vertragend.
ADR-Rose: 1992

Senator Burda®

Der Charakter: Eine sehr robuste Edelrose mit leichtem Duft. Die Blüten sind stark gefüllt und harren auch in rauheren Klimazonen aus. Der Verleger-Persönlichkeit Senator Burda gewidmet.
Gruppe: Edelrose
Züchter/Herkunft: Meilland

Schöne Dortmunderin®

Senator Burda®

Einführungsjahr: 1984
Blütenfarbe: johannisbeerrot
Blütenfüllung: stark gefüllt
Blührhythmik: öfterblühend
Wuchshöhe: 60 bis 80 cm
Wuchsform: aufrecht
Pflanzen pro m²: 6 bis 7
Verwendung: Garten, in Gruppen, Vasenschnitt.

Silver Jubilee®

Der Charakter: Warum diese ungewöhnlich robuste und harte Edelrose keine größere Verbreitung findet, bleibt ein Rätsel. Wie kaum eine andere frischrosa blühende Teehybride eignet sie sich auch für absonnige Standorte, auf denen die Mehrheit ihrer »Klassenkameraden« sicher versagen würde. Ideale Edelrose für Rosennewcomer. Viele Preise. Den Namen erhielt dieser verkannte Klassiker anläßlich des 25jährigen Thronjubiläums von Königin Elisabeth II.
Gruppe: Edelrose
Züchter/Herkunft: Cocker
Einführungsjahr: 1978

Silver Jubilee®

Blütenfarbe: rosa
Blütenfüllung: gefüllt
Blührhythmik: öfterblühend, frühblühend
Wuchshöhe: 60 bis 80 cm
Wuchsform: aufrecht
Pflanzen pro m²: 6 bis 7
Verwendung: Garten, in Gruppen, Kübel, Halbschatten ertragend, Vasenschnitt, Stammrose mit 60 cm und 90 cm Höhe.

Snow Ballet®

Der Charakter: Ein weißer Bodendecker der modernen Generation. Unkrautunterdrückend, deckt das dichte Laub Flächen und Beete ab, insbesondere auf Hängen. Dieses weiße Rosenballett ist vielseitig einzusetzen und zu kombinieren.
Gruppe: Flächenrose
Züchter/Herkunft: Clayworth
Einführungsjahr: 1978
Blütenfarbe: weiß
Blütenfüllung: gefüllt
Blührhythmik: öfterblühend
Wuchshöhe: 40 bis 60 cm
Wuchsform: flach, schwachwüchsig

ROSENATLAS

Pflanzen pro m²: 3 bis 4
Verwendung: Garten, einzeln oder in Gruppen, Ampel, Hitze vertragend, Hänge, Böschungen, Stammrose mit 40 cm, 60 cm, 90 cm und 140 cm Höhe.

Sommermärchen®

Der Charakter: Eine der interessantesten Flächen- und Beetrosen der 90er Jahre. Ein kräftiges, weithin strahlendes Pink, das selbst bei größter Sonneneinstrahlung nichts von seiner Intensität einbüßt, ist das Markenzeichen dieser robusten, sehr gesunden Rose. Märchenhafte Rose für viele Garten(t)räume.
Gruppe: Flächenrose
Züchter/Herkunft: Kordes
Einführungsjahr: 1992
Blütenfarbe: pink
Blütenfüllung: halbgefüllt
Blührhythmik: öfterblühend
Wuchshöhe: 40 bis 60 cm
Wuchsform: buschig
Pflanzen pro m²: 3 bis 4
Verwendung: Garten, einzeln oder in Gruppen, Trog, Pollenspender, Stammrose mit 40 cm, 60 cm und 90 cm, ideal mit Stauden und Gehölzen.

Sommermorgen®

Der Charakter: Rosafarbene Beetrose, die nicht enttäuscht und problemlos den Gartensommer bereichert. Die Sorte wächst breitbuschig und verträgt auch weniger rosige Standorte. Tolle Stammrose.
Gruppe: Beetrose
Züchter/Herkunft: Kordes
Einführungsjahr: 1991
Blütenfarbe: rosa
Blütenfüllung: gefüllt
Blührhythmik: öfterblühend
Wuchshöhe: 60 bis 80 cm
Wuchsform: buschig
Pflanzen pro m²: 4 bis 5
Verwendung: Garten, einzeln oder in Gruppen, Halbschatten ertragend, Stammrose mit 90 cm Höhe.

Sommerwind®

Sommermärchen®

Sonnenkind®

Sommerwind®

Der Charakter: Ein fester Bestandteil des heutigen Handelssortiments, sowohl für Privatgärten als auch für Planungen im öffentlichen Grün geeignet. Der Züchter Kordes beschreibt sie als großblumige 'The Fairy' – ein guter Vergleich, der die vielseitige Nutzbarkeit dieser Kombi-Rose betont. Pflegeleicht und gut zusammen mit Stauden zu verwenden.
Gruppe: Flächenrose
Züchter/Herkunft: Kordes
Einführungsjahr: 1985
Blütenfarbe: rosa
Blütenfüllung: halbgefüllt
Blührhythmik: öfterblühend
Wuchshöhe: 40 bis 60 cm
Wuchsform: buschig
Pflanzen pro m²: 4 bis 5
Verwendung: Garten, einzeln oder in Gruppen, mit Stauden, Frostlagen vertragend, Kübel, Trog, Halbschatten ertragend, sehr regenfest, Hitze vertragend, Pollenspender, Stammrose mit 40 cm, 60 cm und 90 cm Höhe.
ADR-Rose: 1987

Sonnenkind®

Der Charakter: Wegen ihrer Anfälligkeit können viele Zwergrosen-Sorten nur sehr eingeschränkt als Gartenrosen empfohlen werden. Die Sortenauswahl ist daher bei den Rosen-Däumlingen besonders überlegt vorzunehmen. 'Sonnenkind®' fällt dabei angenehm aus dem Rahmen, denn die wüchsige Sorte trotzt den pilzlichen Angriffen erstaunlich gut. Vor allem aber in Gefäßen – unter geringerem Druck durch Pilzsporen aufgrund des reduzierten Erdkontaktes – ist sie ein problemloser wie dekorativer Terrassen- und Balkonschmuck.
Gruppe: Zwergrose
Züchter/Herkunft: Kordes
Einführungsjahr: 1986
Blütenfarbe: gelb
Blütenfüllung: gefüllt

Blührhythmik: öfterblühend
Wuchshöhe: 30 bis 40 cm
Wuchsform: aufrecht
Pflanzen pro m²: 8 bis 9
Verwendung: Garten, einzeln oder in Gruppen, Kübel, Trog, Stammrose mit 40 cm Höhe.

Souvenir de la Malmaison

Der Charakter: Der Liebling erfahrener Rosenfreunde mit einer Vorliebe für Alte Rosen. Warum? Erstens bleibt der Wuchs dieser alten Bourbon-Rose im Rahmen, was sie auch für kleinere Gärten favorisiert, zweitens duftet sie überragend und drittens blüht sie fortlaufend bis in den Herbst hinein nach. Eine 'Alte Rose' für Einsteiger.
Gruppe: Strauchrose mit Duft
Züchter/Herkunft: Béluze
Einführungsjahr: 1843
Blütenfarbe: rosa
Blütenfüllung: gefüllt
Blührhythmik: nachblühend
Wuchshöhe: 80 bis 100 cm
Wuchsform: buschig
Pflanzen pro m²: 4 bis 5
Verwendung: Garten, einzeln oder in Gruppen, Kübel, Trog.

Stadt Eltville®

Der Charakter: Wer bei einem Ausflug in den Rheingau im Rosengarten des Eltviller Burggrabens lustwandelt, den wird die Leuchtkraft eines feuerroten Rosenrondells wie magisch anlocken. »Brennstoff« dieses Feuerkreises ist – nomen est omen – die Rosensorte 'Stadt Eltville'®. Diese Beetrose darf zu recht als einer der robustesten roten Beetrosen angesehen werden. Ihr gesundes Laub treibt im Frühjahr rötlich aus, um sich dann dunkelgrün sommerlang zu bewähren. Eine problemlose Rose für Einsteiger.
Gruppe: Beetrose
Züchter/Herkunft: Tantau
Einführungsjahr: 1990
Blütenfarbe: rot

Suaveolens

Blütenfüllung: stark gefüllt
Blührhythmik: öfterblühend
Wuchshöhe: 60 bis 80 cm
Wuchsform: aufrecht
Pflanzen pro m²: 6 bis 7
Verwendung: Garten, in Gruppen, Frostlagen vertragend, Halbschatten ertragend.

Suaveolens

Der Charakter: Süßen Duft, den sie im Sommer überreich verströmt, bietet diese alte Strauchrose. Allerdings benötigt sie etwas Platz, kleinere Flächen werden diesem Wachser nicht gerecht. Den bogig überhängenden Strauch zieren im Herbst längliche Hagebutten.
Gruppe: Strauchrose mit Duft
Züchter/Herkunft: unbekannt
Einführungsjahr: vor 1750 in Kultur
Blütenfarbe: weiß
Blütenfüllung: gefüllt
Blührhythmik: einmalblühend
Wuchshöhe: 200 bis 300 cm
Wuchsform: überhängend
Pflanzen pro m²: 1 bis 2
Verwendung: Garten, einzeln oder in Gruppen, zahlreiche, längliche Hagebutten.

Super Dorothy®

Super Dorothy®

Der Charakter: Ein öfterblühender Rambler, der viele gute Eigenschaften der alten Sorte 'Dorothy Perkins' übernommen, ihre Mehltauanfälligkeit jedoch abgelegt hat. Die robuste Sorte eignet sich zur Verschönerung von Pergolen und Spalieren ebenso wie als Bodendecker.
Gruppe: Rambler
Züchter/Herkunft: Hetzel
Einführungsjahr: 1986
Blütenfarbe: rosa
Blütenfüllung: gefüllt
Blührhythmik: öfterblühend
Wuchshöhe: 300 bis 500 cm
Wuchsform: ohne Rankhilfe flachwachsend
Pflanzen pro m²: 1 bis 2
Verwendung: Garten, einzeln oder in Gruppen, Kübel, Trog, Ampel, Halbschatten ertragend, Hitze vertragend, Herbstfärbung der Blätter, Stammrose mit 90 cm und 140 cm Höhe.

Super Excelsa®

Der Charakter: Wie die Schwestersorte 'Super Dorothy'® ist auch 'Super Excelsa'® die züchterische Verbesserung einer älteren Sorte, nämlich 'Excelsa'. Für zusammengebundene Pyramiden, Säulen, Wände, Pergolen und flächig als Bodendecker geeignet. Ein rosig schmückender, wandlungsfähiger Gestaltungsstoff.
Gruppe: Rambler
Züchter/Herkunft: Hetzel
Einführungsjahr: 1986
Blütenfarbe: karminrosa
Blütenfüllung: gefüllt
Blührhythmik: öfterblühend
Wuchshöhe: 300 bis 500 cm
Wuchsform: ohne Rankhilfe flachwachsend
Pflanzen pro m²: 1 bis 2
Verwendung: Garten, einzeln oder in Gruppen, Kübel, Trog, Ampel, Halbschatten ertragend, Hitze vertragend, Herbstfärbung der Blätter, Stammrose mit 90 cm und 140 cm Höhe.
ADR-Rose: 1991

Swany®

Der Charakter: Der Name paßt gut zum zarten Schwanenweiß der flachen, dicht gefüllten Blüten. Eine Rose, die gefällig ihr Blütenkleid über Mauern und Böschungen breitet. Liebt windumspielte

Lagen, an Standorten, an denen die heiße Luft wie in einem Kessel steht – beispielsweise in Innenstädten –, zeigt sie Anfälligkeiten für Sternrußtau. Stammrosen-Klassiker.
Gruppe: Flächenrose
Züchter/Herkunft: Meilland
Einführungsjahr: 1977
Blütenfarbe: weiß
Blütenfüllung: gefüllt
Blührhythmik: öfterblühend
Wuchshöhe: 40 bis 60 cm
Wuchsform: flach, schwachwüchsig
Pflanzen pro m²: 3 bis 4
Verwendung: Garten, einzeln oder in Gruppen, Kübel, Trog, Ampel, sehr regenfest, Stammrose mit 40 cm, 60 cm und 90 cm Höhe.

Sympathie

Der Charakter: Bewährter roter Klettermaxe, der sich ohne Mühe über Rosenbögen und Pergolen schwingt. Keine Wand ist ihm zu hoch, keine Kletterhilfe zu steil. Eine Kletterrose von Weltruf, mit ihrem samtigen Dunkelrot und Wildrosenduft unübertroffen.
Gruppe: Kletterrose mit Duft
Züchter/Herkunft: Kordes
Einführungsjahr: 1964
Blütenfarbe: rot
Blütenfüllung: gefüllt
Blührhythmik: öfterblühend
Wuchshöhe: 200 bis 300 cm
Wuchsform: überhängend
Pflanzen pro m²: 2 bis 3
Verwendung: Garten, einzeln oder in Gruppen, Stammrose mit 140 cm Höhe.
ADR-Rose: 1966

The Fairy

Der Charakter: »Stehaufmännchen«, das sich nicht unterkriegen läßt. Den ganzen Sommer über unzählige kleine Blüten zeigend und den Boden dabei dicht abdeckend. Selbst halbschattige Lagen werden locker weggesteckt. Weitverbreitet auch als Stammrose für Kübel und Garten.

The Fairy

Gruppe: Flächenrose
Züchter/Herkunft: Bentall
Einführungsjahr: 1932
Blütenfarbe: rosa
Blütenfüllung: dicht gefüllt
Blührhythmik: öfterblühend, spätblühend
Wuchshöhe: 60 bis 80 cm
Wuchsform: buschig
Pflanzen pro m²: 4 bis 5
Verwendung: Garten, einzeln oder in Gruppen, Frostlagen vertragend, Kübel, Trog, Ampel, Halbschatten ertragend, sehr regenfest, Hitze vertragend, Vasenschnitt, gelbe Herbstfärbung der Blätter, Stammrose mit 40 cm, 60 cm, 90 cm und 140 cm Höhe.

The McCartney Rose®

Der Charakter: Benannt nach Paul McCartney, jedoch nicht nur für Beatles-Fans eine Liebhabersorte. Eine Rose mit überragendem Duft. Auf Mehltau ist zu achten, deshalb niemals über die Blätter wässern bzw. in windstille Ecken pflanzen. Bestens als Vasenrose geeignet; bereits wenige Blüten erfüllen ein Zimmer mit betörendem Rosenparfum. Für alle Duftrosen-Liebhaber.
Gruppe: Edelrose mit überragendem Duft
Züchter/Herkunft: Meilland
Einführungsjahr: 1991
Blütenfarbe: rosa
Blütenfüllung: gefüllt
Blührhythmik: öfterblühend
Wuchshöhe: 60 bis 80 cm
Wuchsform: aufrecht
Pflanzen pro m²: 6 bis 7
Verwendung: Garten, in Gruppen, Vasenrose.

The Queen Elizabeth Rose®

Der Charakter: Der Wuchs dieses Oldtimers wirkt staksig und hochbeinig, wie ein rosafarbener Flamingo »stolziert« sie durch Gärten und Anlagen. Die Sorte gilt als unverwüstlich, das große Laub ist gesund. Durch ihren hohen Wuchs prädestiniert, um vor oder hinter Zäunen und niedrigen Mauern für einen farbenfrohen Hintergrund zu sorgen.
Gruppe: Beetrose
Züchter/Herkunft: Lammerts
Einführungsjahr: 1954
Blütenfarbe: rosa
Blütenfüllung: gefüllt
Blührhythmik: öfterblühend

The Queen Elizabeth Rose®

Wuchshöhe: 100 bis 150 cm
Wuchsform: aufrecht
Pflanzen pro m²: 5 bis 6
Verwendung: Garten, einzeln oder in Gruppen, freiwachsende Hecken, erträgt Frostlagen, Halbschatten und Hitze, Hagebutten.

The Squire

Der Charakter: »Ich kenne keine dunkelkarmesinrote Rose, die so herrliche Blüten hat wie 'The Squire'. Leider ist ihr Wuchs nur spärlich und sehr krankheitsanfällig.« So David Austin über seine Züchtung. Trotzdem verlocken Blütenfarbe und -duft der Sorte nicht nur Liebhaber dazu, nach ihr zu greifen – etwas Pflege muß dabei einkalkuliert werden.
Gruppe: Strauchrose mit Duft, Englische Rose
Züchter/Herkunft: Austin
Einführungsjahr: 1977
Blütenfarbe: rot
Blütenfüllung: gefüllt
Blührhythmik: öfterblühend
Wuchshöhe: 100 bis 150 cm
Wuchsform: überhängend
Pflanzen pro m²: 1 bis 2
Verwendung: Garten, einzeln oder in Gruppen, Vasenrose.

ROSENATLAS

The Squire

Trigintipetala

Träumerei®

Der Charakter: Das Lachsorange der edelrosenartig geformten Blüten erinnert an Hummer, der Duft an Parfüm, die Sorte ist reichblühend und robust. Eine besonders edle Beetrose, deren Blütenstiele auch lange als Vasenschnitt schmücken.
Gruppe: Beetrose mit Duft
Züchter/Herkunft: Kordes
Einführungsjahr: 1974
Blütenfarbe: lachsorange
Blütenfüllung: gefüllt
Blührhythmik: öfterblühend
Wuchshöhe: 60 bis 80 cm
Wuchsform: buschig
Pflanzen pro m²: 6 bis 7
Verwendung: Garten, einzeln oder in Gruppen, Vasenschnitt, Stammrose mit 90 cm Höhe.

Träumerei®

Trigintipetala

Der Charakter: Die außerordentlich duftende »Ölrose« aus Bulgarien für den eigenen Garten. Bekommt sie ein frostgeschütztes Plätzchen, hält sie viele Jahre aus: Der eigenen Rosenöl-Produktion steht nichts mehr im Wege.
Gruppe: Strauchrose mit Duft
Züchter/Herkunft: Bulgarien, *Rosa* x *damascena*-Abkömmling
Einführungsjahr: vor 1899
Blütenfarbe: rosa
Blütenfüllung: halbgefüllt
Blührhythmik: einmalblühend
Wuchshöhe: 150 bis 200 cm
Wuchsform: überhängend
Pflanzen pro m²: 1 bis 2
Verwendung: Garten, einzeln oder in Gruppen, Halbschatten ertragend.

Venusta Pendula

Der Charakter: Geheimtip für Torbögen, Pergola, lichte Bäume – ein Mega-Wachser mit überreichem Blütenflor. Einmalblühend – jedes Jahr fiebert der Gärtner diesem Blütentraum ungeduldig entgegen. Sehr frosthart.
Gruppe: Rambler
Züchter/Herkunft: unbekannt
Einführungsjahr: 1928 von Kordes eingeführt
Blütenfarbe: rosa/weiß
Blütenfüllung: halbgefüllt
Blührhythmik: einmalblühend
Wuchshöhe: 300 bis 500 cm
Wuchsform: ohne Rankhilfe flachwachsend
Pflanzen pro m²: 1 bis 2
Verwendung: Garten, einzeln oder in Gruppen, Frostlagen vertragend, Halbschatten ertragend.

Vogelpark Walsrode®

Der Charakter: Eine Strauchrose, die nicht enttäuscht. Ob solo oder in einer Gruppe, die zartrosa Blüten dieser Dauerblühers verschönern jede Pflanzung. Problemlos und vielseitig: für Einsteiger.
Gruppe: Strauchrose, Herbstflor
Züchter/Herkunft: Kordes
Einführungsjahr: 1988
Blütenfarbe: rosa
Blütenfüllung: gefüllt
Blührhythmik: öfterblühend, frühblühend
Wuchshöhe: 100 bis 150 cm
Wuchsform: buschig
Pflanzen pro m²: 1 bis 2
Verwendung: Garten, einzeln oder in Gruppen, Kübel, Hitze vertragend.
ADR-Rose: 1989

Warwick Castle

Der Charakter: Eine kompakte Englische Rose, die in kleine Gärten paßt. Typische Austin-Blütenfüllung, die romantische Herzen höher schlagen läßt. Benannt nach dem sehenswerten, rekonstruierten viktorianischen Rosengarten auf Schloß Warwick.
Gruppe: Beetrose mit Duft, Englische Rose
Züchter/Herkunft: Austin
Einführungsjahr: 1986
Blütenfarbe: rosarot
Blütenfüllung: gefüllt
Blührhythmik: öfterblühend
Wuchshöhe: 60 bis 80 cm
Wuchsform: buschig
Pflanzen pro m²: 6 bis 7
Verwendung: Garten, einzeln oder in Gruppen, als Vasenrose gut geeignet.

Westerland®

Der Charakter: Reichblühende, duftende Strauchrose mit einzigartiger Kupfertönung der Blüten. Entwickelt einen kompakt geschlossenen, selbsttragenden

Strauch, der keine gestalterischen Wünsche offenläßt.
Gruppe: Strauchrose mit Duft
Züchter/Herkunft: Kordes
Einführungsjahr: 1969
Blütenfarbe: aprikot
Blütenfüllung: halbgefüllt
Blührhythmik: öfterblühend
Wuchshöhe: 150 bis 200 cm
Wuchsform: buschig
Pflanzen pro m²: 1 bis 2
Verwendung: Garten, einzeln oder in Gruppen, freiwachsende Hecken, Kübel, Hitze vertragend.
ADR-Rose: 1974

White Meidiland®

Der Charakter: Ideale weiße Flächenrose mit enormer Blütenfülle und -größe, sehr widerstandsfähig gegen Mehltau. In öffentlichen Anlagen bereits seit Jahren bewährt, auch im Hausgarten eine Augenweide.
Gruppe: Flächenrose
Züchter/Herkunft: Meilland
Einführungsjahr: 1985
Blütenfarbe: weiß
Blütenfüllung: stark gefüllt
Blührhythmik: öfterblühend
Wuchshöhe: 40 bis 60 cm
Wuchsform: niedrig, ausladend
Pflanzen pro m²: 4 bis 5
Verwendung: Garten, einzeln oder in Gruppen, Kübel, Halbschatten ertragend. Für mehltaugefährdete Lagen.

Wife of Bath

Der Charakter: Eine zauberhafte, kleinere Strauchrose, die einen dichten, hübschen Busch bildet. Das zarte Rosa der Blüte täuscht, die Frau aus Bath ist eine robuste Lady, die Krankheiten von sich zu halten weiß. Der Duft der Blüten erinnert an Myrrhe und ist – für eine Englische Rose obligatorisch – ausgeprägt kräftig.
Gruppe: Strauchrose mit Duft, Englische Rose
Züchter/Herkunft: Austin
Einführungsjahr: 1969

Vogelpark Walsrode®

Westerland®

Zwergkönig '78®

Blütenfarbe: rosa
Blütenfüllung: gefüllt
Blührhythmik: öfterblühend
Wuchshöhe: 80 bis 100 cm
Wuchsform: überhängend
Pflanzen pro m²: 1 bis 2
Verwendung: Garten, einzeln oder in Gruppen, Vasenrose, freiwachsende Hecken, Kübel.

Wildfang®

Der Charakter: Der Name weist auf die wilde Robustheit dieser ADR-Rose hin. Eine Sorte der 90er Jahre, das Ergebnis züchterischer Bestauslese. Unverwüstliche Sorte für Böschungen, Hänge, aber auch Gartenflächen.
Gruppe: Flächenrose
Züchter/Herkunft: Noack
Einführungsjahr: 1989
Blütenfarbe: rosa
Blütenfüllung: halbgefüllt
Blührhythmik: öfterblühend
Wuchshöhe: 60 bis 80 cm
Wuchsform: buschig
Pflanzen pro m²: 2 bis 3
Verwendung: Garten, einzeln oder in Gruppen.
ADR-Rose: 1991

Zwergkönig '78®

Der Charakter: Last but not least eine Zwergrose, die schon fast wie eine kleine Beetrose wächst. Diese Wüchsigkeit sorgt für die notwendige Robustheit, um im Garten sommerlang zu erfreuen. Ideal für kleine, niedrige Hecken, als Einfassung oder zur gefälligen Grundstücksabgrenzung.
Gruppe: Zwergrose
Züchter/Herkunft: Kordes
Einführungsjahr: 1978
Blütenfarbe: rot
Blütenfüllung: gefüllt
Blührhythmik: öfterblühend
Wuchshöhe: 40 bis 60 cm
Wuchsform: aufrecht
Pflanzen pro m²: 6 bis 7
Verwendung: Garten, in Gruppen, niedrige Hecken, Kübel, Trog, Stammrose mit 40 cm Höhe.

ROSIGES KNOW-HOW VON A BIS Z

A

AARS-Prüfung: Diese Abkürzung steht für All-America Rose Awards. Mit der Absicht, Neuzüchtungen im Freiland zu testen, wurde 1938 der All-America Rosenwettbewerb in den USA ins Leben gerufen. In 25 Prüfungsgärten werden die Rosen über einen Zeitraum von zwei Jahren getestet. An dem Wettbewerb können ausschließlich amerikanische Züchterfirmen teilnehmen. Die Siegersorte erhält das begehrte AARS-Zeichen, ein wichtiges Verkaufsargument in Handel und Werbung.

Abdorner: Nützliches Gerät für die Aufbereitung von Schnittrosen. Die Stacheln am unteren Ende des Rosenstieles können damit leicht abgestreift werden.

Abhäufeln: Entfernen der vor dem Frost schützenden Erde an Rosenstöcken im Frühjahr.

Abiotisch: Heißt sinngemäß »nicht lebend«. Gemeint sind abiotische Schäden, d.h. Schäden, die nicht durch tierische Schädlinge, durch Pilze, Bakterien oder Viren, sondern durch Witterung, Verletzung und Pflegefehler ausgelöst werden.

Absenker: Vermehrungsmethode: Triebe von langtriebigen Kletter- bzw. Strauchrosen werden mit Erde bedeckt und zum Bewurzeln gebracht.

Absonniger Standort: Die Pflanze befindet sich entweder über weite Tagesabschnitte im Schlagschatten von Gebäuden oder an Standorten, die sich auf Hängen befinden, die eine nach Norden ausgerichtete Neigung von über 30 % aufweisen.

Abwärtssteigender Rosentriebbohrer: → Triebbohrer

Abwerfen: Entfernen der Wildkrone bei okulierten Rosen im Frühjahr.

Abziehstein: Schleifstein zur feinen Schärfung von Schneidewerkzeugen.

ADR-Rosen: ADR steht für Allgemeine Deutsche Rosenneuheiten-Prüfung. Die ADR-Prüfung wird von einem Arbeitskreis aus Rosenzüchtern und Mitarbeitern unabhängiger Prüfgärten betreut. Einmal jährlich werden die Sichtungsergebnisse zusammengefaßt und das ADR-Prädikat an Rosensorten mit ausreichender Punktzahl vergeben. Die Prüfrosen werden während der mehrjährigen Prüfungszeit nicht mit Pflanzenschutzmitteln behandelt; bei ihrer Bewertung ist die Widerstandskraft der Sorten von höchster Bedeutung.

Ähre/Scheinähre: Blütenstandsform, ungestielte Blüten sitzen an einer Achse in den Achseln von kleinen Tragblättern.

Alba-Rosen: Bereits bei Römern und Griechen in Kultur, älteste Gartenrose überhaupt. Formen und Sorten mit sehr guter Winterhärte, robustem Wuchs und überragendem Duft.

Alpenhecken-Rose: *Rosa pendulina*, rosablühende einheimische Wildrose mit sehr wenig Stacheln.

Alpenrose: Deutscher Begriff für *Rhododendron*-Arten; hat mit Rosen nur den Namen gemein.

Alte Rosen: Die sogenannten Alten Rosen werden auf der Grundlage ihres Einführungsjahres als alt eingestuft. Die Amerikanische Rosengesellschaft definierte 1966: »Eine Rose ist eine Alte Rose, wenn sie zu einer Klasse gehört, die bereits vor 1867 – dem Jahr der Einführung der Sorte 'La France' als erste Teehybride – bestand.«

Altes Holz: Bezeichnet das Holz der mehrjährigen Triebe.

Anhäufeln: Bis 20 cm hohes Abdecken der Basis der Rosenstöcke mit Lauberde oder Gartenkompost zum Schutz vor Winterwinden und Frost.

Apfel-Rose: *Rosa villosa*; rosafarben blühende einheimische Wildrose, bis 2 m hoch. Hagebutten mit ungewöhnlich hohem Vitamin C-Gehalt.

Apotheker-Rose: *Rosa gallica* 'Officinalis' (»Rote Rose von Lancaster«). Halbgefüllte, karmesinrote Rose, wurde ab dem 13. Jahrhundert in Provins bei Paris kultiviert. Duft- und Heilrose. An der Hauptstraße des Ortes befanden sich zu beiden Seiten zahlreiche Drogerien und Apotheken, die die aus den Rosen hergestellten Heilmittel in alle Welt versandten.

Arboretum: Von lat. arbor = Baum. Parkähnlicher Garten für Gehölze, oft botanischen Gärten angeschlossen.

Astring: Ringförmige Rindenwülste, die sich an der Ansatzstelle eines Seitentriebes finden.

Astschere: Zum Schneiden von bis zu 4 cm dicken Ästen bei alten Rosenstöcken.

Aufwärtssteigender Rosentriebbohrer: → Triebbohrer

Auge: Durch Blattanlagen geschützter Wachstumspunkt (Knospe), in den Blattachseln oder, wenn ruhend, als schlafendes Auge (Beiknospe) an alten Trieben sitzend.

Ausbrechen der Blüten: Ausbrechen bestimmter, sich gerade entwickelnder Blütenknospen beeinflußt die Entwicklung der verbleibenden Knospen von Schnittrosen. Bei → Edelrosen werden die Beiknospen, bei → Beet- und → Flächenrosen die oberste Hauptknospe entfernt.

B

Balgfrucht: Vielsamige Frucht, aus einem einzigen, länglichen Fruchtblatt gebildet, an der Bauchseite sich öffnend.

Bambus: Zu den Gräsern gehörende, faszinierende Pflanzengruppe. Erkennungsmerkmal sind verholzende, mehrjährige Halme. Etwa 100 Gattungen, mehr als 1 000 Arten. Man unterscheidet zwischen horst- und ausläuferbildenden Arten und Sorten.

Baumarkt: Viele Baumärkte haben das »Grün« für sich entdeckt und Gartenabteilungen angeschlossen. Geführt wird in der Regel ein Standard-Sortiment, auch im Bereich Rose. Bei der Suche nach gängigen Sorten lohnt im Einzelfall der Preisvergleich.

Baumsäge: Fuchsschwanzähnliche Handsäge mit einem schmalen, auswechselbaren, teilweise einklappbaren Sägeblatt.

Baumschule: Der Begriff Baumschule kommt von »verschulen« = verpflanzen. Gehölze müssen regelmäßig verpflanzt werden, um ihre Verpflanzungsfähigkeit zu erhalten. (Deshalb auch richtig: Baumschuler, nicht Baumschüler!) Meint heute Erzeugerstätte für Gehölze. Allein Betriebe, die Gehölze heranziehen, dürfen die Bezeichnung Baumschule für sich in Anspruch nehmen. Jedoch nutzen bisweilen auch Garten-Center bzw. Gartenfachgeschäfte diesen Begriff für ihre Freiland-Abteilungen, obwohl sie keine Gehölze kultivieren und damit auch keine Baumschule sind.

Beere: Fleischige Saftfrucht.

Beetrosen: Sammelbegriff für → Polyantharosen und → Floribundarosen (Polyantha-Hybriden). Üblicherweise zwecks Flächenwirkung mit geringem Abstand gepflanzte niedrige Rosen für Beete und Rabatten. Bilden auf verzweigte Triebe, die durch Blütenbüschel mit zahlreichen, mehr oder weniger gefüllten Einzelblüten in Rot, Rosa, Weiß und Gelb auffallen.

Belgischer Brocken: Sehr feiner Schleifstein, mit dem Schneidwerkzeuge rasiermesserscharf geschliffen werden können.

Bemoosung: → Moosrosen

Bengal-Rosen: → China-Rosen

Bibernell-Rose: *Rosa pimpinellifolia*, wegen ihres häufigen Vorkommens auf Dünen und Böschungen auch Dünen-Rose genannt, relativ salzverträglich, viele Ausläufer treibend, heimische Wildrose, Blüten mit Honigduft.

Bienenweide: Pflanzen, die mit Blütennektar und Pollen eine wichtige Nahrungsquelle für Bienen und andere Insekten bereitstellen. Im Gegenzug ermögli-

ROSENLEXIKON

chen die Blütenbesucher eine umfassende Bestäubung.

Blasenfüße: → Thripse
Blattläuse: → Rosenblattläuse
Blattlaus-Schlupfwespe: Nützling. Legt ihre Eier in das Ei, die Larve oder Puppe eines anderen Insektes, zum Beispiel von Blattläusen.
Blaue Rose: Die angebotenen »blauen« Sorten sind lavendel- bis fliederfarben, eine wirklich marineblaue Rose ist bis heute ein Züchtertraum geblieben. Für das reine Blau in anderen Pflanzenarten ist das Anthocyanidin (eine Farbstoffart) Delphinidin verantwortlich. Bislang ist es der Züchtung nicht gelungen, es in die Rose zu übertragen. Bis dies gelingt, sind wirklich blaue Rosen nur auf entsprechend gefärbten Prospektbildern Realität.
Blindtriebe: Triebe ohne Blütenknospe, oft durch Lichtmangel entstehend. Sie entziehen der Pflanze Nährstoffe, Wasser und Energie und werden zurückgeschnitten.
Bodendeckerrosen: Älterer Begriff für → Flächenrosen, der auf den bodenabdeckenden, sehr flachen Wuchs einiger Sorten dieser Gruppe verweist. Beispiele: 'Immensee'®, 'Swany'®.
Bodenmüdigkeit: Komplexes, bisher ungeklärtes Phänomen. Zu erkennen als Wuchsdepression bei Nachpflanzungen von Rosen auf einer Fläche, auf der bereits Rosen gestanden haben. Sogenannter »rosenmüder« Boden. Im englischsprachigen Raum als Replant-disease bezeichnet.
Botrytis: → Grauschimmel
Bourbon-Rosen: Die erste Bourbon-Rose und spätere Ausgangssorte aller folgenden Bourbon-Rosen entstand sehr wahrscheinlich aus Kreuzungen von Damaszener- mit chinesischen Rosen auf der Insel Île de Bourbon (heute La Réunion) im Indischen Ozean Anfang des 19. Jahrhunderts. Später kam sie nach Frankreich, wo sie züchterisch bis zur Entstehung der Klasse der Bourbon-Rosen bearbeitet wurde. Wichtige Sorte dieser Gruppe ist 'Souvenir de la Malmaison'. Weitere Kreuzungen der Bourbon-Rose mit u. a. → Teerosen führten zur Entwicklung reichblühender → Remontant-Rosen.
Bundessortenamt: → Sortenschutz

C

Chestnut-Rose: *Rosa roxburghii*. Art, die ungewöhnliche Hagebutten ausbildet, die mit Stacheln besetzt sind und an Kastanien erinnern.
China-Rosen (Bengal-Rosen): Aus China stammende Rosengruppe der Art Rosa chinensis, die nach ihrem Erscheinen Ende des 18. Jahrhunderts die Rosenzüchtung revolutionierte. Mit den China-Rosen gelangten Öfterblütigkeit und niedriger Wuchs in die Züchtung; Ergebnisse waren letztendlich die modernen → Edel- und → Beetrosen. Zudem erweiterten die China-Rosen das Farbspektrum entscheidend, neben Rosa, Weiß und Orangegelb brachten sie ein reines Rot mit. In unseren Breiten wachsen China-Rosen meist niedrig, ihr Nachteil ist ihre oftmals unzureichende Winterhärte, Winterschutz ist dringend anzuraten.
Chinesische Gold-Rose: *Rosa hugonis*, gelbe Frühlingsrose, wertvoll durch frühe, bereits Mitte Mai einsetzende, überreiche Blüte.
Climbing-Rosen: Durch → Mutation entstandene, Peitschentriebe bildende Rosenformen, die als kletternde (climbing) Abkömmlinge bestehender Beet- und Edelrosensorten vor allen in südeuropäischen Ländern in Kultur sind, z. B. 'Climbing Gloria Dei'. Viele dieser Climbing-Sorten versagen bei uns wegen der hier herrschenden klimatischen Verhältnisse und entwickeln sich nicht zu echten Kletterrosen. Der kletternde Wuchs entsteht durch die fehlende Endknospe am Trieb.
Containerrosen: Als Container bezeichnet man im Gartenbau Topfbehältnisse aus Kunststoff, Folie oder Altpapier, in denen u. a. Rosen kultiviert werden. Containerrosen ermöglichen die Sommerpflanzung blühender Rosenstöcke. Mindestgröße zwei Liter.

D

Damaszener-Rosen: Man unterscheidet zwei Arten von Damaszener-Rosen: die sommerblühende Form und die sommerblühende, im Herbst nachblühende Herbstdamaszener-Rose (→ Portland-Rosen). Typisch ist das graugrüne, weiche Laub und der schwere, üppige Duft.
Dauerhumus: → Humus
Delphinidin: → Blaue Rosen
Depotdünger: → Langzeitdünger
Destillation: Methode zur Gewinnung von Rosenöl. Heißer Wasserdampf entzieht frischen Blüten die ätherischen Öle. Nach Abkühlung schwimmen die leichteren, absolut reinen ätherischen Öle auf dem Wasser und werden abgeschöpft.
Dickmaulrüßler: Etwa 10 mm langer, schwarzer Rüsselkäfer, der an den Knospen, Blättern und Trieben ausgebuchtete Fraßstellen hinterläßt.
Discounter: Lebensmittelmärkte bieten sporadisch verpackte Rosen zu niedrigen Preisen an, meist namenlose und bisweilen für die Gartennutzung vollkommen unbrauchbare Sorten, die nicht selten anders blühen als angegeben. Wer seine Gestaltungswünsche mit Hilfe einer gezielten Sortenauswahl erfolgreich realisieren möchte, sollte von diesen Angeboten Abstand nehmen.
Dolde/Trugdolde: Blütenstand; gestauchte Traube, die gestielten Blüten gehen strahlenförmig von einem Punkt aus.
Doldentraube: Blütenstand; Traube, bei der die verschieden lang gestielten Blüten in einer Ebene enden.
Dornen: Dornen sind Auswüchse oberer Rindenschichten und fest mit dem Trieb verwachsen. Rosen haben keine Dornen, sondern → Stacheln.
Dünen-Rose: → Bibernell-Rose
Düngung: Zusätzliche Zufuhr von Nährstoffen zur Steigerung der Erträge in der Landwirtschaft, im Gartenbau und im Hausgarten. Eine Bodenuntersuchung gibt Auskunft über die bereits vorhandenen, pflanzenverfügbaren Nährstoffe im Boden.

E

Echter Mehltau: Pilzkrankheit; auf der Blattoberseite junger Blätter sowie an Blütenkelchen und Trieben findet sich ein mehligweißer, abwischbarer Belag. Befallene Blätter sind bei stärkerem Befall gekräuselt und rötlich angelaufen; ab Frühsommer auftretend.
Edelrosen: Auch → Teehybriden genannt. Kennzeichen dieser Gruppe sind lange Stiele, auf denen große, elegant geformte Blüten einzeln stehen. Hervorgegangen sind die Edelrosen aus Kreuzungen mit chinesischen → Teerosen, die sie aber an Winterhärte weit übertreffen. Die Sorte 'La France', 1867 von dem Franzosen Jean Baptiste Guillot eingeführt, gilt als erste Teehybride. Sehr viele Sorten im Handel.
Eisen (Fe): Nährstoff. Fe-Mangel macht sich durch Chlorose, eine Gelbfärbung der Blätter und Früchte, bemerkbar.
Enfleurage: Methode zur Gewinnung von Rosenöl. Blütenblätter der Rosen werden mit Talg vermengt. Wiederholt werden Blüten auf Tafeln aus Rindertalg ausgestreut. Der Talg fixiert die ätherischen Öle, die später durch Alkohol extrahiert werden.
Englische Rosen: Neue Rosenklasse mit stark duftenden, zumeist öfterblühenden Beet- und Strauchrosen, die der Brite David Austin in über 30jähriger Züchtungsarbeit geschaffen hat. Die großen, stark gefüllten Rosetten- bzw. Ballonblüten erinnern an alte Rosenformen.
Entdorner: → Abdorner
Eschen-Rose: *Rosa blanda*, Wildrose mit einfachen rosafarbenen Blüten im Mai und Juni.
Essig-Rose: → *Rosa gallica*. Gartenrose unserer Vorfahren, stark duftend. Viele Sorten sind im 19. Jahrhundert entstanden. Auch als Provins-Rose bezeichnet, → auch Apotheker-Rose.
Extraktion: Methode zur Gewinnung von Rosenöl. Getrocknete Blüten werden angefeuchtet und in Edelstahl-Fässern auf Siebplatten aufgeschichtet. Durch Zugabe von Hexan brechen die Pflanzen-

ROSENLEXIKON

zellen auf, nach Erhitzen und Abkühlung bleibt das sogenannte Concrete, eine wachsartige Masse mit dem Duftstoff, zurück. Daraus wird das Absolute, die reine Essenz, gewonnen.

F

Fadenwürmer: → Nematoden
Falscher Mehltau: Pilzkrankheit; zeigt sich durch weißgrauen Schimmelrasen auf der Blattunterseite und dunkle Flecken auf der Blattoberseite. Befallene Blätter welken und fallen ab; vor allem im Spätsommer und Herbst auftretend.
Farne: → Stauden, die entweder im Herbst das Laub einziehen oder winter- bzw. immergrün die Frostperiode überdauern. Lieben feuchten und humosen Boden in schattiger Lage. Sproß meist als Rhizom, die gefiederten Blätter treten als Wedel in Erscheinung.
Feld-Rose: *Rosa arvensis*, heimische Wildrose, bedeckt mit ihren langen Trieben Böschungen und Hänge, auch in halbschattiger Lage, Blüte im Juli, Hagebutten ab September.
Fiederblatt: Das Rosenblatt ist unpaarig gefiedert, artenunterschiedlich besteht ein Rosenblatt aus 5 bis 15 Fiederblättchen.
Filz-Rose: *Rosa tomentosa*, einheimische Wildrose, im Juni zartrosa blühend.
Flächenrose: Überbegriff für die Gruppe der Bodendecker- und Kleinstrauchrosen. Alle Sorten dieser Gruppe decken aufgrund ihrer dichten Blattstellung Flächen unkrautunterdrückend ab. Bodendeckende Sorten wachsen flach und bodenaufliegend. Im Handel zunehmend als wurzelechte Ware angeboten, die keine lästigen Wildtriebe bilden kann.
Flachwurzler: Gehölze, deren Hauptwurzeln flach und oberflächennah verlaufen, z. B. Birken.
Flavonoide: Zellstoffe, die für die gelbe Blütenfarbe bei Rosen verantwortlich sind.
Florfliege: Nützling. Die Larven saugen Blattläuse aus.
Floribunda-Grandiflora-Rosen: Sehr großblumige → Floribundarosen, wie diese zu verwenden. Beispiel: 'The Queen Elizabeth Rose'®.
Floribundarosen (Polyantha-Hybriden): Großblumige, winterharte, niedrige → Beetrosen, deren edle Blütenform an die Blütenform der → Edelrosen erinnert. Als erste Rose dieser Gruppe gilt 'Gruß an Aachen'. Übergänge zu → Polyantharosen sind fließend. → auch Floribunda-Grandiflora-Rosen.
Foetida-Hybriden: → Lutea-Hybriden
Freiland-Schnittrosen: Im Sommerverkauf der Schnittrosen spielen zunehmend sogenannte »Freilandrosen« ein Rolle, Tendenz steigend. Im Unterschied zu den Gewächshausrosen stammen sie größtenteils aus heimischer Produktion. Vor allem sogenannte »Sprayrosen«, also besonders büschelblütige Sorten mit vielen Blüten pro Stiel, sind als Vasenschmuck ein Verkaufsrenner.
Fuchs-Rose: *Rosa foetida*, strauchartig wachsende Wildrose, die im Juni tiefgelb blüht und dabei einen starken Blütengeruch verströmt, der von vielen als unangenehm empfunden wird. Bekannte Sorte ist 'Bicolor', die orange-scharlachrot blühende Kapuziner-Rose, Mutter vieler orange- und gelbfarbener Gartenrosen. → auch Lutea-Hybriden.
Fungizide: Von lat. *fungus* = Pilz und *caedere* = töten; chemische Giftstoffe, die im Gartenbau gegen schädigende Pilze eingesetzt werden.
Fußstämme (Zwergstämme): Stammrosen mit 40 cm Veredlungshöhe; meist werden Zwergrosensorten veredelt.

G

Gallica-Rosen: Auf die älteste durch den Menschen kultivierte Rosenart, *Rosa gallica*, zurückgehende Sortengruppe. *Rosa gallica* gilt als die Urmutter aller modernen Rosensorten und wurde bereits im 13. Jahrhundert großflächig angebaut, man nutzte ihr Rosenöl zu Heilzwecken und als Küchenutensilie. Später erlangte die Sorte 'Officinalis', die → Apotheker-Rose, sehr große Bedeutung. Die meisten Gallica-Rosen sind Zufallssämlinge, entstanden durch Insektenbestäubung.
GartenBaumschule: Sondergruppe innerhalb des Berufsverbandes Bund deutscher Baumschulen (BdB). GartenBaumschulen sind anerkannte Marken-Baumschulen, die den Privatkunden mit u. a. breiten Sortimenten von Gehölzen und Stauden rund ums Jahr bedienen. Bietet hohe Fachkompetenz, Service und Beratung rund um das Gartengrün. Mit eigener Pflanzenerzeugung, → auch Baumschule.
GartenCenter: Verkaufsstätte für alles, was sich um Grün in Zimmer und Garten dreht. In der Regel ohne eigene Pflanzenproduktion.
Gewächshaus-Schnittrosen: Im Erwerbsgartenbau in Treibhäusern kultivierte Rosenpflanzen zur Produktion von Schnittrosen. Ziele der modernen Schnittrosen-Züchtung sind vor allem hohe Produktivität, höchste Mehltauresistenz, gute Haltbarkeit, gutes Treibverhalten und gute Transportfähigkeit der Rosen, neuerdings auch wieder Duft. → auch Freiland-Schnittrosen.
Gespannte Luft: Luft mit extrem hohem Feuchtigkeitsanteil innerhalb eines Gefäßes oder Treibhauses zur Versorgung von z. B. Rosenstecklingen mit ausreichender Blattfeuchte bis zur Bewurzelung.
Glanz-Rose: *Rosa nitida*, zahlreiche Ausläufer bildend, die in der Summe einen vieltriebigen, kniehohen Busch bilden. Triebe sind borstig bestachelt, Laub mit Herbstfärbung.
Grandiflora-Rosen: Übergang/Mischform zwischen → Floribunda- und → Edelrosen. Durch wiederholte Kreuzungen beider Formen entstanden büschelblütige Edelrosen.
Grauschimmel: Pilzkrankheit, auch als *Botrytis* bekannt; der Pilz verursacht Faulstellen auf Blütenblättern und Knospen.
Größte Rosenschule der Welt: Jackson & Perkins, USA. Jährlich werden 15 Millionen Rosenpflanzen veredelt.
Gründüngung: Sommerliche Aussaat ab April von *Tagetes erecta* (Studentenblume) vor der Rosenpflanzung, verbessert die Bodenstruktur und – durch Mehrung des Humus – die Bodenfruchtbarkeit. Zudem sind Gründüngungspflanzen wichtige Futterpflanzen für Bienen und andere Nutzinsekten. In Baumschulen Einsatz zur Bekämpfung von → Nematoden.
Grüne Rose: *Rosa chinensis* 'Viridiflora', sommerlang blühende Rose mit hellgrünen »Blütenblättern«, entstanden durch Rückbildung der Blüten- und Staubblätter zu Laubblättern. Laune der Natur, hervorgegangen aus einer chinesischen Rose. 1856 von einer englischen Baumschule in den Handel gebracht.
Gütebestimmungen: Korrekt »FLL-Gütebestimmungen für Baumschulpflanzen«, ein Regelwerk zur Festlegung von Pflanzenqualitäten innerhalb des Baumschulhandels. Europaweite Anerkennung.

H

Habitus: Äußeres Erscheinungsbild eines Baumes oder Strauches, abhängig u. a. von der Art der Verzweigung, Wuchsrichtung der Sprosse, Verholzungsgrad der Triebe und Laubform.
Hagebutte: Orange, gelb, braun, schwarz oder rot gefärbte Sammel- oder Scheinfrucht der Rosen mit hohem Vitamin-C-Gehalt, → auch → Nuß.
Halbschattiger Standort: Die Pflanze ist durch lichten Wander- bzw. Wechselschatten mehr als die Hälfte des Tages, immer aber während der Mittagsstunden beschattet.
Halbstämme: Stammrosen mit 60 cm Veredlungshöhe; meist werden Beet- und Flächenrosensorten veredelt. Ideale Rosenstämme für Kübel.
Hecht-Rose: *Rosa glauca*, die Rotblättrige Rose, im Juni dunkelrosa blühende Wildrose mit bereiften, bläulichroten Blättern.
Heilpflanzen: Pflanzen, die wegen ihrer Inhaltsstoffe zur Herstellung von Arzneimitteln verwendet werden können.

ROSENLEXIKON

Heimische Gehölze: Gehölze, die in Mitteleuropa verbreitet sind oder in vorgeschichtlicher Zeit verbreitet waren.
Herbizide: Von lat. *herba* = Kraut und *caedere* = töten; chemische Mittel zur Bekämpfung von Unkräutern und Ungräsern.
Herzwurzler: Gehölze, deren Hauptwurzeln strahlenförmig vom Stammbereich abgehen und ein dichtes, kompaktes Wurzelwerk bilden, z.B. bei Linden.
Hippe: Gebogenes Gartenmesser, das sich sehr gut zum Entfernen der Wildtriebe an Rosen eignet.
Hochstämme: Stammrosen mit Veredlungshöhe 90 cm, auf die Beet-, Edel- und Flächenrosen veredelt werden. Ideal für den Hausgarten.
Honigtau: Zuckerhaltiger Pflanzensaft, der von saugenden Blattläusen ausgeschieden wird und sich u.a. auf den Blättern der unter den befallenen Bäumen (z.B. Linden) gepflanzten Rosen ablagert. Auf dem klebrigen Blatt finden Rußtaupilze ideale Keimbedingungen.
Hornspäne: Organischer, pflanzen- und bodenschonender Stickstoffdünger tierischer Herkunft.
Hülse: Vielsamige Frucht, aus einem einzigen länglichen Fruchtblatt gebildet, sich an der Bauchseite und Rückennaht öffnend.
Humus: Gesamtheit abgestorbener organischer Substanz tierischer oder pflanzlicher Herkunft im Boden. Dunkle Farbe typisch. Wird unterschieden in leicht abbaubaren Nährhumus und beständigen, sich nach und nach zersetzenden Dauerhumus. Nährhumus dient der Ernährung der Bodenorganismen. Dauerhumus verbessert die Bodenstruktur und enthält Nährstoffe.
Hunds-Rose: *Rosa canina*, ab Juni zartrosa blühende, einheimische Wildrose, reichlich Hagebutten ansetzend. Die über 600 Jahre alte Rose am Hildesheimer Dom ist eine Canina-Form. Ihr wenig einladender deutscher Name geht wahrscheinlich auf die medizinische Verwendung eines aus ihren Wurzeln hergestellten Absuds zurück. Diese Medizin wurde bis in das 16. Jahrhundert hinein als sicheres Mittel gegen den Biß eines tollwütigen Hundes ärztlich verordnet.
Hybridisierung: Entweder durch Wind oder Tiere oder Menschenhand ausgelöste geschlechtliche Vereinigung unterschiedlicher Elternsorten mit der Folge der Entstehung neuer Abkömmlinge.

I

Immergrüne: Immergrüne Laubgehölze wie *Buxus*, *Ilex*, Feuerdorn, Rhododendron; mindestens zwei Sommer das Laub haltend.
Internodien: Abstände zwischen den Augen (Knospen) an einem Trieb.
Insekten: Von lat. *insectum* = eingeschnitten; meint die scharfen Einkerbungen am Körper dieser Tiere, die ihn in Kopf, Brust und Hinterleib trennen.
Insektizide: Von lat. *insectum* = eingeschnitten (→ Insekten) und *caedere* = töten; chemische Mittel zum Abtöten von Insekten.
Integrierter Pflanzenschutz: Integriert die natürlichen Abwehrkräfte der Pflanzen in den Pflanzenschutz und rechtfertigt den Einsatz von chemischen Pflanzenschutzmitteln erst nach dem Überschreiten von Schadschwellen.
In vitro-Kultur: → Meristemvermehrung

J

Junges Holz: Bezeichnet das Holz der einjährigen Triebe.

K

Kali: → Kalium
Kalium (K): Auch Kali genannt, wichtiger Nährstoff zur Regulierung des Wasserhaushalts der Rosen. Düngung mit Patentkali fördert die Holzreife und senkt damit die Frostanfälligkeit der Rosentriebe.
Kalk: → Kalzium
Kalzium (Ca): Im Kalk enthaltener Nährstoff, aber auch im Boden den pH-Wert regulierend.
Kapsel: Vielsamige Frucht, aus mehreren Fruchtblättern gebildet, unterschiedliche Öffnungsmechanismen.
Kapuziner-Rose: *Rosa foetida* 'Bicolor', auch Fuchs-Rose.
Kartoffel-Rose: *Rosa rugosa*, Wildrose, die Mitte des 18. Jahrhunderts von Japan nach Europa kam und heute als bei uns eingebürgert gilt. Wegen ihrer runzligen, an das Laub der Kartoffel erinnernden Blätter Kartoffel-Rose genannt. *Rosa rugosa* und ihre Sorten sind robust, gelten als salzverträglich und tragen reichlich Hagebutten.
Kaskadenstämme (Trauerstämme): Form der Stammrosen, auf der Höhe von 140 cm werden meist Kletterrosen- bzw. überhängende Flächenrosensorten veredelt.
Kastanien-Rose: → Chestnut-Rose
Kleinstrauchrose: → Flächenrose
Kletterrosen: Den → Strauchrosen ähnelnde Gruppe, aber im Unterschied zu diesen längere Triebe ausbildend. Benötigen eine Kletterhilfe für den Aufstieg an Wänden und Pergolen.
Knochenmehl: Stark phosphathaltiges, organisches Düngemittel tierischer Herkunft.
Kohl-Rose: *Rosa centifolia*, → Zentifolien-Rosen
Kompost: Organischer Dünger, durch Rückführung organischer Materialien in den Bio-Kreislauf gewonnen. Kompostherstellung erfolgt durch Sammeln von organischen Haus- und Gartenabfällen. Kompostwirtschaft mit dem Regenwurm und den Mikroorganismen als wichtigen Helfern.
Konditor-Rose: *Rosa gallica* 'Conditorum', die Ungarische Rose. Die halbgefüllten rubinroten Blüten wurden früher bei der Herstellung von Konditorprodukten verwendet.
Koniferen: → Nadelgehölze
Kordesii-Rosen: Von Wilhelm Kordes geschaffene Sorten-Gruppe von besonders frostharten, dauerblühenden und robusten Sorten.
Kralle: Werkzeug zum Abhäufeln der Rosen im Frühjahr und zur Bodenlockerung.
Kratz-Rose: *Rosa scabriuscula*, heimische Wildrose der sonnigen Waldränder, lockt im Juni und Juli zahlreiche Insekten zur Bestäubung an, guter Hagebuttenansatz.
Kriech-Rose: → Feld-Rose
Kronentraufe: Äußere Begrenzung der Kronenschirm-Fläche von Bäumen. Am Kronenrand den sogenannten Tropfbereich bildend, über den Regen- und Kondenswasser abgeleitet wird. Er setzt insbesondere darunterstehenden Rosen zu und erschwert ein Abtrocknen ihres Laubes. Kein Standort für Rosen.
Kurzzeitdünger: → Mineralische Dünger

L

Lambertiana-Rosen: Benannt nach Peter Lambert, bekanntem Rosenzüchter. Züchtete die öfterblühende Strauchrose 'Trier', die zur Ausgangssorte der Lambertiana-Rosen wurde. → auch Moschus-Rosen.
Langzeitdünger: Mineralischer Dünger, auch Depotdünger genannt. Besteht aus Düngerkörnern, die von einer halbdurchlässigen Harzhülle umgeben sind und ihre Nährstoffe temperaturabhängig abgeben. Auswaschung der Nährstoffe wird vermieden.
Laub: Blattorgane mit hohem Gehalt an Blattgrün (Chlorophyll). Im Blatt findet die Photosynthese statt. Dabei wird Kohlendioxid in Verbindung mit Wasser durch die Energie des Sonnenlichts zu Zuckerverbindungen umgewandelt und Sauerstoff freigesetzt.
Lutea-Hybriden (Pernetiana-Rosen, Foetida-Hybriden): Aus Kreuzungen von *Rosa foetida* 'Persian Yellow' mit der → Remontant-Rose 'Antoine Ducher' durch den Franzosen Pernet-Ducher Ende des 19. Jahrhunderts entstandene Rosenklasse mit vielen wunderbaren Farbtönen, u.a. in Rosa, Orange, Aprikot. Hohe Anfälligkeit für → Sternrußtau. → auch Fuchs-Rose.

M

Magnesium (Mg): Nährstoff und ein Bestandteil des Blattgrüns → Laub. Mg-Mangel zeigt sich

ROSENLEXIKON

durch mosaikförmige Gelbfärbung der Blätter.

Mai-Rose: *Rosa majalis*, die Zimt-Rose. Im Mai lilafarben blühende einheimische Wildrose für Böschungen und Hänge.

Mandarin-Rose: *Rosa moyesii*, eine locker wachsende Strauchrose, die durch große, flaschenförmige Borsten-Hagebutten ziert, Vogelnährgehölz.

Marienkäfer: Nützling. Larve, Puppe und Käfer können größere Mengen an Blatt- und Schildläusen vertilgen.

Mehrnährstoffdünger: → Rosendünger

Meristem: Undifferenziertes, teilungsfähiges Gewebe z. B. an der Sproßspitze einer Rose. Verwendet in der → Meristemvermehrung.

Meristemvermehrung: Eine noch junge Methode zur Vermehrung von Rosen. Das Prinzip dabei ist, aus einer isolierten Pflanzenzelle unter Laborbedingungen (= in vitro) eine lebensfähige, mit der Muttersorte identische Rose zu erzielen.

Mineralische Dünger (Kurzzeitdünger): Hochwirksame Nährstoffkonzentrate, die leicht wasserlöslich sind und bei entsprechender Bodenfeuchtigkeit umgehend aktiviert werden. Mineralische Dünger haben keine den Boden verbessernden Eigenschaften, sondern dienen der schnellen Abhilfe beim Auftreten von Mangelsymptomen.

Miniaturrosen: → Zwergrosen

Monokultur: Massenhafte, sprich monotone Verwendung von nur einer Rosenart bzw. -sorte auf einer bestimmten Fläche. Fördert Artenarmut und damit Befallsdruck durch artspezifische Schädlinge und Krankheiten.

Moosrosen: Entstanden aus einer spontanen Veränderung (→ Mutation) der Blütenknospen von → Zentifolien-Rosen; Kennzeichen der Moosrosen sind mit moosartigen Drüsen besetzte Blütenstiele, Fruchtknoten und Kelchblätter.

Moschata-Hybriden: → Moschus-Rosen

Moschus-Rosen: Kreuzungen, die auf *Rosa moschata* zurückgehen, einer aus Indien und China stammenden Wildrose. Bereits die Schriftsteller des Altertums beschrieben ihren moschusähnlichen Blütenduft. Die erste Moschata-Hybride war 'The Garland', ein Züchtungserfolg des Engländers Wells aus dem Jahre 1835. Peter Lambert setzte um 1900 die Züchtung mit *Rosa moschata* fort und schuf die bekannte Sorte 'Trier'. Ihm zu Ehren wurden die → Lambertiana-Rosen benannt.

Mulchen: Der Begriff leitet sich von niederdt. »mölsch« ab, was soviel wie »weich, am Anfang der Zersetzung befindlich« bedeutet. Mulchen bezeichnet die Bedeckung des Bodens mit organischen Reststoffen. Wirkung: unkrautunterdrückend, Bodenfeuchte fördernd, wassersparend. Je nach verwendetem Mulchmaterial ist eine zusätzliche Stickstoffdüngung sinnvoll.

Müllerbursche: Umgangssprachlich für Rosen, die stark von Echtem Mehltau befallen sind.

Mumienbildung: Neigung von Rosenblüten, bei starkem Regen zu verkleben und sogenannte Blütenmumien zu bilden, häufig z.B. bei Rugosa-Hybriden.

Mutation: Spontane Veränderung der Erbanlagen; läßt z. B. einen andersgearteten Trieb an einer Rose entstehen (→ Climbing-Rosen). Wird ein solches Triebstück vermehrt, entsteht dadurch eine neue Sorte mit einer veränderten Eigenschaft, zum Beispiel Blütenfarbe oder Wuchsform. Eine solche neue Sorte wird auch »Sport« genannt.

Mykorrhiza: Lebensgemeinschaft, bestehend aus Wurzeln und darauf siedelnden Pilzen.

N

Nachbarrecht: Regelt u. a. die Grenzabstände zum Nachbargrundstück. Da Ländersache, in den Bundesländern unterschiedlich geregelt. Gemeinden haben die Landesgesetze häufig durch zusätzliche Regelungen erweitert.

Nadelgehölze (Koniferen): Gehölze, die bis auf wenige Ausnahmen (Ginkgo) Nadeln tragen und baum- oder strauchartig wachsen.

Nadel-Rose: *Rosa acicularis*. Im Mai dunkelrosa blühende Rose, ab September birnenförmige Hagebutten. Wenige richtige Stacheln, sondern zahlreiche nadelartige Borsten.

Nährhumus: → Humus

Nematoden: Winzige Fadenwürmer, die an den Wurzeln der Rosen u. a. Pflanzen saugen. Über die so entstandenen Wunden dringen Gefäßpilze in die lebenswichtigen Feinwurzeln ein und schädigen sie. Eine mögliche Ursache für → Bodenmüdigkeit.

Netzschwefel: Preiswertes Mittel zur Bekämpfung von → Echtem Mehltau, jedoch Spritzflecken auf den Blättern hinterlassend.

Noisette-Rosen: Klasse von öfterblühenden Rosen, die auf den Franzosen Louis Noisette zurückgeht. Mit Sämlingen seines in den USA lebenden Bruders Philippe kreuzte Louis ab Beginn des 19. Jahrhunderts, es entstanden niedrige und kletternde Sorten.

Nomenklatur: Verfahren zur korrekten Benennung von Lebewesen. Jeder Organismus wird mit Gattung (1. Name) und Art (2. Name) benannt. Dieser sogenannten binären Nomenklatur kann ein Sortenname (3. Name) angehängt sein: z. B. *Rosa foetida* 'Bicolor'.

Nuß: Meist einsamige Schließfrucht. Rosensamen sind botanisch betrachtet Nüßchen und in einer Frucht, der → Hagebutte, zusammengefaßt.

Nützlinge: Bekämpfen Schädlinge im Garten, z. B. → Florfliege, → Marienkäfer, → Ohrwurm, → Schlupfwespe, → Schwebfliege.

O

Ohrwurm: Nützling. Macht nachts Jagd auf Blattläuse. Mit Holzwolle gefüllte Rosenkugeln erwärmen sich im Inneren und sind ein idealer Nistplatz für Ohrwürmer.

Ökologie: Lehre von den Wechselwirkungen zwischen u. a. Pflanze und Umwelt.

Okulation: Am häufigsten angewandte Vermehrungsmethode für Rosen, bei der ein → Auge in die durch einen T-Schnitt vorbereitete → Unterlage eingesetzt wird.

Okulationsmesser: Spezialmesser für die Okulationsarbeit, entweder mit Rindenlöser an der Klinge oder mit gesondertem Löser aus Kunststoff am Messerende.

Ölrose: Begriff, der sich meist auf *Rosa x damascena* 'Trigintipetala' bezieht. Fast die Hälfte der weltweiten Rosenölproduktion stammt heute aus der Ukraine, ein Viertel aus Bulgarien, der Rest u. a. aus der Türkei und Marokko. Geerntet werden die halbgefüllten Blüten in den frühen Morgenstunden. Für 1 kg Rosenöl sind etwa 3000 kg Blüten notwendig.

Organische Dünger: Nach dem mikrobiellen Abbau durch die Bodenorganismen geben diese Dünger ihre Nährstoffe langsamfließend ab. Organische Dünger sind z. B. → Hornspäne, → Kompost, Guano, Stallmist.

P

Parkrosen: Einmalblühende → Strauchrosen

Patio-Rosen: Englischer Begriff für → Zwergrosen, insbesondere in Balkonkästen gepflanzte.

Pernetiana-Rosen: → Lutea-Hybriden

Petalen: Fachsprachliche Bezeichnung in der Botanik für Blütenblätter (aus dem griech. *petalon* = Blatt)

Pfahlwurzel: Pfahlartige, sehr tiefgehende Wurzel. Rosen bilden meist eine pfahlähnliche Wurzel aus.

pH-Wert: Drückt die Konzentration der Bodensäure aus. Stark saure Böden (geeignet z. B. für Moorbeet-Pflanzen) haben sehr niedrige pH-Werte um 4. Für Rosen ist ein pH-Wert im neutralen Bereich um 6,5 ideal. Eine Erhöhung des pH-Wertes ist durch Kalkgaben möglich, → Kalzium.

Phosphor (P): Nährstoff, u. a. notwendig für die Eiweißsynthese, wesentlicher Bestandteil des Zellkerns. P-Mangel zeigt sich durch kleinbleibende, bläulichgrüne Blätter, die an den Blatträndern eine Purpurbronze-Färbung aufweisen.

Pilzkrankheiten: Bei Rosen bedeutsam sind u. a. → Echter Mehltau, → Falscher Mehltau, → Rosenrost, → Sternrußtau.

Pinzieren: Einkürzen von Neutrieben. Insbesondere Edelrosen neigen dazu, nur wenige neue Grundtriebe zu entfalten und sparrig-locker zu wachsen. Durch das Pinzieren der Neutriebe ab Mitte Mai werden die Pflanzen zu einer weiteren Verzweigung angeregt. Dies fördert die Buschig- und Mehrtriebigkeit an sich staksig wachsender Sorten.

Polyantha-Hybriden: → Floribundarosen

Polyantharosen: Kleinblumige, niedrig wachsende Beetrosen mit großen, vielblütigen Blütenständen. Hervorgangen aus Kreuzungen von *Rosa multiflora* (Syn.: *Rosa x polyantha*) und *Rosa chinensis*. Übergänge zu → Floribundarosen sind fließend.

Portland-Rosen: Wahrscheinlich aus Kreuzungen der öfterblühenden Herbstdamaszener-Rose (→ Damaszener-Rosen) mit *Rosa gallica* 'Officinalis' entstandene Formen, oft mit Strauchwuchs, duftend, robust.

Präsentierschere: Zum Schneiden von Schnittrosen entwickelte Spezialschere, die nach dem Schnitt durch eine Klingenwulst den Rosenstiel festhält.

Prolifikation: Vorgang, bei dem eine Blüte »durchwächst«, d. h. aus dem Innern einer aufgeblühten Rose wächst ein neuer Blütentrieb heraus. Bisweilen sind diese »Blütendoppeldecker« bei Alten Rosen und Beetrosen zu beobachten.

Provence-Rose: → Zentifolien-Rosen

Provins-Rose: → Essig-Rose

R

Rambler: Kletterrosen, die besonders lange, weiche und dünne Triebe ausbilden. Wachsen in lichte Bäume, begrünen Pergolen und Torbögen.

Raubmilbe: Nützling. Saugt die Eier der Roten Spinne aus.

Remontant-Rosen: Wichtiges Bindeglied zwischen den → Alten und Modernen Rosen, Anfang des 19. Jahrhunderts entstanden aus Kreuzungen u. a. zwischen → Bourbon-, → Tee- und → Portland-Rosen. Die Sorten dieser Gruppe remontieren, d. h. sie haben die Fähigkeit, nach der Hauptblüte eine Nachblüte auszubilden. Zwischen Haupt- und Nachblüte liegt eine deutliche Ruhepause. Die meisten Remontant-Rosen wachsen strauchartig.

Remontieren: → Remontant-Rosen

Rigolen: Tiefes Umgraben der Gartenerde mit dem Ziel, verschiedene Bodenschichten zu vermischen.

Rindenfleckenkrankheit: Pilzkrankheit; verursacht bräunlichrote Flecken auf den Trieben, die leicht mit Frostschäden verwechselt werden können.

Rindenmulch: Zerkleinerte Rinde, die zur Bodenabdeckung ausgebracht wird.

Rispe: Blütenstand, mehrfach verzweigte Traube mit Endblüte.

Romantica®-Rosen: Neue Produktlinie des französischen Rosenzüchters Meilland mit Rosensorten, die mit ihren stark gefüllten Rosetten- und Ballonblüten an Alte Rosen erinnern. Vertrieben in Deutschland durch die Baumschule BKN Strobel in Pinneberg.

Rose von Jericho: Als »Auferstehungspflanze« wird auf Jahrmärkten bisweilen *Selaginella lepidophylla*, ein Moosfarngewächs aus den Trockengebieten Mexikos und Mittelamerikas, als sogenannte »Rose von Jericho« angeboten. Die Pflanze bildet tennisballgroße, zusammengerollte Rosetten, die jahrelang ohne Wasser überleben können. Wirft man eine Rosette in heißes Wasser, öffnet sie sich, »erblüht« zum Erstaunen der Betrachter.

Rosenblattläuse: Kleine, grüne Läuse; befallen junge, noch weiche Triebe. Bei warmtrockener Witterung massenhafte Vermehrung ab April.

Rosenblattrollwespe: Befall zu erkennen an eingerollten Blättern der Rosen ab Mai. In den Blattröllchen entwickeln sich die Larven.

Rosendünger: Mehrnährstoff-Dünger, enthält die notwendigen organischen und mineralischen Nährstoffkomponenten für Rosen im richtigen Mengenverhältnis.

Rosengallwespe: Moosähnliche, deutlich sichtbare Wucherungen an den Trieben; fällt durch die haarartigen Auswüchse auf, die sogenannten Schlafäpfel, die bis 5 cm Durchmesser erreichen können. Schlafäpfel gelten als Schlafmittel.

Rosengrabegabel: Grabegabel mit nur zwei Zinken von etwa 25 cm Länge im Abstand von 4 cm. Ideal zur wurzelschonenden Bodenlockerung.

Rosenkugel: Dekorative Behausung für → Ohrwurm.

Rosenmüder Boden: → Bodenmüdigkeit

Rosenprüfgärten: → ADR-Rosen

Rosenrost: Pilzkrankheit; nach dem Austrieb im Frühjahr finden sich orangefarbene Sporenlager an der Blattunterseite. Im Herbst sind die Pusteln schwarzbraun.

Rosenzikade: Die Blätter sind auf der Oberseite weißlich gesprenkelt. Auf der Blattunterseite befinden sich grünlichweiße, blattlausähnliche Insekten, die sich springend fortbewegen.

Rost: → Rosenrost

Rotblättrige Rose: → Hecht-Rose

»Rote Rose von Lancaster«: → Apotheker-Rose

Rote Spinne: → Spinnmilben

Rußtaupilze: Pilze, die schwarzen Pilzrasen auf den zuckerhaltigen Ausscheidungen von Blatt- und -Schildläusen (→ Honigtau) auf dem Rosenlaub bilden.

S

Salat-Rose: *Rosa centifolia* 'Bullata', → Zentifolien-Rose mit einzigartigen, sehr großen, gewellten Blättern.

Schattiger Standort: Die Pflanze erhält nie direkte Sonnenbestrahlung, z. B. auf Standorten direkt unter Bäumen oder im Kernschatten von Bauten und Wänden.

Schildläuse: Braune, durch einen harten Panzer geschützte Läuse, die einen klebrigen Saft ausscheiden und an Trieb und Blatt sitzen.

Schirmrispe: Rispe, deren Rispenäste schirmartig in einer Ebene enden.

Schlafäpfel: → Rosengallwespe

Schlafendes Auge: → Auge

Schlupfwespe: → Blattlaus-Schlupfwespe

Schnittrosen: → Freiland-Schnittrosen, → Gewächshaus-Schnittrosen

Schote: Vielsamige Frucht, aus zwei Fruchtblättern gebildet, sich an der Bauchseite und Rückennaht öffnend.

Schottische Zaun-Rose: *Rosa rubiginosa*, auch Wein-Rose, heimische Wildrose, interessante Heckenrose, Vogelschutz- und Vogelnährgehölz, Blätter mit Apfelduft. Der englische Lord Penzance züchtete gegen Ende des 19. Jahrhunderts eine Reihe von gesunden, sehr robusten Rubiginosa-Sorten.

Schwarze Rose: Wirklich schwarze Rosen gehören bisher ins Reich der Fantasie. Es gibt sehr dunkelrote Rosensorten, die immer wieder in Katalogen beworben werden. Eine der dunkelsten bisher war die 1933 vorgestellte, sehr schwachwüchsige Sorte 'Nigrette' des deutschen Züchters Max Krause. Mit viel gutem Willen läßt sie sich als »schwarz« bezeichnen. In der Regel sind diese Sorten wenig wüchsig und krankheitsanfällig.

Schwebfliege: Nützling. Die Larven spießen Blattläuse mit ihren Mundwerkzeug auf und saugen sie aus. Rugosa-Hybriden sind beliebte Anflugsziele.

Seerosen: Wasserpflanzen der Gattung *Nymphaea*. Haben mit Rosen nur den Namen gemein.

Selbstreinigung: Fähigkeit einer Rosenblüte, sich nach dem Verblühen selbst zu »säubern«. Manche Sorten haben dagegen die Eigenschaft, ihre Blütenblätter bis zum Braunwerden am Stiel festzuhalten.

Selektion: Vorgang bei der Rosenzüchtung, bei dem Sämlinge nach bestimmten Kriterien, u. a. Robustheit und Blühwilligkeit, begutachtet und zur Weitervermehrung ausgewählt werden. → auch Züchtung.

Sepalen: Fachsprachliche Bezeichnung in der Botanik für Kelchblätter (aus franz. *sépale* = Kelchblatt).

Sonniger Standort: Die Pflanze wird in der Zeit zwischen Son-

ROSENLEXIKON

nenaufgang und -untergang fast durchgehend direkt von der Sonne bestrahlt.
Sortenschutz: Das Bundessortenamt in Hannover erteilt nach Anmeldung einer neuen, von anderen Sorten unterscheidbaren Pflanzensorte den Sortenschutz. Der Sortenschutz sichert die Rechte des Züchters an seinem »Produkt« und ermöglicht über Lizenzvergaben die Deckung von Züchtungskosten. Ob eine Rose sortengeschützt ist, erkennt der Verbraucher an den Schutzetiketten, die an den Rosen befestigt sind.
Spaltfrucht: Mehrblattfrucht, die bei der Reife an Verwachsungsstellen entlang in Teilfrüchte zerfällt.
Spinnmilben (z.B. Rote Spinne): Winzig kleine, orangerote Tierchen, die sich an der Blattunterseite befinden, dort saugen und nur mit der Lupe zu erkennen sind. Die Blattoberseite wird braungelb gesprenkelt, bis die Blätter abfallen. Bei Gemeiner Spinnmilbe feines Gespinst zwischen Blättern, Blattstielen und Trieben.
Sport: → Mutation
Sprayrosen: Besonders büschelblütige Sorten mit zahlreichen Blüten pro Stiel, insbesondere aus der Gruppe der Beetrosen. Siehe auch → Freiland-Schnittrosen.
Spreizklimmer: Kletterrosen, insbesondere → Rambler, gehören zu den Spreizklimmern. Sie wachsen nach oben, wobei sie mit ihren Hakenstacheln immer auf der Suche nach einem Halt sind. Ist die Suche erfolgreich, haken sie sich fest.
Stacheldraht-Rose: *Rosa sericea* f. *pteracantha*, nur vier Blütenblätter ausbildend, durch flügelartige, bis 3 cm große Stacheln vor allen an jungen Trieben auffallend. Diese Form stammt aus Zentralasien.
Stacheln: Rosen haben Stacheln, botanisch betrachtet Auswüchse der oberen Rindenschichten, die sich leicht – im Gegensatz zu den fest mit der Rinde verwachsenen → Dornen – entfernen lassen.
Stauden: Mehrjährige, krautige Pflanzen, die mit Hilfe ihrer unterirdischen Organe die Winterzeit überdauern.
Steckholz: Vermehrungsmethode. Holzige Triebteile von etwa 20 cm Länge (Strauch- und Kletterrosen) werden zur Bewurzelung bis zum letzten Auge in die Erde gesteckt.
Steckling: Vermehrungsmethode. Krautige Triebteile mit bis zu drei Augen werden im Sommer unter Folie oder Glas zur Bewurzelung gebracht.
Steinfrucht: Saftfrucht mit verholzter Samenhülle.
Steinfurther Rosenfest: Alle zwei Jahre jeweils im Juli stattfindende Gemeinschaftsschau aller Rosenbetriebe im hessischen Bad Nauheim-Steinfurth. Geboten wird u. a. eine Rosenschau mit vielen hundert ausgestellten Sorten; sonntags: Rosenkorso.
Sternrußtau: Pilzkrankheit; auf den Blattoberflächen sind sternförmige, violettbraune bis schwarze Flecken sichtbar, die strahlenförmig auslaufen. Meist im Spätsommer und Herbst auftretend, in regenreichen Sommern auch schon ab Juni zu beobachten.
Stickstoff (N): Nährstoff, der u. a. für das Längenwachstum der Rosen gebraucht wird, N-Mangel macht sich durch hellgrüne Blätter bemerkbar.
Stratifikation: Einschichten von Saatgut in feuchten Sand zur Überwindung von Keimruhen. Erhöht die Keimrate deutlich und sichert ein gleichmäßiges Auflaufen der Saat. Wird bei Wildrosensaat angewendet.
Strauch: Gehölz, das sich im Gegensatz zum Baum basal oder unterirdisch verzweigt.
Strauchrosen: Oberbegriff für einmalblühende Parkrosen und öfterblühende Zierstrauchrosen. Alle Rosen sind »Sträucher«, der Begriff Strauchrosen bezeichnet jedoch Sorten und Arten, die durch größere Wuchsstärke in Höhe und Breite auffallen. Die Blüten können einfach, halbgefüllt, aber auch gefüllt und edelrosenähnlich sein.
Substrat: Vorgemischte Pflanzerde für Kübel, Tröge, Ampeln, Vermehrungsgefäße.
Systemische Pflanzenschutzmittel: Präparate, die in den Organismus der Pflanzen eindringen und die Pflanzen von innen her schützen, indem saugende Insekten die Mittel mit dem Saftstrom aufnehmen.

T

T-Schnitt: → Okulation
Teehybriden: Synonym für → Edelrosen.
Teerosen: Alte Rosengruppe mit stark gefüllten Blüten. In Deutschland kaum frosthart. Entstanden aus roten, rosafarbenen und hellgelben Rosen, die Seeleute aus China (nicht zu verwechseln mit den → China-Rosen) auf »Teeschiffen« mitbrachten. Mit Beginn des 19. Jahrhunderts begann eine intensive züchterische Bearbeitung der Teerosen.
Thripse (Blasenfüße): Insekten; vor allem in blühreifen Knospen zu finden. Die Blütenblätter verkrüppeln, braune Flecken am Blütenblattrand.
Topfrosen: Kleinwüchsige Zwergrosen für Zimmer und Balkonkasten, angeboten meist in Töpfen mit 10 bis 12 cm Durchmesser. Hauptproduktionsland für stecklingsvermehrte Topfrosen in Europa ist Dänemark, das fast alle seine im Land produzierten Topfrosen exportiert. Die Topfrosenproduktion ist hochspezialisiert und automatisiert; nach 12 bis 14 Wochen sind die Rosen verkaufsfertig. Die Produktion erfolgt ganzjährig. In Dänemark werden über 30 Millionen, in ganz Europa etwa 54 Millionen Topfrosen pro Jahr produziert.
Traube: Blütenstand, gestielte Einzelblüten an einer Achse, in den Achseln von kleinen Tragblättern sitzend.
Trauerstämme: → Kaskadenstämme
Triebbohrer: Insekt; verursacht Triebwelken durch Fraßgänge in den Trieben. Abwärtssteigender Rosentriebbohrer höhlt Triebe von oben nach unten, Aufwärtssteigender Rosentriebbohrer von unten nach oben aus.
Triebstärke: Dicke eines Triebs.
Triebsterben: → Valsakrankheit

U

Ungarische Rose: → Konditor-Rose
Unterlage: Rosensämlinge, auf die Rosen veredelt werden.

V

Valsakrankheit: Pilzkrankheit, auch Triebsterben genannt; verursacht Triebwelken, teilweise sogar Absterben der gesamten Rosenpflanze.
Veredlungsstelle: Stelle, an der das durch → Okulation veredelte Rosenauge mit der → Unterlage verwachsen ist. Entweder am Wurzelhals oder – bei Rosenstämmen – in Kronenhöhe zu finden, zu erkennen an knotenartiger Verdickung.
Verein deutscher Rosenfreunde: Liebhabergesellschaft für Rosenfreunde mit Sitz in Baden-Baden, 1883 gegründet. Gibt vierteljährlich die Zeitschrift »Der Rosenbogen« heraus, jährliche Jahrbücher.
Vielblütige Rose: *Rosa multiflora* (Syn.: *Rosa x polyantha*), früher wichtige → Unterlage für die → Okulation von Rosen, Bedeutung heute rückläufig. Kreuzungselternteil vieler Kletterrosensorten. Weiße Blüte von Juni bis Juli, in dichten Büscheln stehend.
Vogelnährgehölz: Gehölz, dessen Früchte von Vogelarten als Nahrung angenommen werden.
Vogelschutzgehölz: Gehölz, das Vogelarten durch dichte Verzweigung bzw. bewehrte Triebe sicheren Nist- und Brutschutz gewährt.
Vollsonniger Standort: Die Rose ist von Sonnenauf- bis Sonnenuntergang voll dem Sonnenlicht ausgesetzt.

W

Wald-Rose: → Filz-Rose
Waldstämme: Im Wald geerntete Rosenwildstämme zur Verwendung als Veredlungsunterlage von Stammrosen; in früheren Zeiten üblich, im Gegensatz zum heutigen gezielten Anbau.
Warenzeichen: Kennzeichen auf Wort und Bild. Nur der Warenzeichen-Inhaber darf sein Warenzeichen benutzen. Fast alle neuen

Rosensorten sind warenzeichenrechtlich geschützt. Ob eine Rosensorte Warenzeichen- oder/und Sortenschutz genießt, erkennt der Verbraucher an Schutzetiketten, die an der Pflanze angebracht sind.

Wein-Rose: → Schottische Zaunrose

»Weiße Rose von York«: Synonym für 'Semiplena', eine *Rosa x alba*-Hybride. In Bulgarien zur Gewinnung von Rosenöl angebaut.

Wildstämme: Veredlungsunterlagen für Stammrosen.

Wildtriebe: Triebe aus der Wurzel oder dem Wurzelstock der Veredlungsunterlage unterhalb der Veredlungsstelle oder aus dem Stamm von Rosenstämmen. In der Regel durch feineres, kleineres Laub leicht vom größeren Laub der Edelsorte unterscheidbar.

Winterhandveredlung: Vermehrungsmethode. Im Winter werden Reiser von Schnittrosen-Sorten im Warmhaus auf starke Unterlagen aufgesetzt.

Wurzelballierung: Die Wurzeln der Rose stecken in einem Erdballen, der von einem Karton oder einem Netz zusammengehalten wird, um ein Austrocknen der Wurzel während der Verkaufszeit zu vermeiden.

Wurzelhals: Übergang zwischen Wurzel und Sproß. Bei Rosen oft auf einer Höhe mit der → Veredlungsstelle.

Wurzelnackte Rosen: Verkaufsform; Rosenstock ohne Erde an den Wurzeln.

Y

Yellow Rose of Texas: *Rosa x harisonii*. Arthybride mit hellgelben, halbgefüllten Blüten, die in Texas volksliedhaft als »Yellow Rose of Texas« besungen wird.

»York-und-Lancaster-Rose«: Synonym für *Rosa x damascena* 'Versicolor'. Sehr alte Sorte mit zweifarbigen, rosaweißen Duftblüten, die an die Rosen im Wappen der englischen Herrscherhäuser York (weiße Rose) und Lancaster (rote Rose) erinnern sollen.

Z

Zapfen: Triebstummel ohne Augen. Durch Absterben den anhängenden Trieb in Mitleidenschaft ziehend. Sollte sorgfältig direkt an der Ansatzstelle am Trieb abgeschnitten werden. Auch: verholzter, ährenartiger Blütenstand bei Nadelgehölzen, z.B. Tannenzapfen.

Zentifolien-Rosen: Die Zentifolien – auch als Kohl- bzw. Provence-Rosen bezeichnet – gelten als der Inbegriff der Alten Rosen schlechthin. Üppige Blütenfülle und fantastischer Duft kennzeichnen diese Gruppe. Gut zwei Meter hoch werdend. → auch Moosrosen.

Zierstrauchrosen: Öfterblühende → Strauchrosen

Zikade: → Rosenzikade

Zimt-Rose: → Mai-Rose

Züchtung: Vorgang zur Erzielung neuer Rosensorten durch Kreuzung von Mutter- und Vatersorten. Ablauf: Zwei Tage vor der eigentlichen Kreuzung schneidet man die gelben Staubgefäße der Vatersorte mit einer Schere ab. Die Pollenkörner läßt man auf einem Schälchen unter Lichtausschluß trocknen. Einen Tag vor dem vollständigen Öffnen der Blüte der Muttersorte werden all ihre Blütenblätter und Staubgefäße in den frühen Morgenstunden mit der Hand entfernt und somit eine Selbstbestäubung ausgeschlossen. Der Züchter taucht die kastrierte Blüte der Muttersorte in den Pollen der Vatersorte. Sofort nach der Kreuzung werden die Blüten eingetütet. Nach der Hagebuttenbildung erfolgt die Aussaat und Selektion der Sämlinge. Bis eine neue Rosensorte Marktreife hat, vergehen mindestens sieben Jahre.

Zwergbengalrosen: → Zwergrosen

Zwergrosen (Miniaturrosen, Zwergbengalrosen): Wahrscheinlich finden sich die Ursprünge dieser Sorten in China. Der Zwergwuchs ermöglicht eine vielseitige Verwendung auf dem Balkon, im Garten und Steingarten oder auch als → Topfrosen. Viele Sorten sind anfällig für Pilzkrankheiten und benötigen mehrere Spritzungen mit → Fungiziden während der Sommermonate.

Zwergstämme: → Fußstämme

ANHANG

Weitere Rosarien in Europa

◆ England

Albrighton, Shropshire: Schaugarten der Rosenschule David Austin.

Lieferquellen (Adressen von Rosenschulen mit Postversand und eigenem Katalog):

● Deutschland

BKN Strobel
Wedeler Weg 62
25421 Pinneberg

Rosen Gönewein
Steinfurther Hauptstraße 1-5
61231 Bad Nauheim/Steinfurth

Karl Hetzel
Am Stadion 18
75038 Oberderdingen

Ingwer Jensen
Am Schloßpark 2b
24960 Glücksburg

Hitchin, Hertfordshire: Schaugarten der Rosenschule Harkness.

London: Queen Mary Rose Garden im Regents Park, Kew Gardens.

W. Kordes' Söhne
Rosenstraße 54
25365 Klein Offenseth-Sparrieshoop

Werner Noack
Im Fenne 54
33334 Gütersloh

Rosen-Union
Steinfurther Hauptstraße 25
61231 Bad Nauheim-Steinfurth

Gustav Schlüter
Bahnhofstr. 5
25335 Bokholt-Hanredder

Walter Schultheis
Bad Nauheimer Straße 3-7
61231 Bad Nauheim-Steinfurth

Rosen Tantau
Tornescher Weg 13
25436 Uetersen

Romsey, Hampshire: Mottisfont Abbey, Sammlung historischer Rosen.

St. Albans, Hertfordshire: Garten der Englischen Rosengesellschaft.

Udo Zuber-Goos
Alte Hohl 7
69168 Wiesloch-Baiertal

● Österreich

Grumer Rosen
Raasdorfer Str. 28-30
A-2285 Leopoldsdorf

Gärtner Starkl
Baumschulen
A-3430 Frauenhofen/Tulln

● Schweiz

Hauenstein AG
Landstr. 42
CH-8197 Rafz ZH

Richard Huber AG
Rothenbühl 8
CH-5605 Dottikon AG

◆ Spanien

Madrid: Parque de Oestre.

◆ Dänemark

Kopenhagen: Rosengarten im Valby Park.

● England

Peter Beales Roses
London Road
Attleborough
GB-Norfolk NR 17 1 AY

Hillier Nurseries Ltd.
Ampfield House
Ampfield
GB-Romsey/Hants SO5 9PA

David Austin Roses
Bowling Green Lane
Albrigton
GB-Wolverhampton, WV7 3 HB

Literatur/Adressen/Internet/CD-ROM

Literatur

L'Aigle, Alma de: Begegnung mit Rosen. 2. Auflage, Frick Öhningen-Verlag, Moos, 1978.

Austin, David: Alte Rosen & Englische Rosen. DuMont-Verlag, Köln, 1993.

Austin David: Englische Rosen. DuMont-Verlag, Köln, 1994.

Austin, David: Strauchrosen & Kletterrosen. DuMont-Verlag, Köln, 1995.

Beales, Peter: Klassische Rosen. DuMont-Verlag, Köln, 1992.

Beales, Peter: Moderne Rosen. DuMont-Verlag, Köln 1996.

Beuchert, Marianne: Symbolik der Pflanzen, Insel-Verlag, Frankfurt am Main, 1995.

Bünemann, Otto / Becker, Jürgen: Der große GU Ratgeber Rosen. Gräfe und Unzerverlag, München, 1993.

Centrale Marketing-Gesellschaft der deutschen Agrarwirtschaft CMA (Hrsg.): Kübel-Fibel. Sonderdruck, Eigenverlag, Bonn, 1995.

Coggiatti, Stelvio / Trechslin, Anne Marie: Alte Rosen – neue Rosen. Silva-Verlag, Zürich, 1985.

Erhardt, Anne und Walter: PPP-Index. 2. Auflage, Ulmer-Verlag, Stuttgart, 1995.

Gibson, Michael: Strauchrosen, Verlag Müller-Rüschlikon, Zürich, 1978.

Glasau, Fritz: Rosen im Garten. Verlag Paul Parey, Hamburg und Berlin, 1961.

Gottschalk, Werner: Ratschläge für den Rosenfreund. Neumann-Verlag, Leipzig, 1990.

Greiner, Katrin / Weber, Angelika: Der große ADAC-Ratgeber Rosen, ADAC-Verlag, München, und Verlagshaus Stuttgart, Stuttgart 1996.

Hanisch, Karl Heinz: Erlebte Rose. Ulmer-Verlag, Stuttgart, 1988.

Hillier, Malcolm: Rosen, DuMont-Verlag, Köln, 1992.

Höger-Orthner, Ilse: Vom Zauber der alten Rosen. 2. Auflage, BLV-Verlag, München, 1994.

Jacob, Anny / Grimm, Wernt und Hedi / Müller, Bruno: Alte Rosen und Wildrosen. Ulmer-Verlag, Stuttgart, 1992.

Jacobi, Karlheinz: Rosen. Gärtnern leicht und richtig. 2. Auflage, BLV-Verlag, München, 1994.

Jäger, August: Rosenlexikon. Zentralantiquariat der DDR und Gustav Weiland Nachf., Leipzig, 1970.

Jaehner, Ilse: Die schönsten Rosen in Garten und Haus. Mosaik-Verlag, München, 1980.

Kordes, Wilhelm: Das Rosenbuch. M. & H. Schaper-Verlag, Hannover, 1977.

W. Kordes' Söhne: 75 Jahre W. Kordes' Söhne. Eigenverlag, 1962.

W. Kordes' Söhne: 100 Jahre W. Kordes' Söhne. Eigenverlag, 1987.

Krüssmann, Gerd: Rosen, Rosen, Rosen. Unser Wissen über die Rose. Unter Mitarbeit von Reimar Kordes und Martin Hemer. Mit einer Überarbeitung des Rosenlexikons von Otto Bünemann und Manfred Klose. 2. Auflage, Verlag Paul Parey, Berlin und Hamburg, 1986.

Kübler, Sabine: Blatt für Blatt die Rose. Katalog des Rosenmuseums Steinfurth.

Lacy, Allen / Baker, Christoph: Die Welt der Rose. DuMont-Verlag, Köln, 1991.

Lebl, M.: Lebl's Rosenbuch. Berlin, 1985.

Markley, Robert: Freude an Rosen. Franckh-Kosmos-Verlag, Stuttgart, 1995.

mein schöner Garten-Spezial: Rosen-Sonderheftehefte 1981, 1991, 1996.

Noack, Horst: Wild- und Parkrosen: Verlag Neumann-Neudamm, Melsungen, 1989.

Philipps, Roger / Rix, Martin: Rosen – mehr als 1400 Rosen in Farbe. Verlag Droemer Knaur, München, 1988.

von Rathlef, H.: Die Rose und ihre Kultur. Ulmer-Verlag, Stuttgart, 1940.

Redouté, Pierre-Joseph: Die Rosen. 4. Auflage, Harenberg-Verlag, Dortmund, 1991.

Ridge, Antonia: Die Rosenfamilien, Ehrenwirth-Verlag, München, 1973.

Rupprecht, Helmut: Rosen unter Glas. Verlag Neumann-Neudamm, Radebeul, 1970.

Saakov, S.G.: Wild- und Gartenrosen. Deutscher Landwirtschaftsverlag, Berlin, 1976.

Scheerer, Otto: Rosen in unserem Garten. BLV-Verlag, München, 1969.

Schneider, Camillo / Mütze, Wilhelm: Das Rosenbuch. Verlag der Gartenschönheit, Berlin, 1924.

Schultheis, Heinrich: Rosen. Ulmer-Verlag, Stuttgart, 1996.

Sieber, Josef: Rosen. BdB-Handbuch IV, Fördergesellschaft »Grün ist Leben«, Pinneberg, 1990.

Sieber, Josef: Rosen. BLV-Verlag, München 1994.

Squire, David / Newdick, Jane: Das Rosenbuch. Christian-Verlag, München, 1995.

Steinhauer, Helmut: Rosen. Falken-Verlag, Niedernhausen, 1993.

Strobel, Klaus-Jürgen / Markley, Robert: Rosen – Eigenschaften und Verwendung. BdB-Handbuch IX, Fördergesellschaft »Grün ist Leben«, Pinneberg, 1994.

Tantau, Mathias / Weinhausen, Karl: Die Rose. Ulmer-Verlag, Stuttgart, 1956.

Timmermann, Georg / Müller, Theo: Wildrosen und Weißdorne. Verlag des Schwäbischen Albvereins, Stuttgart, 1994.

Verein Deutscher Rosenfreunde: Rosenbogen, Rosenjahrbücher, Rosenfibel (verschiedene Jahrgänge).

Woessner, Dietrich: Das praktische Rosenbuch. 3. Auflage, Ulmer-Verlag, Stuttgart, 1996.

Woessner, Dietrich: Rosenkrankheiten. 3. Auflage, Ulmer-Verlag, Stuttgart, 1987.

Woessner, Dietrich: Rosen für den Garten. 2. Auflage, Ulmer-Verlag, Stuttgart, 1988. *Woessner, Dietrich:* Das Schneiden der Rosen, Ulmer-Verlag, Stuttgart 1992.

Kataloge der Rosenbaumschulen Kordes, Noack, Rosen-Union, Schultheis, Strobel, Tantau u. a.

● **englisch**

American Rose Society: Modern Roses 10 (Rosenlexikon)

Howells: The rose and the clematis as good companions

Macoboy: The ultimate rose book (1500 Sorten werden vorgestellt)

Harkness: The makers of heavenly roses (17 Rosenzüchterfamilien werden vorgestellt)

Martin/Hutchinson: The New Zealand book of roses (150 Sorten)

● **französisch**

Jacqueline Humery: Des rosiers pour le plaisir

Katalog der Firma Delbard (Paris) mit zahlreichen Aquarellen.

Rosenvereine

Verein Deutscher Rosenfreunde e.V. (VDR)
Waldseestraße 14
76530 Baden-Baden

Österreichische Gartenbaugesellschaft, Rosenfreunde
Parkring 12/III 1
A-1010 Wien 1

Gesellschaft Schweizerischer Rosenfreunde
Bahnhofstraße 11
CH-8640 Rapperswil

The Royal National Rose Society
Chiswell Green
GB St. Albans, Herts AL 2 3NR

Deutschlands ältester Rosenverein (mit regionaler Bedeutung) sitzt in Solingen und trägt den langen Namen »Verein zur Förderung der Rosenkultur des Bergischen Landes Solingen, gegründet 1877, Solingen e.V.«
c/o Renate Graumann, Mastweg 21, 42349 Wuppertal-Cronenberg.

Rosen im Internet

Unter der Adresse »http://www.uni-duesseldorf.de/WWW/ulb/rose.html« findet der Rosenfreund eine Auswahl und erste Orientierungshilfe (Stand: Mai 1998).

Eine interessante amerikanische Homepage bietet zudem Informationen zu »75 Jahre AARS-Rosen« unter der Adresse »http://www.rose.org«.

Auch der Verein Deutscher Rosenfreunde ist jetzt im Internet vertreten.
Die Adresse lautet »http://home.t-online.de/home/rosenfreunde«.

Weitere sehenswerte Homepages im Rosenbereich bieten u.a. die Firmen Meilland (meilland.com), Moerheim (moerheim.com), Schultheis (getnet.de.schultheis) und Kordes (kordes-rosen.com).

CD-ROM

Eine Auswahl von Firmen, die ihre Sortimente auf CD-ROM darstellen und anbieten:

W. Kordes' Söhne
Rosenstraße 54
25365 Klein Offenseth-Sparrieshoop.

Walter Schultheis
Bad Nauheimer Straße 3-7
61231 Bad Nauheim-Steinfurth.

BKN Strobel
Wedeler Weg 62
25421 Pinneberg

Register

Fette Ziffern verweisen auf Haupteinträge, Ziffern mit Stern verweisen auf Abbildungen.

Aachener Dom'   43, 45, 104, 105, 109, 113, 125, 163, **188**, 188*
AARS-Prüfung   226
Abdorner   **177**, 226
Abhäufeln   226
abiotische Schäden   226
'Abraham Darby'   21*, 43, 45, 65, 113, 116, 118 f., **188**
Absenker   **174**, 226
absonniger Standort   226
Abwerfen   226
Abziehstein   **177**, 226
ADR-Prädikat   **163**
ADR-Rosen   **163**, 226
Ähre   226
l' Aigle, Alma de   117
'Alba Meidiland'   34, 40f., 45, 58, 66ff., 102ff., 109, 113, 124, 125, 138, **188**, 188*
Alba-Rosen   **121**, 226
'Albéric Barbier'   44f., 51, **188**, 188*
Albertus Magnus   12
'Alec's Red'   22
Alpenhecken-Rose   226
Alpenrose   226
Alte Rosen   **118ff.**, 120*, 121*
Altes Holz   226
Altpapiertöpfe   77
'Amber Queen'   45, 49, **188**, 189*
Ampeln   60
Amsterdam (Rosarium)   26
Angebotsformen   **145**
Anhäufeln   **150**, 169, 226
Anthocyane   32
'Apfelblüte'   40f., 45, 103f., 109, 135, 163, **189**
Apfel-Rose   226
Apotheker-Rose   226
Arboretum   226
Arcen (Rosarium)   26
Arends, Georg   126
'Armada'   56, 163, **189**
'Astrid Lindgren'   45, 56, 57, 109, **189**, 189*
Astring   226
Astschere   **177**, 226
Auge (Knospe)   30, 226
Ausbrechen der Blüten   226
Aussaat   175
Ausläufer   175
Ausläuferbildende Rosen   78*
Austin, David   22, **122**

Baccara'   20, 182
Backpulver (gegen Echten Mehltau)   **167**
Bad Nauheim-Steinfurth (Rosarium)   23
Baden bei Wien (Rosarium)   26
Baden-Baden (Rosarium)   22
Bakterienerkrankung   **164**
Balgfrucht   226
Balkonkästen   60
'Ballade'   45, 49, 104, **189**, 189*
'Ballerina'   40f., 45, 57, 58, 65, 102, 108f., 124, 135, **189**, 190*

Bambus   **87**, 226
'Banzai '83'   43, 45, 105, 113, 163, **190**, 190*
Balgfrucht   226
'Barkarole'   43, 45, 113, 116, **190**
Baumsäge   **177**
Baumscheiben   56
Baumschule   226
BdB (Bund deutscher Baumschulen)   146
Beere   226
Beetrosen   45, **49**
Belgischer Brocken   226
'Bella Rosa'   40, 43, 45, 49, 104, **190**, 190*
'Belle Isis'   122
Bemoosung   226
Bengal-Rosen   226
Berlin (Rosarium)   23
'Bernstein Rose'   39, 49, **190**, 190*
beutelverpackte Rose   **145**
Bewässerung   62
Bewässerungssysteme   62
Bezugsquellen   **145**
Bibernell-Rose   34*, 226
Bienenweide   226
Bikinirosen   103
Bingen, Hildegard von   12
'Bingo Meidiland'   40f., 45, 58, 102, 104, 108, 163, **191**
'Bischofsstadt Paderborn'   19, 40, 45, 56, 57, 163, **191**, 191*
Blasenfüße   **166**, 227, 232
Blatt   33
Blattgröße   **142**
Blattläuse   227
Blattlaus-Schlupfwespe   **168**, 227
blaue Gehölze   92
blaue Rosen   **181**, 227
Blindtrieb   30, 227
Blührhythmus   **38**
Blühverhalten   **39ff.**
'Blühwunder'   41, 49, 65, 109, 163, **191**
Blumenzwiebeln   **82**
Blüte   **30ff.**
Blüten ausbrechen   **112**
Blütenfarben   **32f.**
Blütenformen   **31f.**, 40f.
Blütenfüllung   **31**
Blütenreife   **112**
Blütenstände   **32**, 41
Blutmehl   159
'Bobby James'   41, 43*, 44f., 51, 52*, 57, 68, 104, 116, 119, **191**
Boden   **142**
Bodendecker   57
Bodendeckerrose   227
Bodenmüdigkeit   83, **144**, 227
Bodenprobe   158
Bodenvorbereitung   **148**
Boerner, Eugene   22
'Bonica'   20, 21*, 78, 81
'Bonica '82'   43, 45, 49, 58, 65, 67, 99*, 101f., 104, 105, 108f., 113, 124f., 135, 163, **191**
Bosc   15
Bosch, Hieronymus   10
Bosschaert, Ambrosius   14
Botrytis   227
Botticelli   14
Bourbon-Rosen   **120**, 227
'Bourgogne'   40, 43, 135, **191**
Bruegel, Jan   14
Brühe   **167**
Buchoz, Pierre Joseph   138
Bund deutscher Baumschulen (BdB)   146
Bundessortenamt   227
Bünemann, Otto   23

'Burgund '81'   43, 45, 109, 128, **191**, 191*
'Burgund'   116
buschiger Strauchwuchs   43

Cabriglia d'Arezzo (Rosarium)   **26**
'Carina'   20, 113, 125, 163, **192**
Carotine   32
'Centenaire de Lourdes'   22, 39, 41, 43, 45, 56f., 105, **192**, 192*
Chalon-sur-Saône (Rosarium)   26
Chestnut-Rose   227
China-Rosen   227
Chinesische Gold-Rose   **212**, 227
Chlorose   62, 107
'Chorus'   49, 104, 163, **192**
'Christoph Columbus'   104f., 113, **192**
Clematis   96
Climbing-Rosen   227
Coburg (Rosarium)   23
Cocker, Alexander   22
'Compassion'   45, 51, 116, 163, **192**, 192*
'Constance Spry'   43, 113, 116, 118, 122, 122f., **192**
Containerrose   146, 147, 150, 227
Cremes (aus Rosen)   139

Dagmar Hastrup'   39, 68, 101, 107*, 108, 116, 135, 156*, **193**
'Dainty Maid'   122
Damaszener-Rosen   **120**, 227
Darmstadt (Rosarium)   23
Darwin, Charles   148
Dauerhumus   227
Delbard, Georges   22
Delitzsch (Rosarium)   **23**
Delphinidin   182, 227
Den Haag (Rosarium)   26
Depotdünger   **160**, 227
Destillation   **118**, 227
'Diadem'   20, 40, 45, 49, 113, 125, **193**
Dickmaulrüßler   **166**, 227
'Dirigent'   41, 43, 45, 56, 57, 163, **193**
'Dolly'   41, 49, 163, **193**
Dornen   227
'Dornröschenschloß Sababurg'   56f., 109, **193**
'Dorothy Perkins'   22
Dortmund   23
'Dortmund'   40, 51, 101, 104, 135, 163, **193**, 193*
'Dortmunder Kaiserhain'   45, 108, 163, **193**
Dottikon-Rothenbül (Rosarium)   26
Drainageschicht   62
Dreieich (Rosarium)   23
Dresden-Pillnitz   60
'Duftgold'   43, 45, 116, **193**, 193*
Duftnote   115
Duftpotpourris   **128**
'Duftrausch'   43, 45, 125, **194**
Duftrosen   **115ff.**
Duftseminar   117
Duftsinn   115
Duftstärke   117
'Duftwolke'   20, 45, 49, 109, 113, 116, 124f., 163, **194**, 194*
Dünen-Rose   213, 227
Dünger   **159**
Düngung   63, **158ff.**, 227
Dupont, André   15

Echter Mehltau   **163**, 227
Edelrosen   42, 45, **112**, 227
'Edelweiß'   45, 49, 105, 163, **194**, 194*
'Eden Rose '85'   45, 56, 65, 113, 118, **194**, 194*
'Eden Rose'   40
Edward IV.   13
Ein- und Umtopfen   **62**
einfache Rosenblüte   **40**
Einkauf   **145**
einmalblühende Parkrosen   **55**
einmalblühende Rose   **39**
einmalblühende Strauch- und Kletterrosen   **99**
Einzelstandorte   **54**
Eisen   **159**, 227
'Elina'   43, 45, 109, 113, 116, 125, 163, **194**, 195*
Elisabeth von York   13
'Elmshorn'   56, 163, **194**
Eltville(Rosarium)   23
Enfleurage   **118**, 227
Englische Rosen   112, **122f.**, 227
Entdorner (Abdorner)   177, 227
Epikur   11
Erotik   **18**
'Erotika'   116, 163, **195**
'Escapade'   41, 43, 49, 56, 57, 105, 135, 163, **195**, 195*
Eschen-Rose   227
Essen (Rosarium)   23
Essig-Rose   **212**, 212*, 227
'Europa'   183
'Europas Rosengarten'   45, 49, 113, **195**
Eutin (Rosarium)   23
Evers, Hans Jürgen   20
Extraktion   **118**, 227

Fadenwürmer   228
'Fairy Dance'   40f., 45, 109, **195**
Falscher Mehltau   **163**, 228
Farbenlehre   **48**
Farbwirkung   48
Feld-Rose   228
'Ferdy'   43, 45, 56, 68, 101, 109, 138, **195**, 195*
'Feuerzauber'   35*
Fiederblatt   30, 33, 228
Filz-Rose   228
'First Red'   183
Fitzpatrick, Jim   16
flach niederliegender Wuchs   42
Flachwurzler   228
Flächenrosen   42, 45, **57**, 228
'Flammentanz'   44f., 51, 67, 91*, 101, 104, 109, 125, 163, **195**
Flavonoide   228
Florfliege   **168**, 228
Floribunda-Grandiflora-Rosen   228
Floribundarosen   49, 228
Floristik-Rosen   **127ff.**
Flotow, Friedrich von   16
Foetida-Hybriden   228
'Fontaine'   163
Forst (Rosarium)   23
'Foxi'   68, 101, 107*, 108, 116, 135, 163, **196**
Frankfurt am Main (Rosarium)   23
'Frau Astrid Späth'   39, 49, **196**, 196*
Freiland-Schnittrosen   228
Freising-Weihenstephan (Rosarium)   23
'Freisinger Morgenröte'   56, **196**, 196*

REGISTER

'Friesia' 39, 45, 49, 50, 65, 81, 104, 109, 116, 119, 125, 163, **196**, 196*
Frischhaltemittel **115**
'Frisco' 183
Frosthärte 63
Frostschutz **63**, **169**
Frostschutz für Kübelrosen 63
Frucht **34**
Frühjahrspflanzung **147**
Frühjahrsschnitt **152**
Frühjahrstrockenheit **157**
'Frühlingsgold' 39, 40, 43, 55, 68f., 69*, **196**, 196*
Frühlingsrosen **39**, **68**
Fuchs-Rose 228
Fungizide **228**
Fungus Rosae 139
Fußstämme **123**, 228

Gaddi, Taddeo 14
Gallica-Rosen **228**
GartenBaumschule **228**
GartenCenter **228**
Gartenkompost **148**, **161**
Gartenlaubkäfer **166**
Gartenrosen **182**
'Gartenzauber '84' 43, 49, **197**
gefüllte Rosenblüte **41**
'Gelbe Dagmar Hastrup' 22, 68, 101, 107*, 108, 116, **197**
Gelfingen bei Luzern (Rosarium) 26
Gelsenkirchen (Rosarium) 23
Genf (Rosarium) 26
Genua (Rosarium) 26
geschnittene, formierte Hecken **57**
gespannte Luft **228**
Gestalten mit Rosen **47**ff.
Gestalten mit Terrassenrosen **64**
Gewächshaus-Schnittrosen **228**
'Ghislaine de Feligonde' 40f., 56, 65, 68, 68*, 96, 105, 109, 118, 125, **197**, 197*
Gießen **156**
Gießkanne **177**
'Gioja' 27
Glanz-Rose 213
'Gloire de Dijon' 118, 121
'Gloria Dei' 20, **26**, 27*, 43, 45, 104, 113, 125, **197**
Glücksburg (Rosarium) 23
Glycerin **129**
'Golden Medallion' 113, **197**
'Golden Showers' 45, 51, 125, **197**, 198*
'Goldener Sommer '83' 43, 45, 49f., 163, **198**
Goldkäfer **166**
'Goldmarie '82' 43, 45, 48*, 49, **198**, 198*
Gottschalk, Werner 23
Gönewein (Rosarium) 23
'Graham Thomas' 22, 43, 45, 65, 69*, 109, 113, 116, 118f., 122*, 123, **198**
'Grand Gala' 183
'Grandhotel' 45, 56, 105, 163, **198**, 198*
Grandiflora-Rosen **228**
Gräser **87**
Grauschimmel **164**, 228
Grimm, Hedi 24
Grimm, Wernt 24
Großklima **142**
Gründüngung **148**, 228
Grüne Rose **228**
'Gruß von Aachen' 43, 49, 118, **198**f.

'Guletta' 42, 45, 67, 124, 126
'Gulette' **198**
Gütebestimmungen **228**
Güteklasse A und B **146**
'Gütersloh' 56, **199**

Habitus **228**
Hagebutten 30, **34**, 130, 134ff., 228
Hagebutten-Frischverzehr **135**
Hagebutten-Rezepte **135ff.**
Hagebuttenkonfitüre **136**
halbgefüllte Rosenblüte **41**
halbschattiger Standort **228**
Halbstämme **124**, 228
Hamburg (Rosarium) 24
'Händel' 22
Handschuhe **177**
Hangrosen **102**
Hannover (Rosarium) 24
'Happy Wanderer' 40, 43, 49, 163, **199**, 199*
Harkness, Jack 22
Hauptnährstoffe 159
Hausmittel **167**
Hecht-Rose 34, 228
Hecken **54**, **56**
Heem, Jan Davidsz de 14
Heidegarten **68**
'Heidekönigin' 40f., 45, 58, 67, 102, 103ff., 109, 125, 138, 175, **199**
'Heidepark' 40f., 49, 105, 135, **199**
'Heideröslein Nozomi' 22, 42, 45, 58, 104, 125, **199**
'Heidetraum' 21, 21*, 33f., 40f., 45, 58, 65, 67, 101, 103, 103*, 104f., 108f., 124f., 163, **199**, 199*
Heilpflanze, Rose als **138**
heimische Gehölze **229**
heimische Wildrosen **72**
Heinrich VI. 13
Heinrich VII. 13
Heinrich VIII. 13
Heliogabal 11
'Helmut Kohl-Rose' 181*
Herbizide **229**
Herbolario vulgare 138
Herbstfärbung **34**
Herbstpflanzung **147**
Herbstschnitt **153**
'Heritage' 22, 32, 39, 43, 65, 93, 113, 116, 118, 122*, **200**
Herodot 11
Herzwurzler **229**
Hetzel, Karl 19, 125
'Hidalgo' **200**
Hildesheim 12, 144
Hilfsmittel zum Bewegen von Kübeln **63**
Hippe **177**, 229
Hitzerosen **103**
Hochblätter (Brakteen) **33**, 34
Hochstämme **124**, 229
Hof (Rosarium) 24
Holzkübel 60
Homer 10
Honigtau **229**
Hornspäne **160**, 229
Hülse **229**
Humus **142**, 229
Hunds-Rose **229**
Hybridisierung **229**

'IGA '83 München' 45, 56, 57, 101, 104f., 135, 163, **200**, 200*

'Ilse Haberland' 56, 57, 116, **200**
'Ilse Krohn Superior' 44f., 51, 65, 68, 78, 109, 116, 125, **200**
'Ilseta' 183
'Immensee' 40, 42, 45, 58, 103, 103*, 104, 109, 116, 175, **200**
immergrüne Gehölze **92**, 229
'Ingrid Bergmann' 43, 113, **200**
Insekten **229**
Insektizide **229**
Insel Mainau (Rosarium) 24
Integrierter Pflanzenschutz **229**
Internodien **229**
in vitro-Kultur **229**

'Jacaranda' 183
Jackson & Perkins 22
Jackson, Albert E. 22
'Jacques Cartier' 118, 121
Jauche **167**
Jensen, Ingwer 23
Joséphine, Kaiserin **15**, 116
Juckpulver 135
Junges Holz **229**

Kali **159**, 229
Kalium **159**, 229
Kalk **159**, 229
Kalzium **159**, 229
Kapsel **229**
Kapuziner-Rose **229**
'Karl Heinz Hanisch' 39, 116, **201**
Karl der Große 11
Kartoffel-Rose **229**
Kaskadenstämme **125**, 229
Kassel (Rosarium) 24
Kastanien-Rose 34*, 229
Kennedy, John 15
Kernlestee **138**
Kirchenbau 17
Kleinklima **142**
Klein Offenseth-Sparrieshoop (Rosarium) 24
Kleinstrauchrosen 57, 229
Kletterpflanzen **96**
Kletterrosen 43ff., **51ff.**, 229
Knochenmehl **159**, 229
Knossos 10
Kohl-Rose **229**
Kombinieren mit Rosen **74**ff.
Kompost **229**
Konditor-Rose **229**
Konfuzius 10
Koniferen **229**
König Midas 11
'Königin der Rose' 35*
'Kordes Brillant' 45, 56, **201**
Kordes, Hermann II. 19
Kordes, Reimer 19f.
Kordes, Wilhelm 19, 68, 179
Kordes, Wilhelm II. 19
Kordes, Wilhelm III. 19
Kordes: siehe auch W. Kordes' Söhne
Kordesii-Rosen **229**
Kosmetisches Rosenwasser **139**
Kralle **177**, 229
Kratz-Rose 214, 229
Kräuter **85**
Kreuzritter 12
Kriech-Rose 212, 229
Kronblätter 30
Kronentraufe **229**
Krüssmann, Gerd 15, 116
Kübel 60
Kübelerden **62**

Kübelformen **60**
Kübelmaterialien **60**
Kübelstandorte **60**
Küchen-Rosen **130**
Kunststeintröge 60
Kurzzeitdünger **160**, 229

L'Heritier 15
'La France' 112
'La Paloma '85' 43, 45, 49, **201**, 201*
'La Sevillana' 41, 43, 49, 56f., 65, 104f., 108, 109, 135, 163, **201**
Lagerung 145
Lahr (Rosarium) 24
Lambert, Peter 25
Lambertiana-Rosen **229**
'Landora' 43, 45, 113, **201**, 201*
Langzeitdünger **160**, 229
Laub **229**
Laubalter **33**
Laubblüten **34**
Laubduft **34**
Laubfarbe **34**
Laubform **33**
Laubsauger **177**
Lavendel 86
'Lavender Dream' 39, 41, 45, 58, 104, 116, 117*, 144, 163, **201**
'Lawinia' 44f., 44*, 51, 65, 116, 125, **201**, 202*
Lehm 142
'Leonardo da Vinci' 43, 49, 65, 93, 109, 113, 118, 124f., **202**, 202*
Licht 142
'Lichtkönigin Lucia' 19, 39, 45, 56f., 65, 105, 109, 116, 163, **202**, 202*
Linz (Rosarium) 26
Lokalklima **142**
Lorris, Guillaume de 17
Lotionen (aus Rosen) 139
'Louise Odier' 65, 109, 116, 118, 120f., **202**
'Lovely Fairy' 40f., 43, 58, 59*, 65, 102, 109, 113, 124f., **202**
Ludwigsburg (Rosarium) 24
Lufttrocknen **127**
Lutea-Hybriden **229**
Lyon (Rosarium) 26

'Madelon' 183
'Magic Meidiland' 40, 42, 58, 66, 101ff., 109, 125, 138, 163, **203**
Magnesium **159**, 229
Mähbalken 59
Mai-Rose 213, 230
'Maiden's Blush' 18, 212, 121*, **203**
'Maigold' 39, 39*, 55, 69, 116, **203**
'Mainzer Fastnacht' 20
'Make Up' 45, 49, 113, **203**
Mandarin-Rose 230
Mangan, James Clarence 16
Mannheim (Rosarium) 25
'Manou Meilland' 45, 49, 116, **203**, 203*
Marburg (Rosarium) 25
'Märchenland' 49, 135, **203**
'Maréchal Niel' 66
Marell, Jacob 14
'Marguerite Hilling' 39, 41, 56, 101, **203**, 204*
'Maria Lisa' 40, 51, 54, 68, 96, **203**

Register

'Mariandel'   43, 45, 49, **204**
Marie-Antoinette   15
Marienkäfer   **167**, 230
'Marondo'   41f., 67, 103, 108f., 125, 163, **204**, 204*
Martial   182
'Matilda'   39, 49, 135, **204**, 204*
'Matthias Meilland'   49, **204**, 205*
'Max Graf'   58, 102f., 109, **205**, 205*
McGredy, Sam   22
Mehltau   **163**
Mehrnährstoffdünger   230
Meilland   **20**
Meilland, Alain   20
Meilland, Louise   20
Mendel, Gregor Johann   179
'Mercedes'   182
Meristem   230
Meristemvermehrung   **176**, 230
Meun, Jean de   17
Michel & Ruf   23
'Mildred Scheel'   45, 116, 163, 181*, **205**
Miller, Alvin   22
Millöcker, Karl   16
Mineralische Dünger   **160**, 230
Miniaturrosen   **126**, 230
'Minimo'-Topfrosenserie   22
'Mirato'   41, 45, 58, 65, 67, 102ff., 108, 124, 125, 163, **205**, 205*
'Mme A. Meilland'   27
Mohammed II   12
'Monica'   20
Monokultur   230
'Montana'   20, 20*, 45, 49, 104, 163, **205**
Monza (Rosarium)   26
Moore, Ralph   22
Moosrosen   **121**, 230
'Morning Jewel'   41, 44, 51, 116, 125, 163, **205**
Moschus-Rosen   230
'Mountbatten'   43, 49, 57, 65, **205**
'Mozart'   40f. 45, **206**, 206*
Mulchausbringung   **158**
Mulchen   **157**, 230
Mulchmaterial   **158**, 161
Müllerbursche   230
Mumienbildung   230
München (Rosarium)   25
Mutation   230
Mykorrhiza   230

Nachbarrecht   230
Nachbaukrankheit   **144**
nachblühende Rosen   **39**
Nadel-Rose   230
Nährhumus   230
Nährstoffe   **158**
Napoleon   15, **116**
Natursteintröge   60
Nebenblatt   33f.
Neemöl   **167**
Nematoden   230
Nero   11
Neuhausen (Rosarium)   26
'New Dawn'   33f., 44f., 51, 65, 78, 86, 104, 109, 116, 125, 135, 180, **206**, 206*
New English Roses   **123**
Netzschwefel   230
Niemöl   **167**
'Nina Weibull'   43, 49, **206**, 206*
Noack, Reinhard   21, 40, 42, 58, 103f., 108f., 163, **211**
Noack, Werner   **21**
Nöggenschwiel (Rosarium)   26

Noisette   15
Noisette-Rosen   **121**, 230
Nomenklatur   230
'Nostalgie'   179*
Nostalgierosen   **118**ff.
Nuß   230
Nützlinge   **167**f., 230

öfter- und frühblühende Rosen   **39**
öfter- und spätblühende Rosen   **40**
öfterblühende Zierstrauchrosen   **55**
Ohrwurm   **168**, 230
Ökologie   **70**, 230
Okulation   **171**, 230
Okulationsmesser   **177**, 230
Ölrose   230
Onodera, Susumu   22
'Orange Meillandina'   42, 45, 67, 124, 126, **206**
Organische Dünger   **160**, 230
Orléons (Rosarium)   26
Österreichische Rosentorte   **133**
'Othello'   65, 113, 116, 118, 122*, **206**

Paestum   11
'Palmengarten Frankfurt'   45, 58, 59*, 65, 102ff., 108, 138, 163, **207**, 207*
'Papa Meilland'   20, 116, **207**, 207*
Paris (Rosarium)   26
'Pariser Charme'   Titelbild*, 20, 109, 116, **207**
Parkrosen   230
'Pascali'   81
Patio-Rosen   230
'Paul Noël'   39, 44f., 51, 66, 104, 116, 119, 125, **207**, 207*
'Paul Ricard'   43, 65, 113, 116, **208**
'Paul's Scarlet Climber'   32
'Peace'   27
'Peach Meillandina'   42, 67, 124, 126, **208**, 208*
Pergola   51
Perkins, Charles H.   22
Pernetiana-Rosen   230
Petalen   8, 230
Pfahlwurzel   230
Pflanzdichte   **186**
Pflanzenschutz   **162**
Pflanzenschutzmittel, Systemische   232
Pflanzloch   149
Pflanzung   **149**
Pflanzzeit   **147**
pH-Wert   **159**, 230
Phacelia   148
Phosphor   **159**, 231
Pilzkrankheiten   231
'Pi-Ro 3'   135
'Piccadilly'   22
'Pierette'   68, 101, 108, 116, 163, **208**
Pillnitzer Vitaminrose 'Pi-Ro 3'   135
'Pink Grootendorst'   **208**, 208*
'Pink Meidiland'   45, 56f., 58, 72, 101ff., 108, 135, 163, **208**, 208*
'Pink Symphony'   45, 60*, 65, 67, 105, 124, 126, **209**, 209*
Pinneberg (Rosarium)   25
Pinzieren   115
Plantagenet   13
'Play Rose'   49, 65, 101, 105, 125, 135, 163, **209**
Plinius der Ältere   138
'Polareis'   68, 101, 107*, 108, 116, 135, **209**

Polarrosen   **99**f.
'Polarsonne'   68, 101, 107*, 108, 116, 135, **209**
'Polarstern'   45, 116, **209**, 209*
'Polka '91'   45, 56, 105, 113, 116, 118, **210**, 210*
Polyantha-Hybriden   49, 231
Polyantharosen   49, 231
'Polygold'   39
'Pompon de Paris'   126
Portland-Rosen   **120**, 231
Postversand   **145**
Potsdam (Rosarium)   25
Poulsen, Niels Dines   22
Poulsen, Svend   49
Präsentierschere   **177**, 231
Pratylenchus   148
Praxiskalender   **151**
Prolifikation   231
Provence-Rose   231
Provins-Rosen   231
'Pußta'   45, 49, 163, **210**, 210*

Qualität   **146**

Raff, Josef   25
Rambler   44f., **51**ff., 231
Ramblerschnitt   **154**
Rankwuchs   **43**
Rapperswil (Rosarium)   26
Raubmilben   **168**, 231
'Raubritter'   43, 56, 65, 93, 109, 118, 125, **210**, 210*
'Red Meidiland'   32, 40f., 58, 102, 135, **210**
'Red Nelly'   35*
'Red Yesterday'   22, 41, 57, 58, 65, 102, 108, 163, **210**, 211*
Redouté   14
Regenrosen   104
Regenwurm   **148**
Remontant-Rosen   231
Remontieren   231
'Repens Alba'   42, 101, 108, **211**
Replant-disease   144
Rethmar (Rosarium)   25
Rezepte
– mit Rosenblüten   **131**ff.
– mit Hagebutten   **135**ff.
'Ricarda'   41, 45, 49, 135, 163, **211**
Richard III.   13
Rigolen   231
Rindenfleckenkrankheit   **164**, 231
Rindenmulch   **158**, 231
Rispe   231
'Robusta'   69, 108, 163, **211**
'Rödinghausen'   56, 163, **211**
'Rokoko'   56
Rom (Rosarium)   26
Romantica-Rosen   231
Romantische Rosen   119*, 120*
'Romanze'   45, 56, 65, 104f., 109, 163, **211**, 211*
Rosa acicularis   230
Rosa x *alba*   11f., 121
– 'Semiplena'   233
Rosa arvensis   12, 40, 45, 73, 135, 71*, 72, **212**, 228
Rosa banksiae   33
Rosa blanda   227
Rosa canina   11, 12, 18, 30ff., 72, 136*, 229
– 'Inermis'   173
– 'Pfänder'   123
Rosa carolina   34
Rosa centifolia   18, 229

– 'Bullata'   231
– 'Muscosa'   18, 31, 45, 93, 116, 118, 121*, **212**
Rosa chinensis   10, 18, 49, 231
– 'Viridiflora'   34, 228
Rosa x *damascena*   12, 18
– 'Trigintipetala'   104, 116, 118, **222**, 222*, 230
– 'Versicolor'   13, 233
Rosa foetida   14, 18, 32, 228
– 'Bicolor'   32, 228f.
– 'Persian Yellow'   229
Rosa gallica   10ff., 14, 33, 40, 45, 71*, 72, 78, 116, 120, 135, 175, **212**, 212*, 226, 228
– 'Conditorum'   229
– 'Officinalis'   12f., 119, 120, 138, 212*,228, 231
– 'Versicolor'   14, 18, 32, 116, **212**, 212*
Rosa glauca   34, 228
Rosa x *harisonii*   16, 233
Rosa hugonis   32, 34, 39f., 55, 69, 109, 135, **212**, 212*, 227
Rosa jundzillii   72, 135
Rosa laxa   35, 171
Rosa majalis   40, 45, 71*, 72f., **213**, 230
Rosa marginata   135
Rosa moschata   120, 230
Rosa moyesii   33f., 34*, 39f., 69, 94*, 101, 135, 175, **213**, 213*, 230, 232
Rosa multiflora   35, 35*, 49, 172, 176, 231
'Rosa Mundi'   212
Rosa mystica   13
Rosa nitida   33, 43, 68, 78, 175, **213**, 213*, 228
Rosa x *paulii*   **211**
Rosa pendulina   135, 226
Rosa persica   33
Rosa phoenicia   120
Rosa pimpinellifolia   32, 34*, 35, 39f., 45, 68f., 71*, 72, 116, **213**, 226
Rosa x *pollineanum*   213
Rosa pollmeriana   123
Rosa x *polyantha*   231f.
Rosa primula   34
Rosa repens x *gallica*   42, 103, 213
Rosa roxburghii   34, 34*, 227
Rosa rubiginosa   12, 33f., 35*, 35, 40, 45, 71*, 72f., 135, 175, **213**, 231
Rosa x *ruga*   44, 45, 51, 104, 116, **213**
Rosa rugosa   32, 34f., 35*, 68, 134, 136*, 175, 229
Rosa-Rugosa-Hybriden   **134**
Rosa scabriuscala   45, 71*, 72, **214**
Rosa sericea f. *pteracantha*   31, 33, 35, 35*, 39f., 55, 68f., 101, 135, **214**, 232
Rosa setipoda   32
Rosa spinosissima   175, **213**
Rosa sweginzowii   33
– 'Macrocarpa'   68, 101, 135, **214**, 214*
Rosa tomentella   72
Rosa tomentosa   72, 228
Rosa villosa   134f., 226
Rosa virginiana   34
Rosaceae   30
'Rosali '83'   45, 49, **214**
'Rosarium Uetersen'   32, 44f., 51, 65, 67, 78, 82, 101, 104f., 109, 125, **214**, 214*
'Rose de Resht'   49, 57, 65, 93, 116, 118, 120, 120*, **214**

Register

Rosen für Ampeln 60ff.
– für Balkonkästen 60ff.
– für Einzelstandorte 54ff.
– für Hecken **54ff.**
– für Gräber **104f.**
– für Kübel 60ff.
– für Mauerkronen 108f.
– für salzige Standorte 107
– für Schrebergärten **108**
– für Tröge 60ff.
– für den Halbschatten 104f.
– für die Körperpflege **139**
– für Zäune **54ff.**
– im Altertum 10
– im Mittelalter 11
– im Kirchenbau 17
– im Naturgarten 72f.
– in der Küche **130ff.**
– in der Literatur 16
– in der Malerei 14
– in der Musik 16
– mit Herbstfärbung **68**
– mit Laubgehölzen **89**
– mit markanter Bestachelung 66
– mit Nadelgehölzen **94**
– ohne Hagebutten **138**
– ohne Stacheln 66
– sammeln **121**
Rosen kombinieren **74ff.**
– mit Gräsern und Bambus 87ff.
– mit großblumigen Clematis und blühenden Kletterpflanzen 96ff.
– mit Kräutern 85f.
– mit Laubgehölzen 89ff.
– mit Nadelgehölzen 94ff.
– mit Sommerblumen und Blumenzwiebeln 82
– mit Stauden 74
Rosen Tantau 19, 182
Rosen-Badeöl **139**
Rosen-Badesäckchen **139**
Rosen-Dampfbad **139**
Rosen-Eiswürfel **131**
Rosen-Gesichtswasser **139**
Rosen-Handcreme **139**
Rosen-Schönheitswasser **139**
Rosen-Trockenblumen **127**
Rosen-Union 19, 23, 182, 231
Rosen/Stauden-Beet 78
Rosenbeet 50, 96
Rosenbälle **129**
Rosenblattlaus **165**
Rosenblattrollwespe **165**, 231
Rosenblüte 30ff.
Rosenbogen 52
Rosenbowle **131ff.**
Rosencremes 139
Rosendörfer **26**
Rosenduft **116**
Rosendünger **161**, 231
Rosenessig **131**
Rosengallwespe **166**, 231
Rosengelee **132**
Rosengrabegabel **178**, 231
Rosenkauf **144**
Rosenkonfitüre **132**
Rosenkranz **2**
Rosenkreise **26**
Rosenkriege **12**
Rosenkugel **168**, 231
Rosenlikör **131**
Rosenmarkt **182**
rosenmüder Boden 231
Rosenmuseum **23**
Rosenölproduktion **118**
Rosenprüfgärten 25
Rosenrezepte **131** ff.
Rosenrost **164**, 231
Rosensalbe 139
Rosenshampoo 139

Rosensirup **131**
Rosensorbet **133**
Rosenstädte **26**
Rosenstämmchen **129**
Rosentriebbohrer 232
Rosenwasser **130**
Rosenwinkel 19
Rosenzikade **166**, 231
Rosenzüchtung 19, 117, **178**
Rose von Jericho 231
Rosiger Kräutergarten 86
Rost **231**
Rotblättrige Rose 231
Rote Rose von Lancaster 13
Rote Spinne **165**, 231
'Roulettii' 126
'Royal Bassino' 41, 45, 58, 102f., 135, **215**, 215*
'Royal Bonica' 40, 49, 65, 104, 113, **215**, 215*
'Royal Dane' 22
'Rugelda' 45, 108, 163, **215**
Rugosa-Hybriden **107**
Ruiter, Gijsbert de 22
'Rumba' 49, 113, **215**, 216*
'Rush' 41, **216**, 216*
Rußtaupilze **164**, 231
Ruysch, Rachel 14

Saakov, S. G. **135**
Saint-Exupéry, Antoine de 17
Saladin 12
Salat-Rose 231
Salben (aus Rosen) 139
'Salita' 44f., 51, **216**, 216*
Salzrosen **107**
Salztrocknen **127**
Sand **142**
Sangerhausen (Rosarium) 25
'Santana' 44, 51, 125, **216**, 216*
Sappho 10, 17
'Sarabande' 39, 41, 45, 49, **216**, 217*
'Satina' 41, 45, 58, 102f., **216**
'Scarlet Meidiland' 40, 58, 67, 102, 104, 109, 113, 124f., 179*, **217**
'Scharlachglut' 40, 55f., 101, 135, **217**, 217*
schattiger Standort 231
Scheinähre 226
Schere **178**
Schildläuse **166**, 231
Schirmrispe 231
Schlafäpfel **138f.**, 231
schlafendes Auge 231
'Schleswig '87' 49, **217**
'Schleswig' 41
Schlupfwespe 231
Schmierseifen-Lösung 167
Schmitshausen (Rosarium) 26
'Schnee-Eule' 68, 101, 107*, 108, 116, 135, **217**
'Schneeflocke' 39, 41, 49, 109, 124f., 163, **217**, 217*
'Schneewittchen' 19, 20*, 39, 43, 45, 55ff., 65, 67, 78, 81f., 101, 104, 105*, 109, 123*, 125, 135, 163, **217**, 218*
Schnitt von
– Alten und Englischen Rosen **155**
– Beetrosen **153**
– Buschrosen **153**
– Edelrosen **153**
– einmalblühenden Kletterrosen **154**
– einmalblühenden Strauchrosen **154**
– Flächenrosen **155**

– öfterblühenden Kletterrosen **154**
– öfterblühenden Strauchrosen **155**
– Rosen **152ff.**
– Stammrosen **156**
– Zwergrosen **153**
Schnittabfälle **153**
Schnittermin **113**
Schnittführung **152**
Schnittgründe **152**
Schnittiefe **113**
Schnittrosen **112ff.**, 129, 182, 231
Schnittrosen-Typen **112**
Schnittumfang **152**
'Schöne Dortmunderin' 49, 105, 163, **218**, 218*
Schongauer, Martin 14
Schote 231
Schottische Zaun-Rose **213**, 232
Schreber, Daniel Gottlieb Moritz 108
Schultheis, Heinrich 23
Schutzwachs 147
Schwarze Rose **182**, 231
Schwebfliegen **168**, 231
Seerosen 231
Seiden-Rose **212**
Selbstreinigung 231
Selektion 231
'Senator Burda' 113, **218**, 218*
Seneca 182
Sepalen 231
Seppenrade (Rosarium) 26
Shakespeare 13
'Shalom' 22
Shampoos (aus Rosen) 139
Sieber, Josef 42
'Silver Jubilee' 22, 39, 45, 105, 109, 113, 125, **218**, 218*
'Snow Ballet' 42, 67, 104, 109, 125, **218**
Sommerblumen **82**
'Sommermärchen' 41, 58, 65, 78, 102, 124f., **219**, 219*
'Sommerwind' 33, 45, 49, **219**
Sommerpflanzung 148
Sommerschnitt **153**
Sommertrockenheit 157
'Sommerwind' 41, 43, 45, 58, 65, 101ff., 108f., 124, 125, 144, 163, **219**, 219*
'Sonia' 20, 182
'Sonnenkind' 42, 45, 67, 105, 124, 126, **219**, 219*
sonniger Standort 232
Sortenschutz **180**, 232
Sortenübersicht **187**
'Souvenir de la Malmaison' 32, 116, 118, 120, **220**
Spaendonck, Gerrit van 14f.
Spaltfrucht 232
Spaten **178**
Spinnmilben 165, 165*, 231
Sport (Mutation) 232
Sprache der Rosen **18**
Sprayrosen **112**, **183**, 232
Spreizklimmer 232
Spritzen **178**
St. Albans 180
Stacheldraht-Rose **214**, 232
Stacheln **34f.**, 232
'Stadt Eltville' 49, **220**
Stallmist 161
Stammrosen 64, **123ff.**, 147, 150, 172
Standort **142**
'Starina' 20
Stauden **74**, 232

Steckhölzer **173**, 232
Steckling 232
Stecklingsvermehrung **174**
steif aufrechter Wuchs **42**
Steinfrucht 232
Steinfurther Rosenfest 232
Steingarten **127**
Steingut 60
Sternrußtau **164**, 232
Steuern des Blütenflors **115**
Stickstoff **159**, 232
Stifter, Adalbert 17
Stratifikation 176, 232
Strauch 232
Strauchrosen 43, 45, **54ff.**, 232
Strauchrosen für die Einzelstellung 55
Strobel & Co. 182
Strobel, Gustav 20
Strobel, Klaus-Jürgen 20
Stuttgart (Rosarium) 25
'Suaveolens' **220**, 220*
Substrat 232
'Super Dorothy' 40ff., 45, 51f., 65, 67f., 78, 104, 109, 125, **220**, 220*
'Super Excelsa' 40f., 42, 45, 51f., 61*, 65, 67f., 104, 109, 125, 125*, 163, **220**
'Super Star' 20
'Swany' 42, 65, 67, 109, 124, 125, **220**
'Sympathie' 44, 45, 51, 80, 116, 125, 163, **221**
Systemische Pflanzenschutzmittel 232

Tagetes erecta 148
Tantau, Mathias jun. 20
Tantau, Mathias sen. 19
Tausendjähriger Rosenstock von Hildesheim **12**, 144
Teehybriden 112, 232
Teerosen 232
Teilung **175**
Terrassen-Rosen 60
'The Fairy' 40f., 43, 58, 66ff., 102f., 103*, 104f., 108, 109*, 113, 124f., 138, **221**, 221*
'The McCartney Rose' 43, 45, 109, 116, 119, **221**
'The Queen Elizabeth Rose' 43, 45, 49, 104, 135, **221**, 221*
'The Squire' 113, 116, 118, 123, **221**, 222*
Theophrast 11, 117
Thibaut IV. de Champagne 12
Thomas, A. S. 117
Thory, Claude Antoine 15
Thripse **166**, 232
Tiefgründigkeit **142**
Topfrosen 126, 176, **183**, 232
Torf 149
Tour, Madame de la 18
Traube 232
Trauerstämme 125, 232
'Träumerei' 45, 49, 113, 116, 222*
Trechslin, Anne Marie 15
Trial Ground Certificate 180
Triebbohrer **166**, 232
Triebstärke 232
Triebsterben 232
Trier (Rosarium) 25
'Trigintipetala' 104, 116, 118, 222*, **222**, 230
Trockenrinderdung **161**
Trocknen von Rosen 127
Tröge 60
Trugdolde 232

REGISTER/IMPRESSUM

T-Schnitt 232
Tudor-Rose 13
Tütenrosen 147

überhängende Mauerrosen 108
überhängender Strauchwuchs 43
Uetersen 25
Umlegen der Stämme 170
Umpflanzen alter und junger Rosen 170
Ungarische Rose 229, 232
Unkrautfreiheit 149
Unterlage 232
Unterpflanzung 64
Untersetzer für Kübel 62

Valsakrankheit 164, 232
Vasenleben verlängern 113
Vasenrosen 112ff., 129
Vasenrosen-Blütenreife 115
Ventenat, E. P. 15
'Venusta Pendula' 41, 44f., 51, 52*, 96, 101, 104, 222
Veredlungsstelle 30, 150, 232
Verein deutscher Rosenfreunde (VdR) 26, 122, 232

Vermehrung 171
Verzinkte Waschzuber 60
Vielblütige Rose 232
Vilmorin 15
Viren 164
Vitamin C 134
Vitamin-Rosen 134
Vögel 168
Vogelnährgehölz 232
'Vogelpark Walsrode' 43, 45, 56, 163, 222, 223*
Vogelschutzgehölz 232
vollsonniger Standort 232
Vorverpackte Rose 145, 147

Wald-Rose 232
Waldstämme 232
W. Kordes' Söhne 19, 24, 179, 182
Wachstumsgesetze 152
Warenzeichen 180, 232
'Warwick Castle' 49, 113, 118, 222
Wässern 156f.
Weidenkorb 60
Weigel, Bernd 23
Wein-Rose 233

Weiße Rose von York 233
'Westerland' 19, 41, 43, 45, 55, 56, 57*, 57, 67, 109, 116, 163, 222, 223*
'Whisky' 20
'White Meidiland' 41, 45, 58, 65, 102, 104, 223
Wien 26
'Wife of Bath' 113, 116, 118, 223
'Wildfang' 45, 163, 223
Wildrosen 72f., 212ff.
–, heimische 72
Wildstämme 233
Wildtrieb 30, 156, 232
Wilhelm Kordes, Wilhelm III. 19
Winschoten (Rosarium) 26
Winterfeuchte 156
Wintergartenrosen 66
Winterhandveredlung 173, 232
Wirth, Lore 23
Woessner, Dietrich 26
Wuchsformen 42ff.
Wuchshöhe 44f.
wurzelballierte Rose 146, 150, 233
Wurzelechte Flächenrosen 59
Wurzeln 35
wurzelnackte Rose 145, 233
Wurzelnematoden 166

Xanthophylle 32

Yellow Rose of Texas 16, 233
'Yesterday' 22
York-und-Lancaster-Rose 13, 233

Zapfen (Triebstummel) 30, 233
Zapfenschnittstelle 150
Zary, Keith 22
Zäune 54, 56
Zentifolien 121
Zentifolien-Rosen 233
Zierstrauchrosen 233
Zikade 233
Zimmerrosen 126
Zimt-Rose 213, 233
Zweibrücken 25
Zwergbengalrosen 233
Zwergformen 42
'Zwergkönig '78' 42, 67, 124, 126, 223, 223*
'Zwergkönigin' 224/225*
Zwergrosen 42, 45, 126, 233
Zwergstämme 233

Bildnachweis

Archiv für Kunst und Geschichte: 10, 11, 12r, 13, 14, 15l, 15r, 16, 17u
Bieker: 8/9, 25or, 105, 121u, 122l, 184/185
Borstell: 1, 4/5, 28/29, 34ol, 34ul, 35mr, 39, 46/47, 47, 48o, 52, 54, 61l, 61or, 61ur, 69ul, 70u, 75u, 80/81o, 81or, 81u, 80/81u, 80u, 82o, 84o, 84u, 84/85, 88, 91, 97, 98/99, 99r, 100o, 100u, 109, 125, 130u, 185, 191o, 196lo,197, 198or, 201o, 202or, 204o, 207r, 209l, 210r, 213o, 214o, 214u, 216ur, 217m, 220r, 222or, 223u, 224/225
Fischer: 75o, 85, 106
Hagen: 90r
Hoppe: 71ur
Kögel: 24ol, 24/25o, 53, 69r, 89o, 123, 188ur, 208r, 218l
Kordes/Klein Offenseth-Sparrieshoop: 59ol, 103o, 190mo, 196ur, 198l, 198ur, 199o, 204, 205m, 215o, 216or, 219m, 221r, 223o
Meilland-BKN Strobel/Pinneberg: 21u, 60, 102, 107ul, 107or, 115, 163o, 183u, 190mu, 207m, 208m, 210ol, 215u
Morell: 12l, 40o, 69ml, 141, 201u, 212ul
Pforr: Titel, 20r, 21ol, 29, 35r, 70or, 71or, 71ml, 71mr, 76/77, 103m, 121o, 136or, 138, 148u, 164u, 165l, 165r, 166r, 167, 168ol, 168m, 168or, 169ul, 196ro, 200, 202u, 206u, 212m, 216ol, 218om, 223m
Redeleit: 59ul, 71ul, 75m, 157r, 183o
Reinhard: 2/3, 20l, 24/25u, 27, 30o, 30u, 37, 38, 40m, 40u, 41, 43o, 48u, 57, 66o, 68, 90l, 92r, 95u, 101, 107ol, 107ml, 112, 117, 120, 121 2.v.o., 122ur, 122/123, 140/141, 157l, 158, 161, 169, 186, 188l, 189ol, 189or, 189u, 190l, 190or, 191u, 193o, 193u, 194l, 194m, 195l, 195m, 196ul, 199m, 203, 204o, 205l, 206l, 206m, 207l, 208l, 209r, 210ul, 211l, 211r, 212o, 213u, 216ul, 217o, 218um, 218r, 219u, 220l, 221l, 222lo, 222u
Romeis: Vorsatz, 6/7, 9, 36/37, 82u, 219o
Rosen Tantau/Uetersen: 107mr, 107ur, 179, 181o, 181u
Sammer: 34ur, 55o, 80o, 81ol, 110/111, 111, 114, 122or, 127o, 127u, 128ol, 128or, 128u, 129, 130o, 134, 136ol, 136u, 137, 139, 145, 159o, 160o, 166l, 194r, 212ur
Seidl: 34or, 89o, 89u, 94, 95o, 95u, 121 2.v.u., 192u, 199u, 205r, 217u
Stangl: 148o, 176u
Stein: 92l, 108
Timmermann/Rottenburg: 71ol
Alle anderen Fotos vom Autor.

Die Abbildung Seite 17 oben wurde mit freundlicher Genehmigung dem Buch »Der kleine Prinz« von Antoine de Saint-Exupéry (5. Auflage 1996, Karl Rauch Verlag, Düsseldorf) entnommen.
Vor-/Nachsatz: *Rosa centifolia*; Seite 1: 'Donau' (violett) und 'Bobby James' (weiß); Seite 2/3: 'Graham Thomas'; Seite 4/5: 'Direktor Benschop'; Seite 6/7: 'Gloria Dei' (unterlegt); Seite 224/225: 'Zwergkönigin'.

Die Deutsche Bibliothek – CIP-Einheitsaufnahme
Markley, Robert:
Die BLV Rosen-Enzyklopädie : Geschichte, Botanik, Eigenschaften, Verwendung, Gestaltungsbeispiele, Pflanzung und Pflege, Die besten Arten und Sorten / Robert Markley. – 2., durchges. Aufl. –
München ; Wien ; Zürich : BLV 1998
ISBN 3-405-14930-4

Dankadresse des Autors und Verlags
… an drei Personen, die die Buchstaben der Rose in ihren Namen tragen: Klaus-Jürgen Strobel, Ute und Wilhelm Kordes sowie an Birgit Markley, die alle Buchstaben Korrektur gelesen hat, und an die Firmen BKN Strobel, W. Kordes' Söhne, Noack Rosen, Rosen Tantau und Rosen-Union für die Überlassung ihres Bildmaterials.

2., durchgesehene Auflage

**BLV Verlagsgesellschaft mbH
München Wien Zürich**

80797 München

© 1998 BLV Verlagsgesellschaft mbH, München

Das Werk einschließlich aller seiner Teile ist urheberrechtlich geschützt. Jede Verwertung außerhalb der engen Grenzen des Urheberrechtsgesetzes ist ohne Zustimmung des Verlages unzulässig und strafbar. Das gilt insbesondere für Vervielfältigungen, Übersetzungen, Mikroverfilmungen und die Einspeicherung und Verarbeitung in elektronischen Systemen.

Einbandgestaltung: Studio Schübel, München
Umschlagfotos: Vorderseite: Manfred Pforr ('Pariser Charme')
Rückseite: Ursel Borstell ('Gartendirektor O. Linne' (links) und 'Paname' (rechts))

Grafiken: Heidi Janiček

Layout und DTP: Gaby Herbrecht, München
Lektorat: Dr. Thomas Hagen
Herstellung: Hermann Maxant
Lithografie: Repro Ludwig, Zell a. See
Druck: Druckerei Passavia, Hutthurm
Bindung: Ludwig Auer, Donauwörth

Gedruckt auf chlorfrei gebleichtem Papier

Printed in Germany · ISBN 3-405-14930-4

Ideen für die Gartengestaltung

Ilse Höger-Orthner
Vom Zauber der Alten Rosen
Alte Rosen – Arten und Sorten, die etwa bis Mitte des 19. Jahrhunderts entstanden, heute aber wieder erhältlich sind: Sorten, Pflanzung, Pflege, Gestaltung.

Tony Lord
Borders
Der Inbegriff anspruchsvoller Gartenkunst: großzügige Beete und Blumenrabatten mit gekonnt gestalteten Bepflanzungen und Pflanzenkombinationen – die schönsten Beispiele aus den berühmtesten Gärten Englands.

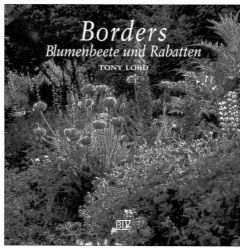

Noël Kingsbury
Garten-Design mit Pflanzenformen und -strukturen
Formen und Strukturen von Pflanzen und ihre Bedeutung für die Gartengestaltung, künstlich geschnittene Pflanzenfiguren und Ornamente, geeignete Pflanzen im Porträt.

Gerda Nissen
...und füllt mein Herz mit Freude
Erlebnisse und Erfahrungen rund um den Garten mit stimmungsvollen Farbfotos – informative, unterhaltsame und nachdenkliche Reflexionen zu alltäglichen Situationen im Leben eines Hobbygärtners.

Handbuch Garten
Das einzigartige Standardwerk in Neuausgabe, verfaßt von neunzehn erfahrenen und anerkannten Experten: ein unerschöpflicher Fundus an kompetentem Know-how zu allen Fragen der Gartenpraxis mit vielen tausend Tips und Anregungen – kompakt und präzise vermittelt.

Martin Stangl
Stauden im Garten
Sonnen-, Schatten- und Prachtstauden, Gräser und Steingartenstauden: alle wichtigen Arten und Sorten mit Informationen zu Auswahl, Pflanzung und Pflege sowie Pflanzplänen und Arbeitskalender.

Im BLV Verlag finden Sie Bücher zu folgenden Themen: Garten und Zimmerpflanzen • Wohnen und Gestalten • Natur • Heimtiere • Jagd • Angeln • Pferde und Reiten • Sport und Fitneß • Tauchen • Reise • Wandern, Alpinismus, Abenteuer • Essen und Trinken • Gesundheit und Wohlbefinden

 Wenn Sie ausführliche Informationen wünschen, schreiben Sie bitte an:
BLV Verlagsgesellschaft mbH • Postfach 40 03 20 • 80703 München
Telefon 089/12705-0 • Telefax 089/12705-543